本书的出版获得了"北京市科技创新服务能力建设-建设项目"（01691962260203）的资助

U0671390

空间经济学系列教程

区域经济学

Regional Economics（Second Edition）

（第二版）

［意］ 罗伯塔·卡佩罗（Roberta Capello）◎著

安虎森 等◎译 安虎森 陈飞◎校

经济管理出版社

ECONOMY & MANAGEMENT PUBLISHING HOUSE

北京市版权局著作权合同登记:图字:01 - 2022 - 0673 号

Roberta CAPELLO, Economia regionale 2nd edition

© 2004 by Società editrice il Mulino, Bologna. Second edition 2015.

Simplified Chinese Translation © 2022 by Economy & Management Publishing House.

All rights reserved.

图书在版编目(CIP)数据

区域经济学:第二版/(意)罗伯塔·卡佩罗著;安虎森等译.—北京:经济管理出版社,2022.3

ISBN 978 - 7 - 5096 - 8336 - 1

Ⅰ.①区…　Ⅱ.①罗…②安…　Ⅲ.①区域经济学—研究　Ⅳ.①F061.5

中国版本图书馆 CIP 数据核字(2022)第 037777 号

组稿编辑:申桂萍
责任编辑:亢文琴
责任印制:黄章平
责任校对:张晓燕

出版发行:经济管理出版社
　　　　　(北京市海淀区北蜂窝 8 号中雅大厦 A 座 11 层　100038)
网　　址:www. E - mp. com. cn
电　　话:(010) 51915602
印　　刷:唐山昊达印刷有限公司
经　　销:新华书店
开　　本:720mm×1000mm/16
印　　张:23.75
字　　数:440 千字
版　　次:2022 年 6 月第 1 版　2022 年 6 月第 1 次印刷
书　　号:ISBN 978 - 7 - 5096 - 8336 - 1
定　　价:78.00 元

区域经济学被公认为是一门独具特色的经济学分支学科，它激励人们围绕区域经济学研究主体构建和发展各种理论和模型。《区域经济学》（第二版）教材涵盖了权威的和最新的区域经济学理论，以及在过去十多年间所取得的重要的理论成果。

区域经济学涉及的主题涵盖了从最早的区位理论到最新的区域增长理论。本教材结合当前欧盟为设计新的一体化政策而提出的智能专业化策略的一些争论问题，这为学生理解这些问题提供了更加全面的指导。

《区域经济学》（第二版）涵盖的关键内容包括：

- 邻近性理论和创新理论
- 地域资本概念
- 有关城市增长中的聚集经济作用的争论

本书可以作为本科生区域和城市经济学以及空间规划课程的教材。

罗伯塔·卡佩罗是意大利米兰理工大学区域和城市经济学专业的全职教授。

序　言

　　区域经济学是经济学的分支学科，它把"空间"维度纳入到市场运行分析框架中。区域经济学就是把空间因素纳入到逻辑框架、规则和模型中，并以此来调整和解释区域资源禀赋分布不均匀条件下的价格、需求、生产力、产出和经济发展水平、经济增长率以及收入分配问题。该学科创建以来所走过的历程是非同寻常的，最近十几年的发展也是引人注目的。该学科通过把空间维度纳入到市场运行过程中，进一步丰富和发展了区域经济理论和不同类型的模型。

　　受到该学科应对外部环境而采取的改革步伐的激励，以及同事们对修订版教材的期盼，我决定以2004年在意大利首次出版的著作为基础编写第二版。

　　当时，我尽可能努力做到不是单纯地罗列区域经济学的各种理论，而是通过各种理论中空间概念的变化来表述该学科经济思想的演进，并以此为主线组织教材的编写，也就是从传统的区位论到地方发展理论，地方发展理论又分为基于均质空间的发展理论（规模收益不变）和基于异质空间的发展理论（规模收益递增），而后一种理论代表了以规模收益递增和聚集经济为基础的区域经济学的核心思想。这些理论的重要特性是可以把区位论和地方发展理论融为一体，并在简洁的宏观经济模型中形式化收益递增特征，这就成了它们最新颖的因素。

　　考虑到过去十几年的发展历程，我意识到该教科书没有必要以更多的篇幅来表述区域经济理论的发展，因为至今还没有出现利用新的空间概念来解释区域经济现象的区域经济理论，且目前的经济增长理论仍具有很强的解释力。

　　然而，对于地方和区域发展理论而言，过去十年间一些富有启发性的理论已经发展起来了，可以把它们综合成三条主线：

　　第一，通过对区域竞争力所依赖的当地要素的分析和系统化，地方发展理论变得更加丰富起来了。确定称之为"地域资本"的综合性概念，其目的不仅是要对那些所有理论经常提及的内生资源与外生资源、有形资产与无形资产、公共资产与私有资产进行分类，而且还要提高人们对这些要素不同经济属性的认识，这些经济属性影响它们的积累或折旧规则。此外，如果新的累积发展过程开始，则新的概念所蕴含的新的主张就会强调不同要素共存的重要性。因此，现代反复强调的不仅是有形要素之间均衡发展的重要性，而且是在无形要素之间、在知识和相关资本之间以及在创造力与认知资本之间均衡发展的重要性，因为这些"软性"要素之间的相互作用和协同效应决定当地的动态发展效率。

对地区经济成功因素的总结告诉我们，可以用不同的科学方法确定地方资产。传统方法被认为是功能性的、实证主义的和认知主义的，它是从不可逆转的因果关系以及个体行为逻辑来解释现实的。最近兴起了另一种方法，被称为关联法，它主张从经济主体如何感知现实、对外部刺激如何做出反应以及能否进行协作和合作等角度，分析复杂的经济主体之间的相互联系。这种新的方法坚信：地方竞争力主要来源于信任和归属感而不是纯粹的资源可获取性；地方竞争力主要来源于地区创造力而不是单纯的技能劳动力的拥有量；地方竞争力主要来源于相互联系而不是纯粹的市场准入；地方竞争力主要来源于本地特征而不是类似于环境质量和经济系统效率等因素。

第二，反映过去十年间新的理论研究方面的进展，其重点是新知识创造中的邻近性概念。直到十年前学者们才意识到，为解释地方发展模式，应把自然邻近性与经济联系邻近性和社会邻近性结合起来。法国邻近性学派的学者研究了来自于"环境创新"和"局部地区"理论的挑战，并提出了应扩展包括"组织邻近性"在内的地理邻近性概念的主张。然而，国际上（尤其是英语国家）并不认可这种地理邻近性应扩展到其他邻近性概念的主张。但在过去的十年间，地方发展理论不仅充分考虑了从制度到认知的各种不同类型的邻近性，而且还达成了广泛的共识，当然这应归功于严格的定量经验分析为这一理论方法所提供的强有力的支持。

分析现有文献可以发现，现有理论在替代纯粹的自然邻近性以及作为认知邻近性和制度邻近性发源地的地方和地理锁定时，存在明显的两难困境。在解释局部地区动态优势的来源时，替代自然邻近性就意味着向那种个体间合作不一定发生在同一个区域内的非空间范式转变。

我认为，"环境创新"理论仍是唯一能走出这一困境的理论。事实上，"环境创新"理论，是唯一能把以关系资本和集体学习过程为主要特征的本地优势和远距离合作融为一体的理论，它可以解释纯本地知识的收益递减现象。

对这些所有的邻近性概念而言，它们至今还没有把已经解释的理论以及今后将解释的理论综合起来。然而，理解这些理论实际解释能力的基础是了解不同邻近性概念间的关系，它们是从不同的角度解释了同一种现象，还是在解释知识交流过程中相互补充的不同要素？此外，自然而然地一些问题也被提了出来：传统意义上的邻近性是否仍有意义？地埋邻近性在知识交流中是否仍发挥重要作用？

本教材将对这些问题提出一些解决方法。我特别强调，这些不同的邻近性概念之间存在互补性。就像发展理论中的均衡一样，不同的互补性生产资源（交通基础设施、技术性就业岗位、生产性资本、管理能力、创业能力和技术能力）之间的平衡被认为是区域长期发展的最佳策略。我深信，从长期来看，不同形式的邻近性的存在以及彼此间的相互作用是支持累积性创新过程的最佳途径。

近年来，邻近性概念引起了研究知识交流的学者的浓厚兴趣，这并不是什么巧合。随着20世纪七八十年代的理论创新，在过去的二十多年时间里，知识被认为是决定区域竞争力的战略性资产；知识，特别是知识创造和传播机制的研究已成了区域经济学日益重要的研究领域。尤其是区域经济学理论的发展，越来越多地重视对本地学习过程的决定性因素、作为新知识来源地的空间作用以及作为知识传播渠道的空间邻近性作用的分析。区域经济学将地域解释为与创新相关的降低不确定性、锁定特定技术轨迹和创新范式机制的来源。最近的诠释是把地域视为地方创造力和知识创造基础的表征、情感以及集体认同感的来源地①。

第三，对过去十年间的理论的反思。我个人认为，这是相当重要的问题，因为它回应了我完成编写本书第一版时所遇到的挑战，即建立一个规范化的宏观经济区域增长模型，它包括传统的宏观经济要素以及能相对独立地解释国家区域特征和区域发展轨迹的现代地域要素。尤其是，近年来的经济危机以确切的证据再次证明了公共债务、单个国家赤字的超国家限制、统一货币的利弊以及汇率等宏观经济条件在解释区域发展路径方面的重要意义，同时也提出了在把上述传统上相互独立的两种区域发展驱动力融为一体所遇到的挑战。在本版的最后一章，我介绍了米兰理工大学近期在研究这种挑战时开发的一种模型。该模型称为MASST模型，是一个包括宏观经济、生产部门、社会和地域等能够解释区域发展路径的所有维度的模型。该模型的先进之处并不在于它提出了什么新的理论，而在于把现有的理论整合到一个宏观经济和地域要素共同发挥作用的逻辑框架之中。该模型的内在逻辑实际上是两种理论的结合，即凯恩斯主义有效需求理论和基于要素供给以及区域差异的内生增长理论的结合。

尽管模型有令人感兴趣的新奇之处，但仍存在进一步提升的空间。尽管MASST模型将多元关系空间纳入到一个宏观经济增长模型中，但还要通过对厂商和个人区位行为的研究来界定地域微观基础对经济增长的影响。一些年轻的学者承担了这一挑战。

在过去的十多年中，并没有提出有关区域经济增长模型的新的理论主张。一般来说，20世纪90年代的新经济地理学模型和新古典增长模型总体上已经被证

①　对知识创造的解释，请参见库津纳托和菲利普波罗斯—米哈罗波罗斯（Cusinato and Philippopoulos – Mihalopoulos，2015）。

明是一个精美的、在某些方面很有用的，且可以重新界定曾经处理过的问题的模型，但这些模型也无法解释地方发展理论的演变过程。不过，这些理论启发我们在构建具有微观基础的宏观经济增长模型时，可以丢弃那些货币外部性的限制性新古典方法，而要采用那些主要考虑源于本地的技术外部性的方法。

教材的修订是一次修改、深化和重新编写部分章节的过程，本版也不例外。新古典的一般空间均衡模型已重新修订，为的是利用其数学公式可以更好地理解它们的精炼的经济逻辑而不是成为理解上的障碍。根据过去十年间学生提出的各种质疑与评论，我对第二章进行了重写和大幅度的修改，并试图在规范化的模型和经济逻辑之间寻找一种均衡。

我对在第一版中过于简化处理的一些议题也进行了适当的扩充。在这些议题中，我对聚集经济概念给予了更多的关注，这对区域政策的正常结论具有重要的启示。城市的存在可以最大限度地提高静态效率，也可以形成和利用聚集经济，并沿着自我强化路径不断地发展，这对区域的动态发展尤其重要。欧盟早已注意到了那种扶持贫困地区的政策（平等原则）和那些通过利用富裕地区（一般指大城市地区）的高效率获得更多的资源（效率原则），并把更多的资源分配给贫困地区的政策之间的平衡。在这本书中，我将对这些问题进行理论上的解释。

就像我所感觉的那样，重新修改需要付出更多的努力，多亏有同事和朋友的合作使我坦然面对。首先，我的启迪来源于我所在的米兰理工大学区域和城市经济研究团队。罗伯特·卡玛尼先生与我一起从事具有建设性的、富有激情而紧张的研究工作长达三十多年。罗伯特先生亲自参加了有关新版本编写的会议和讨论会，并以极大的兴趣和献身精神阅读了重新撰写的所有稿件。在过去的十年间，我与罗伯特先生共同推进了动态化的聚集经济、MASST模型和区域创新模式等科学理论的发展，为学科发展做出了贡献，这些都将呈现在本书中。此外，以罗伯特先生和我本人为中心建立起来的年轻的、具有创造力的、充满活力的研究团队也给予了我极大的帮助。安德烈亚·卡拉格里乌、乌戈·弗拉特西、卡米拉·伦齐、乔瓦尼·佩鲁卡、罗伯特先生以及我，共同开辟了具有重要意义的新的研究领域。研究团队有时必须要完成繁重的研究计划，但他们始终保持着严谨的科学态度，总是充满着创新性、竞争性以及奉献精神[1]。

其次，我的启迪也来源于我所在的国际和国内学术研究团体。国际区域科学协会（RSAI）、欧洲区域科学协会（ERSA）以及意大利区域科学协会的杰出的同行们也给予我丰富的想象力和灵感。在多年以后，我仍旧对我的导师彼得·尼

---

[1] 我们与安德烈亚·卡拉格里乌共同提出了动态聚集经济理论；我们与安德烈亚·卡拉格里乌和乌戈·弗拉特西共同建立了MASST模型；我们与卡米拉·伦齐共同建立了区域创造力增长模式；我们与乔瓦尼·佩鲁卡共同进行了地域资本核心指标体系的建立和稳健的检验分析。

茨坎普以及罗伯特·卡玛尼先生怀有崇高的敬意，在我职业生涯的前十年，我承蒙他们的指导。

在过去的十年间，我的科学活动因我的新的履历更加丰富起来了。作为国际区域科学协会主席，我在那些尚未认可区域科学为一门学科的地区，例如南美地区，为这些地区区域科学的发展做出了一些贡献。我也会见了世界各地的同行，调查了各种类型的问题、议题、主题、方法以及居住在每个国家的人们。调整ESPON 和 DGRegio 研究计划，也使得我可以利用理论方法来解决实际问题并提出新的政策方向。《区域科学辑刊》和《意大利区域科学学报》两家杂志社的编辑不断给我提供了近年来的有关理论、方法上的评论。最后，米兰理工大学建筑环境管理硕士课程的调整，使我更加关注学术研究议题和主题的处理。

类似于第一版，第二版一直坚持本书的最终目的，即向学生提供一个可以更深层次地理解影响区域经济发展的经济规律和发展模式的工具，以及预测这些模式的理论。希望我可以实现这个目标。

罗伯塔·卡佩罗

米兰理工大学设计、建筑环境与建设工程系

2015 年 5 月 14 日

符　号

本书所有章节中的变量的符号尽可能都保持不变，尤其强调赋予每一个符号的含义都没有发生变化。在微观经济学和宏观经济学中使用的传统符号的含义，不可能总是相同的。实际上，在微观和宏观两种不同的经济学分支中，同一种符号的含义有时是发生变化的。为了避免混淆，下面就列出了本书所使用的符号的含义。

τ = 单位运输成本

π = 单位利润；单位生产力

Π = 总利润

A = 技术进步；中间投入品的购买和销售；生产商

B = 生产商

C = 总成本；消费；生产商

c = 平均或边际消费倾向；平均成本

d = 离城市中心的距离

D = 商品需求；采纳者的累积数量

e = 净迁移数量；出口增长率

E = 就业

G = 公共支出

h = 人力资本增长率

H = 人力资本

I = 投资

i = 利率

i, j = 部门或行业

k = 物质资本增长率；嵌套系数

K = 物质资本

l = 劳动力增长率

$L =$ 劳动力

$m =$ 进口倾向；进口增长率

$M =$ 进口；原材料

$n =$ 人口自然增长率；厂商数量；国家或区域

$p =$ 单位商品的价格

$P =$ 人口；价格

$q =$ 住房面积

$R =$ 总收入；转移支付

$r =$ 土地租金；区域

$s =$ 平均或边际储蓄倾向；生产活动占城市用地的份额；按技术类别划分的专利份额（如五位数类别）

$S =$ 商品供给；库存；综合技术类别中的专利份额（如两位数类别）

$t =$ 时间；所得税税率

$T =$ 土地；财政收入

$u =$ 消费者的效用

$v =$ 投资加速系数

$w =$ 单位工资

$x =$ 商品数量

$X =$ 出口

$Y =$ 总收入；总产出

$y =$ 收入增长率

$z =$ 商品组合；企业中职工所占比例

目 录

第一部分 区位理论：实体度量空间

第四部分　区域增长理论：多元程式化空间

绪　论

一、经 济 学 与 空 间

经济活动在空间中产生、扩张和发展。一般来说，厂商和经济活动主体选择区位的方式，与其选择生产要素和技术的方式是相同的。生产资料的空间分布是不均衡的，它们往往集中分布在某些特定地区（区域或城市），其他地方则完全没有或部分分布。资源和经济活动的数量和质量在地理上的非均衡分布，导致了不同的要素回报率、不同的财富和福利水平以及地区发展的不同程度的控制。经济学家通常认为，生产要素在不同类型生产活动之间的配置是富有效率的。但实际上，空间维度发挥了极其重要的作用，因此生产要素的配置问题比经济学家所想象的复杂得多。

空间影响着经济系统的运行，如丰富（或缺乏）的生产要素禀赋是经济优势（或劣势）的源泉。空间特性，如便捷（或困难）的可达性条件以及丰富（或贫乏）的原材料禀赋，也可以造就地理上的经济优势（或劣势）。空间也是那些来源于生产过程中的不断累积的经济优势的源泉，尤其是空间邻近性，它可以提高经济性，降低生产成本（例如，产业聚集降低厂商的运输成本），用更现代的术语来讲，就是降低交易成本（例如，信息聚集降低市场交易成本）。对空间的这种关注，要求我们利用能够把配置决策与发展过程联系起来的、动态的、演进的方法来替代那种静态地解释经济现象的配置方法。经济资源和发展潜力的地理分布受外生要素（原材料、自然优势）的影响较小，它们在很大程度上受到人力资本、社会固定资本、土壤肥力（这些都受到人类的影响）和交通可达性（利用离生产和消费中心的加权距离来度量）等过去和当前的历史发展因素的影响。

本书是按如下方式来理解和处理的：区域经济学不是我们通常理解的那种行政管辖范围内区域经济现象的研究，这种理解是很肤浅的也是错误的。区域经济学是经济学的一个分支学科，它把"空间"维度纳入到市场运行的分析之中。区域经济学，就是把空间融入到逻辑体系、规则和模型中，以规范和解释在资源禀赋空间分布不平衡情况下的价格、需求、生产力的形成以及产出水平和发展水平、经济增长率、收入分配状况等。此外，当地方发展模型将空间视为一种经济资源、一种独立的生产要素以及位于其内的厂商静态和动态优势的造就者时，或换句话说，空间被视为决定生产系统竞争力的重要的基础因素时，区域经济学将分析的重点从"空间"转向"地域"。

强调空间对经济活动的重要性看起来有点平淡乏味，然而，直到最近经济理论才开始考虑空间问题。确实，在经济思想史上，研究人员把大量的注意力和精力都集中在确定用于各种目的的资源数量上，直到近期他们才开始关注这些资源和经济活动的具体区位及其布局问题。因此，时间维度而不是空间维度成了经济学分析中的最主要的和首要考虑的维度。

经济学家考虑空间因素如此滞后，主要有如下几个方面的原因：首先，正如区域经济学创始人沃尔特·艾萨德曾反复指出[1]的那样，主要是受到新古典学派的决定性影响。新古典学派认为，经济学分析最主要的是时间维度的分析，因此为了简化处理，忽略了"空间"变量的影响。正如阿尔弗雷德·马歇尔（1920）所指出的那样，该问题的难度主要在于空间范围的变化以及市场范围随时间的扩张，时间的影响显得比空间的影响更加重要。

其次，在经济分析中处理"空间"变量，尤其是将其包含在动态分析中，会使得逻辑框架变得相当复杂。直到最近，经济学的分析工具仍无法同时处理时间和空间的动态变化，也无法处理聚集经济或邻近经济等的非线性空间问题。

最后，"空间"变量的引入要求舍弃规模收益不变和完全竞争假设（这对经济学家而言是相当重要的）。根据厂商划分空间市场的逻辑，一个厂商不是和所有的厂商进行竞争，而是仅仅与那些邻近的厂商展开竞争。因此空间距离成了厂商进入壁垒，进而形成了垄断竞争体系，这也在最近分析经济增长的模型中才被程式化了[2]。

区域经济学试图回答以下基本问题：利用何种经济逻辑来解释厂商和家庭的区位选择？利用何种经济逻辑来解释大型地域系统格局（如城市系统）？为什么某些特定地区如区域、城市、单个地域比其他地区更发达？

构成区域经济学理论框架的两大理论体系给出了这些问题的答案：

（1）区位论，是区域经济学中历史最悠久的理论分支，20世纪初开始发展起来，主要研究影响经济活动空间布局的经济机制。

（2）区域经济增长（发展）理论，主要研究经济增长的空间问题以及国民收入的地区分布问题。

---

① 参见艾萨德（Isard，1956）。
② 参见迪克希特和斯蒂格利茨（Dixit and Stiglitz，1977）的著名模型。

区位论不仅赋予了区域经济学独特的学科特性，而且也是区域经济学理论和方法论的核心。区位论以微观经济学为理论基础，采用传统的静态分析方法，主要处理厂商和家庭的区位选择问题。与区域经济学密切相关的各种理论（来自宏观经济学、区际贸易理论、发展理论、数学生态学和系统论）的借用、交叉和引入，进一步完善了区域经济学的工具并拓展了研究范围。从微观经济学角度而言，区位论研究厂商和家庭的区位选择，同时也分析经济活动空间分布的不平衡问题，这使得我们可以解释地域不平衡和层级制度。区位论利用外部性和聚集经济概念，解释类似于经济活动的空间分布不平衡等的宏观的区域经济现象，从而为动态的经济分析方法奠定了地域基础。

区域经济增长理论，本质上是属于宏观经济学理论范畴，但它又与纯粹的政治经济学的宏观经济研究方法不同，它更多关注的是地域特征。正如我们说宏观经济学有其微观基础那样，区域经济增长理论也有其区位基础。

在区域经济学两种理论体系之间经常发生相互交叉，且这两种理论体系又把传统上的那种区位理论所立足的实体空间概念和区域增长理论所立足的同质抽象空间概念紧密地结合起来了。我把近来的空间又称为多元联系空间，它是联系区域经济学两个传统理论体系的桥梁，又是两种理论体系发生交叉最多的领域，它以地方的内在联系为基础，提出了更切合现实的区域发展理论。然而，这三个空间概念至今仍是相互分离的，且只能通过近年来的地区发展理论所提出的多元程式化空间概念才能实现概念间的部分融合。

二、区位和实体度量空间

区位论是区域经济学的第一个理论集合，也是最早的区域经济学理论。区位论采用了根据实体间自然距离和运输成本定义的连续的、以实体来度量的纯粹的地理学的空间概念，因此它所解释的是价格和成本在空间中的变化规律以及作为其结果的厂商区位选择和厂商间市场的划分问题。这种空间概念是20世纪上半叶伟大的地理学家们所使用的空间概念。

区位论试图解释经济活动的空间分布，其目的是要确定影响个体经济活动区位的因素、不同类型生产活动在不同地域的配置、厂商间市场范围的划分以及经济活动功能的空间分布。这些现象是通过消除那些可以解释经济活动空间聚集现象的任何地理（或自然）特征而进行分析的[1]，因此区位选择也根据那些促使经

---

[1]　通过假设土壤肥力相等的均质平原的存在（冯·杜能，1826）或基础设施禀赋相同（克里斯泰勒，1933；帕兰德，1935；胡佛，1948；廖什，1954；阿朗索，1964a），可以消除地理（自然）属性。

济活动空间分散的运输成本、促使经济活动空间聚集的聚集经济等促进区位选择过程的作用力来进行解释。即使假设空间是完全均质的，但通过平衡这两个方向相反的作用力，也可以解释经济活动空间聚集现象的存在与否。

区位模型随供需空间结构假设的不同而有所不同，而这些不同假设反映模型所追求的目标。

有些模型的目标是在假设最终产品市场和原料产地为点状分布的基础上解释厂商区位选择问题。在这种情况下，区位是由备选区位间的运输成本最小化程度和受到聚集经济影响的强度大小所决定的（成本最小化区位理论），与此相关联的模型是阿尔弗雷德·韦伯和梅尔文·格林哈特建立的模型。后来的一些模型，试图确定厂商的市场区域，也就是讨论生产商之间如何划分市场空间的问题。在这种情况下，模型假设那些影响厂商区位的需求在整个区域内是均匀分布的，当然这种均匀分布是指均匀的点状分布。区位均衡是由利润最大化逻辑所决定的，且凭此均衡区位每个厂商都控制住自己的市场区域（利润最大化区位理论），与此相关联的模型是奥古斯特·廖什和哈罗德·霍特林建立的市场区模型。

还有一些模型试图确定生产区域，也就是说，这些模型试图寻找那种把自然地域（土地）分配给各种类型生产活动的经济活动逻辑。在这种情况下，这些模型是以供需结构假设为基础的，这与市场区理论的假设相反。最终消费品市场在空间中呈点状分布（城镇或城市中心）而原材料供给遍及整个区域。在这种情形下，经济活动空间布局是要尽可能接近最终消费品市场，此时区位均衡取决于运输成本与中心区位土地成本之间的均衡，冯·杜能和威廉·阿朗索的模型以及"新城市经济学"学派表述了这些主张的逻辑关系。

区位论分析了影响地域内经济聚集规模的经济和空间机制、产业专业化分工以及产业地域内分布。这些模型提出了一种更复杂和普遍的区位理论和潜在的经济关系结构，这些能够解释在一般空间均衡框架内存在各种空间聚集的现象。沃特·克里斯泰勒和奥古斯特·廖什对这一理论的发展做出了主要的贡献。

三、区域经济增长和均质抽象空间

区域经济学的第二个理论组合，是要试图解释为什么经济增长和经济发展是在地方层面上发生的问题。为什么会出现富裕地区和贫穷地区？为什么有些地区经济增长很快而有些地区经济增长相当缓慢？决定地方经济发展的因素有哪些？在这种情况下，区域经济学主要分析国家次一级区域系统的经济能力，也就是分析一个区域、一个省、一个城市以及一个具有特定经济特征的地区在发展经济、吸引经济活动以及为持续发展创造条件等方面的能力。这里所说的"区域经济发展"是指当地经济系统通过有效和创造性地利用其拥有的资源，在国际分工中寻找并不断再造其特定的和适当的角色的能力。该定义更多地强调了经济因素，这意味着区域发展可以认为是一个区域充分利用其（相对或绝对）优势生产国内和国际经济系统所需的商品和服务的能力①。

最初的区域发展理论，是从 20 世纪中叶开始发展起来的。这些理论所依据的空间是同质抽象空间概念而不是自然的连续的空间概念。这种空间是抽象的、离散的空间，它完全不同于区位论的以实体度量的自然空间概念。地理空间可以划分为一个个不同的"区域"，而这些具有有限自然空间范围的区域（相当于行政管辖单位），一般认为其内部结构是均质的，因此我们把这些可以综合成具有不同社会、经济、人口特征的向量组合。这些具有有限空间范围的区域，可以从国际贸易角度称之为"小国"，但它不同于国家，其特点是生产要素流动具有明显的对外开放性②。

这种空间概念的优势是可以利用宏观经济模型来解释地方发展。但是，尽管这些模型符合上面提到的特征，然而它不可避免地要求分析者放弃考虑区域间的任何聚集机制，抛弃区位理论，忽略地区的邻近优势，反过来它又假设区域之间不同的资源和生产要素禀赋、不同的需求条件以及生产结构中的区际差异是当地发展的决定要素。因此，在这种情况下，空间只不过是承载经济增长过程的自然容器，在经济增长过程中也只能充当着被动者的角色，甚至一些宏观经济理论把区域经济增长看成是整体国民经济增长在区域间的简单的重新分配。

持有这种空间观的发展理论，就是为解释譬如收益等综合发展指标而发展起来的经济增长理论。尽管它势必会带来大量定性信息的丢失，但它具有那种可以为发展路径建立模型的无可否认的优势。在理解经济增长概念方面，不同理论有不同的理解，有些理论认为，经济增长是指短期内产出和就业的增加，而其他一些理论认为，是在长期增长路径中的与较高个人福利水平（高工资和高人均收入，区际市场上更优惠的价格）相关的产出的增长。

新古典区域经济增长理论、输出基础理论以及区际贸易理论采用了上述空间的概念，这些理论是在 20 世纪五六十年代从主流经济学的各种分支学科中发展而来的，包括宏观经济学、新古典经济学、发展经济学和国际贸易。

---

① 参见卡玛尼（Camagni，1999a）。该定义的优点是把区域经济学当前发展阶段代表性研究规划中的经济增长和发展这两个概念结合起来了。
② 俄林将"区域"定义为具有生产要素完全流动特征的地域，具体参见俄林（1933）。

四、地区发展和多元联系空间

把空间解释为多元化的联系空间，主要依据于区域发展理论，也就是主要依据于聚集经济这一区位论的核心理论，进而它们也成了解释地方经济发展过程的核心要素。根据这种空间概念，空间通过地方层面的大规模的协同作用和循环累积反馈机制产生经济优势，这一理论在 20 世纪 70 年代和 80 年代得到了充分发展。

20 世纪 60 年代初期的许多开创性理论首次将空间视为多元关系空间。根据佩鲁的表述，发展被定义为"一个选择性的、累积的过程，它不会同时出现在所有地区，它是通过空间中一些点的经济活动强度的变化显现出来的"。[①] 由于自然邻近性而形成的稳定的和持续的投入产出关系，能够形成一种推进经济协同和经济不断进行循环累积过程的作用力，而这种作用力又促使佩鲁所定义的经济活动空间聚集的"极"的形成。因此，空间被认为是具有多元化和"相关性"特征的。

20 世纪 70 年代，学界在"自下而上"的发展过程以及对区域和地方环境的研究过程中，更为深入地解释了多元关系空间概念。随着这种解释上的飞跃，开始把空间解释为一种"地域"，或者从经济学角度讲，解释为一种地方化的技术外部性系统，它包括一系列有形的和无形的要素，这些要素由于区位上相互邻近可以降低贸易成本，这又会影响厂商的生产力水平和创新能力。此外，地域还被认为是整合了不同社区、私人活动者以及地方机构的地方管制系统。最后，地域是一个经济和社会关系系统，它构成了特定地理空间的关系资本或社会资本。[②]

这样，任何与抽象空间或管辖空间的联系明显都被忽视了，取而代之的是对空间的更加无形化的解释，它通过关注对地域范围内主体间的经济和社会关系，着重强调了本地经济系统中出现的更加复杂化的现象。

20 世纪七八十年代的多元化联系空间理论认为，发展取决于那些表现为区位邻近经济和空间邻近经济形式的地域外部性，并强调了（经济思想史上的首次）内生条件和因素在地区发展中的作用。这些理论采用了微观地域和微观行为的方法，正因为就像在上面提到的均质抽象空间理论一样，它们的目的不是要解释收入和就业总增长率而是要确定发展过程的所有有形和无形要素，因此称这些理论为发展理论。

---

① 参见佩鲁（Perroux，1955）。

② 参见卡玛尼（2002）。

在把空间视为多元联系空间的不同理论中，区位理论与地区发展理论是紧密结合在一起的。这些理论指出，聚集产生区位优势，这种聚集优势反过来又促进当地经济发展并吸引新的厂商进入，而这些厂商的存在又进一步增强了聚集优势。通过这种解释，这些理论精妙地揭示了发展机制中的"空间"的本质。

从这种意义上说，多元联系空间理论成了区域经济学的理论核心，它作为区位理论和发展理论之间最大限度交叉融合，使区域经济发展可以被视为生成性发展分析：国家的经济增长率是各个区域经济增长率的总和。这与某些均质抽象空间理论设想的竞争性发展正好相反，竞争性发展理论认为，区域经济发展只不过是国家总体经济发展在区域间的简单分配而已。

这些理论的主要目的，就是要解释地域系统的竞争力、地区发展的决定因素、区域在国际分工中所处的地位以及维持这种地位的能力。因此，这些理论试图要确定那些促使经济系统获得和维持高水平发展的地方发展条件。

图0-1总结了构成区位论和区域发展理论的基本原理。区位论和区域经济增长与发展理论这两大区域经济学理论，基于不同的初始假设，区位论假定要素禀赋给定，区域经济增长或发展理论假定厂商和家庭区位给定。在这两种理论组合内的每一种理论，因它们的假设（运输成本、聚集经济以及资源和生产体系的空间分布）和空间概念（对区位论而言，需求和供给的空间结构不同；对区域

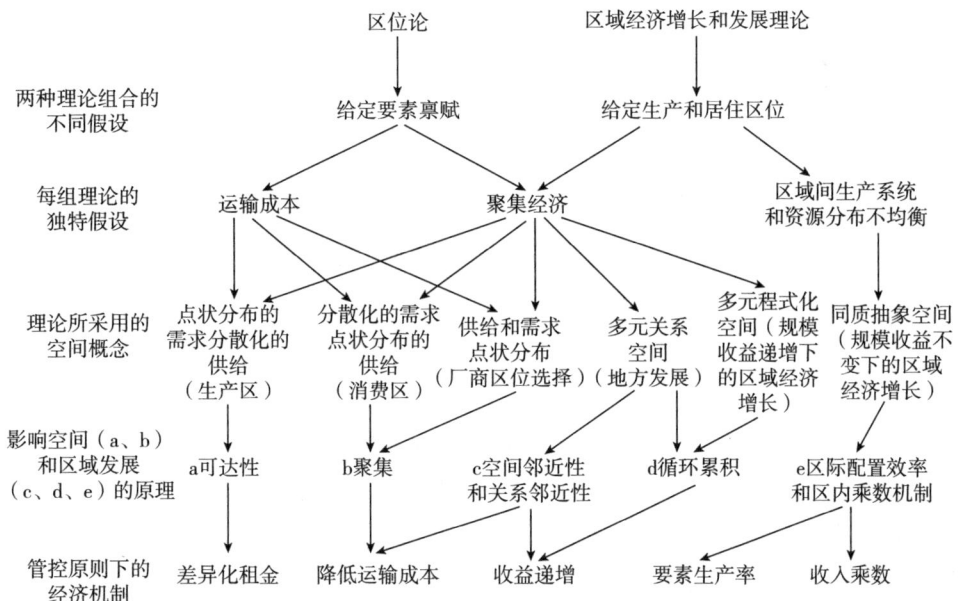

图0-1 区位论、区域经济增长和发展理论的基本原理和假设

经济增长和发展理论而言，或许是均质抽象空间，或许是多元联系空间以及我们将要了解的多元程式化空间）不同而不同。因此，图0－1所显示的是支撑如下理论方法的空间和区域经济增长或发展理论的指导原则：区位论的聚集和可达性理论、区际分配效率和区内乘数机制、关系邻近性以及循环累积的增长过程理论。图0－1同时也强调了聚集经济在区域经济学这两大组成部分之间的桥梁作用。

五、区域经济增长和多元程式化空间

在20世纪80年代末之前，区域经济学中不同的空间概念之间没有任何联系。埃德温·冯·博文特（Böventer，1975）曾指出，在区域经济学中，任何人都可以区分开来那些不包含聚集经济的"纯粹的和精准的"区域经济理论和那些并不精准但包含聚集因素的"应用区域经济理论"之间的区别。对前者而言，冯·博文特指的是一种严谨的和程式化的经济增长理论，它更接近主流经济学，所设想的空间为均质抽象空间；对后者而言，冯·博文特所设想的是一种发展理论，它不具备类似于宏观经济学的那种非常规范且相当严谨的理论，所设想的空间为那种聚集经济驱动地方发展的空间。

20世纪90年代，我们见证了用来分析非线性动态系统（分岔、突变和混沌理论）定性行为的、更先进的数学工具的发展，同时也见证了抛弃不变收益和完全竞争假设的规范化的经济模型的出现。由于这些进步，我们能够把那些规范化收益递增特征的聚集经济纳入到优美而严谨的宏观经济学模型中。

在这里，尤其需要提到"新经济地理学"模型和内生增长模型，这些模型所设想的空间为多元程式化空间。这些理论的演绎逻辑是以这种假设为基础的，即生产活动集中在特定的发展"极"上，因此即使在同一地区内，收入水平和收入增长率也是差异化的。此外，这些模型把区域程式化为点或者抽象的二维空间，因而自然地理特征（如地貌、实体大小）或地域特征（如地方层面的经济和社会关系系统）都不会在其中发挥作用。

这些理论取得了很大的发展，并得到了学界的广泛赞誉，因为这些理论表明，各种传统的经济理论工具（单个厂商和个人最优化选择）可以分析各种地域经济现象，也可以对各种空间概念进行综合。实际上，这些模型把经济增长看作是由经济活动空间聚集优势和多元化空间理论所特有的聚集经济所导致的内生增长。这些理论把动态增长机制与收益递增和运输成本对应起来，从而重新诠释了区位理论分析对区位选择过程的解释。

虽然是多元化的模型（因为存在经济活动聚集的地域极点），但是这些模型中的空间被程式化为没有任何空间维度的点的集合。因此，不可避免地抛弃了区域经济学家所青睐的空间的地域概念。这种程式化的空间不再包括本地化的技术外部性以及有形和无形的要素组合，因为空间邻近性和降低交易成本的缘故，这些要素会影响厂商的生产力和创新能力。因为程式化的空间，经济和社会关系体系也不会再构建特定地理区域的关系资本或社会资本。然而，这些都是区分那些以特定本地化特征为基础的各种地域实体的要素。因此，这些方法消除了把空间看作是发展的额外资源和独立生产要素的最有趣的、在某种意义上耐人寻味的解释。相反，占主导地位的是一种直接的、有些陈腐的观点，即认为空间只是承载经济发展的自然容器或地理容器。

六、走向理论的融合：宏观经济增长模型的地域基础

在本书第一版的最后一章，我们得出了"所讨论的众多理论已经开始实现一定程度的融合"的结论。多元关系空间理论，尤其是内生的地方发展理论，已开始把发展理论和区位理论所提出的思想融合在一起了，多元程式化空间理论（特别是新经济地理学）也融合了经济增长理论和区位理论（见图 0 - 2）。撰写第一版书稿时，我们认为应进一步推进各种理论的融合，这样就可以形成一种新的分析方法，这种分析方法可以把那些解释经济增长的经济规律和机制与那些来源于地方层面的内在联系的地域特征结合起来。这种方法可以实现区位理论、发展理论和宏观经济增长理论之间的尽可能的相互交叉，而且这种不同理论的融合将会凸显出宏观经济学增长模型的地域微观基础。

本版教材在这方面做了一次尝试（见图 0 - 2）。2008 年的经济危机，要求利用那种宏观经济要素发挥重要作用的模型来解释经济增长（发展）。今天看来已经很清楚，其实宏观经济环境和宏观经济走势决定国家经济增长轨迹，而且不可避免地影响着该国不同地区的经济增长轨迹。正如过去 60 多年间的区域经济增长和发展模式所表明的那样，在国家资产中，只有部分资产才是物质资本。区域经济学家越来越相信，那些能够提升地方竞争力水平的知识和创新能力等要素，都属于无形资本，它们与行为者感知现实的方式、关系要素和合作态度密切相关，而合作态度的出现与发展又得益于当地环境所具有的独特的社会经济属性。

这种研究方法代表了区位理论、发展理论和宏观经济学增长理论之间的最大程度的交叉和综合，这种理论综合可以解释宏观经济增长模型的地域基础（见图 0 - 2）。但要进行这些工作，除了运输成本外还需要分析其他变量，这意味着地

域在经济发展过程中不会发挥任何作用。在地方经济增长机制中，有必要包含那些赋予地域主导地位的变量，即使在纯粹的经济模型中也是如此。

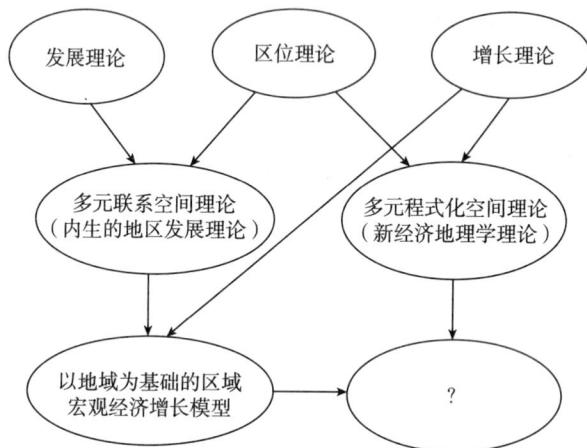

图 0-2　理论方法之间的融合

　　通过这种努力，在融合宏观经济学增长理论和地区发展理论方面已经向前迈进了一步。但是，目前仍缺乏把地方发展理论与那些以微观区位选择理论为基础的区域宏观经济增长理论相结合的尝试。这将是未来区域经济学家所面临的主要挑战。

七、趋同理论和趋异理论：现已被取代的差别

　　"区域经济学"手册，常区分趋同理论和趋异理论，这实际上是一种二分法，也就是常将那种研究如何缩小富裕地区和落后地区之间发展差距的理论和那种解释这种差距持续存在之原因的理论①。

　　① 不应将区域经济学所采用的"落后"概念与发展经济学所分析的欠发达概念相混淆。尽管这两个学科之间存在着联系，区域经济学早期一些模型确实受到了经济发展理论的决定性影响，但也存在着很大的差异。区域经济学所关注的欠发达状况是以广义的经济体系（整个国家）为背景的，这种经济体系的工业化水平已经很高，落后程度是可以度量的。欧盟的"目标1"地区，是拥有各种基础设施、技术、劳动力以及工业化世界典型工业体系的经济发达国家的一部分，但之所以如此称呼，是因为"目标1"地区的人均收入水平低于欧洲地区的平均水平。相反，发展经济学所关注的欠发达是整个国家的欠发达，因而它主要关注工业化、人口支持、为居民和公司提供基本的基础设施和服务等区域发展的"先决条件"。此外，区域经济学主要涉及国家次一级的区域范围，因此它必然忽略汇率或利率等某些宏观经济政策工具，这些工具是用来解释国家一级经济状况的公共政策工具。

对趋同理论而言,有一些来源于新古典范式的理论,这些理论在其最初的系统表述中,把发展解释为因市场力量而趋于均衡的过程。在均衡状态下,不仅实现资源的最优配置,而且还实现生产要素在空间上的均衡配置,这些至少在发展趋势上,保证区域之间发展水平相同。

对趋异理论而言,有一些来源于凯恩斯范式的理论,这些理论通过在一国的富裕地区和贫穷地区分别引入正反馈和负反馈机制以及生产资源的累积性吸引和排斥,设想了地区间差距的持续存在以及进一步恶化的场景①。

近年来,更加精确的数学和建模工具表明,同样的理论也能够解释趋异和趋同现象。例如,通过将规模经济和聚集经济引入生产函数(显然比 20 世纪 60 年代的模型更为复杂)中,新古典模型成功地模拟了一系列连续的和"突变性的"行为与趋势,但都与初始从新古典模型所预测的趋同的机械性和唯一性相差甚远。同样,如果分析模型的动态特性,就会对凯恩斯模型(尤其是缪尔达尔和卡尔多)的趋异现象提出质疑,因为根据描述模型经济逻辑的动态方程的参数值,地方系统要么收敛于一个恒定的增长率,要么以突发性发散或突发性收敛方式与之偏离。

因此,可以得出这样的结论,即在趋同理论和趋异理论之间、乐观理论和悲观理论之间,任何二分法都不再有依据了。然而,这种问题本身仍然存在,而且比过去所认为的要复杂得多。新古典模型公式及其经济逻辑简洁,但新古典模型经常被批评为不适合解释(针对它的最初表述)持续和持久的地区差异。反过来,凯恩斯模型也被指责无法预见累积过程演变的地域限制,这种限制对地域发展路径具有重大影响。但是,如果放弃"趋异趋同理论"二分法,那么可以恢复每种理论的解释能力,从而产生那些用来解释地域发展复杂过程的理论工具。此外,正如我们将在下一节中看到的那样,根据其他更富有意义的特征,也就是根据空间的定义和每种理论所内含的目标来划分理论要有趣得多。

八、理论的独特要素:本书的结构

本书不再对趋同理论和趋异理论进行区分,而是选择了新的要素来组织增长和发展理论。这些要素使理论的解释能力以及理论目标更加清晰。

如前所述,区位理论的第一个要素是空间的概念,这会使得不同理论根据其研究方法(微观或宏观)、空间在发展过程中发挥的作用(被动或主动)、理论

---

① 参见艾萨德(1956)、梅耶(Meyer, 1963)。

所要解释的核心内容（增长或发展）、决定发展和经济增长的原理（分配效率、累积性、空间邻近性）等进行分类。

区位理论的第二个要素是对经济增长的解释。一些理论将经济增长与创造就业联系在一起，并且其政策目标是在给定但未充分利用的资源背景下减少失业。因此，很容易忽视禀赋、资源配置和要素生产率问题，而且从短期角度设想目前的生产和产业结构竞争力状况，而这种状况是根据短时间内情况而推断出来的。一些模型和理论，通过高水平的劳动生产率（因而高水平工资和人均收入）或允许区际贸易和那些区际市场价格低于区内市场价格的商品的生产专业化，把经济增长与提高居民人均福利水平（统一工资、人均收入）联系起来了。与这种经济增长主张相关的是有关贫困、发展滞后和收入空间分配不平等的政策问题。这些政策的长期目标是通过提高劳动生产率来实现人均收入水平的提升。最后，还有一些模型和理论，其政策目标是确定经济系统实际竞争力及其持续能力的决定因素。

强调对经济增长概念的不同解释，可以更透彻地理解每种理论的目标、优缺点和实际的解释能力。为解决短期就业问题而发展起来的理论，无法确定区域竞争力的决定因素（如果有前提条件的话）、促使区域在国际分工中发挥作用的因素或促使区域能够长期保持这种作用的机制。反过来，为确定影响区域长期竞争力的关键因素而发展起来的理论，不太可能对收入变化及其对个体福利的影响感兴趣（如果有，则它隐含地把高水平福祉与高水平发展联系起来）。

本书的结构是根据所要讨论的理论的要素特征而组织的。空间概念的不同导致了这本书被分成若干部分，而经济增长和发展的不同定义又导致了这本书被分成不同的章节（见表0-1）。

表0-1　所要讨论的理论的要素特征和本书的结构

空间定义	所要讨论的理论的要素特征	本书的结构
实体度量空间	**区位理论**	**第一部分**
	厂商区位选择与市场区定义	第一章
	生产区定义	第二章
	城市体系结构定义	第三章
均质抽象空间	**规模收益不变假设下的区域经济增长理论**	**第二部分**
	发展的先决条件	第四章
	就业和收入的短期增长（给定但未充分利用的资源条件下）	第五章
	福祉和人均收入水平的提升	第六章

空间定义	所要讨论的理论的要素特征	本书的结构
多元联系空间	**地区发展理论**	**第三部分**
	竞争力决定因素（外部微观经济因素）	第七章
	竞争力决定因素（聚集经济）	第八章
	竞争力决定因素（邻近性与创新性）	第九章
多元程式化空间	**规模收益递增下的区域经济增长理论**	**第四部分**
	竞争力决定因素（供需相互作用下的内生的宏观经济因素）	第十章
	竞争力决定因素（内生的宏观经济供给侧因素）	第十一章
	迈向理论的融合	第十二章

　　本书的第一部分探讨了区位理论，它包括三章，反映了有关空间的各种假设以及通过分析空间假设所追求的目标（见表 0-1）。第一章阐述了供给和需求分布为点状状态下的理论，这些理论试图找出决定厂商区位选择的作用力。此外，本章还分析了在供给为点状分布而需求为均匀分布假设下的市场区的形成问题。第二章讨论了假设供给为均匀分布而需求为点状分布的理论，并以此来解释生产区的形成问题。第三章讨论了一般空间均衡理论，这种理论是为了解释大的地域系统的形成问题，特别是为解释城市系统的经济过程而发展起来的。

　　本书的后续部分探讨了区域经济增长和发展模型（见表 0-1）。第二部分讨论了规模收益不变假设下的均质抽象空间经济增长理论。这种类型的理论来源于宏观经济学、新古典经济学、发展经济学以及国际贸易经济学等主流经济学各分支学科。对这些理论而言，经济发展的动力是区际不平衡分布的要素禀赋和供给的部门结构。本书的这一部分，首先探讨了研究地区发展前提条件的理论（第四章），其次探讨了给定资源条件下的短期发展理论（第五章），最后对那些研究重点从福祉和充分就业转变为供给的理论进行了总结（第六章）。

　　本书的第三部分探讨了与区位理论有关的多元联系空间发展理论。在微观经济学和微观区域层面的方法体系中，这种理论的目的是试图确定地区竞争力的决定因素。这种理论可以明确区分为认为地区竞争力来源于本地区外生发展因素的理论（第七章）和从现代角度考虑的地区竞争力来源于本地区内生发展因素的理论（第八章和第九章）。后者是最"空间化"的经济发展理论，也是第一个对"地域"做出经济学解释的理论。该理论认为，"地域"包括那些影响区内厂商生产效率和创新能力的各种行为主体之间的合作与协同关系，进而直接影响地区层面的发展速度。空间以聚集经济的形式成了规模收益递增之源泉，因此高经济增长率常常出现在那种规模收益递增提高地区劳动生产率水平，降低生产和交易成本，提高生产要素利用率的地区生产系统中。在这种逻辑下，本书的这一部分主要讨论了地区化经济（源于地区划分理论）和城市化经济（源于最优城市规模理论及其现代版本）理论（第八章）。

空间，或者更准确地说地域，成了降低与所有创新过程有关的不确定性的源泉，因此它造就了动态的优势。在持有这种主张的理论中，厂商的动态效率被定义为与创新活动相关的效率，它主要来源于通过行为主体间的相互接近促进本地区内的知识和信息的交流，但它随着时间的推移逐渐失去其纯粹的地理意义。在解释知识交流以及地区的创新动力时，关系邻近性、认知邻近性以及制度邻近性占据重要的地位（第九章）。

本书第四部分讨论了多元程式化空间经济增长理论。这部分由最新的理论所组成，其显著的特点是把收益递增纳入到宏观经济增长模型之中。换句话说，它们首次尝试着将纯粹的经济和动态平衡过程与空间和区位特征结合起来解释地区发展。实际上，这些理论的最大优点是它们构建了包括以收益递增为特征的聚集经济在内的优雅的经济模型，从而驱动了供给、需求的良性循环过程（第十章），或避免良性循环过程中的供给侧不同要素边际生产率的下降趋势（第十一章）。第十二章进行了总结性讨论，总结了本书的分析，对地区发展做出了现代的解释，并提出了一个包含地域、行为和无形增长要素的近期宏观经济区域增长模型。正如最新理论所表明的那样，后者发挥了推动地区经济发展的杠杆作用，同时还起着催化外部冲击的作用，这些使得区域整体的发展过程在地域层面上实现了多样化。

思考题

1. 如何定义区域经济学？该学科主要讨论哪些主题？
2. 能否把区域经济学定义为解决行政区经济问题的经济学的一部分？
3. 区域经济学主要讨论哪些理论？
4. 区位论所讨论的主题是什么？在区位论中，空间的定义是什么？
5. 区域经济增长理论讨论的主题是什么？在区域经济增长理论中，空间的定义是什么？
6. 区域经济增长理论与地区发展理论之间有什么区别？
7. 在区域经济增长理论和地区发展理论中，空间的定义有什么不同？

阅读文献

［1］ Alonso W. （1964）， "Location Theory"， in J. Friedmann and W. Alonso, eds., *Regional Development and Planning：A Reader*, Cambridge：MIT Press, pp. 78 – 106.

［2］ Böventer E. von （1975）， "Regional Growth Theory"， *Urban Studies*, Vol. 12, No. 1, pp. 1 – 29.

［3］ Hoover E. M. （1948）， *The Location of Economic Activity*, NewYork：McGraw – Hill.

［4］ Isard W. （1949）， "The General Theory of Location and Space"， *Quarterly Journal of Economics*, Vol. 63, No. 4, pp. 476 – 506.

［5］ Isard W. （1956）， *Location and Space – Economy*, Cambridge：MIT Press.

［6］ Meyer J. R. （1963）， "Regional Economics：A Survey"， *Amreican Economic Review*, Vol. 53, No. 1, pp. 19 – 54.

［7］ Richardson H. （1973）， *Regional Growth Theory*, London：Macmillan.

第一部分

区位理论：实体度量空间

第一章
聚集与区位

一、聚集经济与运输成本

空间与经济活动密不可分。这种表述源于我们平时所观察到的现象，即所有形式的生产活动都需要空间。这还源于以下事实，即并非所有地理区域都能提供生产和发展机会。原材料、生产要素（资本和劳动力）和需求（最终消费品市场）的不均衡分布，要求厂商和生产活动像选择生产要素和生产技术一样选择他们的生产区位。正如生产要素和生产技术的选择决定性地影响厂商的生产能力及其在市场上的地位一样，区位也决定着厂商的生产能力，并且，从总体上说，这些又决定着厂商所处的地理区域的生产能力。如果像传统经济理论那样忽视这一维度，那就等于漠视了对厂商行为和经济活动的基本机制产生重大影响的要素，而这些要素能够推动经济的发展。[①]

空间概念，最早是通过产业区位理论引入经济分析中的。这些理论的目的是，通过分析组织空间活动的运输成本和聚集经济这两大作用力来解释区位选择过程。这些作用力把区位选择过程推向相反的方向，因为它们同时导致生产活动的分散和空间聚集。[②]

正因为聚集经济的存在，经济活动的空间集中才得以出现。区域经济学中广泛使用的"聚集经济"一词是指厂商从靠近产业聚集区的其他厂商所获得的所有经济优势。这种产业聚集区，拥有由于工厂规模大而降低的生产成本，或者享受各种先进的专业化服务机构提供的服务，或者可以充分利用各种社会固定资本

[①] 区位理论是解释区位选择机制的区域经济学分支学科，它不仅关注经济活动区位，尤其是工业生产区位，还关注居住活动区位以及配置像城市那种大型地域系统的经济过程，但本章只讨论影响生产活动区位选择的机制，其他内容将在后续的其他章节中去讨论。

[②] 参见艾萨德（1956）。

（如基础设施），或者拥有大量的高技能劳动力和管理人员以及专门化的中间投入品市场。所有这些都是资源，利用这些资源或组织生产，都要有高层次的需求。

促使厂商区位集中的优势，可以分为三大类型[①]：

（1）厂商内部经济，也称之为规模经济。这种优势主要源于大规模生产降低单位产出成本[②]。为了获得大规模生产优势，厂商把所有工厂集中布局在单个区位上。这种类型的优势，不是源于与其他厂商的相互接近，而是源于经济活动纯粹的空间集中。

（2）厂商外部经济，但它对产业部门而言是部门内部经济，也称之为地方化经济。这种经济主要源于同行业内不同厂商大量聚集在某一区位。规模经济取决于厂商（或其工厂）规模，而地方化经济取决于特定区域范围内的行业规模，该区域范围内有各种各样的专业供应商，有大量的技能劳动力、管理人员和技术人员。

（3）厂商外部经济且部门外部经济，也称之为城市化经济。这种经济主要源于各种不同类型的生产活动和居住活动高度聚集在特定区域范围内，这些区域具有典型的城市环境特征。这种类型的优势主要源于大规模的社会固定资本投资（城市和长途运输基础设施、先进的电信系统）、众多的专业化的中间投入品和最终消费品市场。这些优势随着城市实际规模的扩大而增强。

所有这些优势都是经济活动空间集中的结果。然而，还存在与聚集经济方向相反的两种力量，它们导致经济活动区位的分散。首先是聚集区内经济活动成本增加或者不经济现象的出现，导致这种现象出现的原因，一是那些流动性较低且较稀缺的生产要素（土地和劳动力）价格上升推动经济活动成本的上升；二是由大型经济活动聚集区所特有的拥挤成本（噪声和空气污染、犯罪、社会弊病）导致经济活动空间聚集的不经济性，一旦拥挤程度超出某一临界值，就会发生这种不经济现象[③]。其次是运输成本，它是导致分散化趋势的另一个重要因素，因为无论达到何种聚集水平，这些成本总是阻碍经济活动的空间聚集。对完全竞争市场而言，在生产要素完全自由流动、原材料产地固定以及原材料需求在整个区

---

① 参见胡佛（1933，1936，1948）、艾萨德（1949，1956）。

② 当增加对生产过程的投入时，如果产出超比例地增长，则存在规模经济。

③ 当城市群能够最大化聚集优势，同时也使其成本最小化，进而获得最大的净优势时，城市规模达到最优规模（Alonso，1971；Richardson，1972）。然而，城市（无论是小、中城市还是大城市）实体经济的持续增长表明，聚集收益和成本来源于规模以外的因素，例如，城市的功能专业化及其生产的空间组织（Camagni et al.，1986）。这些理论将在第八章中介绍。巨大的城市规模常常加剧城市环境的不经济状况，现在已被列入决策者的议事日程当中。地方和国家政府，乃至欧盟，目前都在研究能使城市经济增长与自然和社会环境相适应的经济和地域政策。其目的是实现城市的可持续性，因为这是城市和城市所在地区竞争力所依赖的因素之 。关于城市可持续发展的概念，以及本书第八章相关内容，请参见 Nijkamp 和 Per-rels（1994）、Banister（1998）、Camagni（1998）、Nijkamp（1999）。

域上均匀分布的条件下，运输成本的存在将削弱经济活动空间聚集的优势，直到经济活动在空间上完全分散分布以及每个厂商把市场全部划分完毕为止，此时每个厂商只能满足它所控制的当地市场需求。

地方化经济理论把"运输成本"定义为影响某一区位吸引力的所有形式的空间摩擦，这种吸引力会缩小空间中两点间的距离（如生产地和最终消费品市场、居住地和工作场所、原材料市场和生产地）。空间摩擦包括：①运输成本，是指输送货物的经济成本（运输和配送货物的纯成本）；②机会成本，以运输或出行某一距离所花费的时间来表示，也就是以利用该时间从事其他经济活动所获得的收益来表示；③出行的心理成本；④远距离通信的成本和难度；⑤无法获取重要信息的风险。

因此，运输成本对于整个区位论来说是至关重要的，因为它划分了不同的空间范围，并能够从经济角度来处理空间问题。此外，运输成本作为相互作用和距离的成本，还包含在聚集经济概念中：如果运输成本为零，那就没有理由把经济活动集中起来，因为这样做是不经济的。从这种意义上说，聚集经济就是"邻近经济"，也就是说，它们是由于经济主体之间的相互作用（通常是非自愿的）而产生的优势，这些优势是通过降低聚集区的空间摩擦得以实现的。

正如后面的章节（第九章）所显示的那样，经济活动聚集和邻近性将区位论和区域发展理论联系起来了。事实上，20世纪七八十年代的发展理论认为，如果从邻近性角度来考虑，经济活动聚集是经济发展循环累积和地域化过程中的决定性的内生因素①。

关于产业活动区位的两组理论，可以根据它们设定的基本目标和市场空间结构假设来加以区分：

（1）成本最小化理论。这些理论假设最终消费品市场和原材料供给市场均为点状市场，它主要分析在运输成本最小化条件下的厂商区位选择问题。在分析单个厂商的区位选择时，这些理论以局部均衡框架为基础②。

（2）利润最大化理论。这些理论假设需求在空间上均匀分布，而供给为点状分布，它解释在利润最大化条件下的多个厂商之间的市场划分问题。这些理论认为，每个厂商的市场范围和区位将取决于消费者行为和其他厂商的区位选择。这些理论主要以局部均衡框架为基础，但廖什模型是一个例外，它设想的是空间

① 产业区理论利用聚集经济理论来解释地方经济的发展。因此，它为分析邻近性在地方发展中的作用奠定了基础。随着时间的推移，邻近性概念越来越少地体现自然含义，而越来越多地体现了经济含义，请参阅第九章。

② 只有当需求在空间中均匀分布时，成本最小化才等于利润最大化。相反，如果需求集中在空间的某个区位上，那么成本高于另一个区位的区位可能对应着更好的收入条件（销售），因而就提高厂商的利润水平。

的一般均衡框架（几个厂商同时处于经济区位的均衡状态）。

成本最小化理论会提供如下问题的答案，即在原材料价格、原材料产地以及销售市场给定的情况下，厂商将区位设于何处？当假设存在聚集经济（如容易获得高质量劳动力、巨大的销售市场）时，厂商的区位选择将如何变化？利润最大化理论试图回答这样的问题，即在需求的空间分布给定的情况下，厂商如何划分市场范围？厂商一旦确定其生产区位，那么它将如何随初始生产条件的变化（如生产成本或运输成本的变化）或其他厂商区位的变化而变化？

本章阐述了能够回答上述问题的主要理论。本章从需求和供给点状分布的情形开始讨论：首先，聚集经济（以地方化经济形式）影响厂商的区位选择，甚至聚集经济以成本（生产和运输成本）最小化为主要目标时也是如此。其次，如果从成本最小化角度来考虑，则聚集经济（以城市化经济为其特征）可能会导致似乎不合逻辑的区位决策。然后，本章指出，如果供给在空间上呈现为点状分布而需求在空间上均匀分布，那么运输成本将影响厂商之间市场范围的划分。再次，本章还指出，在存在规模经济或规模经济强度发生变化的情况下，市场区范围也会发生变化。最后，本章解释了区位选择如何密切依赖于其他厂商的区位选择以及消费者行为的问题。

二、地方化经济与运输成本

1. 韦伯的模型

有关产业空间聚集最早、最著名的研究，可以追溯到 1909 年。当年，经济学家阿尔弗雷德·韦伯建立了一个相当优美的区位模型（见图 1 - 1）。在该模型中，韦伯直接把生产地、原材料市场和最终消费品市场之间的运输成本（共同决定最小运输成本）与地方化经济进行了比较。如果一种要素相对于另一种要素更普遍利用，则可以决定工业区位的地理位置[①]。

韦伯的模型基于以下简化假设：

（1）商品市场在空间上呈现为点状（见图 1 - 1（a）中的 C）。

（2）两个点状的原材料市场之间存在一定距离（见图 1 - 1（a）中的 M_1 和 M_2）。

[①] 韦伯的原著于 1909 年出版。然而，当它在 1929 年第一次被翻译成英文时，它变得广为人知了。韦伯在提出他的理论时借鉴了劳恩哈特（Launhardt，1882，1885）的研究。

（3）市场结构为完全竞争市场，即厂商无法从区位选择中获得垄断优势。

（4）最终产品需求缺乏弹性①。

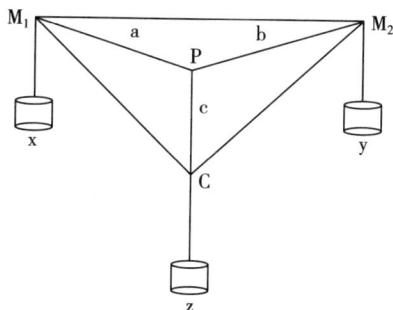

（a）区位三角形：选择运输成本最低区位

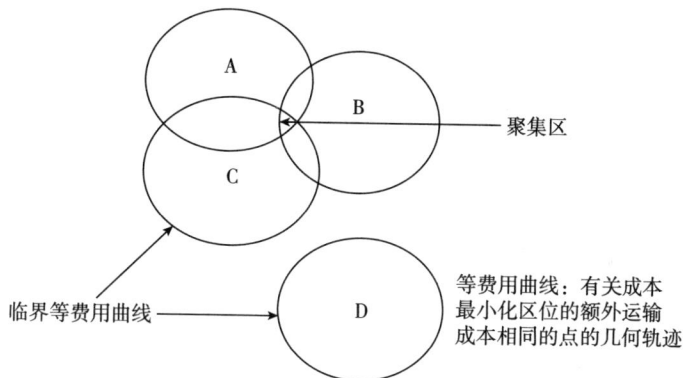

（b）聚集区

图 1－1　韦伯的区位均衡

（5）每个可能区位都使用相同的生产技术，故生产成本是给定的且固定的。

区位决策取决于两阶段复杂的计算过程。第一阶段，厂商首先寻找能够确保生产地、原料产地和最终消费品市场之间运输成本最小化的点；第二阶段，厂商将聚集优势（地方化经济）与选择新地点（而不是运输成本最小的地点）所产生的较高运输成本进行比较。

通过第一阶段的计算，可以确定能够确保运输成本最小化的区位。设 x 和 y 分别表示生产单位产出所需的从原材料产地 M_1 和 M_2 运出的原材料重量（单位

---

① 如果商品价格发生变化，而商品需求量变化（或供应量变化）比例很小或保持不变，则称需求（或供应）缺乏弹性或无弹性。

为吨），设 z 为从生产地运到最终消费品市场 C 的产品重量（单位为吨）。总运输成本（CT）表示为运输货物重量和运输距离的函数[①]：

$$CT = xa + yb + zc \qquad (1-1)$$

其中，a、b 和 c 分别为原材料产地与生产地之间以及生产地与最终消费品市场之间的距离（单位为千米）；xa、yb 和 zc 分别表示点 M_1、M_2 和 C 对厂商的"吸引力"（见图 1-1（a））。

可以确定成本最小化的点的区位[②]：

如果在三个点的"吸引力"中没有一个点的吸引力超过任意其他两个点的吸引力之和，则运输成本最低点位于由 M_1、M_2 和 C 连接而成的三角形内的某一点上。从经济角度来讲，这种情况发生在从生产地把 z 吨的最终消费品向消费市场运输一公里所需的运输成本，低于从原料产地分别把 x 吨和 y 吨的原材料向生产地运输一公里所需的运输成本时。

如果从两个原材料产地分别向生产地运输 x 吨和 y 吨的原材料一公里所需运输成本之和，小于从生产地把 z 吨的最终消费品向消费市场运输一公里所需的运输成本，则运输成本最小的点位于三角形的 C 点，也就是位于最终消费品市场。这种情况是在单位最终消费品生产过程中所使用的遍在原材料的重量，大于那些必须要运输的遍在原材料的重量所导致的。韦伯称这种区位为"市场导向型"区位。

如果从两个原材料产地分别运输 x 吨和 y 吨的原材料一公里所需运输成本之和，大于从生产地把 z 吨的最终消费品运输一公里所需的运输成本，则运输成本最小点将位于更接近原材料产地的区位。这种情况可以解释为，在最终产品生产过程中所使用的遍在原材料的重量相对于那些需要运输的遍在原材料的重量要小，或者在最终产品生产过程中大量损失重量。韦伯称这种区位为"原材料导向型"区位。

韦伯为解决运输成本最小化问题提供了一个很实用的方法。他设计了一个三角形木板（区位三角形），在三角形 M_1M_2C 的三个顶点处分别钻小孔，三条细绳

[①] 假设各方向的单位运输成本相同。在其模型的后续版本中，韦伯用理论重量的概念代替了实际重量的概念，理论重量是实际重量乘以某一方向的单位运输成本。其推理过程没有变，使用相同的程序，但找到了另一种解决区位问题的方法。区别是，通过更重视单位距离的成本而不是单位距离的重量，引入了一种现实主义元素。

[②] 假设这里的情况是，P 为生产地，M_1 和 M_2 为原料产地，C 为最终消费品市场，后者与生产地 P 的距离分别为 a、b 和 c，如图 1-1（a）所示。还假设在这些条件下，P 的位置保证总运输成本最小化。因此，引力 ax、by 和 cz 必须满足关系式 ax + bx = cz，这是引力的均衡条件。如果 cz > ax + by，则此时 P 点要成为运输成本最小化的点，则生产区位必须向最终消费品市场处移动；如果 cz < ax + by，则生产区位必须向原材料产地处移动，如正文所述。

分别通过这些孔（见图 1 – 1（a）），并在木板上面打结在一起。分别将与重量 x、y、z 成比例的砝码放到木板下的细绳的另一端，此时木板上面的三条细绳结点之位置，就对应着运输成本最小的点。

在区位选择的第二阶段，厂商将运输成本最小化区位与另一个能够获得地方化经济的区位进行比较，例如，与能获得低成本或高质量劳动力的区位进行比较。

假设图 1 – 1（a）中的 P 是运输成本最小的点。韦伯描述的"等费用曲线"为，从该曲线上的任意一点到运输成本最小的点的附加运输成本都相等①，显然这些附加的运输成本由厂商来支付。假设其他厂商都从事同种产品的生产，且这些厂商都从产业聚集中得到各种类型的经济收益，因此它们都拥有等于 v 的可以用货币度量的聚集优势。只有当每个厂商的等费用曲线与其他厂商的等费用曲线相交时，也就是这些附加运输成本等于聚集优势（v）时，厂商才做出调整其生产区位的决策。在这种情况下，实际上在交点区域内的附加运输成本小于聚集区位所产生的聚集优势。在图 1 – 1（b）中，厂商 A、B 和 C 发现自己正处于这种情形之下，于是做出迁址决策，但厂商 D 不一定做出这种决策，因为厂商 D 的聚集优势无法补偿额外的运输成本②。

2. 模型的评价

韦伯的模型为工业区位理论的发展做出了持久而重大的贡献。该理论的主要优点是使用了完全理性的推理模式，例如，比较备选区位的优势以及它将产生的额外的运输成本。尽管如此，该模型仍有一些缺点：

（1）模型的静态特性。该模型以生产效率为基础确定成本最小化区位，但忽略了微观经济层面的创新等动态方面的内容，而宏观经济层面则忽略了收入分

---

① 帕兰德和胡佛也研究过等费用曲线的概念。帕兰德（1935）指出，如果引入不同运费率的运输成本，那么等费用曲线的形状将发生变化。胡佛（1937a）利用等时线概念（该曲线上任何一点的商品零售价格都相等）解释了生产商之间的市场区划分问题。他指出，不同厂商的生产成本和运输成本不相同，因此不同厂商都以不同的销售价格以及离生产地的不同距离为特征，根据这些特征划分不同厂商的市场区。

② 韦伯假设存在这样一个区域，它既不是原材料市场，也不是最终消费品市场，但具有丰富的低成本劳动力。在这种假设下，韦伯以非常类似的方式为厂商寻找最佳的生产区位。一旦找到成本最低的生产区位，那么就比较厂商从新区位获得的劳动力成本节约和所增加的运输成本，在此基础上做出是否转移到劳动力成本最低的区位的决策。如果劳动成本节约大于运输成本增加，那么厂商就转移到新的生产区位。

配的变化以及聚集优势、租金和工资之间的关系的变化①。

（2）模型的运输导向型特征。运输成本最小化，首先确定最有效率的区位，然后才确定其他区位。一些评论家指出，这种方法的效率低于那些直接寻找总生产成本最小的点的方法的效率②。

（3）模型的抽象性。因这种抽象性特征，实际上很难计算出成本最小化的区位，而且也不大可能计算出产品最终重量中原材料重量所占的份额，尤其是无法将要运输的原材料的重量与生产现场中的原材料的重量区别开来③。

（4）该模型在本质上是一个完全忽略厂商间相互作用的局部均衡模型。

（5）模型的供给侧偏向。对该模型最常见的批评是，该模型过于倾向于供给方面，该模型没有提到需求因素，它假设需求是无限的，对价格变化没有弹性。

三、市 场 规 模 与 运 输 成 本

韦伯的模型假设需求为点状需求，因此需求不具有自然维度或经济维度。这就否认了人口聚集区的存在，人口聚集区的商品和生产要素市场比其他地方更大，产品质量也比其他地方好。换句话说，韦伯的模型忽略了大城市聚集区的存在。大城市聚集区的存在，是因为居住和生产活动可以从密集居住中获得某种优势（城市化经济）的缘故。对于居民来说，这种优势在于可以获得从娱乐设施（电影院、剧院）到运输设施（国际通信中心、机场和车站）所提供的各种各样的服务。对于厂商来说，城市是生产要素和最终产品的巨大的多样化的市场，也是社会固定资本高度集中和高效提供各种公共服务的地方。

假设存在不同规模（和密度）的最终消费品市场，那么很容易看出，最终消费品市场为点状分布或者需求在空间上均匀分布时，产业的区位选择都将发生变化。

梅尔文·格林哈特对市场规模如何决定厂商区位问题进行了有益的分析。假设需求在空间上均匀分布，格林哈特发现，厂商此时不像他们以最小成本为其唯

---

① 不过，韦伯（1929）也意识到厂商分布模式以及阻止厂商空间聚集进而实现厂商分散分布的方式的重要性。他认为，事实上，促使厂商分散布局的因素主要"取决于土地价值的上涨，这是厂商聚集带来的土地需求增长所引起的"，且主要是通过分散化聚集优势的方式来提升其他区位的租金和劳动力工资水平，显然是以利润损失为代价的。

② 参见史密斯（Smith，1971）。

③ 胡佛（1933，1937b，1948）认为，韦伯的模型更适用于类似于钢铁和煤炭等行业的区位选择问题。实际上，就这些行业而言，更容易确定原材料及其在最终消费品生产中的影响范围。

一目标时的生产区位选择那样，总是选择离最终消费品市场和原材料产地最近的地点为其生产区位①。

为了证明这一说法，格林哈特假定：

（1）有 A 和 B 两个区域，每个区域都有一个最终消费品市场和一个原材料产地。

（2）区域 A 的最终消费品市场大于区域 B 的市场。

（3）原材料市场为点状分布。

（4）厂商可以在其中的一个地区生产，但他们不能在一个区域购买原材料而在另一个区域的最终消费品市场上销售商品；这两个区域的市场是完全封闭的。

（5）两个区域的单位生产成本相同。

（6）单位运输成本是常数，因此总运输成本与距离成正比。

（7）两个区域的单位运输成本相同。

如果区域 A 的销售市场与原材料市场之间的距离小于区域 B，那么当厂商在生产和居住活动密度很大的区域 A 选择生产区位时，将受到两种要素的影响：一是区域 A 较低的运输成本；二是区域 A 规模很大的最终消费品市场，厂商可以从当地更多的需求中获得更大的收益。因这两种影响因素的作用，在区域 A 可以获得更高的利润。

反过来，尽管区域 A 的销售市场与原材料市场之间的距离大于区域 B，但区域 A 具有规模很大的市场。这种市场的存在，可以解释厂商为什么不选择最终市场与原材料市场之间的距离小于区域 A 的区域 B，而是选择区域 A。实际上，区域 A 大规模市场的存在可以充分抵消厂商在区域 A 支付的较高的运输成本，因此厂商在区域 A 获得的利润大于在区域 B 获得的利润。

四、规 模 经 济 与 运 输 成 本

1. 市场区

迄今为止所讨论的模型，都是通过权衡本地化或城市化经济与运输成本，来解释产业集聚区的存在。现在开始讨论的是第二种类型的产业区位模型，其目的

---

① 参见格林哈特（Greenhut, 1959a, 1964, 1966）。

是证明规模经济（聚集经济的第一种形式，它是因为工业活动全部聚集在空间中某一点而产生的）与运输成本的并存，导致了不同厂商之间市场范围的空间划分①。现在必须放弃点状市场结构的假设，假设需求在空间上均匀分布。

基于如下假设，我们证明每个厂商的市场区是如何形成的：

（1）需求沿线性市场均匀分布，且价格完全缺乏弹性②。

（2）两个厂商以相同的成本函数生产同质产品（正如将要看到的那样，这一假设只是模型初始的假设）。

（3）两个厂商的区位是给定的。

（4）单位距离的运输成本（如每公里的运输成本）不变，故总运输成本与所运输的距离成正比。

（5）运输成本由消费者支付。

很容易确定两个厂商的市场区。假定 A 和 B 分别表示这两个厂商在线性市场（例如海滩或笔直的街道）上的区位，如图 1 - 2（a）所示。厂商在线性市场上的产品销售价格为产品的生产价格（p^*）和运输成本之和：

$$p = p^* + \tau d \tag{1-2}$$

其中，τ 为单位产品单位距离的运输成本，d 为消费者购买产品所需的出行距离。

由于消费者在购买商品时要支付运输成本，因此离生产商越远，商品的购买价格就越高。如图 1 - 2（a）所示，因为存在与厂商间的距离，位于 a 点的消费者购买产品时的价格较高，购买价格等于 P_1。受低价格的吸引，消费者愿意购买距离他们较近的生产商生产的产品。例如，如图 1 - 2（a）所示，P_1 和 P_2 之间的价格差异促使位于 c 点的消费者从厂商 A 处购买产品，而不是从厂商 B 处购买。显然，这一条件适用于位于 a 点和 b 点之间的所有消费者，因为在这一区域内，厂商 A 提供的产品价格比厂商 B 提供的产品价格便宜。同样的道理也适用于从 b 点开始的消费者，他们发现从厂商 B 处购买商品更有利，因为厂商 B 以较低的价格提供与厂商 A 同质的产品。b 点代表两个厂商市场区的分界点，在这个点上，消费者从厂商 A 处购买产品与从厂商 B 处购买产品是无差异的，因为二者对商品收取相同的价格。

上述模型基于这样一种假设：两个厂商的成本函数相同，且运输成本由消费

---

① 关于这一理论的最早研究可追溯到劳恩哈特（1882）、费特尔（Fetter，1924）、霍特林（Hotelling，1929）等。随后，帕兰德（1935）为得出那些能够把先前的学者的部分成果纳入到更加一般化的解释中的方法，分析了厂商的市场规模和空间竞争。因这种缘故，帕兰德被广泛认可为是第一个概念化市场区的理论家。经济学家廖什（Lösch，1954）是第一个在市场区基础上定义一般空间均衡的学者。

② 正如前面的注释所指出的那样，需求刚性是指这种状况：即使产品价格发生变化，消费者购买产品数量的变动比例低于价格变动比例（或者他们根本不会改变购买数量）。

者支付。但是，如果我们假设厂商受益于规模经济，且由厂商来支付运输成本，那么将是什么样的情形？

如图 1-2（b）所示，如果两个厂商中有一个厂商（如厂商 B）享有规模经济（即其生产成本低于厂商 A），b 点表示两个厂商市场区范围的分界点。因为厂商 B 享有规模经济，因此厂商 B 的产品空间销售价格曲线向下平移，这样就扩大了厂商 B 的市场区范围。之所以厂商 A 能够留在市场上，是因为它与厂商 B 之间的距离很大。

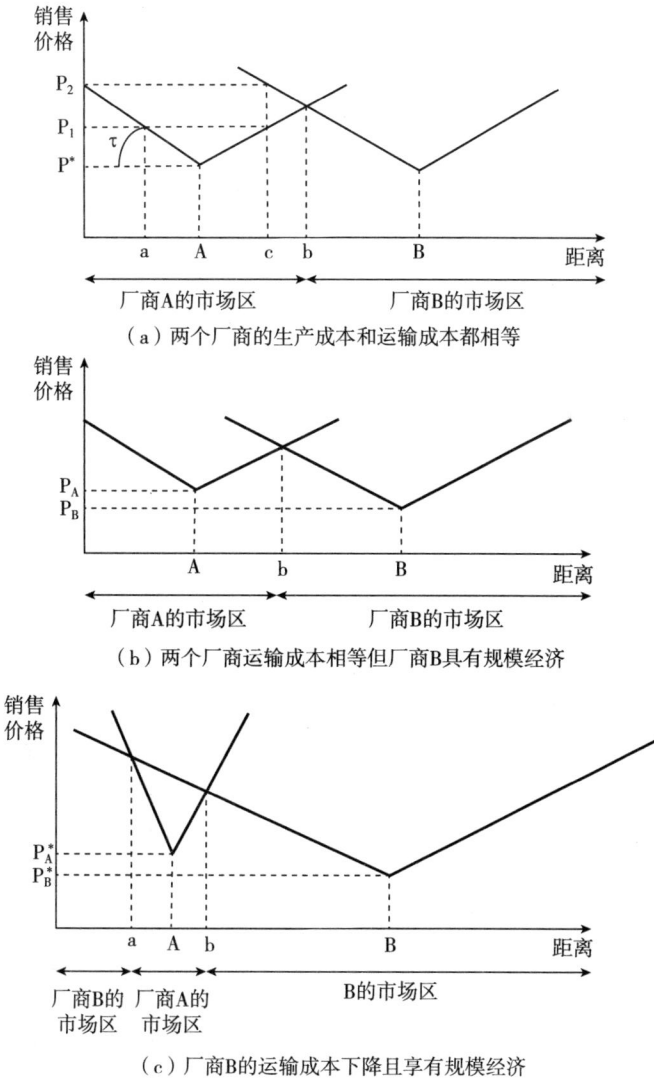

（a）两个厂商的生产成本和运输成本都相等

（b）两个厂商运输成本相等但厂商 B 具有规模经济

（c）厂商 B 的运输成本下降且享有规模经济

图 1-2　厂商间的市场划分

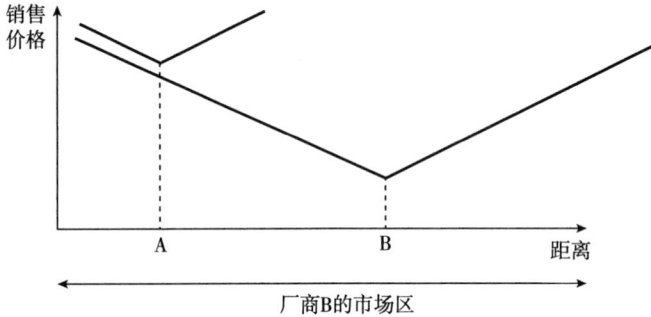

（d）厂商B的规模经济迫使厂商A退出市场

图1-2 厂商间的市场划分（续）

在图1-2（c）中，厂商B享有规模经济（$P_B^* < P_A^*$），且运输成本较低（$\tau_B < \tau_A$）（可能享有更有效的运输技术和包装技术）。因此厂商B占据了厂商A的市场的很大一部分。厂商A的市场范围进一步萎缩，现在其市场区域只能覆盖住其生产区位周边的小范围（点a与点b之间）的区域。有趣的是，由于空间摩擦递减（以较低的运输成本表示），厂商B甚至还剥夺了厂商A曾经垄断经营过的市场范围。最极端的情况是，厂商B在规模经济方面的优势非常巨大以致厂商A被迫退出市场，如图1-2（d）所示。

尽管这是一个很简单的分析，但从中可以得出很有意义的结论：

（1）靠近生产区位的消费者，支付较低的运输成本，因而具有较大的经济优势（假设运输成本由消费者承担），也就是说消费者以较低的销售价格购买商品，但前提是厂商不会实行价格差别化策略。

（2）在不失去市场份额的前提下，厂商可以在其垄断经营的市场范围内实行差别化的价格策略。如果运输成本由厂商支付而不是直接由消费者支付，则厂商可以实施多种价格差别化策略。该厂商可以针对市场范围内的所有消费者制定统一的销售价格，该销售价格等于把产品销售给离厂商最远的消费者时的价格，厂商因而可以占有离其较近的消费者的全部剩余；或者通过向位于某一区域（图1-3中的a与A之间）内的消费者收取高于另一个区域（图1-3中的A与b之间）内的消费者的价格的方法，对不同消费者群体实施差别化的价格策略，从而把其市场范围从b扩大到b'[①]。

[①] 关于各种价格差别化情况下的区位均衡的分析，参见贝克曼（Beckmann，1968）。关于价格差别化影响区位均衡的讨论，参见史密斯（1971）。关于需求的不同价格弹性对价格差别化和区位均衡的影响，参见霍特林（1929）。

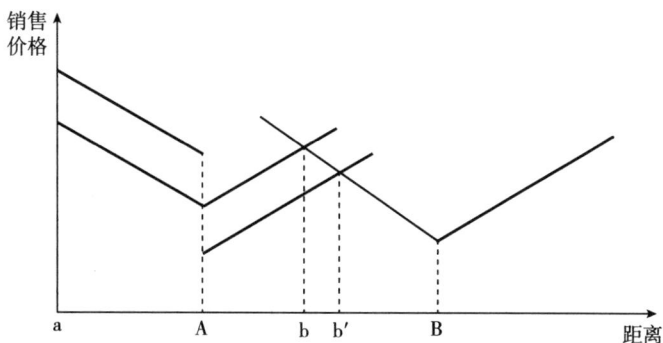

图 1-3 价格差别化策略下的市场区域划分

（3）从以上两点可以看出，地理距离是厂商进入本地市场的一大障碍，也就是一家厂商并不是与所有其他厂商进行竞争，而是与离它最近的厂商进行竞争。因此，在空间市场中，厂商间的竞争模型就是张伯伦和兰卡斯特[①]的垄断竞争模型，在这些模型中，价格差别化不是基于传统微观经济模型中的产品差异化，而是基于消费者和生产商之间的距离。

2. 进一步完善：胡佛的理论

后来，胡佛对上述模型进行了修正。他发现，有一种简单方法使得规模经济内生化于模型中，并让规模经济间接取决于距离。具体过程如下：

胡佛的假设与前述模型相似：商品需求沿着线性市场均匀分布；两个厂商 A 和 B 分别位于市场的两个端点，生产同质产品。但与前述模型不同的是，运输成本由厂商支付，且两个厂商的生产都以规模经济为特征直到达到某一产出水平为止，如果超出这一产出水平，则如新古典微观经济学模型所描述的那样[②]，产量增加将导致平均生产成本的上升，规模经济就变成规模不经济。

为了向离厂商一定距离的消费者销售其产品，厂商必须支付与货物运输距离成比例的运输成本。厂商 A 扩大其市场区的决策，将改变其初始的生产成本 a。一方面，通过扩大市场，厂商可以获得规模经济，进而以较低的单位产出成本 b 进行生产；另一方面，新的市场区与生产地之间的距离要求厂商支付由直线 bb'

---

① 参见张伯伦（Chamberlin，1936）、兰卡斯特（Lancaster，1975）。

② 这一假设等于说，如果产出量超出某一生产门槛，则边际收益递减规律将适用于生产要素。随着越来越多的单位生产要素的投入，这些要素在附加产出增长方面的贡献不如按产出增长比例进行投入时的贡献。在这种情况下，超过某一门槛就会出现边际收益下降和边际（平均）生产成本上升的情况。

所表示的运输成本，如图 1-4（a）所示。在距离 D 处，包括新的生产成本和运输成本的交货成本（或销售价格）等于 E。

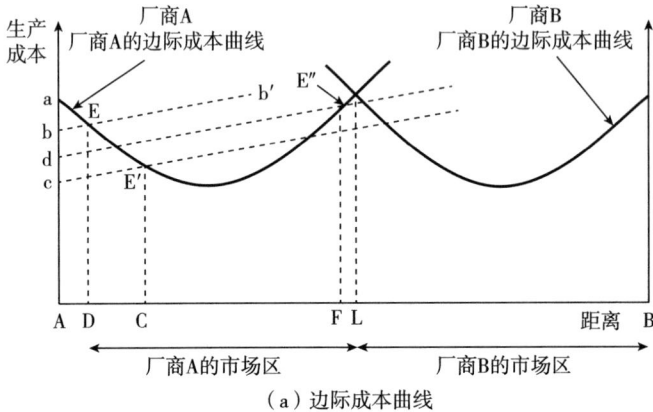

（a）边际成本曲线

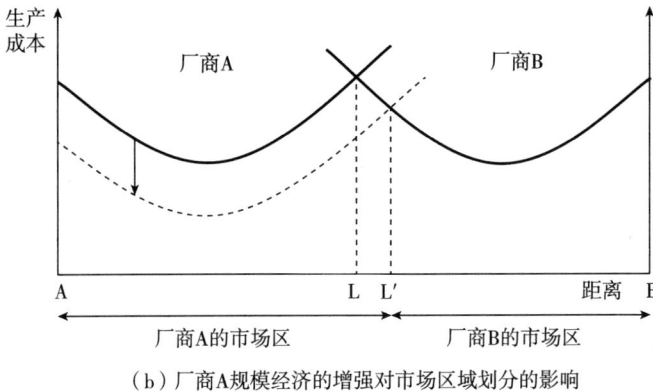

（b）厂商 A 规模经济的增强对市场区域划分的影响

图 1-4　存在规模经济时市场区域的划分

　　如果将这种推理应用于离生产商不同距离处的各种市场，那么发现通过组合不同距离处不同规模的市场，可以降低生产成本。只要规模经济发挥作用，那么成本与距离之间关系为负向关系，但一旦超出最有效的生产点（即平均成本最低点），根据模型的假设，规模经济变成规模不经济，成本与距离之间的关系就变为正向关系。实际上，因为规模不经济和运输成本的增加，产出量增加将导致现有生产成本比先前的生产成本要高。在图 1-4（a）中，距离 F 处的产品销售价格为 E″。将不同市场上各种交货成本组合起来，可以画出有关距离的 U 形曲线。胡佛称该曲线为"边际成本曲线"，它表示的是由生产成本和运输成本之和计算的平均生产成本。

利用同样的方法，可以画出厂商 B 的边际成本曲线。这两条边际成本曲线的交点，显然就代表了两个厂商市场区范围的分界线。厂商 A 的市场区包括从生产地到距离 L 处范围内的市场，厂商 B 的市场区包括从距离 L 处到其生产地范围内的市场。

在胡佛模型情况下，如果其中一个厂商（设厂商 A）通过引进技术等途径设法实现规模经济，此时在距离保持不变的情况下，厂商 A 的生产成本下降，边际成本曲线向下移动，此时也可以确定两个厂商的市场区范围。最后，两个厂商市场区范围的界限将从 L 移动到 L′，厂商 A 的市场区域扩大，显然这有利于厂商 A，如图 1 - 4（b）所示①。

五、空间需求、市场均衡与厂商区位

接下来是在给定生产成本和运输成本（再次假定与距离成正比）情况下，要确定厂商提供的商品数量，即消费者在出行一定距离而购买的产品数量。要实现该目标，首先要建立个人空间需求曲线，该曲线表示的是个人根据与厂商的距离和由生产条件（成本组合、规模经济）决定的厂商生产价格（或出厂价）所做出的从厂商 i 处愿意购买的产品的 x 数量。如果能绘制出个人空间需求曲线，则通过计算市场上的那些与厂商不同距离处的 n 个消费者的个人需求量之和，可以得出市场空间需求曲线。如果与一般的微观经济学理论的供给曲线结合起来进行分析，则市场空间需求曲线决定市场均衡②。

图 1 - 5 的空间需求曲线，是由廖什构建的，它由四幅图组成。图 1 - 5（a）描述了价格与距离之间的关系，它是一条直线，其斜率取决于单位运输成本（τ），这可以从图 1 - 2 看出。图 1 - 5（b）描述了传统微观经济学的个人需求曲线，它显示出价格与数量之间关系为负向关系，即如果产品价格上升，则消费者购买的产品数量减少。图 1 - 5（c）的作用是将变量映射到坐标轴上。图 1 - 5（d）表示个人空间需求曲线。

在距离 d_1 处，厂商以 p_1 的价格向消费者提供产品 x。在该价格下，如图 1 - 5（b）个人需求曲线所示，消费者购买 x_1 数量的产品。通过图 1 - 5（c）的换位，该数量可以移至图 1 - 5（d）中。同理，在距离 d_2 处，消费者购买 x_2 数量的产品。在图 1 - 5（d）中，把不同需求量与距离联系起来，可以画出个人空间

---

① 有关要素价格、生产技术和生产要素组合变化对总体平均成本曲线位置和斜率的影响的详细分析，请参见史密斯（1966）。

② 供给曲线是由厂商的经营状况（成本组成和规模经济）所决定的，模型的假设是给定的。

需求曲线①。

假设所有消费者具有相同的个人空间需求曲线，消费者对任意距离处厂商生产的产品的总需求，就等于位于市场不同距离处的 n 个消费者个人需求量的总和。假设均匀分布的消费者的分布密度为 q，则产品总需求将等于个人空间需求曲线下方的面积即图 1-6（a）中的 ODX 区域乘上密度 q。

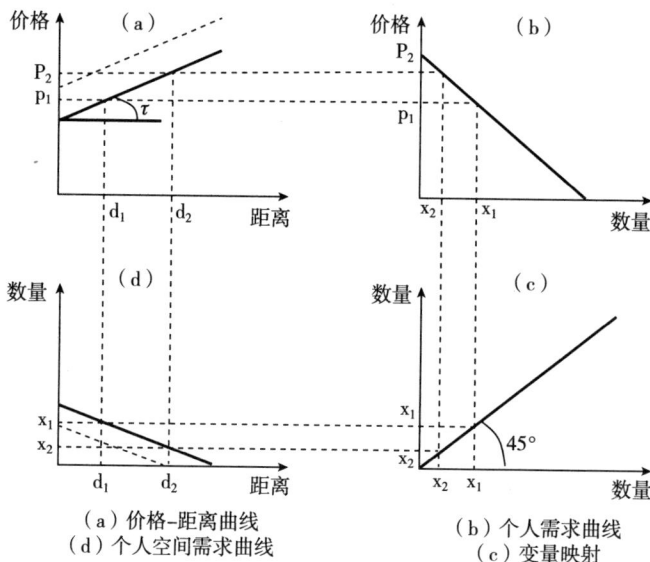

图 1-5　个人空间需求曲线

（a）价格-距离曲线
（d）个人空间需求曲线

（b）个人需求曲线
（c）变量映射

假设市场为一个均质的平面而不再是简单的线性市场，廖什利用相同的方法确定了厂商的市场区范围，就是把个人空间需求曲线下方的三角形 ODX 围绕纵轴旋转 360°就形成一个圆形市场。圆锥体的体积乘以消费者密度 q，则可得到圆形市场的产品总需求量，如图 1-6（b）所示②。

---

① 参见卡佩林（1980）、卡玛尼（1992a）。为了分析方便，我们用 x_i 表示个人需求，则：

$p = p^* + \tau d$　　　　　（1-1n）价格-距离曲线：图 1-5（a）

$p = a - bx_i$　　　　　（1-2n）个人需求曲线：图 1-5（b）

$\therefore p^* + \tau d = a - bx_i$

$\therefore x_i = \dfrac{a - p^*}{b} - \dfrac{\tau}{b} d$　　　（1-3n）个人空间需求曲线：图 1-5（d）

② 对于线性和圆形市场需求量的解析，请参见西格尔（Segal, 1977）、卡玛尼（1992a）。

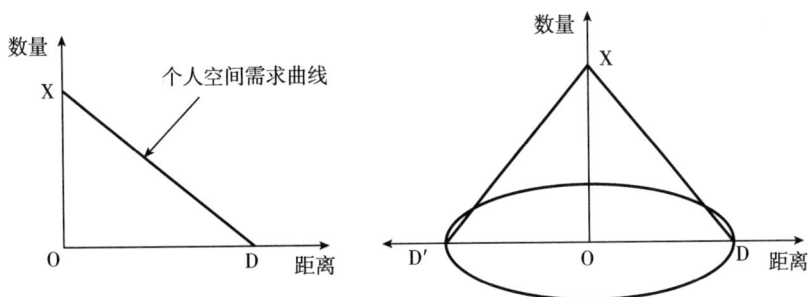

（a）在线性市场情况下，空间市场需求用个人空间需求曲线下方的面积乘以消费者密度q来表示

（b）在圆形市场情况下，空间市场需求用廖什圆锥体的体积乘以消费者密度q来表示

图1-6 空间市场需求

有趣的是，廖什"需求圆锥体"所确定的市场区域面积的大小，在需求结构给定的情况下，就取决于运输成本和厂商的产品价格。如图1-7（a）所示，运输成本的增加使得个人空间需求曲线变得更加陡峭，这就缩小了厂商的市场区范围。如图1-7（b）所示，较高的产品价格减少了消费者对产品的需求，但距离仍保持不变，因此个人空间需求曲线向下平移，这缩小了厂商的市场区域范围①。

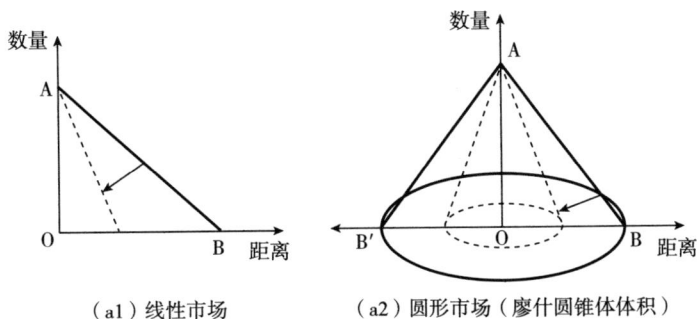

（a1）线性市场

（a2）圆形市场（廖什圆锥体体积）

（a）运输成本增加

图1-7 市场区域的变化

---

① 生产价格 p^* 的上涨，将导致图1-5（a）中的供给曲线向上平移和图1-5（d）中个人空间需求曲线向下平移。τ 的增加会导致个人空间需求曲线变得更加陡峭，并且市场区域面积缩小。有趣的是，这些结果与从市场区域模型中得到的结果相一致。

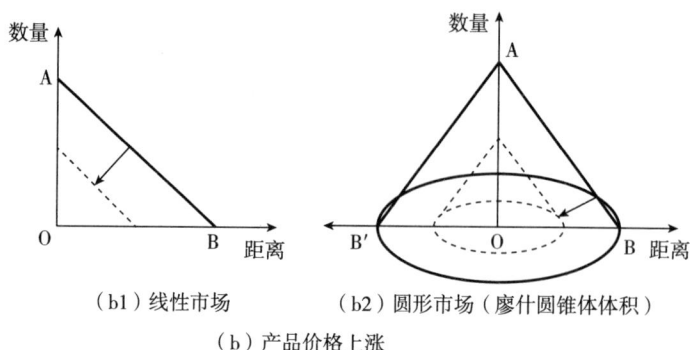

（b1）线性市场　　　　（b2）圆形市场（廖什圆锥体体积）

（b）产品价格上涨

图1-7　市场区域的变化（续）

定义空间需求曲线之后，廖什接着描述了厂商的经济空间均衡①和厂商区位问题。厂商在其市场范围内享有垄断地位，它因距离的存在而受到保护（区外需求因过高的运输成本而降至零），厂商也在利润最大化和超额利润条件下从事生产活动②。从空间角度而言，在广阔的空间中，分布着为数不多的互不重叠的市场区域，这意味着市场需求并未得到满足，如图1-8（a）所示。

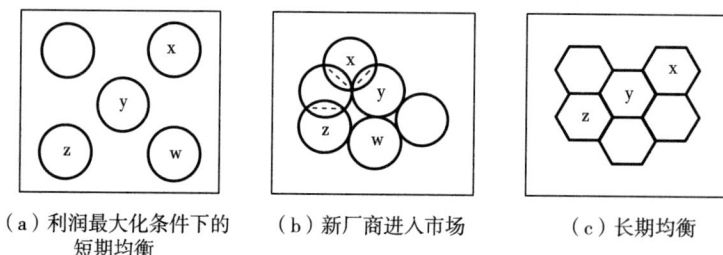

（a）利润最大化条件下的　　（b）新厂商进入市场　　　（c）长期均衡
　　　短期均衡

图1-8　长期空间市场均衡发展过程

---

①　微观经济学把"市场均衡"定义为这种状态，即在一定的需求条件下，厂商在利润最大化下生产一定数量的产品。所实现的市场均衡可能是短期的，也可能是长期的。在短期均衡情况下，均衡因市场状况的变化而变化，例如，存在额外利润，则将吸引新的厂商进入市场，原有厂商不得不与之分享市场。在长期均衡情况下，均衡会随着时间的推移而持续，直到市场外部条件（技术革新、原材料和生产要素价格的变化）的变化改变初始的博弈规则（成本结构、要素的相对价格）为止。

②　由于利润被定义为总收入减去总成本（$\pi = R - C$），利润最大化要求边际成本（C'）和边际收入（R'）相等。事实上，$\pi' = 0$ 意味着 $R' - C' = 0$，即 $R' = C'$。在这种情况下，厂商将最大化所说的"正常"利润，也就是最大化生产商的正常报酬。然而，在有些情况下，生产商除了从市场中获得正常利润外，还获得超额利润，从而产品以高于平均成本的价格出售。然而，这种情况是短期均衡，因为超额利润的存在会促使新的厂商进入市场。在长期内，由于超额利润被分割完毕，促使厂商进入市场的激励消失，此时也就达到了稳定均衡。

然而，这只是短期的均衡。由于产品生产存在超额利润并且存在尚未开发的市场区域，新的厂商将进入市场，并在尚未开发的市场区域进行生产。新厂商进入市场会产生两种影响：一是空间市场不断被占据，直到市场区域出现重叠为止；二是单个厂商的边际利润因需求的减少而受到削减，利润分给了几家新进入的厂商，同时生产更多数量产品需要更多的生产要素和中间投入品，它必然导致生产成本的增加。这样，超额利润不断被增加的生产成本所抵消，厂商不再对进入市场感兴趣，最终实现市场的长期均衡。

对重叠的市场区域而言，如果产品是同质的，则消费者选择以较低的价格购买所提供的商品，该价格由消费者和生产者之间的最短距离所决定，如图 1-8（b）所示。这一过程导致的最终结果是形成市场的长期均衡，在这种均衡中，空间市场呈现出无重叠区域的正六边形形态，如图 1-8（c）所示。

六、区位选择中的相互依赖：霍特林模型

迄今为止所描述的模型，都是在厂商区位给定、需求空间均匀分布（线性或圆形市场）的情况下，假定整个市场被划分为几个市场区域，且每个市场区只有一家厂商。但所有这些模型的假设，都没有考虑重新划分市场时，厂商是否重新选择区位的问题。这些模型也没有考虑厂商区位选择中是否存在相互依存机制的问题，正如我们将看到的，这种机制的存在提高经济活动空间分布密度。

区位选择过程中厂商之间相互依存的理论，最早是霍特林在其著名的寡头垄断模型中提出的，当然许多学者也对这一理论的发展做出了许多贡献[①]。

该模型的假设与市场区模型假设非常相似：

（1）市场上只有两家厂商（寡头垄断厂商）。

（2）产品需求在线性市场（如海滩）上均匀分布，厂商提供的产品是同质产品（如同一品牌的冰激凌）。

（3）厂商转移成本为零。

（4）需求对价格完全无弹性，也就是说，消费者需求不随价格变化而变化（海滩上的游客不管冰激凌售价如何，他们都要购买同样数量的冰激凌）[②]。

---

① 在霍特林之前，只有费特尔研究了两个厂商为控制广大市场区域而展开竞争的问题。此后，其他经济学家才开始研究不完全竞争或垄断市场的运行问题，具体参见费特尔（1924）、霍特林（1929）、罗宾逊（Robinson，1934）、张伯伦（1936）等。

② 我们将从后面的分析中看到，放松这一假设将改变模型的最终结果。

假设两个厂商最初分别选择区位于 A 和 B，如图 1-9（a）所示，如果其中一个厂商重新选择区位（例如厂商 A 迁移到 A′），则此时市场划分结果显然有利于厂商 A，厂商 A 通过从厂商 B 处获得新的市场份额，从而扩大了市场规模。同样，厂商 B 也重新选择区位于 B′ 而获利，因为这样做可以占据厂商 A 的一部分市场。这一过程一直持续到两个厂商位于空间市场的中心为止，即每个厂商享有一半的市场，如图 1-9（b）所示。根据霍特林的观点，只有这种情形才能使市

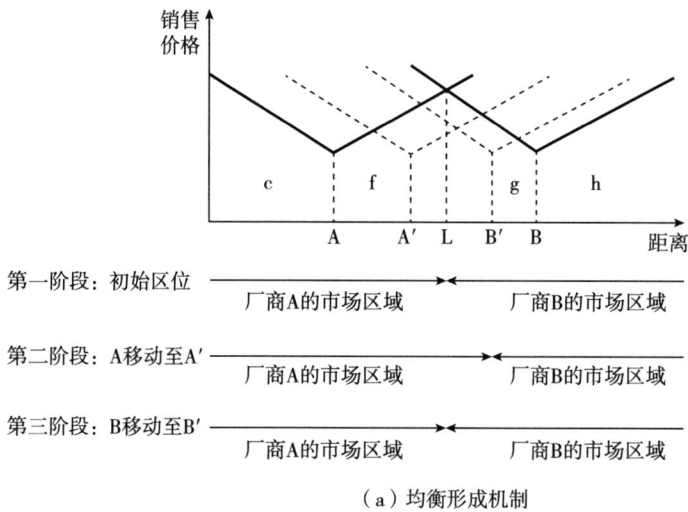

（a）均衡形成机制

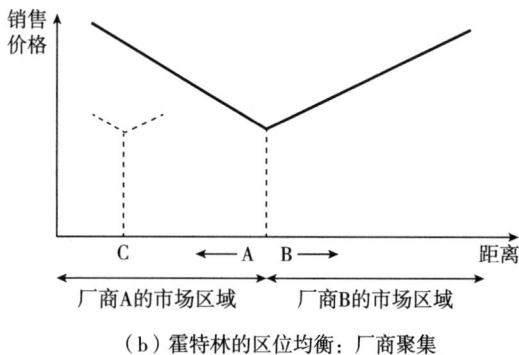

（b）霍特林的区位均衡：厂商聚集

图 1-9　霍特林的寡头垄断模型

场变得稳定，否则在这些假设下市场是很不稳定的[1]。

---

[1]　霍特林也从分析角度探讨了区位选择问题，参见霍特林（1929）。设 τ 为单位运输成本，p_a 和 p_b 分别为厂商 A 和 B 的销售价格，x_a 和 x_b 为两家厂商生产的产品数量。另外，如图 1-9（a）所示，设 c 为原点与 A 之间的距离，f 为 A 与 L 之间的距离，g 为 L 与 B 之间的距离，h 为 B 与线性市场末端之间的距离。f 和 g 的长度取决于两个生产商价格之间的差异，如果 $p_a - p_b$ 变大，f 就会增加，g 就会减少。

图 1-9（a）中的点 L 表示两个生产商之间的市场范围界限，有如下关系成立：

$$p_a + \tau f = p_b + \tau g \tag{1-4n}$$

在 L 处，由于厂商 A 和 B 的销售价格相同，因此消费者从 A 或 B 购买产品是无差异的。市场的总规模为 l，分为四个部分，如图 1-9（a）所示：

$$l = c + f + g + h \tag{1-5n}$$

把式（1-5n）写成有关 f 的表达式，然后把式（1-4n）写成有关 g 的表达式并代入式（1-5n）中，则：

$$f = [l - c - h + (p_b - p_a)/\tau]/2 \tag{1-6n}$$

同理：

$$g = [l - c - h + (p_a - p_b)/\tau]/2 \tag{1-7n}$$

有了 f 和 g 的长度（从经济角度看，是这两个厂商的市场规模），厂商利润可以写成：

$$\pi_a = p_a x_a = p_a(c + f) = \frac{1}{2}(l + c - h)p_a - \frac{p_a^2}{2\tau} + \frac{p_a p_b}{2\tau} \tag{1-8n}$$

$$\pi_b = p_b x_b = p_b(g + h) = \frac{1}{2}(l - c + h)p_b - \frac{p_b^2}{2\tau} + \frac{p_a p_b}{2\tau} \tag{1-9n}$$

每一家厂商都以其利润最大化的价格出售产品。在分析过程中，价格是通过在利润函数中求对价格的偏导并令其等于零来决定的：

$$\frac{\partial \pi_a}{\partial p_a} = \frac{1}{2}(l + c - h) - \frac{p_a}{\tau} + \frac{p_b}{2\tau} = 0 \tag{1-10n}$$

$$\frac{\partial \pi_b}{\partial p_b} = \frac{1}{2}(l - c + h) - \frac{p_b}{\tau} + \frac{p_a}{2\tau} = 0 \tag{1-11n}$$

可得：

$$p_a = \tau[l + (c - h)/3] \tag{1-12n}$$

$$p_b = \tau[l - (c - h)/3] \tag{1-13n}$$

并且

$$x_a = c + f = [l + (c - h)/3]/2 \tag{1-14n}$$

$$x_b = g + h = [l - (c - h)/3]/2 \tag{1-15n}$$

最大利润可以写成：

$$\pi_a = p_a x_a = \frac{\tau}{2}\left(l + \frac{c - h}{3}\right)^2 \tag{1-16n}$$

$$\pi_b = p_b x_b = \frac{\tau}{2}\left(l - \frac{c - h}{3}\right)^2 \tag{1-17n}$$

从式（1-16n）和式（1-17n）中可以看出，当厂商 B 的区位既定时，厂商 A 通过移动到 A' 的位置，如图 1-9（a）所示，以扩大其利润。事实上，c 的扩大和 h 的缩小，都会导致厂商 B 的利润减少，厂商 A 的利润增加。因此，厂商 A 将力求最大限度地扩大 c 部分。反过来，厂商 B 希望离厂商 A 更近一些，例如移动到 B'，如图 1-9（a）所示，这样它就可以扩大 h 部分而缩小 c 部分。这样，厂商 B 通过从厂商 A 中获取部分利润来增加自身的利润。一旦到达 L 处，两个厂商都没有改变区位的意愿。

霍特林的模型强调了以下两个方面的重要特性：

（1）尽管存在运输成本，但厂商天生具有空间聚集的特性。这种聚集特性有助于解释大型聚集区的存在，尤其是城市的存在。

（2）通过市场力量来解决厂商间竞争的方法，无法提高公共福利水平。一旦厂商之间实现区位均衡，那么消费者为购买产品而出行的平均距离［见图1-9（b）］要比在初始区位上［见图1-9（a）］出行的平均距离大。长期以来，这为旨在影响区位选择的规划行为提供了理论依据。然而，这并不意味着私人行为永远不会与公共利益相一致，但反过来，私人利益和公共利益之间的一致性是需要证明的，不应该被看作是理所当然的。

针对霍特林模型的批评，主要集中在最终结论对初始假设的过度依赖上[①]。第一，如果两个厂商都接受合作方案，那么两个厂商都可能不改变其初始的生产区位（初始市场份额与最终市场份额完全相等），从而避免厂商迁移成本。第二，如果允许潜在进入者进入市场，那么产业空间聚集就会消失，因为对新进入者而言，避开产业聚集的中心区位而选择外围区位更有利于它自身［如图1-9（b）中的点C］。新进入者能够在类似于C点的这些区位获取厂商A的一部分市场，进而打破区位均衡。第三，如果放松需求曲线刚性假设，那么厂商聚集在中心区位的结论将会受到质疑。事实上，如果价格影响销售（即假设需求对价格有弹性），那么厂商将选择离消费者更近的地点进行生产，以尽量降低消费者所承担的运输成本（这反映在产品的最终价格上），进而最大化自己的利润水平。因此，两个厂商从中心区位转移到更加外围的区位，从而提高利润水平。事实上，对图1-10中厂商新的区位A′和B′而言，消费者在厂商新区位处购买商品时的运输成本（图1-10中用垂线表示的部分）比在厂商中心区位处购买商品时的运输成本（图1-10中用横线表示的部分）低得多。因此，消费者将增加对产品的需求。

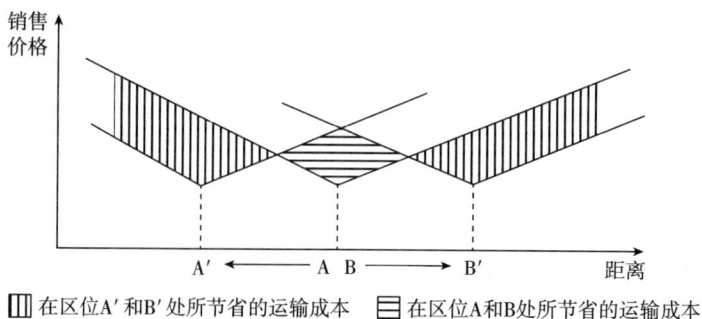

图1-10　选择其他区位的运输成本优势

---

① 参见张伯伦（1936）、廖什（1954）。

七、评价

通常情况下，那些为界定市场区而构建的模型既具有很强的解释能力，又因降低现实世界复杂性所必需的抽象和假设而存在明显的缺陷。

这些模型的第一个特点是，根据在区位选择过程中广泛发挥的作用力来解释单个厂商的区位选择过程，这些作用力包括运输成本和聚集经济。在完全均质空间的假设下，这些模型根据这两种作用力的权衡结果来解释厂商的空间聚集。但从另一个角度来说，它们忽略了地理因素，进而对经济活动空间聚集的解释显得过于平庸。

这些模型的第二个特点是，它们能够把扩展的空间需求纳入到厂商的区位选择过程中。正因为这种空间市场的存在，迫使厂商的区位选择超出了生产地和产品销售地之间运输成本最小化的逻辑，这样，控制市场实际上就成了厂商区位选择时的主要导向。

这些模型的第三个特点是，在区位选择框架内，它们可以设想出不同厂商行为之间的相互依赖关系。厂商区位选择确实取决于它所进入的市场规模，但它也不能不考虑其他厂商的选择。这一特性将区位均衡分析变成迭代的博弈过程，其解依赖于博弈的假设本身[1]。

这些模型的第四个特点是，它们证明了距离在经济分析中的重要作用。距离是进入某一市场的壁垒，因此每个厂商在其市场范围内具有垄断地位。

尽管这些优点使得这些模型具有重要意义，但也不应忽视这些模型所固有的一些缺陷。在关于霍特林模型的寡头垄断问题的讨论中，我们已经提到了初始假设对最终结果的影响问题。这些假设中影响最大的是需求的价格刚性。一旦放弃这一假设，就会出现一系列可替代的区位均衡。从销售收入最大化角度来看，相对于市场中心区，区位均衡条件下，那些远离市场中心且市场价格较高的外围区的厂商可以获得竞争性收益。

如前所述，如果抛弃同质空间市场的假设，仅仅从运输成本的角度来考虑，就有可能解释与直觉相反的区位选择问题。由于模型的这些缺陷，有些学者指出，尽管这些模型假定需求在空间上均匀分布，而且厂商的销售额取决于运输成本，但是它们仍然没有充分考虑到需求对最终均衡的影响[2]。

最后所要考虑的是，运输成本在现代工业品最终价值中所占比例较低的情

---

① 参见艾萨德（1970）。
② 参见格林哈特（1959a，1964）。

况。据估计，这一比例只占 3% ~ 8%，表明这些模型对现实的解释能力相当有限，事实上，很难说经济活动的地理集中是某些产业的引力中心所导致的。这些模型似乎更加适合于解释第三产业的区位选择问题。许多服务行业部门的单位价值较低（如商业活动），这就提高了要支付运输成本的频率（我们总是选择最近的面包店买面包），同时面对面接触在许多高级别服务（如法律、会计、医疗服务）中占有极其重要的地位。因此，就服务行业而言，运输成本和距离服务型企业的远近，对消费者的选择具有显著的影响①。

八、本章小结

本章回顾了早期的区位理论，以解释厂商区位选择的决定因素。

韦伯模型是本章所讨论的最早的模型，他假设需求和供给在空间中是点状分布的。根据这一假设，该模型基于导致经济活动空间聚集或分散的两种作用力，优雅而令人信服地解释了地域聚集现象的存在，而这两种作用力是聚集经济和运输成本。时至今日，这些力量仍然是更现代、在某些方面更复杂的模型的组成部分，这些模型试图将区位选择与当地增长动力结合起来（见第九章），而经济活动的空间组织本身就取决于这两种经济力量之间的平衡。

本章还描述了假设需求为点状而供给在空间上均匀分布时的模型。从这种需求和供给的空间结构假设出发，这些模型令人信服地解释了距离在确定消费者和厂商市场行为方面的重要作用。从经济角度讲，距离是有关空间转移成本的空间摩擦，这种摩擦将成为阻碍外来厂商进入当地市场的壁垒，它保护厂商免受外部厂商的竞争，并允许厂商持续在本地市场享有垄断地位，类似于垄断厂商推行价格差别化策略。

第二章要讨论的是以需求在空间上为点状而供给在空间上均匀分布为基本假设的区位模型。

思考题

1. 解释空间区位活动的主要作用力是什么？
2. 聚集经济分为哪些类型？

---

① 参见卡玛尼（1992a）。最近的研究突出了物流成本以及运输成本在产业活动区位选择中的作用，参见麦卡恩（McCann，1998）。最近对工业区位理论的评论，参见麦卡恩和谢帕德（McCann and Sheppard，2003）。

3. 区域经济学中运输成本的定义是什么?

4. 为什么运输成本在区位理论中发挥重要的作用?

5. 在韦伯的模型中, 区位选择所依据的因素有哪些? 厂商的区位选择是如何实现的?

6. 如果假设存在不同规模的最终消费品市场, 厂商的区位选择如何变化以及将发生何种变化?

7. 不同生产商的市场区域是如何界定的? 距离在确定市场区方面发挥着什么样的作用?

8. 空间需求曲线的定义是什么? 它是如何被推导出来的?

9. 当假设区位选择相互依存时, 厂商如何进行区位选择?

10. 市场区理论背后的需求和供给的空间结构是什么类型的? 它与韦伯模型的空间结构是否相同?

阅读文献

［1］ Li S. and Ho Park S. （2006）, "Determinants of Locations of Foreign Direct Investment in China", *Management and Organization Review*, Vol. 2, No. 1, pp. 95 – 119.

［2］ Urata S. and Kawai H. （2000）, "The Determinants of the Location of Foreign Direct Investment by Japanese Small and Medium – sized Enterprise", *Small Business Economics*, Vol. 15, No. 2, pp. 79 – 103.

［3］ Woodward D. P. （1992）, "Locational Determinants of Japanese Manufacturing Start – ups in the United States", *Soutbern Economic Journal*, Vol. 58, No. 3, pp. 690 – 708.

［4］ Beckmann M. （1968）, *Location Theory*, New York: Random House.

［5］ Chamberlin E. H. （1936）, *The Theory of Monopolistic Competition*, Cambridge: Harvard University Press.

［6］ Greenhut M. （1959）, "Size of Markets versus Transport Costs in Industrial Location Surveys and Theory", *Journal of Industrial Economics*, Vol. 8, pp. 172 – 184.

［7］ Hoover E. M. （1948）, *The Location of Economic Activity*, New York: McGraw – Hill.

［8］ Hotelling H. （1929）, "Stability in Competition", *The Economic Journal*, Vol. 39, No. 153, pp. 41 – 57.

［9］ Isard W. （1956）, *Location and Space – Economy*, Cambridge: MIT Press.

［10］ Smith D. M. （1971）, *Industrial Location: An Economic Geographical Analysis*, London: Wiley & Sons.

［11］ Weber A. （1929）, *Alfred Weber's Theory of the Location of Industries*, Chicago: University of Chicago Press.

第二章

通达性与区位

一、通达性与运输成本：土地价值与利用

上一章介绍了解释厂商如何进行区位选择的一些区位模型，它们仅基于决定区位过程的两种基本作用力，也就是导致经济活动分散的运输成本和引起经济活动集中的聚集经济，来解释区位决策过程。通过权衡这两种相反的作用力，所讨论的区位模型能够解释经济活动聚集现象存在与否的问题。此外，通过假设完全均质的空间，即不存在能够直接解释经济活动空间聚集的地理特征，这些模型还分析了厂商的区位决策问题。

上一章还阐述了那些确定市场区的模型的基本逻辑，它需要对供给和需求的空间结构做出具体假设，即生产区位位于空间中的特定位置上，并为分散在空间上的市场提供产品。

本章考察的理论所涉及的供求空间结构假设与此前假设相反。事实上，这里讨论的模型，假设生产地具有空间维度并延伸到整个地域，而消费地（市场）是点状分布的。有关生产与市场的地域结构假设的逆转并不纯粹是学术上的考虑。相反，牵涉这些模型着手要解决的问题，也就是它们不再试图确定每个厂商的市场区而是要解决尚未讨论的如何界定"生产区"的问题，生产区就是指个体经济活动所占据的自然空间（土地）。

在这些理论中，区位选择取决于组织空间经济活动的特定原理，即"可达性"，尤其是到市场或"中心区"的可达性。对于厂商来说，高可达性意味着它们很容易进入广阔的多样化的最终产品和生产要素市场，更容易获得信息，更便利地利用国际交通运输枢纽。对于个人来说，与"中央商务区"的可达性，进而与工作场所的接近性，意味着较低的通勤成本，同时也更容易获得大量受限于特定地点（如影剧院、博物馆、图书馆）的娱乐服务以及一些特种服务（如大

学），而不需要支付长距离的出行成本。

对中心区可达性的高需求引发了产业活动和居住活动间的区位竞争，即选择更接近于市场，或更接近于假想的中央商务区（市中心）区位的竞争。

本章介绍的所有区位选择模型都具有共同的重要特征：土地或土地租金。假设存在单一的中央商务区。由于中心区位运输成本很低，因而对中心区位土地的需求很大，这使得接近中心区位的土地成本就很高。由于城市土地供应至少在中短期内具有完全的刚性，故进一步加剧了这种情形。本章描述的这些模型以严格的经济学原理为基础分析了经济活动间的区位竞争，那些选择更加接近中心位置的厂商是能够支付更高土地租金的厂商。

工业区位论（尤其是韦伯的模型）确定不同区位均衡时主要依据经济活动空间模式的空间原理（聚集经济而不是最小运输成本），而本章介绍的这些模型与此不同，它们只考虑组织空间经济活动的一种要素——土地租金。这样土地租金也就成了解释所有人类活动，包括农业活动、生产活动或居住活动区位选择的唯一原理。

这些模型的优势在于，它们以简洁且无可辩驳的逻辑解释了生产、农业和居住活动在地理空间上的分布，并且消除了到中心区自然距离以外的其他各种因素的不同影响。考虑到它们对需求与供给空间结构的假设，这些模型非常适合于分析城市空间中的产业和居住活动区位。事实上，在城市环境下很容易假设存在单一的商务中心区（市中心）；对于厂商来说，商务中心区承担着集中、分配和出口城市产品的功能；对于居民来说，它是工作的地方。这些模型能够确定单个企业或家庭的区位。

最早分析生产活动空间分布的模型由冯·杜能在 19 世纪早期提出。后经过沃尔特·艾萨德、马丁·贝克曼和劳顿·温戈等的开拓性研究，为 20 世纪 60 年代阿朗索成功地把冯·杜能的模型应用于城市研究奠定了基础[①]。单中心城市模型很快就成为区位理论中的一个独立学派，被称为"新城市经济学"。这一理论学派致力于发展一般均衡区位模型，其主要兴趣不再是单个厂商或家庭的区位决策；相反，其主要研究领域变为解释城市的规模和密度，确定与城市不同距离的土地成本的特定模式以确保城市中所有个人和厂商实现区位均衡[②]。

正如我们将要看到的，这些理论被认为是阐述空间经济现象的性质、利用传

[①] 参见艾萨德（1956）、温戈（Wingo, 1961）和贝克曼（1969）。可以追溯到 1957 年贝克曼的一篇未发表的研究论文，它早于阿朗索的工作。参见阿朗索（1964b）。

[②] 参见贝克曼（1969）、蒙特萨诺（Montesano, 1972）、米尔斯（Mills, 1972）、米尔利斯（1972）、索洛（Solow, 1972）、阿纳斯和登德利诺斯（Anas and Dendrinos, 1976）、理查森（Richardson, 1977）、藤田（Fujita, 1989）。

统的理论工具进行区位分析的优雅模型。它们实际上是微观经济理论在城市内部结构研究中的应用。

本章首先介绍了冯·杜能的基本模型，它以简单的术语和严谨的经济学逻辑，解释了中世纪城镇周边农业生产的空间分布形态；其次介绍了在相同理论基础上发展起来的、分析城市中企业和家庭区位的模型[①]；再次简要讨论了这方面一般均衡模型的最新进展，因为它们是 20 世纪 80 年代以来城市经济学最主要的研究领域之一；最后介绍了可以用来衡量城市中心对周边企业和家庭吸引力的方法。

二、农业活动区位：杜能模型

杜能基于连续生产空间和单个点状最终消费品市场假设，构建了第一个区位模型[②]。他的模型衍生出了有关经济活动城市区位的主要理论。

杜能的模型以及随后的研究都以如下假设为基础：

（1）存在一个均质空间，空间中所有土地的肥沃度都相同，各个方向的交通基础设施条件都相同（各向同性空间）。

（2）存在单一的中心，它相当于中世纪的一个城镇，所有商品都在这里进行交易（是一个特定的市场）。

（3）需求是无限的，这一假设反映了模型的供给导向性特征，即区位均衡只取决于供给条件。

（4）生产要素是空间均匀分布，因此土地在备选生产活动间的分配并不取决于生产要素空间分布的非均匀性。

（5）每种农产品生产都有一个特定的生产函数，具有固定的系数和规模报酬不变的特征，这一假设意味着，每单位土地产出量和单位生产成本在空间上是固定不变的。

（6）农产品市场是完全竞争市场，故农民将市场上的价格作为其农产品的价格。

（7）单位运输成本在空间上是不变的，总运输成本取决于生产地与城镇之间的距离和运输数量，不同农产品的运输成本不同。

在假设存在一定数量农民的基础上，杜能分析了如何把土地分配给市场周边

---

① 关于厂商区位的文献参见阿朗索（1960，1964b）；关于家庭区位的文献参见穆特（Muth，1961，1969）、阿朗索（1964b）。

② 参见杜能（1826）。

不同地区的农民的问题[①]。

他的模型是建立在土地租金源于生产剩余这一理念的基础上的，这也成了后续此类模型的基本特征。农民为获得一片土地而愿意支付的价格是一种生产剩余，即从收益中减去运输成本以及包括农民留有一定报酬（利润）的生产成本后的剩余部分。

用规范化的语言来表示，则如果 x 表示农民生产的某种农产品的数量，c 表示农产品的单位生产成本，p 表示农产品价格，τ 表示单位运输成本，d 表示到市场的距离，那么土地租金 r 可以写成：

$$r(d) = (p - c - \tau d)x \qquad (2-1)$$

式（2-1）描述了农民为获得到市场中心不同距离处的土地而愿意支付的租金水平。用图形表示，它代表斜率为 $-\tau x$ 的一条直线，在纵轴上的截距为 $(p-c)x$，在横轴上的截距为 $(p-c)/\tau$，分别表示城镇土地租金的最大值及离城镇的最大距离。离城镇最大距离处的土地价值为零。

在式（2-1）中，求租金对距离的一阶微分，则可以得到距离变化（如一千米）对租金的影响：

$$\frac{dr(d)}{dd} = -\tau x \qquad (2-2)$$

如式（2-2）所示，租金变化恰好等于 $-\tau x$，这意味着离中心区位更近的土地所节省的总运输成本，等于占用离中心区位更近的土地所增加的土地租金[②]。

假设有三类农民（A、B 和 C），每一类农民都生产易腐烂程度不同的特定农产品，这样可以为每一类农民建立一条土地租金曲线。尽管农产品易腐烂程度不同是部分原因，但根据这些我们可以假设不同农产品的土地租金曲线具有不同的位置和斜率（见图2-1）。种植最易腐烂的农产品的农民，采用最密集和最高效地利用土地的方式进行生产［在图2-1中，Y 轴上的最大截距等于 $(p-c)x$］，这类农民为占用离城镇中心最近距离处的土地愿意支付很高的租金（在图2-1上，急剧向下倾斜的直线的斜率为 $-\tau x$）。不同类型农民为获得离城镇中心更近距离处的土地而展开竞争，每单位土地将分配给那些愿意为该土地支付最高租金的农民使用。离城镇中心 a′距离处的土地将配置给 A 类农民，他们愿意为该处的土地支付最高的租金，从 a′到 b′之间的土地配置给 B 类农民，从 b′到 c′之间的土

---

① 有趣的是，促使杜能发展他的理论模型的动力是一个非常实际的问题，是要解决如何在他自己的庄园里更好地组织农业生产的问题。

② 这一结果相当重要，因为杜能模型后续的其他模型也都得出了这一结论。它说明，土地租金只不过是更中心化了的区位所节省的运输成本。由此提出了"备选区位无差异"条件，也就是如果个人或公司的空间转移并不支付任何成本，那么就可以实现这一条件。这就等于说，接近中心区位一公里所节省的运输成本就等于为购入该处土地所支付的成本，具体参见萨缪尔森（Samuelson，1983）。

地配置给 C 类农民。土地所有者从农用土地中所获得的实际租金曲线，用上述三条租金曲线的包络线来表示。

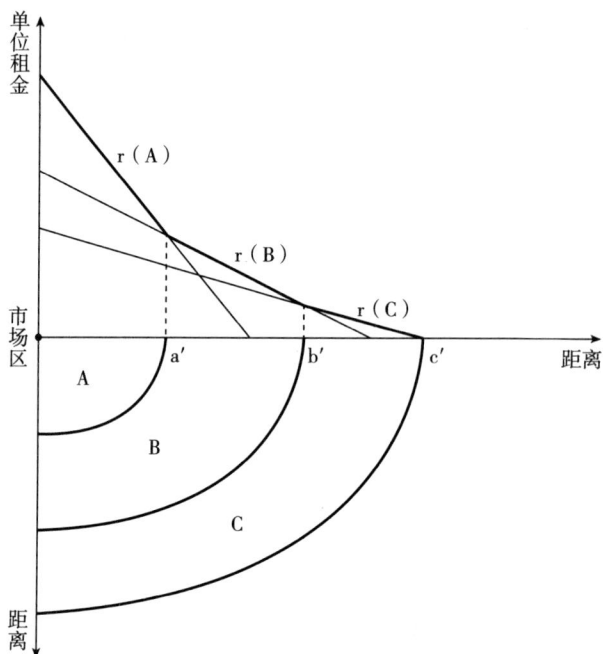

图 2 - 1　杜能模型：三类农民之间的土地配置

令人饶有兴趣的问题是，每个农民在属于该类型农民的一片土地中将选择何种区位的问题。答案是，该土地范围内的任何区位对农民而言都是无差异的，也就是说，每个区位都保证相同水平的（正常）利润，因此农民不会相互之间展开竞争。事实上，更加接近城镇中心所带来的运输成本的减少，恰好等于为获得该区位土地所必须支付的更高水平的租金。

该模型的主要优点之一是，它能够证明离城镇中心的距离或可达性（以运输成本表示）可以解释土地租金差异。因此，它有别于经典的李嘉图的观点，即土地盈利能力的差异取决于土地肥力的差异[1]。通过这种方式，它能够间接地解释经济活动的空间区位问题，这是一个很大的成就[2]。

---

[1]　参见李嘉图（Ricardo，1971）。

[2]　正如一再指出的那样，通过从具体的地理空间中剔除了除土地与城镇间距离外的一切因素，冯·杜能定义了一种新的空间类型，即经济空间。参见休里奥特（Huriot，1988）。

从这个角度上看，杜能模型可以看作是空间一般均衡模型。在同质空间（未开垦的平原）以及所有类型的农民都有相同的正常利润水平的假设下，该模型能够同时确定不同类型农业生产区位和土地租金水平。

三、厂商的城市区位：阿朗索模型

20 世纪 60 年代初，首先是威廉·阿朗索，然后是理查德·穆特重新分析了杜能的模型，并将其应用于城市经济研究中[①]，从而为众多的后续研究铺平了道路。阿朗索和穆特拓展了杜能的模型，使得该模型更加适合于城市经济的研究。但同时他们也放弃了那种只用交通成本表示空间摩擦以及更偏好中心区位的假设，使得该模型更加普遍化了。

基于与杜能模型相似的逻辑，阿朗索模型的最简单的版本，实际上是一个空间局部均衡模型。杜能假设存在一个未开垦的平原、所有类型农民的正常利润相等，确定了农民的区位选择和单位土地的租金水平。不同于杜能模型，阿朗索假设存在一个不能瞬间建成的城市，因而也存在从市中心到外围的有效土地租金曲线。正如我们将看到的，根据这些假设，阿朗索确定了愿意选择该城市的新厂商的区位以及该厂商能够获得的利润水平，这种利润可能与正常利润或平均利润不同。

阿朗索模型的假设与上述杜能模型中农业活动的假设相同。但它设想的是一个城市（不再是平原），其特征是生产要素在空间中均匀分布（均质空间），并拥有从各个方向上覆盖住整个城市的基础设施（各向同性空间）。该城市只有一个中心，即市区中心或中心商务区，该中心通常被定义为对所有企业和家庭而言最具吸引力的区位。

给出这些假设后，该模型沿着一个方向对城市进行了分析，即分析从市区中心到外围某一距离为半径的区间。

此外，阿朗索模型将土地租金定义为从厂商销售收入中减去生产成本（包括运输成本）和预期利润后的剩余部分。用公式表示，则地租为：

$$r(d) = (p_x - \pi - c(d))x(d) \qquad (2-3)$$

其中，r 表示地租，p_x 表示厂商生产产品的价格，c 表示单位产品的生产成本（包括运输成本），π 表示单位产品利润，d 表示到市中心的距离，x 表示厂商产出量。

---

① 参见阿朗索（1960，1964b）、穆特（1961，1968，1969）。

就像杜能模型中的情形一样，阿朗索模型中的生产成本也包含了运输成本，因此生产成本也随距离变化而变化。但不同于杜能模型的是，阿朗索模型中的收入水平也取决于距离，越靠近城市中心的区位，越接近于更大规模的市场，从而获得的收入水平也越高（可以考虑一下位于市区中心的商店的销售量大于位于外围的商店的销售量的情况，如果它们所销售的是奢侈品，那更是如此了）。

式（2-3）表示的是"竞标租金"，或者说是厂商愿意对离城市中心不同距离处的土地支付的租金（按平方米计算），即从收入中减去成本和厂商预期利润。如果厂商的预期利润水平保持不变，那么更加接近城市中心处的区位意味着要支付更高水平的租金，因为厂商承担更低的运输成本和获得更高水平的收入。同样，在郊区区位也可以获得相同水平的利润，当且仅当所支付的土地租金较低时，也就是土地成本的节省能够抵消较高的运输成本和远离城市中心所带来的较低的收入水平时（见图2-2（a））。

竞标租金曲线的斜率表示由距城市中心每单位距离的变化而引起的土地成本的变化，由式（2-4）给出：

$$\frac{\partial r(d)}{\partial d} = (p_x - \pi - c(d))\frac{\partial x(d)}{\partial d} - \frac{\partial c(d)}{\partial d}x(d) \qquad (2-4)$$

这表明，如果远离城市中心一单位距离，则维持相同利润水平 π 而要支付的租金水平将会减少，因为运输成本增加和收入水平下降。

当区位依次远离市区中心时（如图2-2（b）中的 d_0），如果厂商想要提高其利润水平，那么它需要支付更低水平的地租。反之亦然，在相同距离的情况下，如果厂商愿意接受较低水平的利润，那么他可以支付更高水平的地租。因此，可以为单个厂商绘制出一系列不同的竞标租金曲线，所有这些曲线都具有相同的斜率，并且每条曲线都是根据不同的利润水平来确定的，离原点越近的曲线所对应的利润水平就越高（见图2-2（b））。

在局部均衡框架中，如果"土地市场租金曲线"（即土地的实际市场成本，图2-2（b）中的曲线 re）是已知的，那么就可以确定厂商的最佳区位。沿着土地的市场租金曲线（re），厂商将选择利润最高的区位，它由土地市场租金曲线与最低（最靠近原点）的竞标租金曲线的切点所表示。在图2-2（b）中，在 E 点达到区位均衡，因此，在离市区中心 d_0 距离处，其租金水平等于 $r(d_0)$。

传统上，不同类型土地的"肥力"差异被视为农业地租差异的决定性因素①。在这个模型中，不同的土地肥力从现代意义上说可以解释为不同的"生产率"，即由于更易于获得信息，更靠近城市中心的土地具有更高水平的"生产率"。如果收入和成本随距离而变化，那么地租就是将所有净收入减少到仅从边

---

① 参见李嘉图（1971）。

（a）竞标租金曲线

（b）厂商的区位均衡

（c）不同区位偏好的各类活动的区位均衡

活动类别1：对中心区位高偏好，竞标租金曲线r1
活动类别2：对中心区位中偏好，竞标租金曲线r2
活动类别3：对中心区位低偏好，竞标租金曲线r3

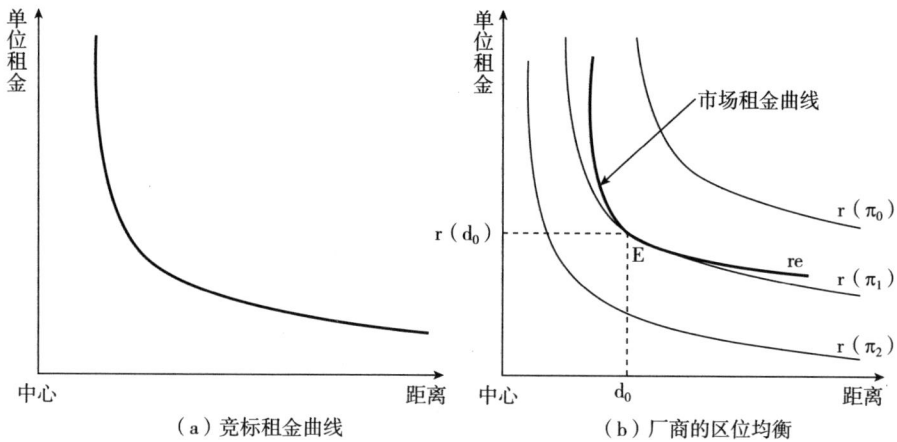

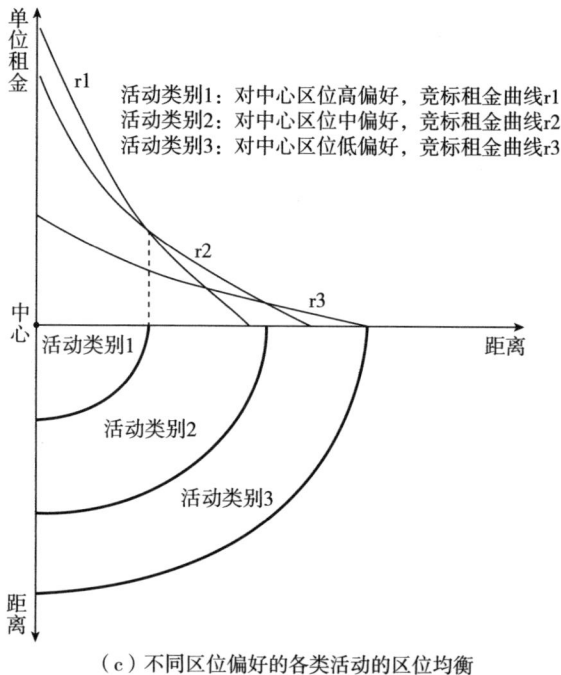

图 2 - 2　竞标租金曲线与厂商的区位均衡

际土地中获得的净收入时的值①。如果我们放弃城市已经存在的假设（市场土地是外生决定的），而且我们不再分析进入该城市的新厂商的区位决策，那么我们也就放弃了空间局部均衡模型，也就回到了杜能的空间一般均衡框架，它会对备

---

① 参见卡梅尼（1992a）。

选生产活动间或生产和居住活动间的城市空间配置进行富有意义的解释。在这种情况下，阿朗索模型讨论了一个类似于杜能所关注的问题，即当厂商间竞争中心区位时，阿朗索模型描述了在已知与中心不同距离处土地的市场成本的情况下，如何把城市空间配置给不同生产活动的问题。假设空间中存在一个点（中心），它吸引着对中心区位偏好程度不同的行业（银行总部、专营商店和制造企业）的活动。在围绕中心周边的均质空间中，不同类型的经济活动为获得最接近中心位置的区位展开竞争。不同经济活动对中心位置的偏好程度不同，因而不同经济活动的竞标租金曲线斜率也就不同，随着偏好程度的提高，厂商愿意为单位土地支付更高的租金以便更靠近市中心（见图 2 - 2（c））。

像杜能模型中的情形一样，假设三种类型的经济活动分布在城市区域中，每个地区都被那些出价最高的经济活动所占据。土地市场租金曲线将是离中心不同距离处的竞标租金曲线的包络线，因此该城市区域可以被描绘为由一系列同心圆环所环绕，每个圆环由那些在该距离上愿意支付最高地租的经济活动所占据（见图 2 - 2（c））。

然而，又是什么因素决定了对中心区位的偏好？分析竞标租金曲线斜率，有助于回答这个问题，该斜率反映了与市中心一单位距离变化而引起的土地成本的变化情况。式（2 - 4）给出了斜率的表达式。该式表明，远离市中心一单位距离，为维持相同利润水平而需要支付的地租将减少，因为运输成本增加和收入水平下降。式（2 - 4）包含了四个要素，它们本身或组合在一起，从理论上解释了某种经济活动对中心区位的偏好程度。如果满足下列条件，那么该经济活动实际上更偏好中心区位[①]：

（1）距离对商品需求的影响（∂x（d）$/\partial d$）很大。

（2）单位产出额外利润（$p_x - \pi - c$（d））很高。

（3）在单位土地上生产出的商品或服务的数量（x）很大，也就是生产出的商品或服务的价值很高。

（4）距离对单位商品或服务的生产成本的影响（∂c(d)$/\partial d$）很大。

表 2 - 1 列出了以竞标租金曲线斜率的主要数值为特征的一些活动实例。

（1）高密度需求导向的活动，如商业活动、购物中心、超市等，其特点是距离对商品需求有很大的影响。

（2）提供高级服务功能的活动（如律师、专业医生），或者需要选择著名区位的一些经济活动，这些著名区位是指因一些寡头垄断机构（银行和保险公司总部、公共和私人管理职能）在此就位因而被众人知晓的著名场所。这些经济活动

---

① 参见卡梅尼（1992a）。

向外围输送一单位商品或服务的成本以及距离对商品需求（按单位土地面积销售量来测度）的影响都很低，但中心区的额外利润却很高。通过占据中心区位，这些活动放弃了完全竞争市场，并通过使用诸如信息等这些传统的城市投入要素，凸显其产品质量。

表2-1　中心区位高偏好活动分类

距离对需求的影响 $\partial x(d)/\partial d$	单位产出额外利润水平 $p_x - \pi - c(d)$	单位土地商品或服务的产量 $x(d)$	距离对生产成本的影响 $\partial c(d)/\partial d$	活动举例
高	一般	一般	低	商业活动、购物中心、超市
一般	高	一般	低	高级服务功能(如律师、专业医生)，或需要有声望地点的活动
一般	一般	高	低	旅行社、保险经纪人
一般	一般	一般	高	最终产品运输成本很高，需要由中央市场调配的活动

资料来源：根据卡梅尼（1992a）整理。

（3）旅行社、保险经纪人等活动，其特点是单位土地所创造的价值都很高。

（4）最终产品的运输成本很高且依赖于中心市场调配的经济活动，以及所有依赖于人口和中心区位活动的工业和服务业活动。

上述这些已经提供了第一个证据，证明这些很抽象的模型所描述的状况与实际状况非常接近。

四、城市中的家庭区位

威廉·阿朗索还构建了家庭区位模型，其理论基础和分析结构与上节讨论的企业区位模型完全相同。在这个模型中，区位选择不再是由企业而是由家庭做出的。其与阿朗索企业区位模型的主要区别在于引入了一个影响区位选择的新变量，即住房面积大小。事实上，一个家庭为了更接近于市区中心，可能做出牺牲住房面积的决策。通过购买较小的住房以节约费用，通过接近市区中心以节省交通成本，使得家庭能够支付得起相对于外围区域更高的单位土地成本。

因此，家庭区位模型包括三个变量——土地（或房屋）的单位成本、房屋面积大小和交通成本。

假设家庭的效用函数如下[①]：

$$u = u(d, z, q) \tag{2-5}$$

其中，d 表示到市区中心的距离，q 表示住房面积大小，z 表示家庭需要的所有其他商品集合。

在家庭与市区中心的距离以及住房面积 q 和其他商品 z 的任意组合给定的情况下，如果住房面积减少（甚至是轻微的），那么将导致家庭的满足感下降。为保持效用水平不变，家庭所拥有的其他商品组合数量的增加必须抵消这一损失。图 2 - 3（a）显示的是所谓的无差异曲线[②]，它表示家庭效用水平保持不变情况下的"住房面积和其他商品组合数量"的不同组合。

每条无差异曲线都代表一定的效用水平，它随着与原点距离的增加而上升（见图 2 - 3（a））[③]。家庭在预算约束情况下，寻求最高处的无差异曲线，也就是说，家庭在其收入水平等于总支出水平的情况下，尽可能最大化其效用水平。预算约束可以写成：

$$y = p_z z + r(d_0) q + \tau d_0 \tag{2-6}$$

其中，y 表示家庭收入水平，r（d_0）q 和 τd_0 分别表示距离市中心 d_0 处的住房成本和交通成本，$p_z z$ 代表购买其他商品组合的成本。求解式（2 - 6）中的 z，我们得到：

$$z = \frac{y - r(d_0) q - \tau d_0}{p_z} \tag{2-7}$$

从图形上看，该预算约束线为一条直线。如果家庭决定将其全部收入用于住房而不购买其他商品，那么在横轴上的截距为$(y - \tau d_0)/r(d_0)$；反之，如果家庭决定将其全部收入用于购买其他商品而不用于住房方面，那么在纵轴上的截距为$(y - \tau d_0)/p_z$。

在预算约束下，家庭效用最大化的条件由预算约束线和无差异曲线相切的切点给出。家庭不能超出这一效用水平，因为缺乏这样做的收入；与此同时，考虑到可获得的收入水平，家庭将其效用置于该水平之下也是不理性的（见图 2 - 3（a））。

---

① 微观经济学将效用函数定义为一个人的福利水平（常用满足水平，也就是用效用水平来表示福利水平，它是拥有商品而带给人们的一种满足程度）和他所拥有的商品数量之间的关系。

② 无差异曲线向下倾斜且凸向原点，这意味着商品遵循边际效用递减规律。这个规律说明，如果一个人拥有大量的某种特定商品，那么他额外增加一单位该商品所获得的效用水平如此之小以至他愿意将一单位该商品与很少量的其他商品进行交换，此时他的满足程度（效用水平）仍保持不变。反之亦然，如果某个人拥有很少量的某种商品，那么额外增加一单位该商品所获得的效用水平如此之大以至他愿意为交换一单位该种商品而提供很大数量的其他商品，此时他的效用水平仍保持不变。

③ 住房面积保持不变，如果个人获得更多的其他商品，他的满足程度（以效用表示）将增加。

用数学语言来说，效用最大化的条件就是两条曲线所确定的下式成立[1]：

$$\frac{u'_q}{u'_z} = \frac{r(d_0)}{p_z} \qquad (2-8)$$

假设其他商品组合 z 作为计价单位，即设定它的价格等于 1，那么预算约束线的斜率就正好等于租金 r（d_0）。式（2-8）表明，实现均衡时，如果此时的相对效用（u'_q / u'_z）等于额外增加一平方米住房时的相对成本，也就是等于单位租金，那么家庭对于用住房面积去替代其他商品并不会感到有什么差异[2]。这样，它表示每个家庭对距市区中心每单位距离的住房所能支付的最大租金额度，相当于该家庭所期望获得的效用水平（图 2-3（b）中的 u^*）[3]。为使得家庭降低"住房"这种商品的消费（即满足于较小面积的住宅）而扩大其他商品组合的消费，在效用水平不变的情况下，必须提高住房价格。这样，其他商品就变得相对便宜，对消费者的吸引力就更大了。在图 2-3（b）中，这意味着家庭仍位于同一条无差异曲线上，但此时直线 bb 成了预算约束线。

我们的分析继续向前推进。假设家庭把所有收入用来购买住房而不购买其他商品［截距为（$y - \tau d_0$）/$r(d_0)$］，且已知切线条件，那么我们可以得出竞标租金值。当效用水平给定时，竞标租金可以由与市区中心不同距离处的不同预算约束线的斜率来表示。在竞标租金曲线上，离市区中心的距离越近，预算约束线变得越陡峭，因为所需支付的最大租金逐渐变大，如图 2-3（c）所示。在图 2-3（c）的竞标租金曲线上，向市中心移动，住宅面积（q）逐渐变小，因为每平方米的自然空间变得更加昂贵。

---

① 利用拉格朗日方程可以得到式（2-8）：

$$L = u(q, z) - \lambda(r_d q + p_z z + \tau d - Y) \qquad (2-1n)$$

在上式分别对 q 和 z 求偏导数并令其等于零，得到：

$$\frac{\partial L}{\partial z} = u'_z - \lambda p_z, \quad u'_z = \lambda p_z \qquad (2-2n)$$

$$\frac{\partial L}{\partial q} = u'_q - \lambda r_d, \quad u'_q = \lambda r_d \qquad (2-3n)$$

将式（2-2n）除以式（2-3n），并考虑到无差异曲线的定义 $u'_z dz = -u'_q dq$，我们得到式（2-8）。

② 这种情况反映了微观经济学消费理论中传统的消费者最优选择均衡的观点。在这里，情况是复杂的，因为两种商品之一（住房面积）的价格受到家庭选择的另一种商品的数量与市中心的距离的影响。

③ 从分析角度来看，这一问题也可以通过以下方式加以解决：在效用水平给定情况下，以式（2-5）为约束条件，最大化家庭所支付的租金：

$$\max r(d) = \frac{Y - p_z z - \tau d}{q(d)} \qquad (2-4n)$$

$$s.t. \ u^* = u(q, z, d) \qquad (2-5n)$$

该系统可以用关于距离和效用水平 u^* 的拉格朗日函数求解，式（2-9）仍然成立，具体参见阿朗索（1964b）。

从迄今为止的分析中，可以得出如下重要的结论：竞标租金曲线起到把消费空间中的无差异曲线（图2－3（b）中商品组合 z 与住宅面积 q 之间的权衡）映射到城市空间中相应的无差异曲线（图2－3（c）中地租与距离之间的权衡）的作用①。

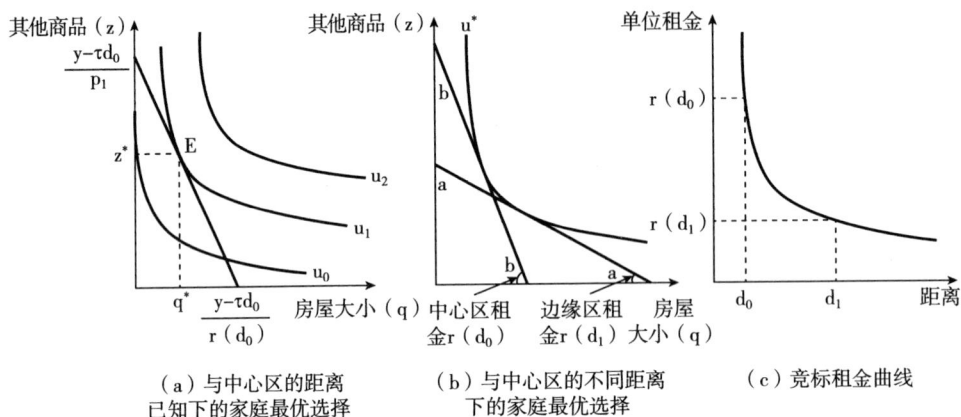

（a）与中心区的距离   （b）与中心区的不同距离 （c）竞标租金曲线
已知下的家庭最优选择   下的家庭最优选择

图2－3 家庭的最优选择与竞标租金曲线

不同距离处的租金曲线斜率或者说竞标租金梯度所表示的是，在家庭效用水平保持不变的情况下，每当靠近市区中心一单位距离时，家庭所要承担的居住用地成本的增加部分。用数学形式表示即为②：

$$\frac{q\partial r(d)}{\partial d} = -\tau \text{ 或者} \frac{\partial r(d)}{\partial d} = -\frac{\tau}{q} \tag{2-9}$$

式（2－9）称为"穆特条件"，它定义了备选区位的无差异条件，即维持家庭效用水平不变条件下的备选区位必须满足的条件。到市区中心更高的可达性条件所带来的家庭效用水平的提高，等于更加接近市中心，因而更小面积的住宅和更高单位土地成本所导致的效用水平的损失。

式（2－9）指出，在接近市中心的区位上，只有在住宅租金的增加等于单

---

① 参见藤田（1989）。

② 这一条件可以通过拉格朗日函数（2－1n）对距离求偏导并令其为0而得到：

$$\frac{\partial L}{\partial d} = -\lambda \left(\frac{\partial r(d)}{\partial d} q + \tau \right) = 0 \tag{2-6n}$$

根据式（2－6n）可解得：

$$\frac{\partial r(d)}{\partial d} = -\frac{\tau}{q} \tag{2-7n}$$

这就是式（2－9）。

位交通成本的减少时才能达到区位无差异条件，而住宅租金的增加是由于单位面积租金的提高和住房面积减少而节省部分租金共同作用的结果。

式（2-9）提醒我们，在接近市中心的区位上，单位土地成本（$\partial r(d)/\partial d$）的增加和部分被住宅面积（q）的减少所补偿共同导致住房成本的上升。只有当单位住房成本的上升等于单位交通成本的下降时，才能满足区位无差异条件。式（2-9）与杜能模型中的式（2-2）并无二异，不同之处只是引入了一个额外的变量，即住房面积（q）。由于靠近市中心的自然空间显得更加昂贵，住宅面积随之而减少。在这种情况下，当较低的交通成本和购买较小面积住房所带来的节省等于中心地区较高的单位土地成本时，家庭在不同区位上的效用是无差异的。因此，竞标租金曲线的形状不是像杜能模型中的那种线性的，而是指数形式的，同时仍显示为负的斜率。个体从两个备选区位获得的效用水平保持不变，较高的中心可达性相当于较小面积住宅和较高单位土地成本所造成的效用损失，这些损失与靠近中心的区位有关。

与企业区位模型中的情形一样（见图2-2（b）），区位均衡是将土地的市场租金曲线（外生决定的土地的实际市场价格）叠加在竞标租金曲线上得到的。实际租金曲线（土地的市场租金曲线）与最低的竞标租金曲线（对应于最大效用）之间的切点代表了家庭的最优区位选择（见图2-4）。

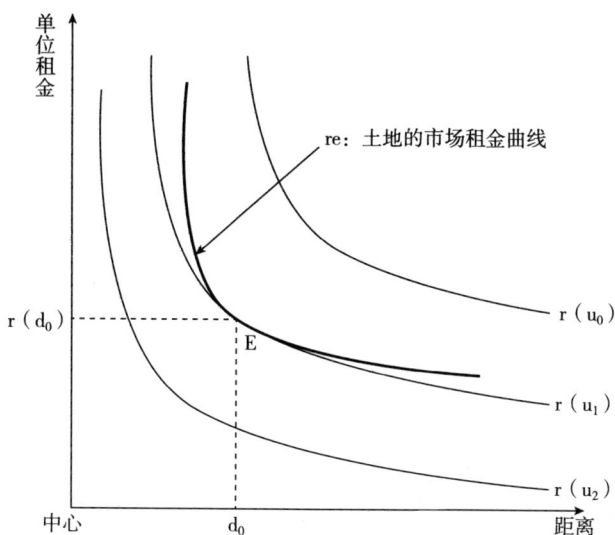

图2-4　家庭的区位均衡

最后分析一个有趣的因素，家庭收入的增加对区位均衡的影响。我们把住房面积看作给定的。家庭将选择离市中心一定距离的区位，在那里，进一步向外围移动所增加的交通成本（图 2-5（a）中的 c）与土地成本的节约所带来的边际收益相等（图 2-5（a）中的 v）。收入增加可能会导致相反的区位转移决策，如果家庭对大面积的住宅更感兴趣，那么住宅价格方面的节省所带来的优势就会提高（图 2-5（b）中曲线 v 移动到 v′），家庭将向外围区域转移；相反，如果家庭更加关注交通机会成本的提高问题（图 2-5（b）中的曲线 c 上升到 c′），那么家庭将选择更接近中心位置的区位①。当这两种效应并存时，美国的文献普遍认为前者（住宅面积）的影响更大，其结果是区位均衡向外围转移。

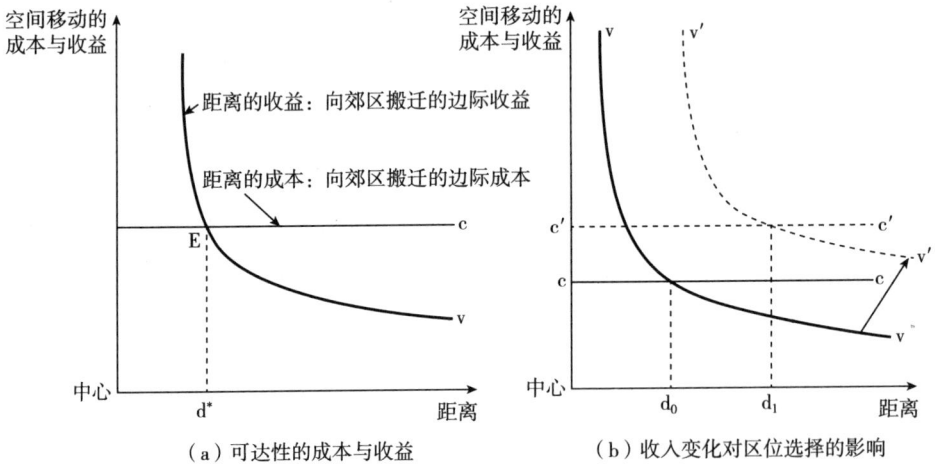

（a）可达性的成本与收益　　　　（b）收入变化对区位选择的影响

图 2-5　可达性的成本与收益及收入变化对区位选择的影响

五、一般均衡模型的新进展

1. 一般均衡模型的特征

上述模型指导我们对单个企业和单个家庭的区位选择进行了分析，但在大多数情况下，这些分析都是在局部均衡框架内进行的。此外，这些模型无法得出实

---

① 当一个人获得高水平收入时，通勤所花费的时间（交通的机会成本）相对于工作所花费的时间具有更大的价值。

际的土地价格，因此为了确定区位均衡，还得假设市场租金曲线是已知的，并用市场租金曲线表示实际的土地市场成本。

从 20 世纪 80 年代中期以来，一般均衡分析方法在"新城市经济学"（或被称为"单中心城市经济学"）中逐渐发展起来。这种分析方法使我们能够克服先前局部均衡模型的两个缺点。一般均衡模型的现代版本，实际上是试图将土地的市场租金内生化，也就是从区位均衡条件中得出土地的市场租金。为了能够确定城市密度、城市规模以及土地价格，在保持与局部均衡模型相同的逻辑框架下，一般均衡模型设想了所有家庭都获得相同满足程度（或所有企业获得相同利润）的一种区位均衡[①]。学术界对这些问题已经进行了大量研究，其目的不再是像局部均衡模型那样确定单个家庭或企业的区位，而是寻求确定土地价格的条件。在这些条件下，可以形成能够实现所有家庭效用均等化或所有企业利润均等化的区位均衡，也能够确定每个城市的居住密度。

在厂商区位的情况下，假设城市边缘的土地价值等于农业租金的价值，且已知商品的均衡数量（即同时满足商品供求条件的数量）、其他生产要素（除土地外）的价格以及企业期望的利润水平等，那么模型可以确定城市最大规模、厂商密度和土地价格在空间上的变化趋势（实际租金曲线）。在家庭区位的情况下，如果外生给出那些愿意在城市居住的人口、其他商品价格以及家庭期望的效用等条件，那么家庭区位模型也能显示出与厂商区位模型相同的特征（最大城市规模、密度和土地价格）[②]。这些研究是在各种假设的基础上进行的：一种假设是存在一个"封闭城市"，如果是家庭区位的情况，那么城市人口规模已外生给定（如果是厂商区位的情况，那么市场均衡给定）；另一种假设是存在一个"开放城市"，这种情况下，城市规模是内生决定的。

虽然现在讨论的模型在技巧和经济逻辑方面是相当吸引人的，但这些模型往往相当复杂。因此，随后尽可能简化这些模型的叙述过程，并配备图示。

2. 厂商的一般均衡模型

在给定用于生产活动的城市土地百分比的情况下，一般均衡模型的目的是要确定位于城市的 n 家企业的均衡密度，这些企业都专业化生产同一种商品（因此

---

① 由于这一领域发表了大量研究，不可能提供详尽的参考文献清单。然而，尤其值得提及的是米亚奥（Miyao, 1981, 1984, 1987a）、藤田（1985, 1989）、金本（Kanemoto, 1987）、米亚奥和金本（1987）。有关综述，可参见惠顿（Wheaton, 1979）、休里奥特（1994）、德里克（Derycke, 1996）。

② 模型关于外生变量的假设，因学者们研究方法的不同而不同。索洛和米尔斯（1972）把想定居的人口看作给定的，从而得到个人效用函数。相反，藤田（1989）假设个人效用而不是人口已知的情形。

具有相同的生产函数）①。

该模型假设厂商的生产函数为柯布－道格拉斯型生产函数，只包含两种生产要素（土地和资本）②，它们之间可以相互替代，并且规模收益不变③：

$$Y_d = a \, T_d^{\alpha} K_d^{1-\alpha} \qquad\qquad (2-10)$$

其中，Y 是厂商生产的商品数量，a 表示技术进步常数，T 和 K 分别为生产过程中使用的土地和资本数量，α 和 1 - α 分别表示生产要素"土地"和"资本"在生产过程中的效率。

在图 2 - 6（a）中，用等产出量曲线来表示实现某种产出水平 Y 所需的两种生产要素的不同组合。离原点越远的等产出量曲线所代表的产出水平就越高。等成本曲线表示保持总生产成本不变情况下的各种生产要素的不同组合，在与市中心距离 d_0 给定的情况下，如果把等产出量曲线与等成本曲线进行比较，那么可以确定厂商实现利润最大化（或收入相同时的成本最小化）时的土地和资本组合

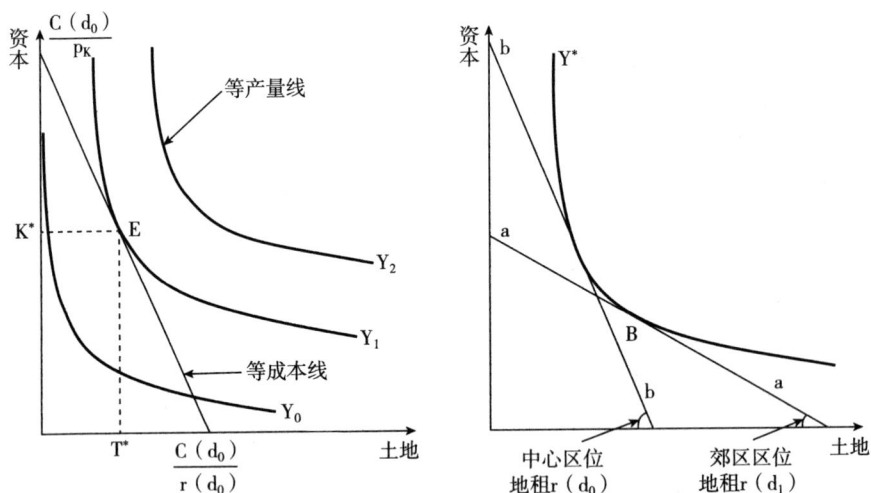

（a）与市中心距离确定情况下的厂商最优区位　　（b）与市中心距离不确定的厂商最优区位

图 2 - 6　厂商的最优选择与竞标租金曲线

---

① 该模型的第一部分对单个企业（然后扩展到 n 个企业）确定了备选区位的无差异条件，其逻辑结构与本章描述的家庭局部均衡区位模型完全相似。在这里，住宅面积被企业的土地利用密度所取代。

② 生产函数是指企业生产过程中所使用的生产要素数量与企业产出量之间的关系。由式（2 - 10）表示的函数形式首次由柯布和道格拉斯（Cobb and Douglas，1928）提出。

③ "规模收益不变"是指输出变化与所有输入变化之间的等比例关系。如果投入增加，产出按相同比例增加，那么企业以规模收益不变的方式进行生产；如果产出超比例增加，企业规模收益递增（规模经济）；如果产出欠比例增加，企业规模收益递减（规模不经济）。

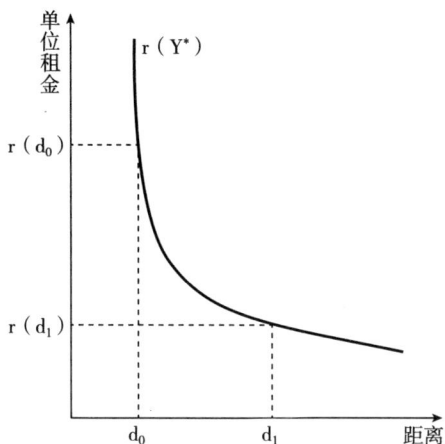

（c）竞价租金曲线

图 2 - 6 厂商的最优选择与竞标租金曲线（续）

（图 2 - 6（a）中的 E 点）[1]。

---

① 这一问题可转化为，在实现某种总收入水平的约束下，每一处与中心距离 d 上的成本 C 最小化的问题：

$$\min C_d = r(d) T_d + p_K K_d \tag{2-8n}$$

$$s.t.: \quad \overline{V} = (p_y - \tau d) Y_d = (p_y - \tau d) a T_d^\alpha K_d^{1-\alpha} \tag{2-9n}$$

其中，p_y 是商品 y 的价格，τ 是单位运输成本，d 是与市中心的距离。通过拉格朗日函数方法可解得：

$$L = r(d) T_d + p_K K_d - \lambda (p_y - \tau d) Y_d \tag{2-10n}$$

令偏导数等于零，我们得到：

$$\frac{\partial L}{\partial T_d} = r(d) - \lambda (p_y - \tau d) \frac{\partial Y_d}{\partial T_d} = 0 \tag{2-11n}$$

$$\frac{\partial L}{\partial K_d} = p_K - \lambda (p_y - \tau d) \frac{\partial Y_d}{\partial K_d} = 0 \tag{2-12n}$$

这样我们可以得到：

$$r(d) = \lambda (p_y - \tau d) \frac{\partial Y_d}{\partial T_d} = \lambda (p_y - \tau d) Ma P_{T_d} \tag{2-13n}$$

$$p_K = \lambda (p_y - \tau d) \frac{\partial Y_d}{\partial K_d} = \lambda (p_y - \tau d) Ma P_{K_d} \tag{2-14n}$$

其中，MaP 分别代表土地和资本的边际生产力，即在生产投入中某种要素额外增加一单位所带来的产出的变化。式（2-13n）除以式（2-14n），我们可以得到：

$$\frac{r(d)}{p_K} = -\frac{\partial K_d}{\partial T_d} = \frac{MaP_T}{MaP_K} \tag{2-15n}$$

当两种要素的边际生产率之比（$Ma P_T / Ma P_K$）等于它们的价格之比时，企业实现利润最大化（或给定收入情况下的最小成本）。换句话说，当企业用一种要素替代另一种要素时，如果后者与前者的生产率之比高于其价格之比，那么企业可以通过这种要素替代而获益。

如果企业想增加其使用的城市土地数量，且以相同的成本生产相同的产量，那么企业必须减少生产过程中的资本投入。当土地变得更有吸引力时，也就是当其成本较低时，企业有动力做出这种选择（见图 2-6 (b)）。因此，如果以资本价格 p_K 作为计价单位，那么正像家庭区位模型中讨论的一样，与市中心不同距离处的等成本线的不同斜率，就决定了给定利润水平（即给定的等产出量曲线）的竞标租金曲线（见图 2-6 (c)）。随着离市中心距离变小，预算约束（等成本线）变得更加陡峭，因为该距离处的最高竞标租金上升，如图 2-6 所示。

租金曲线的定义为[①]：

$$\frac{T_d}{Y_d}\frac{\partial r(d)}{\partial d} = -\tau\lambda \qquad (2-11)$$

式（2-11）是厂商区位模型中的"穆特条件"。它表明，当新区位所节省的运输成本部分等于城市土地成本增加部分时，这两个区位对企业来说是无差异的。为了弥补土地成本上涨部分，企业倾向于使用较少的土地，因为土地已经变得更加昂贵，并用额外数量的其他商品、资本来替代土地，例如，建造更高的办公楼等。因此，单位产出将使用更少的土地（T_d/Y_d 变小）[②]。

因此，这再次表明，竞标租金曲线上的备选区位对每个企业来说都是无差异的。换句话说，由于空间移动成本为零，竞标租金曲线上的任何备选区位都会使企业的利润保持不变。

在一般均衡情况下，假设 n 家企业都具有相同的生产函数且已知城市均衡产出量水平 Y^*，则可以利用"边界租金曲线"来确定土地利用密度、每家企业可达到的最大利润水平和城市的总规模[③]。对于企业的每个最大利润水平（即每个竞标租金曲线）而言，边界租金曲线定义了城市达到多大规模时该城市市场处于

---

① 式（2-11）可以通过由式（2-10n）表示的关于距离 d 的拉格朗日函数得出，令一阶导数等于零，得到：

$$\frac{\partial L}{\partial d} = \frac{\partial r(d)}{\partial d}T_d + \lambda Y_d\tau = 0 \qquad (2-16n)$$

$$\frac{\partial r(d)}{\partial d} = -\tau\frac{Y_d}{T_d}\lambda \text{ 或者}\frac{\partial r(d)}{\partial d}\frac{T_d}{Y_d} = -\tau\lambda \qquad (2-17n)$$

上式就是式（2-11）。

② "新城市经济学"模型的一个显著特点是引入了允许生产要素替代的生产函数。因此竞标租金曲线是凸的，并随离市中心距离的增加而向下倾斜。这种模式表明，越接近城市中心（杜能模型中的市场区），区位均衡越由两种要素（居住活动均衡时的商品）间的替代弹性所决定。要素（商品）间的"替代弹性"一词指为保持生产者（消费者）的总产出（效用）不变，当一种要素（商品）减少一个百分点，另一种要素（商品）的数量必须增加的百分点。

③ 边界租金曲线由藤田（1989）首次提出。

均衡状态时的产出量恰好等于外生给定的产量①。

假设城市边缘的土地价值已知且等于农业用地的价值，那么可以确定均衡时的竞标租金曲线。竞标租金曲线与边界租金曲线（图2-7（a）中的brc）的交点确定城市边缘的土地价值。

这一观点的理由如下：更高的竞标租金曲线在逻辑上被排除在均衡条件之外，因为它们所确定的利润水平低于企业实际能够达到的利润水平（在图2-7（a）中，事实上，E点的利润水平比A点高）。更低的竞标租金曲线在逻辑上也是均衡条件所不能接受的，因为它们确定的城市边缘土地的价值，比农业租金还要低。因此，保证均衡的唯一可接受的竞标租金是在农业租金水平上与边界租金曲线相交的竞标租金。

因此，图2-7（a）中的点E确定了：

（1）对于规模小于d_{max}的城市，先前外生确定的土地的市场租金曲线与竞标租金曲线一致；对于规模较大的城市，租金率为r_a。

（2）城市内单个企业可获得的利润水平（π_1）。

（3）城市的最大规模（d_{max}）。

该模型还表明，一旦城市的最大规模确定下来，企业就会根据特定的均衡分布密度分布在城市区域。离市中心不同距离处的备选区位，对于企业来说都是无差异的，因为郊区地点支付的较低租金恰好抵消了较高的运输成本，并且节省了资本成本（减少了单位产出所使用的土地数量）。

一个有趣的例子是，假设一个开放城市即企业可以迁移到其他城市，这种情

---

① 在数学上，这意味着为了达到一般均衡，除了已经说明的条件外，还必须再加上两个条件。第一个条件涉及土地利用，城市土地需求必须等于城市土地供给：

$$T_d = 2\pi ds \qquad\qquad (2-18n)$$

其中，s是用于生产活动的土地占城市土地的百分比，$2\pi d$代表圆的范围。

第二个条件是，商品市场也必须处于均衡状态，从而确保市场上经营的公司数量稳定：

$$\int_{d=0}^{d_{max}} Y_d \partial d = D(p) \text{ 且 } D'(p) < 0 \qquad\qquad (2-19n)$$

其中，D（p）是对商品的需求，它是价格p的函数。条件（2-18n）和条件（2-19n）都满足边界租金曲线。因此，市场上企业土地占用量等于城市土地供应量，同时企业数量所生产的产出量正好满足整个商品市场的需求。假设城市边缘的土地租金等于农业租金：

$$r(d_{max}) = r_a \qquad\qquad (2-20n)$$

求解方程组式（2-10）至式（2-11）；式（2-13n）至式（2-14n）；式（2-18n）至式（2-20n）可得均衡值。从式（2-10）、式（2-18n）以及式（2-13n）中，可以求出土地和资本（T和K）价值，以及有关商品价格p、资本价格P_k和土地成本r的生产函数Y；从式（2-14n）和式（2-11）中，可以求出不同距离处的利润率和土地租金（除了城市边缘租金，它是外生给定的一个常数）；最后，从式（2-19n）中，可以求出其需求等于供给的商品的价格。由式（2-20n）可以确定城市的边界及规模，并用租金绝对值定义来完成模型的分析。

况下，存在若干条边界租金曲线，每条曲线都表示商品市场的一种均衡产出水平［见图 2-7（b）］。区位均衡是通过外生定义的城市内企业的利润水平都等于 π^* 而得以实现的。保证利润水平 π^* 的竞标租金曲线与农业地租水平相交的点确定了城市的规模（及其密度）。竞标租金曲线与其中一条边界租金曲线的交点决定均衡时的实际产出量［图 2-7（b）中的 brc（Y_1）］。

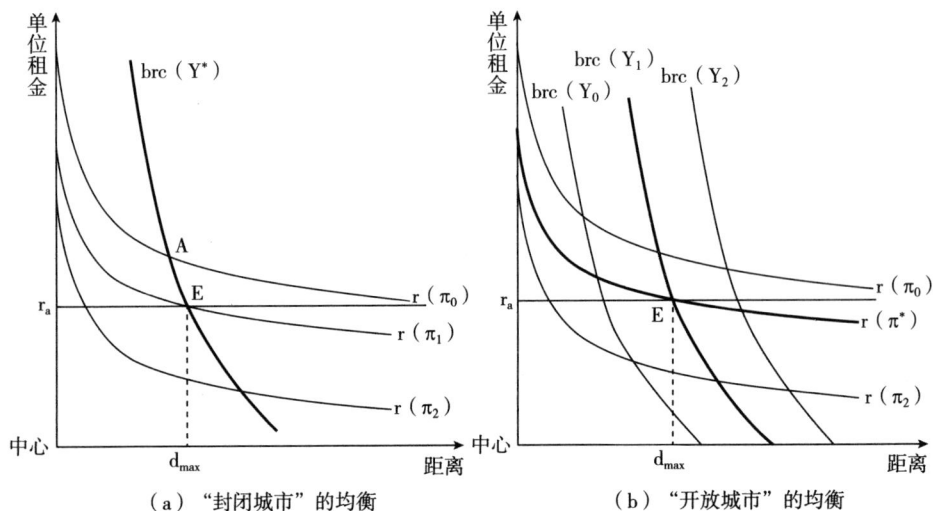

（a）"封闭城市"的均衡　　　　（b）"开放城市"的均衡

图 2-7　厂商的一般均衡

3. 家庭的一般均衡模型

确定城市中 n 个家庭区位均衡的理论推演与企业一般均衡模型所使用的推理非常相似（在其逻辑结构上而不是在所有假设方面）。家庭区位一般均衡，首先需要备选区位的无差异条件，如穆特条件所表示的，它适用于所有 n 个家庭。在家庭拥有相同的收入和偏好结构假设下，同一条竞标租金曲线上的不同区位对家庭来说是无差异的。

图 2-8（a）显示了各种竞标租金曲线，效用水平越高的曲线越接近原点。

然而，与局部均衡模型不同，土地市场租金曲线不再是已知的。它必须通过比较各个家庭的竞标租金曲线来确定，就像杜能模型中土地市场租金曲线是通过三类农民的竞标租金曲线的包络来定义一样。

正如上述企业模型的情况一样，可以使用边界租金曲线来定义土地的市场租金曲线（因此也就是家庭的效用水平）。对于家庭的每个效用水平（因此，对于每个竞标租金曲线和离中心不同距离处的每个最大城市规模），这条曲线确定了城市的规模，以确保总人口等于外生给定的数量（见图 2 - 8）。

在总人口等于外生给定的条件下，这一曲线根据不同效用水平和城市不同的最大规模（半径）划分了城市区域；如果效用水平提高，每个家庭需要的空间面积也会增加，从而导致居住密度降低[①]。

与企业模型的情况一样，假设城市边缘的土地价值已知并等于农业土地的价值，则可以确定均衡时的竞标租金曲线。正是这条竞标租金曲线，与边界租金曲线（图 2 - 8（a）中的 brc）在城市边缘土地处相交。如果边界租金曲线与最高的竞标租金曲线相交（图 2 - 8（a）中的 A 点），家庭将被迫向下移动到较低的竞标租金曲线上，它意味着更高的效用水平。相反，如果边界租金曲线与更低的竞标租金曲线相交，就不是均衡状态，因为在城市的最外缘，家庭支付的土地租金低于农业土地价值。

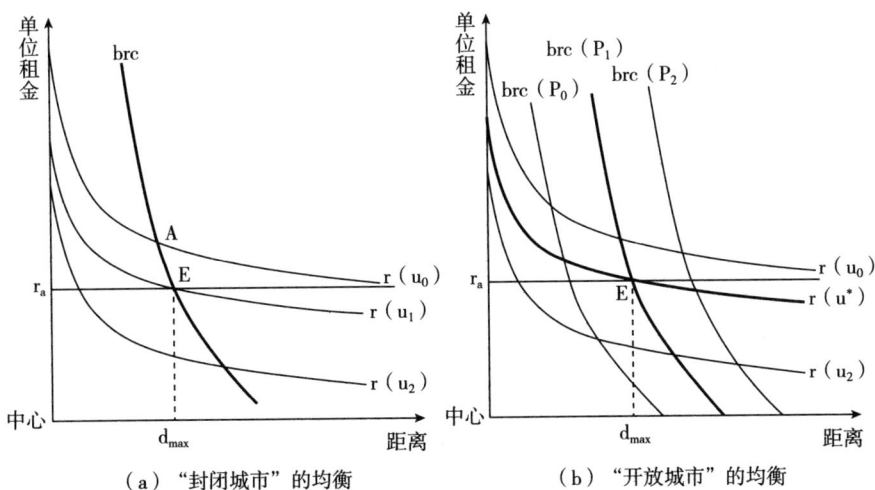

（a）"封闭城市"的均衡　　　（b）"开放城市"的均衡

图 2 - 8　家庭的一般均衡

与企业模型情况一样，图 2 - 8（a）中的 E 点确定了：

（1）对于规模小于d_{max}的城市，先前外生确定的土地的市场租金曲线与竞标租金曲线一致；对于规模较大的城市，租金率为r_a。

（2）城市内的家庭达到的效用水平（u_1）。

（3）最大城市的规模（d_{max}）和密度。

---

① 总人口等于外生给定人口$\bar{n}$的城市规模如下：

$$\int_{d=0}^{d_{max}} \frac{2\pi d}{q(d,u)} \partial d = \bar{n} \tag{2-21n}$$

如果每个家庭所需空间（q）增加（例如，由于城市区位的效用增加），那么住宅密度（1/q）将下降，具体参见藤田（1989）。

在开放城市的情况下（此时家庭可以搬迁到其他城市），存在若干条边界租金曲线（就像此前的企业模型一样），每条边界租金曲线都确定了人口的不同水平（见图 2-8（b））。区位均衡是通过外生定义的城市内外部的效用水平都等于 u^* 而得到实现的。保证效用水平 u^* 的竞标租金曲线与农业租金曲线相交的点确定了城市规模（及其密度）。均衡是由竞标租金曲线与其中一条边界租金曲线的交点来表示的 ［图 2-8（b）中的 brc（P_1）］。

最后，我们放弃所有家庭具有相同收入的假设，假定存在三种收入和偏好结构均不同的社会阶层。竞标租金曲线的倾斜程度将因收入水平的差异而有所不同。随着收入的增加，不同类别的家庭将愿意为住房支付更多的费用，以便更靠近市区中心（见图 2-9）①。如杜能模型一样，三类家庭分布在整个城市区域，每个区域都将被出价最高的家庭类型所占据。在离市中心不同距离处，土地的市场租金就是竞标租金曲线的包络线，这样这个城市可以被描绘成一套同心圆环，每一个圆环都由那些愿意为那种距离支付最高租金的家庭类型所占据（见图 2-9）。

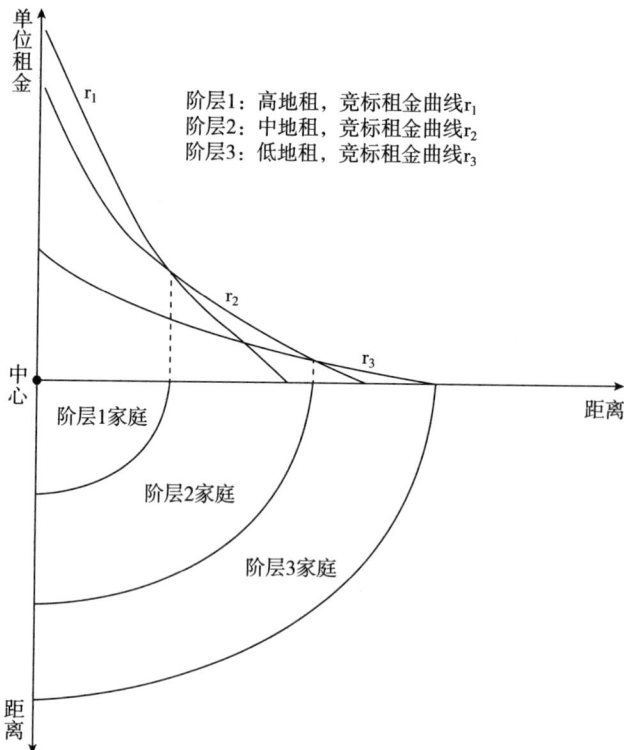

图 2-9　不同阶层家庭的区位均衡

① 再一次令人惊讶的是，这些模型被证明为是现代版本的杜能模型。

4. 企业和家庭

本书简要介绍一下稍作调整的单中心城市模型。在空间一般均衡逻辑框架下，这些模型可以同时分析企业和家庭的区位。在企业租金梯度高于家庭租金梯度的假设下（也就是说，为了更接近市中心，企业愿意支付更高的单位租金），企业和家庭的竞标租金曲线如图2-10所示。

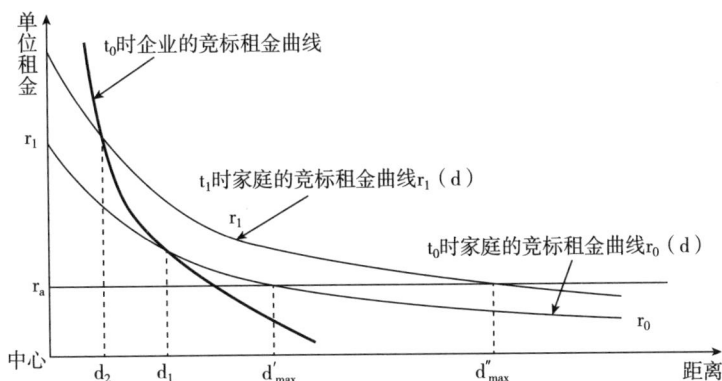

图2-10 家庭与企业的区位均衡

这些模型得出了两个重要结论：第一，它们内生地确定了企业和家庭的竞标租金曲线。我们假设，在t_0时刻家庭选择的某个效用水平所对应的租金水平为$r_0(d_0)$。为了实现均衡，效用水平必须调整以使其决定的人口规模能够满足劳动力的供给等于企业劳动力的需求。如果家庭选择的效用水平过高，那么家庭支付的土地租金水平过低，城市中的人口规模（在$d_1 \sim d'_{max}$范围内）可能不能满足企业的劳动力需求。城市较多的就业机会将吸引新的家庭进入该城市，从而增加对城市土地的需求，这将推动家庭竞标租金曲线上升到图2-10中的$r_1(d_1)$的水平。城市规模将扩大（d''_{max}），直到劳动力市场在较低的效用水平上重新达到均衡为止。第二，它们将城市区域划分为生产活动区和居住活动区。城市土地将被分配给那些能够支付更高租金的活动，就像杜能模型中的情形一样。在这种情况下，中心地区将被企业占据，而家庭被推向郊区；这一理论结果准确地反映了现实情况。

六、评 论

　　本章所描述的模型，从类似于经典的杜能模型的假设出发，以相当优雅的形式和严谨的经济逻辑，采用企业利润最大化和家庭效用最大化的新古典分析框架，确定了生产和居住活动的区位均衡条件、城市土地价格的空间模式以及城市密度和规模。

　　这些模型利用微观经济概念来解释纯粹的空间现象，如各种经济活动的空间分布以及家庭和企业的区位选择。因此，它们能够打破主流经济学和城市经济学之间的学科界限，这种障碍长期阻碍了一般空间理论的发展。因此，用纯粹微观经济术语解释空间理论，进一步丰富了传统经济学，而城市经济学则拥有了能够解释区位决策的传统经济逻辑。

　　此外，虽然这些模型高度抽象，有着并不现实的假设（各向同性空间、单中心城市），但它们仍然能够非常贴切地描述现实情况：城市土地租金率随离市中心距离的增加而呈负向变化（见图 2 - 11），高附加值活动（商业和管理）占据中心位置，居住活动占据广阔的郊区空间。

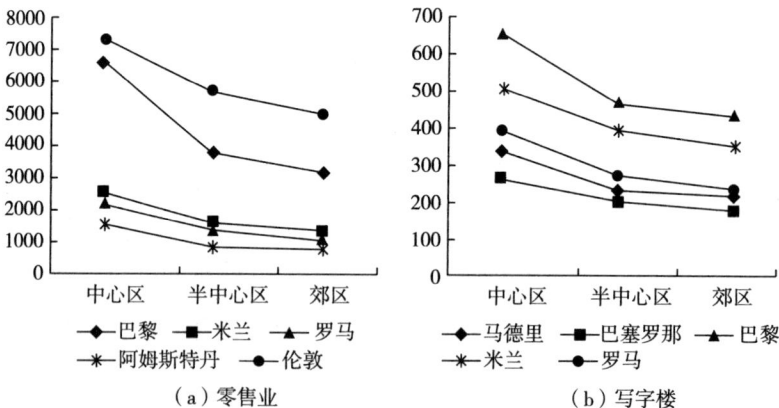

图 2 - 11　欧洲一些主要城市的地租梯度

注：2003 年以欧元计量的每平方米租金。

资料来源：根据 2004 年 ONCOR 欧洲房地产公告数据制作。

　　然而，尽管这些模型的逻辑、优雅形式和经济学的严谨性都很强，但仍然存在一些理论方面的因素削弱了它们的整体逻辑结构。其中之一是通勤在确定区位均衡中所起的决定性作用。如果现实行为并不具有模型所设想的那种完全理性，也就是说如果通勤对一个人的效用水平并不特别重要，那么整个理论大厦将会发生崩塌。但当个人进行区位选择时，如果我们承认运输成本和减少这些成本的意愿能够体现在个人效用函数的其他方面，如信息、娱乐服务和社会交流的可得性，那么这一缺陷可以部分得到修补。

第二个缺陷更为严重：这些模型既不关心某一城市中心的经济活动是如何组织的，也不关心在城市之外发生的事情。它们的着眼点仅限于解释假设的城市中心和城市自然边界之间这一范围内的区位行为。此外，当这些模型用来解释城市间而非一个城市内部的区位均衡，因而假设城市是城市体系的一部分、企业和家庭可能被更高水平的效用或利润所吸引而决定搬迁至其他城市时，这些模型的解释力明显不足。如果假设家庭具有相同偏好结构、企业具有相同生产函数，那么只有当这里的分析逻辑显示出所有厂商和家庭都具有相同的竞标租金曲线和边界租金曲线时，才对其他城市的所有备选区位是无差异的，且所有的城市都具有相同的规模。如果是这样，那么就会存在一个由相等规模的城市组成的城市体系①，但这种情况与现实世界是完全矛盾的。为了处理这个缺陷，模型的理论框架应该包含这样的假设，即区位优势因城市规模而异，土地租金，也就是家庭和企业从城市的中心区位获得的经济优势的货币价值，也因城市而异（与市中心保持相等距离）。

只有这样，才有可能构建出一个存在不同规模的城市的区位均衡。然而，这就需要接受这样一种观点，即大、中、小城市存在结构性差异，并且在整体经济中发挥不同功能，从而具有特定的生产专业化；而这则是一个与本章这些模型的基本特征相矛盾的假设，它反而为下一章讨论的一般均衡模型开辟了道路。

七、广义的可达性与引力模型

在这一章中，我们通过到中央商务区的可达性解释了城市空间中的活动区位，中央商务区是贸易、信息以及社会和经济交往的中心。中央商务区吸引着企业和家庭，反过来企业和家庭也通过通勤者的移动、知识和信息的扩散、合作网络和个人关系等各种不同方式影响着中央商务区。这些吸引力（和排斥力）不仅覆盖住了整个中心区，而且还覆盖住空间中任意两点间的整个区域范围（同一城市的两个不同区域，也可能是两个不同的城市）。这些吸引力（和排斥力）是

---

① 参见卡玛尼（1992a）。

由这些点之间的人员、信息和货物的流动强度产生的。实际上，这些流量可以度量空间中任意两点间发生的经济关系，且从总体上说，还能度量一个区域相对于其他区域（一个城市相对于另一个城市）所具有的更大的吸引力。

令人惊讶的是，整个地域上的人员、货物和信息的流动似乎都遵循着引力场规则，这些引力场对该地域经济活动总量及其活动间的相对距离是相当敏感的[①]。

所做的一些研究工作[②]，称那些利用这类方法估算信息、货物和人员流动的模型为引力模型，是因为它基于"牛顿万有引力定律"。该模型指出，空间中的每一点都承受（或施加）与其质量成正比并与两点间空间距离成反比的影响[③]。

一般而言，流量模型（由于其能够估计两个地域实体之间的流量而得名）可表示为：

$$T_{ab} = K(P_a^\alpha P_b^\beta)/d_{ab}^\gamma \tag{2-12}$$

其中，T 为空间中 a 和 b 两点间的相互作用强度，K 为比例常数，P_a 和 P_b 分别表示点 a 和点 b 的质量，d 为 a 和 b 之间的距离。假设 α 和 β 等于 1。距离指数 γ 表示自然空间对货物或人员的移动所施加的阻碍或摩擦程度。因此，它的取值因研究现象的不同而不同（例如，相对于珠宝等奢侈品，购买面包或牛奶等食品时家庭和商店间的距离应该考虑更大的权重）。地域实体的质量 P 通常用人口表示。

当进一步推广引力模型用来估算空间中一个地点和其他各点（城市的一个区域和城市的所有其他区域之间）之间的流量时，万有引力物理学和对地域现象解释之间的类似关系仍然成立，并由以下引力模型（也被称为潜能模型，因其能够估测一个地区的吸引潜力）来表述：

$$E_a = K \sum_j P_j / d_{aj}^\gamma \tag{2-13}$$

---

① 对于区域间现象与天体引力定律间的关系，已提出各种理论，然而20世纪70年代初才出现了令人信服的威尔逊熵原理，参见威尔逊（Wilson, 1970, 1971）的论文。更早的理论，可以参考斯托夫（Stouffer, 1940, 1960）的论文以及他提出的机会方法。另外，可以参见尼德科恩和贝克德尔特（Niedercorn and Bechdolt, 1969, 1972）的论文，他们发展了人们空间转移效用理论。

② 参见齐普（Zipf, 1949）的论著。有几种理论是在齐普之前提出的，最著名的是赖利的"零售引力定律"，参见赖利（Reilly, 1931）的论文。有关齐普定律的最新实证检验，参见约安尼迪斯和奥弗曼（Ioannides and Overman, 2003）、苏（Soo, 2005）。

③ 根据万有引力定律，两个天体相互吸引的力与它们质量的乘积成正比，与它们间距离的平方成反比：

$$T_{ab} = K(M_a M_b)/d_{ab}^2 \tag{2-22n}$$

在插入一类参数 γ 作为距离的指数，并用人口替换两个物体的质量时，我们得到式（2-12）。

其中，E 表示一组质量为 P_j 与 a 点的距离到 d 的其他点在 a 点处产生的势能[1]。参数 γ 仍表示为空间摩擦，它可能与起初物理学重力模型假定其值为 1 不同，从而使该模型能够以更大的自由度应用于地域现象的分析。

用经济学术语来说，式（2-13）表示"广义可达性或相互作用"。它测度的是每个点相对于其周围空间的可达性（或吸引力）[2]。大量的信息包含在一个假设的区域 i 的广义可达性中。当用它来估算从城市所有其他区域到区域 i 的通勤流量时，它表示统计学上的"人口潜力"；当它度量从所有其他地区到商业活动地区 i 的人员流量（潜在顾客）时，它表示"市场潜力"；当它与潜在顾客的人均收入相关时，它表示"收入潜力"；当它被用来解释区位选择（根据具有最大潜力的区位来决定）和流出该区位的一组流量（对流动性和运输的需求）时，它表示"区位潜力"。最后，考虑到区位的吸引力和广义可达性，区位潜力还可以解释可归因于特定区位的价值（前述模型中的租金）。

式（2-12）和式（2-13）可以很容易地利用简单的计量经济学模型来进行估计，如果把它们转换为对数形式，那么可以对方程进行线性化了。如果知道两个城市（或一个城市内两个地点）之间的自然距离、两地人口以及两地间相互作用流量 T（或一个地方与 j 个其他地方间的 E），那么在统计上可以得出 K、α、β 和 γ 的值。

在实证研究方面，如果这些模型用来评估某一特定地区新的生产活动区位的潜在影响，那么可以显现出这些模型具有很强的预测能力。例如，在 i 区建造一个购物中心的提案中，一旦估计出 K、α、β 和 γ 的值，且已知空间中两点间的距离和该地区预期人口数量（如新工作机会），那么式（2-12）就能够预测出从城市的其他地区转移到 i 区的人数。此外，潜力模型式（2-13）能够预测与购物中心建设有关的运输需求、市场潜力（购物中心潜在购物者人数）和收入潜力。

---

① 式（2-13）也是从万有引力物理学中得出，说明在质量 b 的引力场中每单位质量 a 都有一个势能 E，它等于 a 降落到 b 时所做的功：

$$E_{ab} = k \, M_b / d_{ab} \qquad (2-23n)$$

假设存在不同的力场，一组质量在 a 处产生的总势能被定义为：

$$E_a = K \sum_j M_j / d_{aj} \qquad (2-24n)$$

当距离指数值假设为 1 时，就是式（2-13）。

② 参见卡梅尼（1992a）。

八、本章小结

本章介绍了具有严格的新古典特征的模型，在均匀供给和点状需求的空间结构情况下，这些模型试图解释在不同经济活动之间的土地配置问题。对中心地区可达性的高需求，导致企业间和家庭间的竞争以获得更加接近市场的区位，或者更一般地说，更加接近假设的中央商业区。

地租是组织城市空间经济活动的主要因素。基于严格的经济学逻辑，通过把土地配置给能够支付更高租金的活动解决了对接近中心区的土地的竞争问题。

这些模型的优点在于它们的严谨且严格的经济学逻辑。当它们开始解释家庭和企业在不同效用或利润水平的城市之间进行区位选择时，它们的主要缺陷就显现出来了。

当且仅当每个城市都提供相同的效用水平和利润水平时，备选区位的无差异性才是长期均衡条件。因此，根据模型的逻辑，当且仅当城市规模相同时，才能出现长期均衡条件。这就意味着存在一个所有城市规模相同的城市体系，但这种情况是很不现实的。为了理解由不同规模的城市组成的城市体系的经济原因，必须考虑城市的功能特征。这是迄今为止所介绍的模型所无法处理的一个方面，下一章的模型将讨论这个问题。

思考题

1. 单中心城市中，组织空间经济活动的原理是什么？
2. 如何解决不同经济活动之间对中心区位的竞争？
3. 杜能模型中的地租是如何确定的？
4. 在阿朗索模型中，生产活动的区位均衡是如何实现的？
5. 考虑居住活动时，阿朗索模型发生何种变化？
6. 如何确定"穆特条件"？
7. 为什么竞标租金曲线又被定义为"城市空间的无差异曲线"？
8. 区位一般均衡模型的主要目的是什么？
9. 什么是"边界租金曲线"？在一般均衡模型中区位选择是如何实现的？
10. 那些趋向于"新城市经济学"的主张所评论的主要内容是什么？

阅读文献

［1］Brueckner J. K. , Thisse J. F. , and Zenou Y. （1999）, "Why Is Central Paris Rich and Downtown Detroit Poor: An Amenity – Based Theory", *European Economic Review*, Vol. 43, No. 1, pp. 91 – 107.

［2］Fanning Madden J. （1981）, "Why Women Work Closer to Home", *Urban Studies*, Vol. 18, No. 2, pp. 181 – 194.

［3］Gin A. and Sonstelie J. （1992）, "The Streetcar and Residential Location in Nineteenth Century Philadelphia", *Journal of Urban Economics*, Vol. 32, No. 1, pp. 92 – 107.

［4］Wheaton W. （1977）, "Income and Urban Residence: An Analysis of Consumer Demand for Location", *American Economic Review*, Vol. 67, No. 4. pp. 620 – 631.

［5］Alonso W. （1964）, *Location and Land Use: Towards a General Theory of Land Rent*, Cambridge: Harvard University Press.

［6］Beckmann M. J. （1969）, "On the Distribution of Urban Rent and Residential Density", *Journal of Economic Theory*, Vol. 1, No. 1, pp. 60 – 68.

［7］Fujita M. （1989）, *Urban Economic Theory: Land Use and City Size*, Cambridge: Cambridge University Press.

［8］Huriot J. M. （1988）, *Von Thünen: Économie et Éspace*, Paris: Economica.

［9］Richardson H. W. （1977）, *The New Urban Economcs and Alternatives*, London: Pion.

第三章
城市等级与区位

一、城市等级与城市体系

前面各章讨论的区位理论，主要分析单个企业或个人的区位选择。然而，它们忽视了其他活动或个人的存在，也忽视了两分法下的区位选择，也就是在城市或非城市地区、中心区或外围区、活动集中度高或活动集中度低的地区的区位选择。当考虑多种经济活动时，它们排除了这些活动位于其他城市中心区的可能性，且当讨论多个城市时，它们还得出了有点儿自相矛盾的结论，即在均衡状态下，城市体系中的所有城市的规模都必须相同，只有这样才能保证备选区位的无差异性，因为所有城市的利润和效用水平都相同。

因此，到目前为止，我们还没有找到能够解释多个企业和家庭在备选城市中心进行区位选择的理论。同样也没有找到能够解释现实中存在大量不同规模和不同功能城市的原因的区位理论，而城市功能部分或完全依赖于较大城市所提供更高质量的服务和活动。换句话说，到目前为止，我们还无法解释城市等级体系存在的原因。

本章介绍的理论试图解释由不同规模城市所组成的城市体系存在的原因。这些理论的目的，是通过解释以下问题从而形成分析城市等级体系的规则：

（1）在城市等级系统中每个层级中的城市规模和出现的频率，以及每个城市的市场范围。

（2）特定城市与其以下或以上等级城市间的距离，进而所有城市的地理分布。

这种被称为"中心地理论"的学派的创始人，是地理学家沃尔特·克里斯泰勒和经济学家奥古斯特·廖什[1]。他们建立了能够解释城市层级的模型，并为本书随后的分析奠定了基础。

二、地理学方法：克里斯泰勒模型

1. 原始模型

克里斯泰勒模型基于这样一种假设，即城市中心是进行商品和服务贸易的地方。这个"中心地"（源自于克里斯泰勒模型的所有理论都被称为"中心地理论"[2]）必须为其周边地区的人口生产或供应商品或服务，其周边地区是一个均匀且各向同性的区域[3]。该模型的目的在于揭示产品和服务（尤其是高级等级）是如何在地域上组织成城市等级体系的。

为此，克里斯泰勒引入了服务门槛和范围的概念。这些概念用地理学的术语表达了在空间中组织各种经济活动的经济力量，也就是运输成本和集聚经济或规模经济。服务范围是指消费者为购买某种服务而愿意承受的最大出行距离（包括他们愿意为此支付的最大运输成本）。服务门槛是指围绕供应中心旋转一周所划出的一个有足够人口规模的圆形区域，这些人口规模产生一定程度的需求使提供这种服务有利可图。只有当服务范围超出门槛时，才会提供各种服务。换句话说，只有在有足够的需求使得提供服务有利可图时，才生产出各种服务[4]。

中心地位于圆形市场区的中心，这是一个最佳区位，因为该区域范围内的消费者的总运输成本降到最低[5]。

在均衡状态下，由服务范围所决定的环形市场区呈现六边形形状。这种几何形状能够满足克里斯泰勒的三个基本假设：①消费者运输成本最小化（实际上，六边形是最接近于圆的几何形状）；②均匀分布的服务供给，它覆盖整个地域而

---

① 参见克里斯泰勒（Christaller, 1933）、廖什（1954）。廖什最初的研究工作可以追溯到 1940 年。

② 有关这些文献的综述，参见马利根（Mulligan, 1984）、贝金（1988）。后者对基本模型进行了有趣的批判性分析。

③ 这与第二章描述的模型的假设不同。在第二章，假设了供给的均匀分布和需求的点状分布，而在这里讨论的模型所设想的是供给的点状分布和需求的均匀分布。因此，这让我们回想起第一章中的内容，那里曾讨论过市场区是如何在企业之间划分的。

④ 克里斯泰勒将门槛定义为中心地提供服务的最小范围，具体参见克里斯泰勒（1933）。

⑤ 参见米尔斯和拉弗（Mills and Lav, 1964）。人们曾错误地认为克里斯泰勒的市场区可以追溯到杜能的环形区域（Ullman, 1941），然而在克里斯泰勒的理论中，圆形区域是市场区域（需求），而在杜能的理论中，市场区域是生产区域（供给）。

不留下空白;③生产者间的竞争保证市场区不会重叠①。均衡状态下,将在空间中出现一个由 n 个中心地所组成的"蜂窝"状网格,这 n 个中心地服务于大小相同的 n 个六边形市场区(见图 3-1)。

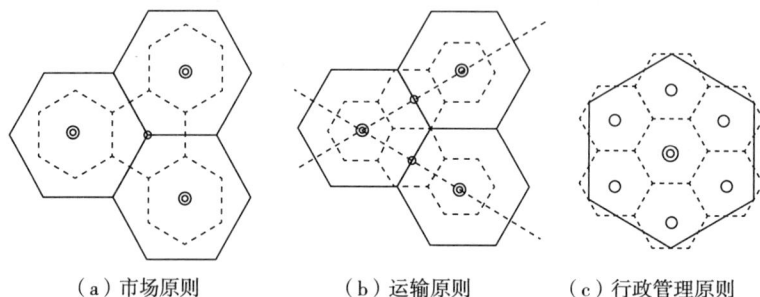

（a）市场原则   （b）运输原则   （c）行政管理原则

图 3-1　基于克里斯泰勒三种原则的市场区组织

此外,根据克里斯泰勒的说法,每种服务都有决定其市场区规模的服务范围;大城市中心生产和供应高质量的服务,且相对于那些提供较低质量服务的小城市中心的市场区,具有更广阔的市场区范围。

在定义了那些能够提供 n 种服务的正六边形形状的市场区后,克里斯泰勒接下来讨论了提供低级服务的市场区。为此,他假设在提供低级服务的供应商中,生产效率最高者将选择提供高阶服务的中心地,也就是六边形的中心,以便他们能够从集聚经济中获益。

根据定义,提供低级服务的市场区范围小于提供高级服务的市场区范围,故位于六边形中心的生产低级服务的生产单元的市场区范围,小于六边形本身的范围。因此,该区域的部分市场是没有覆盖住的,这种需求未得到满足的市场将吸引新的服务生产商进入该地区。这些企业根据三个不同原则对区位进行选择,克里斯泰勒把它们作为在空间中塑造市场区的基本原则:

(1)市场原则,假设低一级别的中心地坐落在与三个相邻的高级别中心地距离相等的区位上,由三个更大规模六边形的顶点表示(见图 3-1(a)),它满足以最少数量的低级中心地来覆盖高级别市场区的优化要求。根据这一区位模式,在某一级别的市场区内有 $1+6/3=3$ 个低一级别的市场区。

(2)交通原则,适用于次级别的中心地坐落在与一对高一级别中心地等距的区位上(见图 3-1(b))。这种选择根据到高一级别中心地的运输成本最小化

---

①　等边三角形或正方形也能确保没有重叠的空间全覆盖,但却不能保证运输成本最小化,而六边形市场区则可以。

的要求优化了低级别中心地的区位。在每个级别的市场区都包含 1 + 6/2 = 4 个低一级别的中心地。

（3）行政原则，由构成正六边形的三角形的中心位置来确定（见图 3 – 1 (c)），因此，区位优化的主要目标是避免高级别中心地争夺低级别中心地的管理权限。如果低级别中心地仅隶属于一个高级别中心地，那就可以实现这一目标。在这种模式下，每个市场区有 1 + 6 = 7 个低一级别的中心地。

因此，该模型导致城市中心地等级体系的形成，对于每个包括 n 个级别的中心地（市场区）的城市等级体系而言，它包含 k 个（n – 1）级别的中心地（市场区），其中是某级别的中心地与次一级别中心地的比例系数。根据主要的区位原则（市场、运输或行政原则）其值分别取 3、4 或 7[①]。在克里斯泰勒模型中，该比例系数在整个城市层级体系中是不变的。对于每个值，应用简单的规则，可以得到每级别中的中心地数量、每级别中的中心地之间的距离和每级别中的市场区规模[②]。

该模型推导出一个很重要的结论，即每个大型中心地所生产的商品或服务的质量与其级别是相符的，同时也生产所有低级中心地所能生产的商品或服务。因此，大型中心地的优势来自于其在层级体系中所特有的功能水平。这样，城市规模成了城市功能的一种指标，并且每一个高级中心地都包含一系列按降序排列的低级中心地，直到达到最低级别的中心地为止[③]。

因此，克里斯泰勒模型形成了有关空间关系的层级系统，它吸引了周边的市场区。虽然该模型在本质上主要是地理学的模型，但从其所依据的如下经济假设

---

① 常数 k 也可以定义为相当于高级别市场区规模的次一级市场区的数量。

② 如果 a 表示两个原始定居点间的距离，R 为层级中的级别（不包括原始农业定居点），那么市场区数量为 k^0，k^1，k^2，k^3，…；R 级中心地数量为 1，$k^0(k-1)$，$k^1(k-1)$，$k^2(k-1)$，…；同级别中心地之间的距离为 $a\sqrt{k^{R-0}}$，$a\sqrt{k^{R-1}}$，$a\sqrt{k^{R-2}}$，…。应用克里斯泰勒的三个原则，则可以得到：

级别	市场原则		交通原则		行政原则	
	中心地数量	市场区数量	中心地数量	市场区数量	中心地数量	市场区数量
n	1	1	1	1	1	1
n – 1	2	3	3	4	6	7
n – 2	6	9	12	16	42	49
n – 3	18	27	48	64	294	343

③ 以往的研究已经分析了专业化与城市规模之间的关系，参见克拉克（Clark，1945）。

中可以看出，模型具有很强的内在一致性[①]：

（1）消费者最优化行为，消费者在购买服务时尽可能把运输成本降到最低。市场区相互独立，互不重叠。

（2）同质的地理空间，在这种空间中的经济活动聚集是源于经济原因而不是地理原因。

（3）运输成本与距离成正比。

（4）存在规模经济，它隐含在"门槛"概念之中。

（5）服务供给的公平性，这意味着所有服务应覆盖整个区域以便所有消费者都能享受所有的服务或商品。

当克里斯泰勒将其模型应用于现实中时，得到了令人惊讶的结论。他首先分析了德国南部的城市结构，使用连接城市间网络的电话量作为中心性指标，外生定义了六个层级的中心地。然后，他应用市场原则发现，模型所确定的中心地数量与现实中存在的数量之间存在着惊人的对应关系，具体如表 3-1 所示。

表 3-1　模型所确定的中心地数量与现实中存在的数量之间的对应关系

层级	1	2	3	4	5	6	7
中心地的理论数量	1	2	6	18	54	162	486
中心地的观察数量	1	2	10	23	60	105	462

应该强调的是，克里斯泰勒模型能够回答本章开头提出的问题：它描绘了城市层级体系的存在，其中每个特定规模的城市都履行着特定的功能。此外，该模型还提供了用来确定某一层级中心地的数量、每个中心地的市场区规模、同一层级中心地之间的距离及其地理分布的一套规则。

2. 数学形式

原始形式的克里斯泰勒模型是完全的定性描述，但最近有人提出了非常简单的定量化的模型[②]。设 p_1 为低级聚集区的人口，r 为取决于 p_1 的农村地区人口。P_1 表示那些享用由 p_1 提供的服务的总人口，则很容易地得出：

---

① 参见贝金（1988）。

② 首次试图对模型进行数学公式化的是贝克曼（1958）。最完整的数学版本是由贝克曼和麦克弗森（1970）建立的，这一版本能够处理不同层级中心地的人口规模，这是克里斯泰勒没有解决的问题。这里介绍的数学模型是西格尔（Segal，1977）提出的模型，它是从贝克曼和麦克弗森的模型中推导出来的。

$$P_1 = p_1 + r \tag{3-1}$$

假设每个城市的人口是其所在地区总人口的一个固定比例 c：

$$p_j = c P_j, \quad 0 < c < 1 \tag{3-2}$$

把式（3-1）代入式（3-2），可得：

$$p_1 = c(p_1 + r) \tag{3-3}$$

因此：

$$p_1 = \frac{cr}{1-c} = \frac{c}{1-c} r \tag{3-4}$$

式（3-4）确定第 1 级城市的人口等于农村人口的 c/(1-c) 倍。在中心地理论的文献中，称 c/(1-c) 为"城市乘数"。

假设中心地有 n 个等级，每个中心地都服务于自己本身，并且也服务于围绕它的 s 个"卫星"中心[①]。享受高级中心地提供服务的区域人口数量为 P_n，这一人口从它所控制的 (1+s) 个次一级区域的人口得到。考虑到中心地 n 的中心区域内有 n 阶中心的人口，而不是 (n-1) 阶中心的人口，因此：

$$P_n = P_{n-1}(1+s) - p_{n-1} + p_n \tag{3-5}$$

利用式（3-2），式（3-5）可以改写为：

$$P_n = P_{n-1}(1+s) - c P_{n-1} + c P_n \tag{3-6}$$

因此：

$$P_n = \frac{1+s-c}{1-c} P_{n-1} \tag{3-7}$$

由于在克里斯泰勒模型中，s 和 c 在整个城市层级结构中是常数，故式（3-7）就决定了一个地区人口规模与次一级地区人口规模间的恒定关系。

式（3-7）可写成一般形式：

$$P_n = \left(\frac{1+s-c}{1-c}\right)^{n-1} P_1 \tag{3-8}$$

将式（3-4）中的 P_1 代入式（3-8），并在等式右侧乘以 (1+s-c)/(1+s-c)，则可以得到：

$$p_n = \left(\frac{1+s-c}{1-c}\right)^n \frac{rc}{1+s-c} \tag{3-9}$$

式（3-9）表明，在农村居民人口 r 已知的情况下，我们能计算出任何层级的中心地的市场区规模和人口数量。

① s+1 就是 k，即克里斯泰勒模型中的比例因子。

三、经济学方法：廖什模型

1. 原始模型

1940 年，廖什构建了一个一般均衡模型，以修正克里斯泰勒模型的一个主要缺陷，即整个城市层级体系中比例因子为常数的假设。

廖什模型也产生了正六边形的市场区结构，但他的模型是建立在如下经济学原理基础上的：

（1）企业间竞争：所有的市场区域都被覆盖，因为在未受控制的空间中可获得的潜在市场利润吸引新企业进入这些区域。

（2）消费者理性：当消费者不得不在两个可能的供应商之间进行选择时，其理性促使他们选择价格最低的供应商；因此，根据该模型的逻辑，他们选择距离他们最近的供应商。

廖什模型以明确的生产成本（尽管是外生的）和需求曲线界定了市场区范围，进而在张伯伦的垄断竞争市场框架下实现单个部门的空间均衡。当企业不再具有进入该市场的动机时，该模型确定了六边形市场区的稳定的空间经济均衡。

与克里斯泰勒不同的是，廖什确定了几个"比例因子"，也称它为嵌套系数，这些因子在城市层级的形成方面发挥作用。克里斯泰勒模型中的 k = 3、4 和 7 仍然有效，但比例因子还可以取其他的一些值，尤其 k 还可以取 9、12、13、16、19、21（见图 3 - 2）等。事实上，廖什假设，对应于每种类型的商品或服务，嵌套系数有一个特定的值，从而正六边形的市场区也有特定规模。廖什系数是克里斯泰勒系数（3、4 和 7）的简单的地理倍数，因此也符合克里斯泰勒提出的原则[1]：

（1）9 和 21 遵循市场原则：9 = 1 + 6 + 6/3 以及 21 = 1 + 6 + 6 + 6/3。

（2）16 遵循交通原则：16 = 1 + 6 + 6 + 6/2。

（3）13 和 19 遵循行政原则：13 = 1 + 6 + 6 以及 19 = 1 + 6 + 6 + 6。

（4）12 遵循市场原则和交通原则：12 = 1 + 6 + 6/3 + 6/2。

在整个城市层级体系中，放宽比例因子不变的假设具有重大影响。它排除了中心地规模与专业化间的双向联系，并且可以考虑以下重要的现实情况：

---

[1] 参见达西（Dacey，1964）。

（1）规模相同的中心地具有不同功能的专业化。

（2）中心地功能专业化的可能性：中心地可能只履行其层级的功能，而不是如克里斯泰勒模型中所强加的其他所有功能。

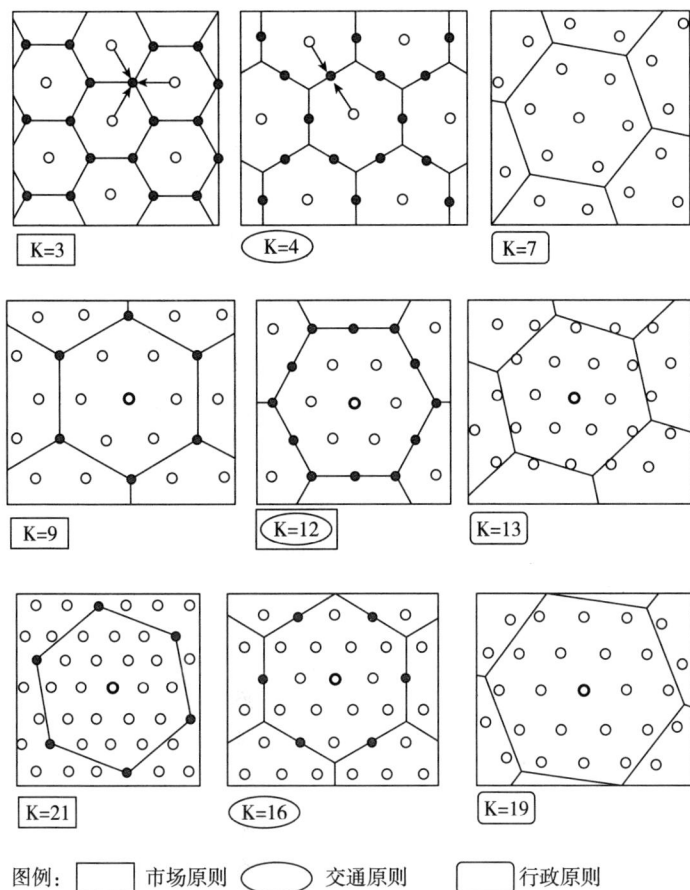

图例：□ 市场原则　○ 交通原则　□ 行政原则

图 3 - 2　九种最简洁的中心地组织模式

廖什基于其假设，得出区域总体结构的方法是很有趣的，但在分析上却不令人满意。对廖什来说，经济空间的组织是由若干个规模和结构不同（对应于不同类型的商品和服务）的正六边形叠加而成。所有正六边形都有一个共同的中心，它生产所有的货物（见图 3 - 3（a））。通过旋转叠加的六边形以获得某些地区中心地的最大密度以及不同生产区位的最大重合度，可以得到地域的最终结构（见图 3 - 3（b））。最终结果是一系列高密度聚落、低密度聚落交替出现的环形扇区。这些扇区从一个大城市辐射出去，形成一个符合运输系统效率原则的空间结构（见图 3 – 3（c））[1]。

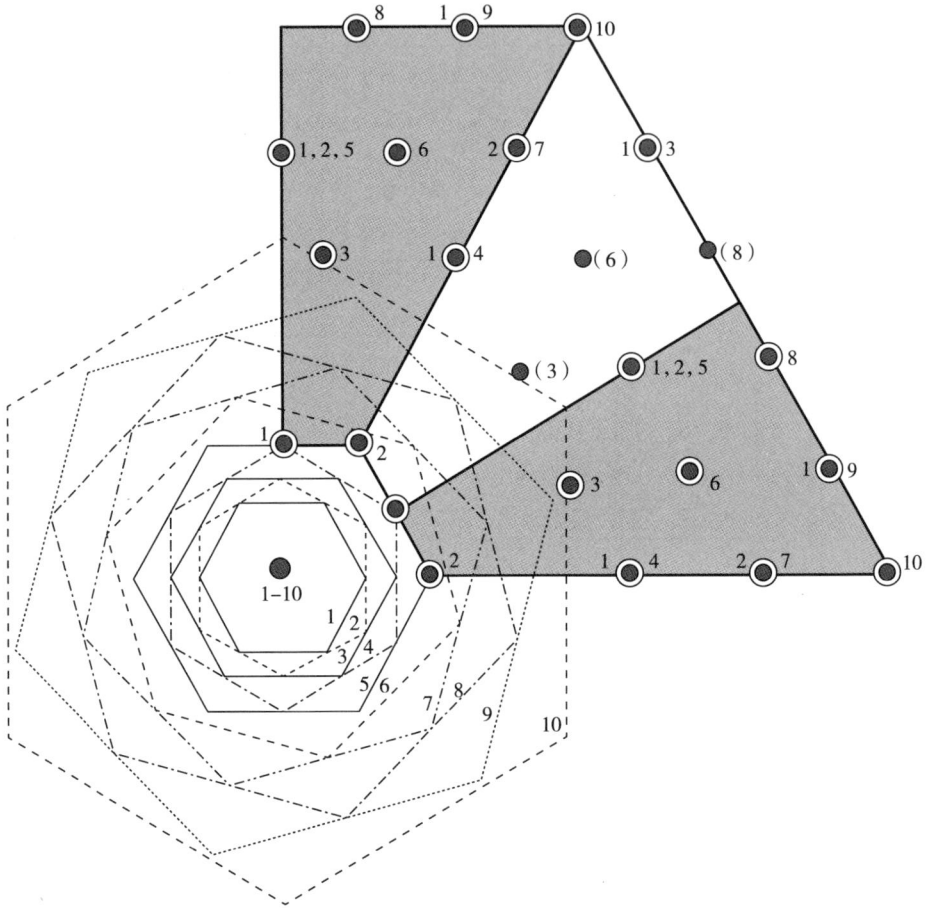

（a）起始的10个最小的六边形结构

图 3 – 3　廖什模型

---

① 参见西格尔（1977）。

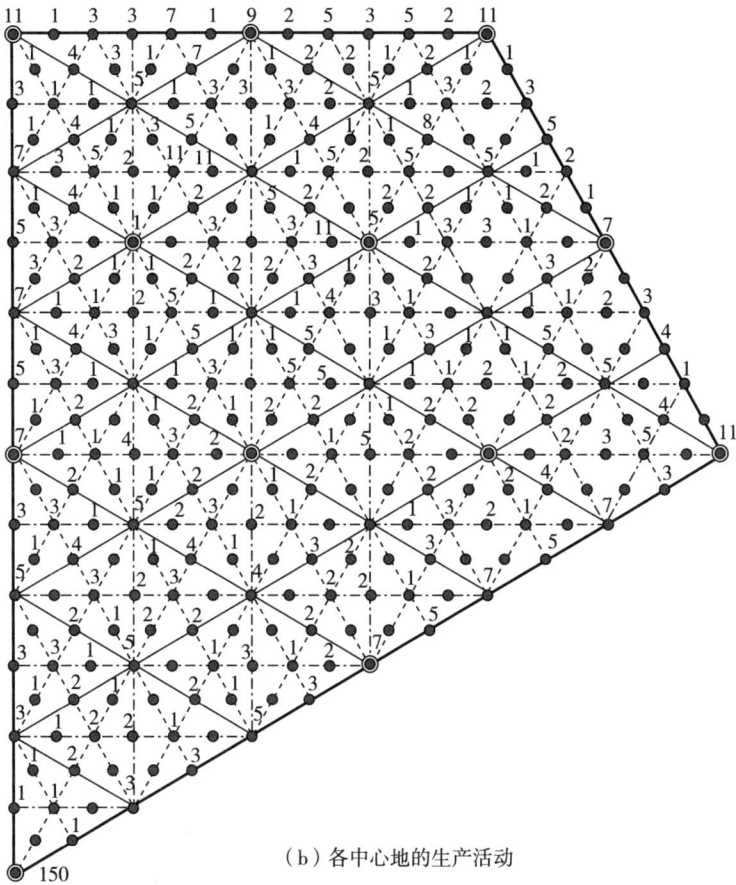

（b）各中心地的生产活动

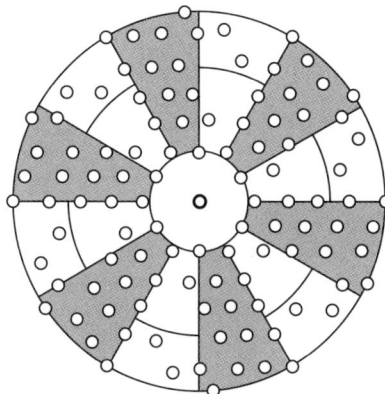

（c）整体格局

图 3-3　廖什模型（续）

注：圆点代表原始定居点（农村）；圆环点表示不同大小（从 1~10）的市场中心。数字代表每个点的特定市场区中心的数量，即其所拥有的生产部门数量；阴影表示城市数目最多的地区。

与克里斯泰勒模型相比，从廖什模型得出的空间模式更加现实，似是而非的部分也就少多了。然而，这些是以模糊了城市等级概念为代价的，也就是在中心地的高密度空间中并没有任何要素可用来确定中心地的等级结构，除其他原因外，这是因为中心地之间缺乏明确的分工①。

此外，廖什还通过实证证明了其模型的有效性，在案例研究中，他将其模型应用于美国爱荷华州的地域模式的分析。他假设城市结构包括六个层级并且嵌套因子为 4 的城市体系，得出了如表 3-2 所示的结果②。

表 3-2　廖什模型的实证结果

层级	0	1	2	3	4	5
理论中心地数	0～1	2～3	9～10	39	154	615*
实际中心地数	0	3	9	39	153	615
中心地间的理论距离（英里）	179	90	45	22	11	5.6*
中心地间的观测距离（英里）		94	50	24	10	5.6

注：＊为观测值。1 英里约等于 1.6093 千米。

如前所述，对于其模型的经验验证，廖什倾向于使用的嵌套系数为 4，这相当于克里斯泰勒模型中基于运输原则的比例系数。这一原则与廖什为进行实证分析而选定的地区的地域模式相一致，该地区是一个由直线型运输基础设施横贯的平原地区③。

2. 数学形式

与克里斯泰勒模型一样，廖什模型也吸引了众多经济学家的兴趣，其中一些人给出了该模型的数学形式④。

数学公式化方法利用五个方程来描述经济条件，该模型认为这些条件对于

---

①　出于这个原因，有人认为：廖什模型更适合于描述一个以工业部门为主的城市系统，在这个系统中，内部经济、规模经济或本地化经济占主导地位，导致更加"专业化"的经济聚集；而克里斯泰勒的系统更适合分析第三产业为主的城市系统，在这种情况下，由消费者支付的运输成本仍然决定着服务市场的规模。

②　参见廖什（1954）。廖什根据顺序赋予城市的编号，与这里的编号相反，因为他赋予高级别的中心地更高的值。然而，为了保持与克里斯泰勒模型相同的含义，这里廖什模型的编号是倒置的。

③　参见西梯尔（1977）。

④　这里介绍的是佩林克和尼茨坎普（Paelink and Nijkamp，1976）的数学表达式。

实现一般空间经济均衡至关重要。该均衡需要两个特定要素，即每个生产商都追求利润最大化，每个消费者都通过选择成本最低的市场追求效用最大化。此外，同一扇区内的若干厂商之间为争夺市场展开竞争，进而厂商超额利润趋于零。

具体条件如下：

（1）生产商的区位必须是最有利可图的区位，因此，任何空间上的转移都不会提高其盈利水平。

（2）区位数量必须保证覆盖整个区域。

（3）超额利润为零，以确保市场的稳定和阻止新厂商的进入。

（4）厂商的产出规模和它的市场区规模足够小到与其平均生产成本相一致。如果市场规模的变化是由于价格上涨超过平均生产成本上涨而导致的，那么将产生超额利润，从而为新的厂商进入这个市场创造了空间。

（5）在不同市场区边界上商品的销售价格必须相等，以保证边界上的消费者对备选区位是无差异的。

这些经济条件可以直接转化为数学表达式。

定义如下：

m 为一般商品，m = 1，2，…，M；n 为生产商品的一般中心地，n = 1，2，…，N；x_{mn}，y_{mn} 为空间坐标，表示每个生产中心的空间位置，中心地 n 有两个坐标；X_{mn} 为生产中心 n 生产的商品 m 的产出量；Π_{mn} 为在生产中心 n 销售商品 m 所获得的总利润；c_m 为商品 m 的平均生产成本；p_m 为商品 m 的销售价格；A 为区域商品总销售规模，而 A_{m1}，A_{m2}，…，A_{mn} 表示的是商品 m 在各个市场区的销售规模；C_{mn} 为商品 m 在生产中心 n 的市场区边界；d_{mn} 为生产中心 n 与其市场区边界间的距离；τ 为商品 m 的单位运输成本。

我们可以把上述五个条件改写为如下方程：

（1）保证每个区位利润最大化的一阶条件：

$\dfrac{\partial \Pi_{mn}}{\partial x_{mn}} = 0$ 和 $\dfrac{\partial \Pi_{mn}}{\partial y_{mn}} = 0$，总共有 2N 个方程（每个市场区都有 2 个）。

（2）每种商品的供给完全覆盖所有区域的条件：

$\sum\limits_{n=1}^{N} A_{mn} = A$，总共有 M 个方程。

（3）每个生产中心都不存在超额利润的条件：

$p_{mn} = c_{mn}$，总共有 N 个方程。

（4）最小化每个市场区规模，使得每个生产地平均成本的边际变动等于商品价格的边际变动的条件：

$$\frac{\partial p_{mn}}{\partial X_{mn}} = \frac{\partial c_{mn}}{\partial X_{mn}}，总共有 N 个方程。$$

（5）各市场区边界价格相等的条件：

$p_{mn} + \tau d_{mn} = p_{mn'} + \tau d_{mn'}$，总共有 C 个方程。

因此，模型中要估计的方程数量是 $4N + M + C$，它正好等于未知数的数量，这些未知数是：①市场区 A_{mn} 的规模，其数量等于中心地的数量 N；②每个中心地的商品价格 p_{mn}，总共有 N 个；生产商品 m 的中心地数量 N_m，总共有 M 个；③每个中心地的坐标 x_{mn} 和 y_{mn}，总共有 2N 个；④市场区边界，总共有 C 个。

未知数的个数和方程的个数相等是方程有解的必要条件。然而，由于方程系统是非线性的，可能存在多个解或根本就没有解。有多种方法可以简化这个方程组，就像廖什的原始模型那样，可以通过规定市场区形状的方法来减少未知数的数量。在这种情况下，每个市场区的边界数量是已知的。此外，若商品 m 的 $(N_m - 1)$ 个市场区规模已知，那么第 N_m 个市场区规模就是市场的总规模 A 与这 $(N_m - 1)$ 个市场区规模之差。

然而，数学形式的廖什模型仍存在一些缺陷：①由于不知道中心地数量，求解这个模型非常复杂，为满足第一个条件而估计的方程数量事先也是未知的。②即使是在原始的非数学化模型中，也没有考虑到可能存在的两种类型的聚集经济，也就是以高级别中心地为主要标志的城市化经济以及以专业化的中心地为主要标志的地方化经济。③方程系统的非线性特征使得它既不能保证均衡解的存在性，也不能保证均衡解的唯一性和稳定性。

四、两个模型的评价

克里斯泰勒和廖什的模型通常被认为是最早的空间一般均衡模型。在同质空间假设下，这些模型可以解释不同规模城市的存在和每个城市的功能以及城市间的距离。简言之，这些模型是最早的能够解释城市体系的模型，直到近来建立新的一般区位均衡模型为止。然而，它们的逻辑结构似乎无法解释均衡条件下不同规模城市中心的存在[①]。

直到今天，克里斯泰勒模型和廖什模型仍然是城市体系结构的独特的分析工具。众所周知，在存在决定区位决策的两种经济力量（聚集经济和运输成本）

[①] 参见"新城市经济学"模型，这些模型的提出大大晚于克里斯泰勒和廖什模型。如前所述，"新城市经济学"模型在解释城市体系存在性方面存在疑问：为了保证企业和家庭对不同城市的区位之间无差异，模型要求同等水平的利润和效用，但这些条件只有假设所有城市具有相同规模时才能得到满足。

的情况下，区位均衡源于厂商利润最大化和消费者效用最大化的逻辑。

然而，各种文献都指出这两个模型都存在一定的缺陷①，其中有些缺陷源于某些假设的抽象性，比如资源禀赋的空间同质性和单位运输成本不变等。但这并不会削弱模型的解释力，对现实世界复杂性简化的需要为这种假设的抽象性做出了解释。但其他一些缺陷是致命的，因为它们影响了模型的内在一致性：

（1）缺乏对需求的分析。这些模型假设需求在空间中均匀分布且不会变化②，而且这些模型外生决定每个个体所需的每种商品的数量。换句话说，这些模型主要涉及生产理论方面。

（2）厂商生产和区位选择之间缺乏相互依存关系。由于模型假设生产资源和需求在空间上均匀分布，因此在供给侧，靠近其他企业并不影响成本函数；在需求侧，商品之间不存在相互依存关系，即互补性或替代性③。因此，商品需求与其他商品的价格无关，与其他商品生产者的区位也无关。

（3）模型的静态性质。这就限制了它们在分析城市等级体系演化和动态方面的应用。

前两个缺陷是严重的，因为它们反映了结论与初始假设间的矛盾，这破坏了模型的解释逻辑。实际上④：

（1）需求在整个区域内均匀分布的假设与模型的人口集中在城市中心的关键结论相矛盾。事实上，生产商聚集在空间中某一地点，就排除了任何需求均匀分布的可能性，因为它吸引消费者向提供最佳条件（因运输成本低而廉价的商品）的中心地转移。

（2）这些模型忽视了区位与供需双方的相互依存关系。在供给侧，它们没有考虑接近其他供应商而形成的有利于区位选择的投入或产出关系。因此，它们没有能够体现两种商品生产联系在一起的生产函数。在需求侧，没有将不同商品消费联系在一起的效用函数。这些模型没有考虑到商品间的替代性或互补性，因此采取了叠加的局部均衡的方式。自相矛盾的是，克里斯泰勒和廖什的模型，尤其是廖什模型，引用聚集经济的概念来解释厂商的区位选择，但随后他们又忽视了聚集经济优势，从而破坏了其模型的内在一致性。

---

① 有关批评，参见瓦拉瓦尼斯（Valavanis，1955）、贝克曼（1958）、贝里和加里森（1958）、米尔斯和拉弗（1964）、马利根（1979）、伊顿和利普西（1982）、埃文斯（Evans，1985）、藤田等（1999a）等。

② 这些模型缺乏需求分析，一直被视为其主要的缺陷之一。近来以分析的复杂性为代价，建立了包括需求和供给的一般均衡模型，具体参见藤田、克鲁格曼和维纳布尔斯（1999b）。

③ 在经济学中，当一种商品价格上涨一个百分比导致另一种商品的销售量下降一个百分比时，两种商品被认为是"互补品"。当一种商品的价格上涨一个百分比导致另一种商品的销售量增加一个百分比时，两种商品被称为"替代品"。

④ 参见贝金（1988）。

　　然而，尽管存在这些缺陷，这些模型仍然是独一无二的，且为从经济和地理角度研究城市等级体系做出了卓越的贡献，克里斯泰勒和廖什模型至今在空间经济学中仍占据着中心地位。

五、近期的一些研究进展

　　克里斯泰勒和廖什是"中心地理论"的先驱。自从他们的开创性研究以来，为改进原始模型并弥补其缺陷和内部矛盾，学界已经做出了相当大的努力。本节对其中的一些理论进行阐述，并在结尾部分提供形式化方面的参考文献。

　　这些新理论的第一个重要成就是，已经建立了更严谨的经济学性质的模型，并且不断提高了分析的复杂性，从而把需求纳入到一般均衡模型中。其中，最广泛接受的模型当属贝克曼和麦克弗森的模型[1]。该模型不仅克服了固定的嵌套系数（克里斯泰勒模型中的 k，廖什曾试图解决这个问题）所带来的限制，而且还能克服城市等级体系中的中心地人口与周边地区人口间的固定比率（或者在提供同级水平服务的城市内，当各种服务是由不同规模的中心地提供时）所带来的限制。贝克曼和麦克弗森的模型假设，比例因子随中心地等级以及中心地所提供的服务的不同而不同。比例因子的意义，不再是地理上的而是经济上的（尽管它仍以人口数量来衡量），它指的是为向 n 级市场区的每个居民（包括中心地本身）提供相应的服务所需的居住在 n 级中心地的人口总数。换句话说，它反映了为整个市场区生产商品所必需的人数。

　　最近，休伯特·贝金扩展了贝克曼和麦克弗森的模型，使它包含两种经济要素。原始模型认为，这两种经济要素决定中心地人口与周围地区人口之间的比率[2]，这两种要素就是劳动生产率（即生产单位商品 m 所需的人数）和个人消费结构（即中心地 n 的市场区内每个居民对商品 m 的需求量）。贝金证明，现实中的以中心地人口与周围农村地区人口之比来度量的城市等级结构，主要取决于如下要素：①各层级中心地劳动生产率的变化（规模收益递增、递减或不变）；②各类商品或服务在总需求中的分布；③各种商品的需求收入弹性。

　　通过把地方化经济优势纳入到克里斯泰勒模型和廖什模型中，中心地理论的发展迈出了第二步。在此领域，朗做出了很大贡献[3]，他把商品间的相互依存关系纳入到克里斯泰勒模型中。他假设，商品 m 的购买量不会随着到中心地的距

---

① 参见贝克曼和麦克弗森（1970）。
② 参见贝金（1984）。
③ 参见朗（Long，1971）。

离的增加而减少。尽管商品 m 的价格会随着人们离中心地的距离的增加而上升，但由于靠近其他新的中心地所产生的地方化经济，使得商品价格随接近其他中心地而下降。朗还指出，一种商品的服务范围，根据其在小中心地生产还是在大中心地生产将发生变化，他认为后者即大中心地生产的商品的服务范围较小，因为在规模很大的城市市场上存在很多替代品。显然，这种假设打破了克里斯泰勒和廖什模型建立的规则，并且供需双方的相互依赖机制可能推翻原始模型的结论。然而，朗的模型只是一个初步的尝试，他所采取的复杂的数学方法至今也未能得出解析解。

最后，中心地理论的发展已经迈出了第三步，以满足深入研究城市结构以及城市结构演进和变化的需要。在此领域做出主要贡献的是约翰·帕尔，他建立了比较静态模型[1]，该模型基于以下假设分析城市层级体系空间组织的演化：①从最低层级到最高层级的连续的层级结构；②配置给城市层级体系不同层级的经济功能发生变化；③城市层级结构的变动，也就是与各种规模的中心地相关的层级数量的变化：形成新的层级的城市、某层级市场区的扩展或消失。

帕尔改进了克里斯泰勒原始模型所设想的六边形市场区结构。根据上述假设以及城市层级体系中的市场区规模，帕尔把市场区改造成为矩形、三角形或六边形的市场区。

六、研究城市体系的新理论：城市网络

近年来发达国家城市体系的发展，明显相悖于克里斯泰勒的城市层级体系模型，中等规模城市（4 万 ~ 20 万居民）得到了显著的发展，相同层级的中心地之间具有密切的相互依存关系，城市的专业化程度很高，单个城市体系内部缺乏层级关系。过去 20 多年的城市发展历程表明，城市系统与克里斯泰勒的层级结构几乎没有相同之处。相反，它们表现出如下一些特征[2]：

（1）城市专业化，尤其是工业专业化，但也包括服务业专业化，这与克里斯泰勒模型中的每个层级的中心地非专业化的预测相矛盾。

（2）并不存在所有城市的功能全部是混合功能的现象。

（3）普遍存在的低级中心地具有高级功能的现象。

（4）城市间的横向联系使得不同城市具有类似的功能，如专门从事国际金融服务的城市网络。

---

① 参见帕尔（Parr，1978，1981，1985）。

② 参见卡梅尼（1994）。

（5）履行高级生产功能和服务功能的类似的中心地之间常进行协同，如次区域工业区。

这些经验发现证明，克里斯泰勒模型存在一些缺陷，该模型无法解释发达国家城市体系演化过程中普遍存在的现象。这导致了一种新的概念范式的发展，即城市网络，它为新型的地域模式提供了更为令人信服且合乎逻辑的解释。

这种新的范式设想了这样一种可能性，即城市间的密切关系，将导致以特定经济关系为基础的城市间的相互合作与相互作用。这些关系，在不同层级的城市之间可能是垂直的，或者（这是更具创新性的方面）在那些互补与合作的基础上展开互动的同一层级的城市之间可能是水平的。根据这两种过程，我们可以确定两种类型的城市网络①：

（1）由一系列专业化和互补性城市组成的，以投入产出链为基础联系在一起的互补网络。部门专业化保证即使是规模较小的城市也存在规模经济和聚集经济。这类城市网络的例子如荷兰兰斯塔德的专业性城市或意大利威尼托地区的多中心结构的城市群。

（2）由相似且相互合作的城市组成的协同网络。合作网络把各个城市市场连接起来了，这就能保证规模经济。这类网络的例子有世界级的金融中心，它的市场由先进的通信网络连接起来，再如由梵蒂冈周年庆典期间创建的宗教旅游线路所联系起来的城市网络。

第三类，也可以看作是第二类网络的子网络，也就是：

（3）在特定基础设施项目或生产项目上，为供需达到某一临界数量而进行合作所形成的创新网络。法国城市之间在基础设施建设方面进行合作而形成的城市网络，就是这种网络的例子。

解释城市体系的新的范式具有许多新特点。首先，"城市网络"概念放弃了那种城市间层级关系控制非重叠的市场区以及市场区间相互密切嵌入的地域逻辑。相反，它关注的是具有相似功能的相同规模的城市之间的远距离关系，在克里斯泰勒模型中并不存在这种关系。

其次，以城市间"网络"关系为基础的模型，还抛弃了原有的经济效率原则（运输成本最小化和中心地控制的市场区最大化），这些原则在城市等级体系模型中是决定城市中心的基石。这样一来，重要的是新的经济效率原则，这些原则源于城市间合作或互补活动所致的积极效应，它支配着城市体系的组织过程。在合作网络的情况下，这种网络的优点是向网络内所有成员带来称之为

---

① 参见卡梅尼（1994）。

"网络外部性"的各种利好①。例如，国际金融中心从建立信息和通信技术网络（ICTS）与"虚拟"市场中获得了许多好处，进而它们可以进行远程操作并享用相对规模经济带来的利好。城市间互补网络的优势，通过生产单位间的横向一体化和特定专业化链上的纵向一体化，可以实现地域间的劳动分工和生产专业化。

因此，根据城市网络范式，城市间的关系不再被中心地之间的明确的等级体系和中心地相互之间的竞争所支配。这种城市间竞争，通过地方化经济和投入产出关系，增强某一城市的实力同时减弱另一个城市的实力。现在，各中心地之间的经济关系是建立在合作关系的基础之上的，这种关系使得城市在不扩大城市规模的情况下也能享受规模经济带来的好处。

我们现在可以给城市网络范式下一个定义。城市网络是由一组互补或类似的城市之间的横向关系而不是城市等级关系所组成的。这些关系分别产生了来自于专业化与分工的经济性，以及来自于协同、合作、创新的外部性。

经验研究已经充分证明，城市体系具有自动形成城市网络的趋势，但它们没有探索出这种组织会创造出多少利好的问题②。在20世纪90年代末期，人们首次尝试验证城市间合作或互补活动所产生的积极影响。一项应用于世界卫生组织"健康城市网络"的计量经济学研究表明，城市网络组织确实具有积极的影响。健康城市网络是为促进和协调城市公共政策，进而提高城市生活质量而建立起来的城市间网络。就城市公共政策的实施效果而言，那些与这种城市网络联系最密切的城市也是最为成功的城市③。

现在称城市网络范式为一种理论还为时尚早，因为它至今仍缺乏足够的理论基础。然而，可以确切地说，城市网络范式已经部分地延续（在某些方面已经取代）了克里斯泰勒研究城市系统及其演进的传统区域方法。毫无疑问，这种范式事实上代表了城市层级模型方面的一次重大的理论进展。其解释能力的一个很好的例证是，它能够切断克里斯泰勒模型所强加的专业化与城市规模之间的机械关

---

① 在微观经济学中，"外部性"是指两个当事人之间的交易或生产活动所带来的利好（或损失），未经同意地影响到与此无关的第三者，后者以非货币形式获得好处（或带来损失）。关于外部性概念，参见米德（Meade，1952）、西托维斯基（Scitovski，1954）、米桑（Mishan，1971）。在这个例子中，城市间合作带来的利好，城市并不需要支付等值货币，例如，它们获得了联合提供某种服务的临界需求量，并且它们在供给和管理这种服务方面享有相对的规模经济。关于网络外部性的综述，参见卡佩罗（1994）。

② 关于城市体系网络组织的实证分析，参见卡佩林和格里林卓尼（1983）、伊曼纽尔（Emanuel，1988）、卡梅尼（1994）、德玛蒂斯（Dematteis，1994）、伊曼纽尔和德玛蒂斯（1990）、戈特曼（Gottman，1991）、普梅因和圣朱利恩（Pumain and Saint-Julien，1996）、泰勒（2001）、苏比拉茨（Subirats，2002）、博伊克斯（Boix，2004）。关于城市网络的理论和经验方面的综述，参见卡梅尼和卡佩罗（2004）。

③ 参见卡佩罗（2000）。

系。例如，它解释了苏黎世这个仅有 36 万居民的城市像纽约、东京等大都市一样在国际金融领域发挥极其重要的作用的原因。根据克里斯泰勒城市等级模型的逻辑，这种情形是无法进行解释的。

七、本章小结

本章介绍的一些理论，能够解释那些由不同规模的城市所组成的城市体系存在的经济方面的原因，并以此为基础修补了其他研究方法的局限性，尤其是第二章所提出的研究方法的局限性。中心地理论以及克里斯泰勒和廖什的开创性工作，解释了城市体系是如何在严谨的经济学原理下在区域上建立起来的问题。本章分析了它们的优缺点，并概述了为修正原始模型的这些缺陷而发展起来的一些新的理论进展。

本章最后讨论了"城市网络理论"，这是有关城市体系组织的最新理论。这种方法不再以城市间纯粹的等级关系（这种关系允许对彼此嵌入的非重叠市场区进行控制）来解释城市体系。相反，它考虑了具有相同规模、履行类似功能的城市间的横向联系。现实世界确实存在这种联系，但在克里斯泰勒模型中找不到理论解释。尽管城市网络理论对客观现象给出了概念上的解释，但它仍然只是一个研究范式，还缺乏对其更全面科学地理解所需的充足的理论支撑。

思考题

1. 中心地理论的主要目的是什么？

2. 克里斯泰勒模型中的门槛和范围的含义是什么？

3. 克里斯泰勒是如何定义六边形市场区的？

4. 在克里斯泰勒模型中，控制空间经济活动的原则有哪些？如何区分它们？

5. 克里斯泰勒模型中的经济假设有哪些？

6. 廖什模型和克里斯泰勒模型的主要区别有哪些？

7. 廖什是如何定义六边形市场区的？

8. 廖什模型和克里斯泰勒模型的主要缺陷是什么？它们是否已经被解决了？如果已经解决，那么是如何解决的？

9. 城市网络理论得以发展的背后原因是什么？

10. 城市网络理论包含哪些主要的概念要素？已取得何种实证结果来支持这一概念框架？

阅读文献

［1］ Boix R.（2004），"Redes de Ciudades y Externalidades"，*Investigaciones Regionales*，No. 4，pp. 5 – 27.

［2］ Capello R.（2000），"The City – Network Paradigm：Measuring Urban Network Externalities"，*Urban Studies*，Vol. 37，No. 11，pp. 1925 – 1945.

［3］ Dematteis G.（1994），"Global Networks，Local Cities"，*Flux*，No. 15，pp. 17 – 13.

［4］ Gottman J.（1991），"The Dynamics of City Networks in an Expanding World"，*Ekisticks*，No. 350 – 351，pp. 227 – 281.

［5］ Pumain D. and Saint – Julien T.，eds.（1996），*Urban Networks in Europe*，Paris：John Libbey Eurotext.

［6］ Taylor P. S.（2001），"Specification of the World City Network"，*Geographical Analysis*，Vol. 33，No. 2，pp. 181 – 194.

［7］ Beckmann M. J. and McPherson J.（1970），"City Size Distribution in a Central Place Hierarchy：An Alternative Approach"，*Journal of Regional Science*，Vol. 10，pp. 25 – 33.

［8］ Camagni R. and Capello R.（2004），"The City Network Paradigm：Theory and Empirical Evidence"，in R. Capello and P. Nijkamp，eds.，*Urban Dynamics and Growth：Advances in Urban Economics*，Amsterdam：Elsevier，pp. 495 – 529.

［9］ Capello R.（2000），"The City – Network Paradigm：Measuring Urban Network Externalities"，*Urban Studies*，Vol. 37，No. 11，pp. 1925 – 1945.

［10］ Christaller W.（1933），*Die Zentralen Orte in Süddeutschland*，Darmstadt：Wissenschaftlische Buchgesellschaft；English Edition（1966），*The Central Places in Southern Germany*，Englewood Cliffs：Prentice – Hall.

［11］ Lösch A.（1954），*The Economics of Location*，New Haven：Yale University Press.

第二部分

区域增长理论：
均质抽象空间

第四章

生产结构与发展

一、区域增长与发展的不同解释

本章和随后的章节将讨论区域经济学的第二大领域，即区域发展理论部分。虽然区域发展的分析方法众多，且各有不同，但所有理论都致力于找出影响本地经济增长路径的要素。为了解释区域差异、分析区域收入增长率及其水平的收敛和发散的可能路径，这些理论通常从收入分配公平角度入手，分析地方发展中的绝对增长（基于本地资源有效配置）和区域间的相对增长问题。

区域经济学的关注点，从迄今为止区位论所讨论的区位选择过程，转向次国家层次的地区经济发展。在已知资源和经济活动空间分布的质量与数量的基础上，区域发展理论试图解释那些包括区域、城市、省、特殊地理区域等地方系统发展经济的能力、吸引外部经济活动的能力以及造就本地福利、创造财富并实现持续增长的能力。

因此，本章和随后章节中的理论和模型所讨论的区域发展，都是指地方经济系统通过有效地和创造性地运用本地资源禀赋，在国际分工体系中扮演（并不断进行重建）特定且恰当的角色的能力。区域欠发达和区域发展不平衡，是由于地方在开发和组织地方资源（环境、经济、物质和人力）以及吸引新的资源和经济活动能力方面的差异所造成的。区域发展理论试图寻找造就这种能力，加强或削弱这种能力的外部过程与联系的要素。这些有形和无形要素的水平与演变，就决定着地区经济发展路径和福利水平。但为了简洁起见，这些理论和模型往往将决定经济系统发展模式的各种因素归纳为一个单一的指标，即一个地区人均产出或人均收入的增长。虽然这种研究方法丢失了质量信息，存在着显著的缺陷，但它也具有一个不容置疑的优点，即可以为分析发展路径建立模型。在这种情形下，我们将讨论区域增长理论。当我们的分析转而关注于界定和维护社会福祉的有形和无形要素（通常难以形式化）时，我们将讨论地方发展理论。

正如我们即将看到的，区域增长概念并没有统一的定义。有关区域增长的各种理论，正好符合解释经济动态过程的三种"哲学理念"。第一种理念是18世纪和19世纪古典（新古典）经济学家的理念，他们从生产效率、斯密的劳动分工和要素生产率等方面解释了经济增长过程，并考察了工资、收入及个体福利的动态变化过程。第二种理念是短期的经济增长观，它们主要关注于如何开发利用现有的未充分利用的资本资源和大量的劳动力储备。第三种理念也是最新的经济增长理念，认为增长路径取决于本地竞争力及其长期的变化过程，因此持续不断的创新过程对经济系统发展模式而言是至关重要的。

根据上述三种理念以及对应的经济动态化观点，本章将随后所要分析的理论划分为三类，并突出各自的规范性研究目标。

（1）第一类理论旨在确定影响本地就业和收入的短期因素。它们假设存在未充分利用的生产能力（资本存量）和劳动力储备。在此种情况下，本地经济增长并不取决于供给结构及其动态变化过程（由定义可知，如果市场需求发生变化，那么供给能够迅速扩张并做出反应）；反过来，消费和就业的增加所引起的收入乘数效应①扩大了对本地生产的商品的需求，从而驱动本地经济增长。这是20世纪50年代对经济增长的最早的定义（见第五章），其理论前提是存在失业。

（2）第二类理论旨在寻找一种经济机制，使得区域摆脱贫困，开辟出一条增长路径，并确保居民一定的福利水平和人均收入水平。经济增长关乎个人的福利水平，可通过两种途径解决：一是采取措施提高要素生产率，进而增加实际人均工资和人均收入水平；二是促进生产专业化，使得本地居民能够从区际市场上以低于本地生产时的价格来购买商品，从而为本地居民带来各种利好。上述理论同时也包含了相对增长的概念，即区际经济增长水平和速度的发散或收敛，因为它们衡量了人均收入差距的大小和趋势②。20世纪70年代发展起来的大多数理论都是从这种角度对待经济增长问题的（见第六章）。贫困、欠发达和收入分配空间不平等，是这些模型进行规范性研究时所关注的主要方面。

---

① 在宏观经济学中，收入的乘数效应产生于以下过程：当总需求中的某一变量增加时，例如，对本地产品的需求（本地消费）增加，将导致收入的普遍增加，而收入的增加反过来会引起消费的增加，于是总需求进一步增加。后者再次导致收入的增加，从而导致消费的增加。根据定义，"凯恩斯乘数"大于1，它衡量的是总需求某组成部分（消费、投资、公共支出、出口）的单位变化所导致的产出的变化。

② 从统计角度上看，把人均收入作为地区发展差距的一项指标具有明显的缺陷，因为它把相对较好的福利条件与人口迁出结合起来了。事实上，人均收入的增加，或者通过区域实际收入增长（收入与人口之比中的分子）而实现，或者通过区域实际人口减少（收入与人口之比中的分母）而实现。虽然这两种效应在统计上可以通过该指标以相同的方式记录下来，然而从经济角度来看，它们代表了两种截然不同的情况：前一种情况是经济的实际增长，后一种情况是社会面临着很大的困难或危机。

（3）第三类理论采用了更为现代的经济增长概念。它们考察了能使本地经济系统获取高水平竞争力和创新能力的地方性条件，更为重要的是，随着时间推移能长期保持这种水平的条件。此处的增长被定义为一个地区实际生产能力的增长以及保持这种增长的能力。这一概念已被当代区域增长理论和模型所采用（参见本书第七章至第十一章）。

上述分类之所以有用，原因有两个：第一，可以区分出那些实际上并不属于为它自身而建立的理论和模型。例如，在假设存在给定的但未充分利用的资源的情况下，若以促进就业增长的理论为依据从而对地方的长期发展提供政策建议，那么这种看法则是错误的且具有误导性。实际上，将旨在促进长期经济增长的规范行为建立在分析短期行为的理论基础之上是相当危险的。

第二，上述不同的增长概念类别，消除了区域发展理论和模型中的一些明显的矛盾。根据短期收入增长概念，出口增加导致收入的增加，因此出口增长是一种发展机制。然而，从个人福利角度来看，出口减少了本地的最终消费品数量，因此出口阻碍经济增长。同理，如果发展被视为短期的收入增加，那么移民就是一种损失，因为它减少了本地的有效需求（虽然只影响本地的消费水平）。但是，如果关注个人的福利水平，那么移民应视为区域发展的积极因素，因为它纠正了本地劳动力市场的失衡问题（以及由此带来的低效率和收入差距问题）。依据这种观点，剩余劳动力的边际生产率为零，且任何收入增加部分都用来进行消费而不进行储蓄和投资[①]。那么，剩余劳动力不再是经济发展的资源，反而成了经济增长的障碍，统计数据也表明，剩余劳动力数量的下降会提高人均收入水平[②]。如果把重点放在地区经济长期的发展潜力上，那么人口再次成为资源，人口流出则是资源的浪费。

引发经济增长过程的因素，可以从这些对发展的不同解释中推断出来。收入的短期增长可以通过对当地生产的商品和服务的需求的增长而直接实现。这种需求，可以是部门的有效需求，可以是外部需求，也可以是动态的需求，即通过凯恩斯收入乘数效应引起的良性"需求或供给"机制。这种情况下，需求是发展的引擎。因此，在本地生产能力不存在限制的假设下，这种观点不考虑供给是否有能力随需求同步增加的问题。虽然该假设在短期内可能是现实的，但是在长期内却是不可持续的。相反，如果考虑的是个人福利水平和长期竞争力，那么发展

---

① 以劳动力为例，生产要素边际生产率衡量的是劳动力投入的单位变动对产出变动的影响程度。如果依据新古典的边际生产率递减规律，厂商劳动力投入增加引起边际生产率降低。因此，剩余劳动力的边际劳动生产率必然为零。如果新的劳动力被纳入到生产过程中，那么他们连一单位额外产出也生产不出来，因此，他们仍然会失业。

② 参见格拉齐亚尼（Graziani，1983）。

引擎必然依赖于供给因素，尤其是生产要素（劳动力、资本和企业家精神）的获得性以及当地企业的绝对优势和比较优势，这些优势决定了一个地区的生产能力及其在世界市场上的地位。

最后，很明显，不管上述理论的发展理念是短期的还是长期的，那些分析发展和经济增长的理论都假定从动态的角度来分析就业、人均收入、个人福利水平以及竞争力状况。

为简化处理方式，早期的模型通常假设发展效应仅维持在当期。单一周期框架的运用，使得利用静态模型或比较静态模型成为可能，对这些模型而言，在单个周期内变量水平的变化独立于时间变量。然而，在近期，有学者开始大量使用那些能够分析均衡条件如何随时间发生变化的动态、初始线性模型。在此种情形下，模型不再依赖于某一变量水平所定义的静态均衡条件，而是要设定那种变量增长率随时间保持不变的稳态的均衡条件。稳定或不稳定动态均衡的判定，取决于经济系统偏离均衡增长率时能否回归均衡状态，或这种偏离是否是永久的。正如我们在第十章将看到的，最新区域发展理论致力于研究非线性动态模型，得出了多重均衡、稳定或不稳定均衡、震荡，甚至是混沌均衡。当非线性关系引入到结构关系中以刻画模型特征时，如果能够证明在静态模型或动态线性模型下所得出的稳定均衡的结论会发生变化，那将会是很有趣的。上述研究成果表明，很多经济学文献和经济学手册中常常提到的传统二分法，即收敛理论和发散理论，已经被取代。

二、不同的空间概念

在理解各种文献中的理论和模型时，重要的一点是正确把握不同的空间概念，因为它在确定经济增长的决定性因素中发挥至关重要的作用。

最早的区域发展理论为经济增长理论，主要解释短期和中长期收入和就业的变化趋势。为此，这些理论摒弃了区位理论中的实体度量空间的概念，取而代之的是均质抽象空间概念。在这种空间中，供给条件（要素禀赋、部门结构和生产结构）和需求条件（消费者的品位和偏好）在区域内的任何地方都是相同的。输出基础理论、要素禀赋理论等有关区域经济增长的新古典理论，都采纳了上述的空间概念，有意地忽视了地方经济的多样性。该理论体系假设一个均质的区域，生产过程中不存在任何累积协同效应，也不存在在前几章的区位理论中发挥重要作用的聚集经济。

在这种空间概念下，可以把宏观经济模型运用于地方的具体情况，以解释本地的经济增长。实际上，在均质抽象空间假设下，经济变量在整个区域（视为空间中的一个点）内的值都是相同的，因此可以利用总量宏观经济模型及理论来刻画区域经济行为。根据一些变量（如进口倾向、消费倾向或资本产出率）之间的相互作用，可以分析和预测经济发展趋势。上述理论为区域增长理论，它试图解释收入等综合发展指标的变化趋势，虽然不可避免地丢失一些定性信息，然而仍具有可以模型化发展路径的显著优势。

第一类区域增长理论采用了这种空间概念。这些理论，有时为适应具体的解释需要不得不进行调整，然而在运用诸多经济学理论来解释地区经济增长路径的过程中得到了进一步的发展。新古典区域增长理论、哈罗德—多马模型以及本书本部分所要讨论的要素禀赋理论，实际上都源于宏观经济学、新古典经济学、发展经济学和国际贸易理论。这类理论将区际发展差异以及这种差异导致的区际联系视为经济增长的驱动力。那些要素禀赋匮乏、资源生产率低下、生产能力有限的欠发达地区和那些具有资本、技术和专业技能等大量要素禀赋的地区同时存在。

空间的第二种解释主要由多元联系空间概念所构成。不同于此前的解释，这种概念假设地理空间中存在一些特殊的极点、发展过程所要依赖的人员、社会以及地域之间的特殊关系。这种空间概念，使得分析方法从宏观经济学和宏观领域转向微观经济学和微观行为。因此，可以将这类理论定义为刻画地区发展过程的发展理论，它不再单纯地解释总收入或总产出增长率，而是试图找出所有影响因素，包括有形的和无形的、外生的或内生的。空间的这种概念适用于本书下一部分的内容（第三部分）。增长极理论、地区发展中跨国公司的作用分析以及创新的空间扩散研究等，都致力于研究发展所依赖的地域极点（外生）的起因问题。这些理论重点强调了地区关联在发展中所起的作用，解释了为什么这些理论认为空间是"关联"的和多样化的。这种关联就是以领导者企业与地方其他企业之间、大型跨国公司与本地产业体系之间、创新者（来自区外）和本地模仿者之间的联系来表现的当地的投入产出关系。

对空间的这种解释在产业区位、创新环境或"学习型区域"等理论体系中表现得非常明显，这些理论试图寻找经济发展的内生决定因素。这些理论认为，累积发展过程源于经济活动本身在空间中的聚集。这种聚集又是经济和社会联系的源泉，这种联系通过邻近性得以促进和加强，对当地企业的生产力和创新能力产生重大影响。强调地方经济和社会联系，意味着空间应被定义为联系空间。对这些理论来说，正是地域集中本身引起了发展和持续的收益递增，这种过程以聚集经济的形式自我强化，并形成发展的良性循环。然而，发展是有选择性的，它只在生产活动的空间聚集对生产过程的效率参数产生积极影响的地区发生。因此，空间成为一种独立的经济资源和生产要素，使得位于其内的厂商形成了静态和动态优势，且在地方生产系统竞争力方面发挥决定性的作用。

内生发展理论主要关注外部性、地方化与"辖区"经济，因此我们可以说这些理论代表了区域经济学的理论内核，即区域理论和发展理论紧密交融而成的学科的核心理论。这些理论摒弃了竞争性发展理念（在20世纪60年代，一些新古典经济理论所信奉的理论），不再认为发展只是总生产率在区域间的简单分布，取而代之的是原生性发展理念，即国家增长率是单个区域增长率之和。

最后，最近的理论（本书最后部分进行了阐述）把空间看作是多元程式化空间，因为它是由生成区域发展的极点所组成的。这些极点是把地区程式化为空间中的简单的点而来的，显然这些极点不具有地域维度。新经济地理学和内生增长理论均采用这种空间概念，并构建了完美的经济学模型，这种模型包括由空间导致的协同作用和累积因果效应。由于极点是点状分布的，因此通过传统的宏观经济学模型解释经济增长（实际上，它们再次成为区域增长模型了），同时，由于存在收益递增现象，经济增长还具有选择性和累积性特征，这里的收益递增是程式化聚集区位优势的结果。

这一新的空间概念部分地解决了区域发展理论中常见的问题，即无法构造规范化的模型，以便把外部性和聚集经济等具体的地域特征与宏观经济规则和经济增长过程结合起来。然而，需要指出的是，正因为程式化空间而非关联空间假设，这些模型所设想的极点失去了地域维度，进而失去了空间这一要素通过协同、合作、关联性和集体学习过程在增长过程中所发挥的积极作用。上述方法，以程式化形式引入聚集优势，并借助于规模收益递增，去除了地域维度。在这种处理过程中，丢失了对区域经济学家而言至关重要的理论部分，也就是将空间视为地区技术外部性体系的地域范围的理论，或是将空间视为影响厂商生产能力和创新能力的一系列物质要素和非物质要素的理论，这种影响通过邻近性和降低交易成本的方式发挥作用①。区域经济学家目前所面临的挑战，是寻求一种把地域维度纳入现有理论中进而融合实体度量空间、均质抽象空间和多元化联系空间于一体的方法。

在介绍早期的区域增长理论之前，本章回顾了一些理论，这些理论视产业结构和地理区位为地区发展的先决条件。这些理论试图确定增长过程开始时所必需的有形因素和无形因素。

他们构造出一个均质的但非抽象的空间（参考发展阶段理论以及把发展阶段与区域发展差距相联系的一些理论）。尽管这些理论仍将地域视为一个内部均质

---

① 参见引言部分"地方发展与多元联系空间"中经济学家对于"区域"概念的详细解释。

的空间，但确定不同发展路径的经济和社会特征就意味着，实际上他们所面对的却是一个真实的空间而非是抽象的空间。

这些理论因其简明扼要和远见卓识而受到关注，它们包含了本地专业化生产、交通基础设施、资本、先进服务业、邻近大型销售市场的区位等促使初期发展的各种因素，后续理论将对它们进行扩充和详述。

正如我们将看到的，这些理论与不发达理论（如发展阶段理论）有着密切的联系，也有共同点。

三、发 展 阶 段 论

发展阶段理论是适用于从国家到区域再到地方经济等各种区域规模的最早的发展理论之一。这也是区位理论学家们把厂商区位模式分析与区位选择对发展影响的解释相结合的最早的一种尝试[1]。

理论的简明化，既是它的优势，也是它的劣势。阶段论把区域发展描绘成一个发展阶段的自然序列，每个阶段的特征由那些导致高水平福祉和人均财富的要素生产率水平和资本劳动比的变化来表示[2]。

该理论把发展阶段的顺序确定为以下几个阶段：

（1）自给自足。本地经济系统处在仅能维持基本生存所需的经济状态，本地生产的所有产品（生产足够的产出量）均用于本地消费。

（2）专业化。当交通基础设施的建立使农产品贸易成为可能时，本地经济开始专门化地生产这种初级产品。

（3）转型。本地经济由农业向工业转型，这是工业活动起飞与初级产品（农业和采矿业）生产以及不断增长的人们的需求（如建筑业）紧密联系的结果。这种工业活动通常以开发推广本地之外的知识和专业技能为基础。

（4）多样化。制造业部门多样化，是中间投入品需求的增长、收入的增长以及为满足人们日益增长和日益多样化的消费需求而出现的新产业部门的必然结果。

（5）第三产业化。扩张第三产业活动，与已发展成为先进的工业体系相对应。

---

① 参见费希尔（1933）、胡佛（1948）、胡佛和费希尔（1949）。近期的论文参见罗斯托（Rostow, 1960）、波莱特（Poratt, 1977）。

② 当时，费希尔和克拉克关于人均收入增长与农业、工业和服务业就业之间联系的研究，从经验上证实了要素生产率从一个阶段增长到下一个阶段的假设，具体参见费希尔（1933）、克拉克（1940）。

这一简单的理论体系抓住了发展进程中的许多重要特征。首先，根据标准的斯密的分工理论，它强调了生产专业化是更高劳动生产率的源泉。劳动生产率的提升源于所谓的"迂回生产方式"，不断增加的间接生产过程被分为多个垂直专业化阶段、周期和过程，从而使每个生产阶段都得以简化和机械化[①]。有关欠发达国家的发展理论一直存在争议。作为这种争论的一种结论，发展阶段理论也强调在"均衡发展"过程中，多个部门的同步发展以及基础设施建设对区域发展的重要性。基础设施建设具有很多优势和外部性[②]，是地域范围内收入递增的主要源泉，也是本地经济增长的引擎。前述影响因素的重要性如下：

（1）来源于部门间相互依赖，也就是通过部门间投入产出链而形成的外部性，当单个部门中存在增长的初始动力时，能够保证本地经济整体的发展[③]。

（2）来源于供求间相互依赖的外部性，当与本地消费者偏好结构相一致的供给增加时，这种外部性就会引发累积性发展过程[④]。

（3）来源于各种基础设施投资的外部性，它主要指为满足当地基础设施需求，进行综合性基础设施建设投资而产生的外部性，不管这种投资需求是有计划的投资还是潜在的投资需求。交通基础设施投资对区域发展而言是尤其重要的，因为本地厂商所控制的市场规模其扩张程度依赖于交通设施的完善程度[⑤]。

根据该理论，欠发达是地区在某一特定阶段不得不持续面对的问题[⑥]。造成这种情况的原因是该地区的内外部条件。内在原因是缺乏上面所提到的地域层面的收益递增的来源。如果本地经济中没有充足的储蓄用于资本或基础设施投资，或者如果本地市场规模太小，劳动生产率仍维持在很低的水平上，则会导致积累贫困的恶性循环：市场规模狭小，低储蓄、低消费，经济系统中的资本存量减少，并伴随着低收入（见图4－1）。除需求、储蓄和基础设施严重不足之外，各种各样的外部限制同样也加剧了恶性循环。如果该地区隶属于一个较为发达的区域经济系统，将发生以下情况，即区内对高端产品的需求将促进供求间相互影响或部门间相互依赖，而这些是由该地区外部因素所驱动的。如果对发达地区的依赖若出现漏洞过大，那么他们将面临限制本地需求扩大的风险，正如我们即将看到的，区域发展的其他理论已经考虑到这种风险了[⑦]。

---

① 参见杨格（1928）。

② 关于外部性的定义，参见本书第三章的注释。

③ 参见罗森斯坦—罗丹（Rosenstein－Rodan，1943，1959）。

④ 参见纳克斯（Nurkse，1952）。

⑤ 纳克斯（1952）写道："生产的均衡增长通过扩大每家企业或工厂的市场规模来产生外部经济。"罗森斯坦—罗丹（1943、1959）也提出过同样的看法。

⑥ 参见赫希曼（Hirschmann，1957）、赫希曼和西尔金（Hirschmann and Sirkin，1958）。

⑦ 参见第五章讨论的输出基础理论。

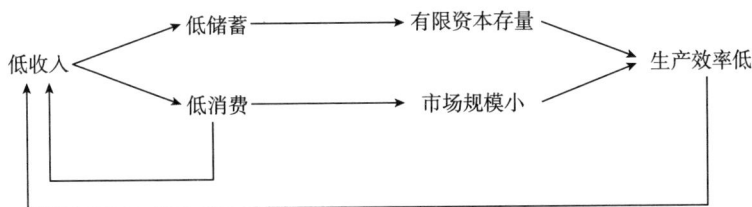

图 4 – 1　欠发达地区的恶性循环

支持均衡发展理论的学者提议，在发展的早期阶段，发展政策应该引导公共投资流向少数大规模的和多元化的部门中，这些部门在本地占有重要的地位，且属于强势部门。这样做具有双重目的：①减少向发达地区的依赖漏洞；②解决落后经济体典型的储蓄不足的问题。接下来，当强势部门的腾飞扩大私人资源时，部分公共投资可能转向其他部门。

这一简单的理论揭示了发展进程中的许多重要特征：基础设施的作用及其发展，特别是在需求方面的作用；作为要素生产率规模收益递增基础的生产专业化的作用；运输在扩大市场规模和生产规模方面的重要作用。然而，在不同经济社会历史条件下，或者在完全不同的经济背景下，所有区域都必须遵循相同的发展阶段，在这一点上各方很难达成共识。鉴于上述这些考虑，我们将看到经济学家道格拉斯·诺斯是如何摒弃自然发展过程的观点，并发展了他的输出基础理论，为 20 世纪 50 年代美国西部的发展提供了令人叹服的理论解释[①]。

四、发展阶段与差距

20 世纪 60 年代中期，威廉姆森重申了发展是分阶段进行的观点，并分析了一国内部区域差异是如何演变的[②]。

威廉姆森的论点同其他经济学家一样[③]，认为在发展的早期阶段，一个国家的中心地区会出现经济活动的集中和极化现象，随后向边远地区和弱势部门扩散。"两阶段"发展的结果是，区域差距在一国发展的早期阶段扩大，在国民收入达到某特定水平后区际差距开始缩小，遵循着倒 U 形的发展轨迹（见图 4 – 2）。

---

① 参考第五章讨论的输出基础理论。
② 参见威廉姆森（1965）。
③ 参见理查森（1969）。

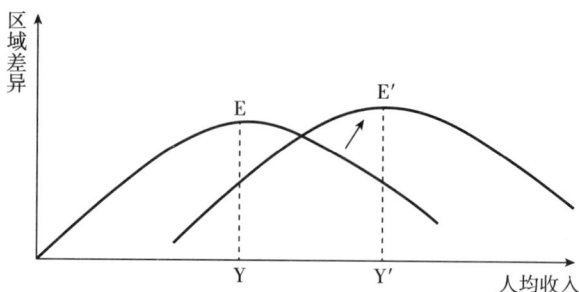

图 4-2 区域差距的威廉姆森曲线

在发展初期，发达地区和欠发达地区差距扩大的原因，与下述著名的"挤出效应"有关，这种效应对发达地区比对欠发达地区更有利：①熟练工人从欠发达地区向发达地区迁移；②资本流向更为富裕的地区，因为富裕地区具有更大的需求、便利的基础设施条件、服务和潜在市场，以及对厂商来说更好的环境条件等；③公共投资更多地配置到发达地区，因为实际需求或潜在需求很大；④早期阶段，区际资源贸易很有限，发达地区不会对欠发达地区产生拉动作用。

随着时间的推移，上述过程加剧了一国内部的区际差距，直到反向作用机制开始发挥作用为止，例如：①欠发达地区创造新的就业机会，使得当地人口迁出减少甚或停止。②由于市场饱和与与拥挤效应，发达地区的吸引力下降，随之而来的是高昂的土地成本和不可避免的平均利润率的下降。③欠发达地区公共投资的增长具有双重效应：一是地方生产体系的诞生，这需要对社会资本进行大量投资；二是发达地区私人投资的增加。④开始出现发达地区对欠发达地区的拉动效应。

虽然经验证据表明，在一个国家发展的早期阶段，区域差异会扩大，但并未证实增长差距随后会缩小的假说。因此，该理论将区域差异视为发展过程中自然的、不可抗的普遍规律，未免过于乐观。技术进步、社会变革以及知识演进等因素均有可能导致发达地区进一步吸收欠发达地区的资本和劳动，并且更能获得对现代社会资本和先进基础设施建设（如枢纽机场、高速列车）的公共投资。因此，发达地区投资收益递减的边界，可能顺延至很高的收入水平。正如图 4-2 所示，区域差异 U 形曲线向右上方移动，因此一国发现，如果给定收入水平为更高的 Y′而不是原有水平 Y，那么此时的区际发展差距为更大的 E′而不是 E。

正如弗农生命周期理论所暗示的那样，欠发达地区的发展很可能是基于"传统"产业，它需要的是标准技术，无须对生产流程进行创新①。因此，领先地区和追赶地区间的差距可能体现在发展的质上，而非量上。

五、产业结构与区域增长：偏移—份额分析法

尽管区域发展阶段论相当简单，然而在 20 世纪 50 年代末期，分析人员重新解读该理论时发现了很重要的结论，即区域的部门构成可以解释该区域的经济增长率。由于以农业为主的地区其要素生产率水平和资本劳动比率均处于低水平，经济增长率也低，而相比之下，工业化地区的要素生产率较高，因此发展速度也较快。

但是，如果一个区域的部门结构是决定区域经济增长率的主要因素，那么上述推理过程过于简单了。仅从分类为三大宏观类型（农业、工业和服务业）的产业结构角度去解释区域增长率，与发展阶段论相同，也需要假设每个部门都具有相同的劳动生产率，并且部门劳动生产率不会随着区域而发生变化。

显然，这两种假设在一定程度上都是不切实际的。特定宏观类别中的部门生产率水平差异很大。以工业来说，不同的资本密集度（资本劳动比），可以把重工业（化学、制药）和轻工业（如纺织、服装和食品）区别开来。同理，位于两个区域的同一部门，由于各地基础设施禀赋、生产要素质量和技术知识水平各不相同，劳动生产率水平也各不相同。

20 世纪 50 年代末，这些考虑促使一些经济学家对生产结构与区域增长之间的关系进行了综合性的分析。这就产生了一种很有名的统计方法，即用来确定区域相对经济增长率的"偏移—份额分析法"②。

该理论的基本思路如下，区域增长率受三种要素的影响：产业结构、部门生产率、需求和消费者偏好的动态变化。

如果假设相同产业部门不管其区位在何处，生产率水平都相同，且该区域的部门构成与整个国家相同，那么该区域的经济增长率就等于该国的经济增长率。

然而，区域增长率通常不同于它应等于该国经济增长率的假设，以数学关系式表示，它等于：

$$y_r = y^* + s \tag{4-1}$$

其中，y 为经济增长率，r 为地区，s 为地区与国家增长率之差，y^* 表示当该区域与整个国家经济增长率相同时它应实现的增长率。称国家与区域增长率之差

---

① 参见弗农（1957）。
② 参见佩罗夫（1957）、佩罗夫等（1960）。

为"偏离",这种偏离可能取决于两个效应：

一是区域的部门构成所产生的结构效应（比例效应），也称作"MIX效应"，它源于因某些部门需求增加而产生的动态变化。与全国层面相比，该区域的这些部门的变化更加显著。结构效应的测度公式如下：

$$MIX = \sum_{i=1}^{n} \frac{E_{ir}^0}{E_r^0} \left(\frac{E_{in}^1}{E_{in}^0} - \frac{E_n^1}{E_n^0} \right) \tag{4-2}$$

其中，E表示所要分析的部门变量（就业或增加值）；i表示部门；n和r分别表示国家和地区；括号内的项衡量的是从0~1期，国家层面部门i的就业与全国平均就业增量之间的差。然后这个差量乘以该部门在当地经济中的相对权重即可得出结构效应。

二是区域部门结构的竞争效应（差别偏离）或DIF效应，源于区域经济以高于国家相应部门的平均速度发展其各个部门的能力。DIF效应的计算方法如下：

$$DIF = \sum_{i=1}^{n} \frac{E_{ir}^0}{E_r^0} \left(\frac{E_{ir}^1}{E_{ir}^0} - \frac{E_{in}^1}{E_{in}^0} \right) \tag{4-3}$$

在这种情况下，括号内的项衡量的是部门i在区域层面上的增加量与同一部门在国家层面上的增加量之比。与MIX效应一样，这个增量乘以该部门在本地经济中的相对权重即可得出竞争效应。

如果把偏离—份额分析方法应用于区域产业部门次一级分类中，那么该方法将会强调发展阶段理论为简化处理而忽略的部分：一方面，同种部门在不同地区的劳动生产率不相同（以DIF效应测度），另一方面，不同部门对区域经济增长的贡献不相同。

这种方法的优势在于它能够区分区域增长差异中的结构性因素（MIX效应）和短期因素（DIF效应），且可以区分出推动区域发展的不同因素，也就是说，一方面，利用MIX效应，可以衡量需求侧因素；另一方面，利用DIF效应，可以衡量涉及地方竞争力的供给侧因素。

以图形的形式加以说明。假设X轴表示国家就业增长率（也可以表示其他变量，如增加值），Y轴表示区域就业增长率。每一部门分别以一个点表示其在国家和区域一级的增长。此外，通过在图表上标出国家和区域的平均增长率，并从原点画出一条向上倾斜的45°斜线（在此斜线上的任何一点表示该部门的全国增长率等于区域增长率），由此可以标出代表不同发展条件的不同地区（见图4-3）。

（1）大量产业部门位于45°线上方的区域（A、D、E和F）中，代表这些地区具有有利于区域发展的条件。这意味着地方增长能力高于全国增长能力，因此，主要表现为 DIF 效应，在这种情况下，发展是由本地的部门竞争力推动的。

（2）大量产业部门位于国家部门平均增长率曲线右侧（A、B、C 和 H），这些部门的增长率高于全国平均水平，这意味着区域具有有力的增长条件。该区域在这些部门的专业化就意味着，本地的增长是由国家层面的需求增长所驱动的，也就是 MIX 效应所驱动的。

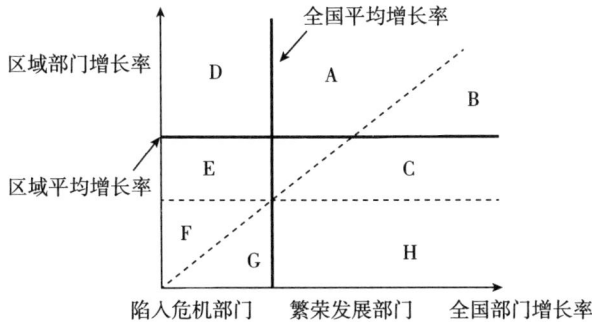

图 4-3 部门相对发展：结构与竞争的影响（偏离—份额分析）
资料来源：卡梅尼（1992a）。

（3）大量产业部门位于图 4-3 中的 A 区域中，意味着这些地区具有有利于区域发展的条件，也就是具有有利于区域增长的 MIX 效应和 DIF 效应。如果大量产业部门位于 B 区域，这意味着区域活力较弱，但也足以维持较高的发展水平。实际上，这些部门的增长率高于区域平均水平。

（4）大量产业部门位于 D 和 E 区域中，这意味着地区发展条件仍然是好的，本地产业部门的竞争力足以抵消源于国家层面的部门压力所带来的危机。本地企业仍具有竞争力并能扩大其市场份额，足以抵消国家层面的有限需求带来的负面影响。这恰好是 20 世纪 70 年代意大利工业区的例子，尽管石油危机对工业国的经济系统造成了普遍打击，但当时意大利工业仍旧保持了正的增长率[①]。

（5）大量产业部门位于图 4-3 中的 F 和 G 区域，这意味着区域发展环境堪忧：这些部门在国家层面上已陷入危机，地方层面的增长率更是低于全国平均水平。

（6）大量产业部门位于 C 和 H 区域，这意味着当地需求的增长不足以抵消当地产业部门有限的竞争力。

——————————————

① 参见第八章。

图 4 - 4 刻画了偏离—份额分析的各种结果，说明这种分析适用于三种不同类型的地理区域①。人们从图 4 - 4 中容易看出 1995 ~ 2001 年欧洲地区的维也纳（奥地利）、普罗旺斯（法国）以及南约克郡（英国）在竞争力方面的差异。维也纳和南约克郡大多数产业部门都显现出很低的 DIF 效应，相反，普罗旺斯大多数部门的增长率高于全国平均增长率（见图 4 - 4）。

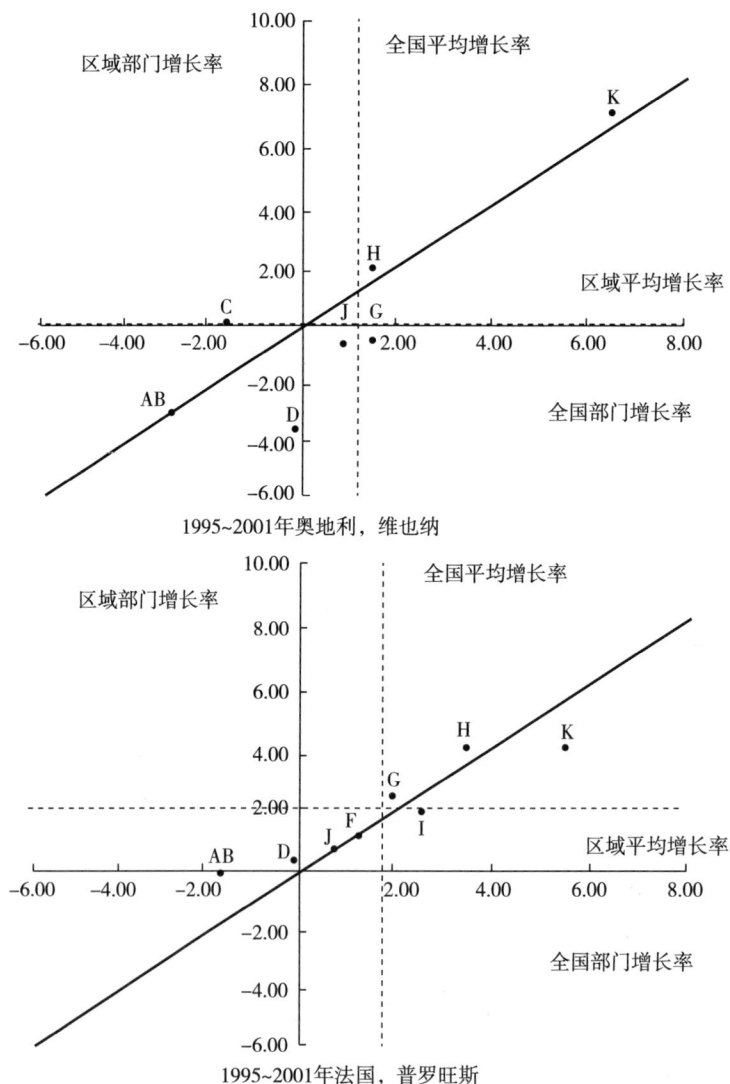

1995~2001年奥地利，维也纳

1995~2001年法国，普罗旺斯

图 4 - 4　三个地区相关部门的发展：结构与竞争效应（偏离—份额分析）

① 这三个地理区域被欧盟统计局定义为 NUTS2 区域。

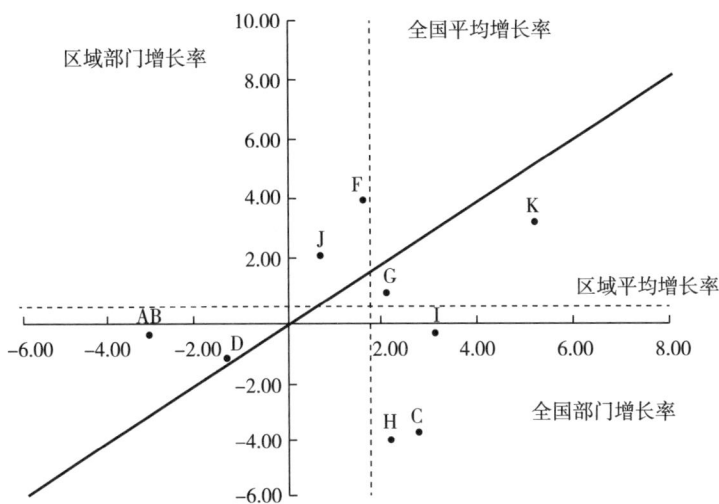

图4－4　三个地区相关部门的发展：结构与竞争效应（偏离—份额分析）（续）

注：NACE 部门分类：A、B：农林牧渔业；C：采矿业和采石业；D：制造业；F：建筑业；G：批发零售，修理修配，汽车摩托车，家庭及个人用品；H：酒店；I：运输、仓储和交通业；J：金融中介业；K：房地产、土地租赁和其他商业活动。

资料来源：经过处理欧盟统计局 REGIO 数据而得到。

　　该方法的局限性也是有目共睹的，最终结果对分析过程中的部门分类标准，以及计算区域权重的方法高度敏感①。此外，该方法是纯描述性的，完全不能解释区域的相对表现。实际上，该理论仅能运用于分析区域发展条件，并不能给出导致这种发展路径的原因。确定区域经济增长的决定因素，仍然是所有区域发展理论的主要目标，这也是随后的章节所要努力的方向。

六、中心外围方法

　　从严格的地理性质②上看，中心外围方法认为，与经济活动中心区的距离是导致经济发展滞后的主要原因。这种方法源于沃尔特·艾萨德20世纪50年代的发展潜力理论以及吉尔施的欧洲核心区引力中心区位分析，随后弗里德曼在他的

---

① 参见理查森（1978）。

② 该模型由19世纪70年代剑桥的地理学家提出，具体参见基布尔等（Keeble et al.，1982，1988）。

欠发达理论中再次提到了这一方法①。

　　中心外围方法简单明了，这也是其优点。它指出，地理中心性本身就是促进区域发展的因素，而地处边缘会阻碍发展。接近信息、技术、产品销售市场以及生产要素市场的可达性条件，是扩大本地市场的必要条件。那些远离经济中心（或被称为"核"的地区）的边缘区，其最终产品、原材料、半成品等的运输成本很高，获取信息的成本也很高，创新的运用推广往往滞后，所有这些特征均不利于本地收入水平的提高和竞争力水平的提升。

　　该模型用来解释欧洲的区域发展是非常合适的。随着时间的推移，欧洲已经形成了强大、发达和高度工业化的中心，从而与那些边缘化的、缺乏活力和发展滞后的外围地区形成了鲜明的对照。地中海地区、北欧或西欧的一些地区，其发展水平总是低于欧洲中心地区的发展水平。欧盟"目标1"覆盖了欧盟内部最不发达的地区，而这些地区无一例外都处在地理上的边缘地区。然而，一个国家的地理中心并不总是该国的经济中心。以美国为例，其地理中心区相对落后，经济活动主要出现在那些靠近海岸线的地理边缘区，这些地区经济高度发达，大量聚集了财富。

七、本章小结

　　本章回顾了区域经济学第二个广泛分析的领域，即区域增长与发展。增长理论和发展理论的主要区别在于，前者主要解释单一指标，即区域人均收入水平的变化趋势，后者主要分析区域的发展趋势。本章还考察了有关增长或发展的不同定义，包括就业和收入的短期增长、人均收入和福利水平的提升或者区域竞争力长期增长。确定不同理论对增长的定义，有助于理论的理解，也可以消除不同理论之间的一些矛盾。同时，空间概念对理解区域经济学的理论和模型是至关重要的。对空间的理解千差万别，从均质抽象空间（代表空间的地理行政概念）到多元联系空间（视地域因素为地方发展的主要原因），再到多元程式化空间。最后一种空间概念假设了发展产生的极点，因此在区域增长过程中存在聚集经济和收益递增，但这些极点缺乏空间维度。通过这种处理方法，可以将空间因素纳入到宏观经济增长模型中，与此同时，它又消除了空间在解释区域发展方面的作用。本章最后概述了早期的理论，这些理论试图解释经济增长的必要条件。

---

　　① 参见吉尔施（Giersch，1949）、艾萨德（1954）、艾萨德和佩克（1954）、弗里德曼（1966）等。

思考题

1. 区域增长和地区发展的区别是什么？
2. 不同的地区发展理论和区域增长理论是如何解释经济增长的？
3. 基于增长的概念区分不同的理论，这种方式为何是合理的？
4. 不同理论是如何解释空间概念的？
5. 发展阶段论的优点和缺点是什么？
6. MIX 效应和 DIF 效应测度的是什么？如何计算？
7. 偏离—份额分析法是解释性方法论还是描述性方法论？

阅读文献

[1] Bruinsma F. R. and Rietvield P. (1993), "Urban Agglomerations in European Infrastructure Networks", *Urban Studies*, Vol. 30, pp. 919 – 934.

[2] Bruinsma F. R. and Rietveld P. (1998), "The Accessibility of European Cities: Theoretical Framework and Comparison of Approaches", *Environment and Planning A*, Vol. 30, No. 3, pp. 499 – 521.

[3] Capello R. ed. (2006), "Knowledge and Accessibility for Regional Cohesion in the Enlarged Europe", *Scienze Regionali – Italian Journal of Regional Science*, Vol. 5, No. 2, pp. 135 – 146.

[4] Handy S. L. (1997), "Measuring Accessibility: An Exploration of Issues and Alternatives", *Environment and Planning A*, Vol. 29, No. 7, pp. 1175 – 1194.

[5] Hansen W. G. (1959), "How Accessibility Shapes Land Use", *Journal of the American Institute of Planners*, Vol. 25, No. 2, pp. 73 – 76.

[6] Linneker B. J. and Spence N. A. (1992), "Accessibility Measures Compared in an Analysis of the Impact of the M25 London Orbital Motorway on Britain", *Environment and Planning A*, Vol. 24, No. 8, pp. 1137 – 1154.

[7] Shen Q. (1998), "Location Characteristics of Inner – city Neighbourhoods and Employment Accessibility of Low – wage Workers", *Environment and Planning B*, Vol. 25, No. 3, pp. 345 – 365.

[8] Spiekermann K. and Wegener M. (2006), "Accessibility and Spatial Development in Europe", *Scienze Regionali – Italian Journal of Regional Science*, Vol. 5, No. 2, pp. 15 – 46.

[9] Vickerman R., Spiekermann K. and Wegner M. (1999), "Accessibility and Economic Development in Europe", *Regional Studies*, Vol. 33, No. 1, pp. 1 – 15.

[10] Vickerman R. W. (1996), "Location, Accessibility and Regional Development: The Appraisal of Trans – European Networks", *Transport Policy*, Vol. 2, No. 4, pp. 225 – 234.

［11］Andrikopoulos A. , Brox J. and Carvalho E. （1990）, "Shift – share Analysis and the Potential for Predicting Regional Growth Patterns: Some Evidence for the Region of Quebec, Canada", *Growth and Change*, Vol. 21, No. 1, pp. 1 – 10.

［12］Barf R. A. and Knight III P. （1988）, "Dynamic Shift – Share Analysis", *Growth and Change*, Vol. 19, No. 2, pp. 1 – 9.

［13］Fritz O. and Streicher G. （2005）, "Measuring Changes in Regional Competitiveness over Time: A Shift – share Regression Exercise", WIFO Working Papers, No. 243, WIFO Publications.

［14］Lasuen J. R. （1971）, "Venezuela: An Industrial Shift – share Analysis 1941 – 1961", *Regional and Urban Economics*, Vol. 1, No. 2, pp. 153 – 220.

［15］Ray M. A. and Harvey J. T. （1995）, "Employment Changes in the European Economic Community: A Shift – share Analysis", *Review of Regional Studies*, Vol. 25, No. 1, pp. 97 – 110.

［16］Friedmann J. （1966）, *Regional Development Policy: A Case Study of Venezuela*, Cambridge: MIT Press.

［17］Isard W. （1954）, "Location Theory and Trade Theory: Short Run Analysis", *Quarterly Journal of Economics*, Vol. 68, No. 2, pp. 305 – 320.

［18］Keeble D. , Owens P. L. and Thompson C. （1982）, "Regional Accessibility and Economic Potential in the European Community", *Regional Studies*, Vol. 16, No. 1, pp. 419 – 432.

［19］Perloff H. , Dunn F. , Lampard E. , and Muth R. （1960）, *Regions, Resources and Economic Growth*, Lincoln: University of Nebraska Press.

［20］Spiekermann K. and Wegener M. （2006）, "Accessibility and Spatial Development in Europe", *Scienze Regionali – Italian Journal of Regional Science*, Vol. 5, No. 2, pp. 15 – 46.

第五章

需　求

一、需求与区域增长

上一章描述了区域经济增长过程开始的必要条件。基础设施建设、生产性服务的供应、生产结构向增加值和要素生产率更高的部门转变、打破外围区准入中心市场的障碍等，所有这些因素都决定了一个区域能否走向增长之路。

本章首先考察了20世纪五六十年代的相关理论，此时的区域经济学仍处在起步阶段，这段时期的理论分析了决定发展的经济因素，研究了经济系统实现增长并获得高产出率、高人均收入水平、低失业率和高财富水平的机制。我们将会看到，这些模型用一个综合指标来解释区域经济发展，如区域产出的增长或人均收入水平的提升。这种方法使得通过建立模型分析增长路径成为可能，且具有不容置疑的优点，但这些模型的建立都以同质抽象空间假设为基础。在这种空间中，供给条件（要素禀赋、部门结构和生产结构）和需求条件（消费者的品位和偏好）在任何地方都是相同的，且可由一个总的社会经济、人口特征向量来表示。因此，我们可以把本章和下一章将要讨论的理论称为区域增长理论。

许多因素都可能触发增长过程，包括对本地产品需求的增加，本地生产能力的提升，在质和量上都更加丰富的本地资源禀赋和生产要素，大量的储蓄投资于基础设施和技术研发以提高生产效率。

本章的理论和模型认为，增长源于对本地产品更高的需求，并采用了凯恩斯主义的发展（包括产出、收入和就业增长）的传统观点。根据这种观点，本地生产的商品其需求增加带来的积极影响，并不局限于生产该产品部门的就业和收入。由于生产和消费之间的相互依赖，更高的需求引起部门的扩张，引发其上游部门以及向本地居民提供服务的部门就业和收入增长。因此，对本地产品更高的需求最终将提升整个区域的收入水平和就业水平。

因而，这些模型将需求视为发展的引擎，而这也是区域经济学中完全合理的一种假设。实际上，区域是小型的地理实体，在这种空间中并非所有地区都能生产出它所需的所有必需品；反过来，有些商品的生产常常超出当地对它的需求，进而销售到国内其他地区市场或者国外市场上（例如，都灵或底特律生产的汽车，无疑远远超过本地居民的需求）。

实际上，在这些模型中，需求通常是外生的，它取决于世界市场对本地产品的偏好程度。因此，区域经济增长取决于全球消费者对其专业化部门产品的需求程度。全球范围内存在大量的地方经济系统，其产品面向全球出售，如普拉托（位于意大利佛罗伦萨附近）的纺织业，穆拉诺（位于意大利威尼斯附近）的玻璃器皿，都灵、底特律或慕尼黑的汽车，希腊和意大利地区的橄榄油，法国和意大利的葡萄酒等。对这些地区制造业产品需求的扩张，决定这些地区能否实现经济增长的问题。就像输出基础模型（这类理论中最著名的理论）所示，扩大某种产品的出口，将导致本地产出的增长，从而给收入和就业带来正向的效应，它又通过生产和消费间的相互依赖关系，导致生产该种产品的上下游部门的就业和收入增长。消费通常随收入而增长，任何消费支出都转化为收入，而收入的增长反过来又扩大消费支出，这是一个循环过程，其特点是收入增量逐渐变小[1]。

对需求驱动发展理论进行讨论可以得出许多结论。第一，这种方法只能解释短期的增长过程，因为它隐含地假设目前的生产和经济系统均具有竞争力，但这种假设只适用于短期。第二，发展是与追求更高的就业水平和收入水平相联系的，它既没有考虑个人的福利，也没有考虑本地生产体系的竞争力。后面这一点可能是最成问题的，因为以需求为中心的分析方法假设存在未使用的产能（资本存量）和大量的劳动力储备，以备经济系统及时利用，满足日益增加的需求，换言之，其想当然地认为本地生产体系具有竞争力。但是，该假设仅在短期内成立。回到底特律或都灵汽车工业的例子上，本地收入和就业的确取决于全球对汽车的需求。因此，在短期内，可以假设都灵或底特律的生产能力能够满足日益增加的需求。但是从长远来看，该地区的发展将取决于本地汽车行业能否保持在世界市场上的地位，以及基于其产品质量和创新能力进行竞争的能力。然而，这些因素在本章即将介绍的凯恩斯需求模型中根本没有纳入考虑。

假定存在生产资源过剩，在解释地区长期增长路径，尤其是规划地区长期增

---

[1]　这种循环过程由凯恩斯乘数驱动，在第四章的注释中介绍过。

长动力的措施时，应该谨慎使用凯恩斯理论。反过来，在生产能力给定的情况下，这些理论在解释高失业率等特殊问题方面，具有两大优点：经济逻辑的简洁性和严谨性，以及解释具体情况时的简便性。接下来，我们将看到，当凯恩斯理论放弃其短期视角，并假设一个类似于哈罗德—多马模型的长期的多阶段模型时，它们不再从严格的需求关联角度去解释增长过程，并且把重点放在储蓄和资本形成等供给要素上。基于上述原因，区域经济学手册是把凯恩斯理论作为另类来处理的。

二、区际联系：账户与宏观经济因素

1. 区域收支平衡

本章和下一章介绍的增长模型认为，国家可以依靠自身内部力量来实现经济发展，然而区域是小型的经济系统，因此产品市场规模和生产要素市场规模都是有限的。此外，区域的生产结构通常是高度专业化的，于是这种经济系统会生产出过剩的专业化产品，但本地市场无法供应大量的资源和实物资本，因此全部或部分所需资源只能从外部市场购入。

地区经济体系与世界其他地区建立的经济联系会影响地区经济的发展，而这些经济联系背后的经济机制决定了伴随地区经济增长路径的宏观经济条件。社会核算体系是用于记录一个经济系统（国家或地区层面）与全球其他地区间的经济联系的会计账户，通过它可以分析这些经济联系对生产、收入和资本形成的影响。通过考察这种核算体系，容易理解相互交织在一起的各要素之间的关系。

收支平衡表是一种会计工具，它记录了区域系统在某一特定时期内（如一年）与世界其他地区进行的经济和金融交易的所有情况。它是针对国家系统而编写的，但也可以为区域系统编写简化版的平衡表。在后一种情况下，它也是一个重要的分析工具，对理解随后的模型非常有用。

收支平衡表由三个不同的部分所组成，每一部分均记录收支两项（见表 5 - 1）。第一部分为经常账户，分为商品贸易余额、服务贸易余额和单向转移支付。商品贸易收支记录出口（贷方）和进口（借方）的商品价值①。服务贸易余额的

---

① 在区域情况下，进出口表示为与其他地区发生的商品买卖，即使在一国之内也要计算。

收入项，包括非本地居民的区内支出（例如区外游客支出）、往来支付以及在外居住的本地居民在区内的支出。本地生产要素区外报酬也计入收入项，例如，在附近地区工作的本地居民劳务费、本地居民在区外的营业利润等。本地生产要素所得也计入收入项。经常账户中的"单向转移支付"项下还包括该区域的无偿收入或付款：前者包括中央政府以养老金、失业救济金的形式向该区域转移的款项，发展援助和移出居民汇款（移民定期向他们在该地区的家庭汇款），后者包括移入居民向其他地区汇款，如富裕地区的大量外来务工人员。商品贸易余额、服务贸易余额和单向转移支付共同构成经常账户的收支平衡，即本地与世界其他地区间发生的所有实际交易的平衡状况。

表5-1 地区收支平衡表

（a）经常项目	
贷方	借方
（1）贸易余额	
1. 出口商品价值	1. 进口商品价值
*出口商品价值	*进口商品价值
（2）服务余额	
2. 出口服务价值	2. 进口服务价值
*非本地居民服务支出（例如，非本地居民的区内旅游支出）	*本地居民在外地的服务支出（例如，本地居民在外地的旅游支出）
*本地居民在区外的薪酬收入和财产收入（例如：本地区通勤到区外的劳动力薪酬收入；本地居民在其他地区经营企业的利润）	*非本地居民在本地的薪酬收入和财产收入（例如：从其他地区通勤到本地的劳动力薪酬收入；非本地居民在本地经营企业的利润）
（3）单向转移支付	
3. 正向单向资金转移	3. 负向单向资金转移
*移出居民汇款	*移入居民汇款
*流向地方的公共转移支付	
•养老金	
•失业补助	
经常账户余额＝收入－支出	
（b）资本账户	
贷方	借方
1. 本地进口商收到的商业信用凭证	1. 本地授予外地进口商的商业信用凭证
2. 来自其他地区或国外的直接投资	2. 对其他地区或国外的直接投资

续表

＊国有控股企业在本地区的投资	＊区外不动产投资（购买外地房产和土地）
＊外地私有企业的投资	＊本地企业对外投资
＊非本地的 S 私有企业和公共机构的不动产投资 （购买房产和土地）	

资本账户余额＝收入－支出

（c）平衡账户

流出	流入
＊货币流出	＊货币流入

账户余额＝收入－支出

收支平衡表第二部分为资本账户，记录与外地进行贸易时用于商品支付所产生的金融交易，以及流入或流出本地的直接投资。这种投资采取多种形式，如收据、国有企业投资、本地私企投资、不动产资产投资；反之亦然，公共或私人投资流向区外，即视为支出。

收支平衡表第三部分被称为"平衡账户"，记录了该地区的货物交易或资本交易所对应的资金流量（资金的流入和流出）。

每笔交易都采用复式记账法进行记录。这是同时记录每一笔交易中的贷方和借方的方法。例如，从其他地区购买价值 10 万欧元的商品，那么在商品贸易收支进口项目中的贷方记入 10 万欧元，同时在平衡账户中的借方记入 10 万欧元。如果同样商品以商业贷款形式购入的，那么仍记入在商品贸易收支平衡表中的进口项目下，但贷款是记入资本账户中的收入一栏中。因此，由于复式记账原则，整个收支平衡表的余额（同一账目下借方栏之和与贷方栏之和之间的差额）始终为零：总余额总是处在平衡状态。

2. 收支平衡与区域产值

通过一系列紧密相连的社会账户核算表，贸易、服务、经常账户和资本账户等单个账户的收支平衡可以用来计算地区宏观经济数据[①]。

第一个核算表是地区生产总值账户（或简称"生产账户"），该账户可归纳

---

① 此处以及其后出现的"收支平衡"均表示经常账户和资本账户的平衡。金融账户是为了体现收支平衡，故不包括在其中。

为供求两项（见表 5 - 2（a））①。贷方记录的是该地区的资源（国内产出和进口的价值），借方记录的是这些资源的使用，这些资源可能被用来消费、投资或出口②。正的收支余额（由于贸易和服务收支余额为正）意味着地区生产的一部分产出是供应外部市场的，并作为地区生产总值（在一定时期内当地生产的价值）的一部分记入账户，如表 5 - 2（a）所示。

第二个核算表是地区可支配收入总值账户。从会计意义上讲，这是指地区总产出、来自地区外的劳动力净工资收入和单向转移支付总和。可支配收入总额或用于消费或用于储蓄③（见表 5 - 2（b））。对落后地区的转移支付，通过"来自外部的净经常转移"项目增加了可支配收入总额，但不影响地区生产总值。

第三个核算表是资本形成与金融账户。此处，收入项目由区内和区外储蓄以及资本转移所组成，支出项目由区内本地厂商和外地厂商的实际（非金融）投资、资本账户税或转移支出所组成（见表 5 - 2（c））。余额记录了内部财务资源的盈余（如果余额为正）或赤字（如果余额为负）情况。从整个经济系统来看，区内资源赤字必须等于区外资源盈余，反过来，区内资源盈余必须等于区外资源赤字。这意味着，从会计角度而言，经常账户平衡始终等于资本形成账户平衡④。

---

① 国家社会核算体系由国家统计机构计算并发布。其中，大部分数据是根据年度经济增加值、消费、投资和收入进行计算的。这些数据可以用来计算储蓄，继而可以计算可支配收入总值以及相应的资本账户和经常账户。不同国家发布的区域核算体系也各有不同。单项核算项目来源于欧盟统计局对不同地理区域的统计。

② 在宏观经济学中，可支配收入总值账户（见表 5 - 2（a））为总需求与总供给之间的平衡。可由下式表示：

$$Y + R = C + I + G + (X - M) + T \tag{5-1n}$$

其中，Y 表示总产出，R 表示公共转移，C 表示消费，I 表示投资，G 表示政府支出，X - M 表示贸易平衡，T 表示税收。

③ 宏观经济学中关系如下：

$$Y + R = C + S + T \tag{5-2n}$$

④ 通过等式（5 - 1n）与等式（5 - 2n），我们有：

$$I + G + X - M = S + T \tag{5-3n}$$

因此得到：

$$I + (G - T) = S + (M - X) \tag{5-4n}$$

如果政府财政预算是平衡的，即 G - T = 0，那么投资可以由内部储蓄支持，也可以由外部的商业借款或资本投资来支持，即 S + (M - X) = I。如果我们假定一个经济系统最初处在宏观经济均衡状态下 S + (M - X) = I，那么，显然直接投资来自外部。这种投资在资本账户上列为收入项，在货币上表现为货币流入，因此，账户是平衡的。在国家层面上，投资的增加作为流入，进入资本形成账户。在初始处在宏观经济均衡状态的假设下，储蓄足以满足内部投资，因此，外部投资引起必要投资的增加，也就是机器设备、原材料等进口价值等于外部投资。因此，经常账户与资本形成账户间的收支相互平衡。

表5-2　区域层面主要的社会账户

（a）区内生产总值账户

资源	用途
以市场价格计算的区内生产总值 **进口商品与服务总额**	区内最终消费 • 公共消费 • 私人消费 其他区域的最终消费 • 公共消费 • 私人消费 固定资本形成总值 • 净固定资本形成 • 折旧 存货变化量 **商品和服务出口**

（b）区内可支配收入总额账户

资源	用途
市场价格计算的区内生产总值＋以市场价格计算的**来自区外的劳动力工资收入和资本收益净值**＋**来自区外的经常转移净值**＋间接税净值－补贴＝总值（总可支配收入）	区内最终消费 • 私人消费 • 公共消费 **世界其他地区最终消费** • 私人消费 • 公共消费 总储蓄 • 内部储蓄 **• 世界其他地区在本地的储蓄**

（c）区内资本形成与金融账户

收入	支出
区内总储蓄 • 区内储蓄 • 世界其他地区在本地的储蓄 **资本转移支付（汇入－贷方）**	固定资本形成总额 • 区内资本形成 • 世界其他地区在本地的资本形成 **资本转移支付（汇出－借方）**

注：黑体表示收支平衡表中的项目。

3. 区际联系的宏观经济条件

区际联系决定着产出水平（地区生产总值）、收入（可支配收入总值）和资本形成，而这种影响机制取决于截然不同的宏观经济条件。经常账户和资本账户的收支顺差（有利于本地增长），可能取决于下面完全不同的经济环境：

（1）当本地生产体系具有很高的竞争力时，形成大量的出口顺差，收支足以满足区内进口需求。这种情况表明，该区域的特点是积极的宏观经济环境。事实上，一个有竞争力的生产体系其实际生产、就业和收入水平都很高。

（2）大量的公共转移支付（包括在经常账户项目中的经常转移净额）增加了收入，但并不会引起本地产出的增加。在此情况下，增长是由其他地区提供资金支持的结果，收入水平并不反映本地实际的生产能力，区域处于"入不敷出"的境况。如果出现政局变动或全国性经济危机，那么会导致外部资金支持终止，本地经济增长可能也随之中断，自发性复苏基本无望。若依托这种发展路径，说明该地区竞争力较弱，与之相伴的是失业、滞胀等宏观经济环境①。

（3）购买土地和房屋等不动产而流入的区际资本，增加了以流动形式持有的地区财富，并可能导致消费支出的增加。然而，在这种情况下，宏观经济的账户均衡也有可能掩盖失业、滞胀等境况。

（4）通过区际直接投资的资本流入，对国内生产总值具有积极影响，因为更多的实际投资激励就业和区域的实际生产能力的提升。由此形成的收支平衡顺差不太可能掩盖失业，尤其从长远来看更是如此。

（5）短期内金融资本的流入，如商业贷款，导致进口增长。这种账户关系背后隐含的宏观经济环境，并不是很明确。

在接下来的理论中，我们将会看到这些条件是如何在地区经济增长模型之间交替发挥作用的。介绍的第一个理论，即输出基础理论，认为增长在很大程度上取决于地区生产体系的竞争力状况（对应上述的第一种状况），外生推动的出口增长，将提高地区的收入水平和就业水平。接下来讨论的模型是由哈罗德和多马提出的模型，该模型强调储蓄和资本流入对地区收入和就业增加的重要性，该模型逻辑所对应的是上述的第三、第四、第五种状况。最后，瑟尔沃定律告诫我们，如果出口是输入资金的唯一的途径，那么贸易逆差可能会阻碍地区经济的发展，也就是说，只有上述的第一种状况与之相符。

---

① 这种情形强调，通过更多的转移支付以援助落后地区的财政政策仅影响收入水平，不能刺激区域生产能力，也不能缓解该地区的失业和滞胀状况。

三、出口地区：输出基础模型

1. 霍伊特模型

输出基础模型是将需求视为增长和发展的决定因素的众多模型中最为著名的一个模型。该模型所有版本的主要观点如下：类似于大国的这种大型经济体，能够依靠自身内部力量发展经济，但类似于区域或城市的这种较小的经济体，不能仅仅依靠内生力量来发展经济，这些经济体的经济发展与地方系统的外部因素息息相关[①]。

输出基础模型的起因是很有意思的。20 世纪 30 年代，联邦住房管理局要求城市规划人员荷马·霍伊特提供一种简单的工具以预测城市人口增长。为此，霍伊特建立了第一个城市层面的输出基础模型。他区分了基础部门（地区专业化部门）的就业人数（E_b）和服务业部门的（非基础性部门）就业人数（E_s），并建立了如下关系[②]：

$$E_T = E_b + E_s$$
$$E_s = aE_T, \quad 0 < a < 1 \tag{5-1}$$
$$E_b = \overline{E_b}$$

总就业人数（E_T）被定义为两部门就业人数之和。基础部门的就业取决于经济系统的外部因素，而服务业部门就业人数在总就业人数中所占份额为 a。通过简单的代入运算，可得：

$$E_T = \frac{1}{1-a} E_b \tag{5-2}$$

单个时期内的就业增长率为：

$$\Delta E_T = \frac{1}{1-a} \Delta E_b \tag{5-3}$$

式（5-3）表明，当基础部门就业增加时，总就业以更高的比例增加。该比例系数 1/（1-a）定义为城市乘数，根据定义可知该系数的值大于 1。

假设总就业人数与该地区常住人口的比例为 b，那么我们可以写成：

[①] 斯特布勒认为，"所讨论地区的规模直接影响对增长具有重要作用的关键经济现象"，具体参见斯特布勒（Stabler, 1970）。同时可以参见艾达罗特（Aydalot, 1985）。

[②] 参见韦默和霍伊特（Weimer and Hoyt, 1939）、霍伊特（1954）。

$$P = bE_T, \ b > 1 \tag{5-4}$$

联立式（5-4）和式（5-3），可以直接算出常住人口的增长率（进而可以算出该地区人口的自然增长情况）：

$$\Delta P = b\Delta E_T = \frac{b}{1-a}\Delta E_b \tag{5-5}$$

2. 出口导向的凯恩斯模型

在20世纪50年代，经济学家道格拉斯·诺斯和随后的查尔斯·蒂伯特、理查德·安德鲁斯分别独立地构建了经济学版本的霍伊特模型。他们将霍伊特模型中的人口变量替换为以区内外收入和需求为主要变量的总体宏观经济变量，以确定区域的经济增长而不是城市人口的自然增长[①]。

经济学版本的模型，以传统凯恩斯总需求模型为基础进行构建：总收入或总产出 Y 等于总需求，总需求由消费 C、出口 X 和进口 M 构成，为简单起见，假设不存在公共部门，因此 G = 0，T = 0，即：

$$Y = C + X - M$$

此处：

$$X = \overline{X}, \ 0 < c < 1, \ 0 < m < 1 \tag{5-6}$$

$$C = cY$$

$$M = mY$$

模型假设出口是外生的，消费和进口取决于收入水平和各自的边际倾向，边际消费倾向 c，边际进口倾向 m。

通过简单的运算，式（5-6）可以写成：

$$Y = \frac{1}{1-(c-m)}X \tag{5-7}$$

考虑到增长率的计算形式，式（5-7）可以写成：

$$\Delta Y = \frac{1}{1-(c-m)}\Delta X \tag{5-8}$$

式（5-8）简明扼要地表明，只要满足支出的边际倾向的差值（c-m）小

---

① 参见诺斯（1955）、蒂伯特（Tiebout, 1956）、安德鲁斯（1953，1954）。安德鲁斯是在该领域发表过多篇论文的学者，其研究主要发表在 1953 ~ 1956 年的《土地经济》上。诺斯作为对发展阶段论的评论性回应，建立了他的输出基础模型（见第四章）。发展阶段论并不适合解释美国一些州（地区）的经济增长，尤其是美国西海岸地区的经济增长。这些地区最早的发展阶段并不是维持生存的自给自足经济，而是生产大量的工业品，并且大部分都向区外市场出口。

于 1 的条件，而该条件是由 c 和 m 的定义所确定的①，那么当地区的出口增加时，产出和收入就能以更高的比例增加。

式（5 - 8）类似于上一个模型中的式（5 - 5），两式均说明以出口（以对外销售部门的产值或就业量表示）衡量的外部需求导致并决定当地的经济增长，这是通过其对当地收入（在经济学版本的模型中）和基础部门就业（在城市空间发展的模型中）的乘数效应来实现的。

式（5 - 8）表明，那些长期保持出口顺差的地区发展更为迅速，除非最初的出口增长被更高的进口所抵消。实际上，更高的进口倾向意味着乘数效应大多发生在区外。

出口导向模型可以在两个方向上进行扩展。第一个方向，可以重新考虑总需求所包括的因素。至于刚刚讨论过的模型，可能还需要考虑私人投资、公共支出和税率②。在这种版本的模型中，决定地区经济增长的因素不仅仅是出口的增长，可能还包括投资或公共支出的增长。第二个方向，是区际收入理论所采用的方向。这种情况下的模型与前一种情况下的模型相似，但构建模型以区际联系为基础。一个地区的出口取决于其他地区的收入，进而把本地收入增长与区外收入增长联系起来考虑，这也是其优势所在③。

现在可以讨论该理论的某些关键问题，这些问题凸显了它的局限性。第一，该理论并没有指出或详细讨论过均衡增长率的问题。如果一个地区拥有资源和生产能力，那么基础部门（经济学模型中的出口部门）经济活动的扩张，就会产生不受经济或物质约束的区域增长率。事实上，该模型根本不考虑供给结构。第

---

① 1/[1 - (c - m)] 为凯恩斯乘数的数学表达式，它的经济含义在第四章的注释中解释过。

② 在此情形下，总需求可以定义为：

$$Y - T + R = C + I + G + X - M \qquad (5 - 5n)$$

同时，在收入所得税率为 t 的情况下乘数变为：

$$\frac{1}{1 - (1 - c)(1 - t)} \qquad (5 - 6n)$$

这对总需求的任何一个组成因素都可以适用。

③ 在此情形下，r 地区的总需求可以用下面的式子表示：

$$Y_r = C_r + I_r + G_r + X_r - M_r \qquad (5 - 7n)$$

出口实际上是其他地区的进口总和，收入为可支配收入，同时考虑税收，则：

$$X_r = \sum_j M_{rj} = \sum_j m_{rj} Y_j^d \qquad (5 - 8n)$$

$$Y_{dr} = Y_r - tY_r$$

$$T_r = t_r Y_r$$

其中，j 代表不同区域，m_{rj} 表示从外部区域进口的倾向。t 表示税率，tY 表示税收收入，Y_{dr} 表示可支配收入。同时，定义 m_{ra} 为从国外进口的倾向。那么乘数可以表示为：

$$\frac{1}{1 - (c_r - m_{ra} - \sum_j m_{rj})(1 - t_r)} \qquad (5 - 9n)$$

二，该理论不涉及区际收敛或发散过程，因此也不涉及相对的增长问题。对于低收入地区而言，增加出口才有可能实现趋同。然而，模型没有解释这种可能性。第三，该理论将出口增长（或者基础部门中的就业增加）视为客观事实，而不是从模型中得出来的结论，因此，无法确定经济增长的决定性因素。

3. 模型早期的动态版本

模型的早期动态版本形成于 20 世纪 70 年代末[1]，目的是回应对初始模型的批评，也就是回应对服务业就业人数与总就业人数之比为常数的批评[2]。实际上，服务业部门就业人数的增长，可能独立于基础部门就业的变化趋势，例如，区域自主进行投资，或者人均收入水平的提升引起服务业就业人数的上升。一个非常类似于霍伊特模型的模型，把这种可能性考虑进来了，它以"收入"变量代替了"就业"变量，目的是研究这些变量随时间的变化趋势。这样，式（5 - 1）变为：

$$Y_T = Y_b + Y_s$$
$$Y_b = \overline{Y_b} \qquad\qquad\qquad (5-9)$$
$$Y_s = a_0 + a_1 Y_T$$

Y_b 和 Y_s 分别表示基础部门和服务业部门的收入。与霍伊特模型一样，服务业部门收入取决于总收入，以常数 a_0 来衡量服务业部门收入的外生变化情况。代入后进行简单的计算，可以得出静态均衡方程：

$$Y_T = \frac{a_0}{1 - a_1} + \frac{Y_b}{1 - a_1} \qquad\qquad (5-10)$$

考虑增长率的计算形式，则式（5 - 10）可以写成[3]：

$$\frac{\Delta Y_T}{Y_T} = \frac{\Delta Y_b}{1 - a_1} \frac{1}{\frac{a_0 + Y_b}{1 - a_1}} = \frac{\Delta Y_b}{a_0 + Y_b} = \frac{\Delta Y_b}{Y_b} \frac{Y_b}{a_0 + Y_b} \qquad (5-11)$$

---

① 参见蒂伯特（1960）、理查森（1978）。

② 参见蒂伯特（1956）、韦斯和古德温（1968）。

③ 收入变动为：

$$\Delta Y = \frac{1}{1 - a_1} \Delta Y_b \qquad\qquad (5-10n)$$

收入由方程（5 - 10）定义，则收入变化率为：

$$\frac{\Delta Y}{Y} = \frac{\frac{\Delta Y_b}{1 - a_1}}{Y} = \frac{\frac{\Delta Y_b}{1 - a_1}}{\frac{a_0 + Y_b}{1 - a_1}} = \frac{\Delta Y_b}{1 - a_1} \frac{1}{\frac{a_0 + Y_b}{1 - a_1}} \qquad (5-11n)$$

式（5-11）显示了常数 a_0 在动态过程中的重要作用。如果假设 a_0 为 0，总收入的增长率与基础部门的增长率相等，这与原来的假设相一致，即服务业部门就业（或收入）与总就业人数（或收入）之比为常数。反之，如果假定常数 a_0 大于或小于 0，则收入增长率分别高于（a_0 为负时）或低于（a_0 为正时）基础部门增长率，两者不相等。一项对美国各地区的研究显示，a_0 通常假定为负，由于服务业部门的收入增长率更高，因此，区域收入增长率高于基础部门的增长率。在美国，之所以服务业部门收入增长率较高，主要取决于以下因素：公共投资（如建筑业）、对本地公共服务需求的收入弹性大于 1 以及伴随当地经济活动增长而发展的进口替代机制。

4. 模型的最新动态版本

近年来，学者们已经建立了输出基础模型的动态模型[1]，目的是验证均衡解的稳定性条件。

我们从著名的总需求关系式开始讨论：

$$Y(t) = C(t) + X(t) - M(t) \tag{5-12}$$

在消费与收入、进口与收入关系之间引入时间滞后，也就是说，t 期的消费和进口由（t-1）期的收入所决定：

$$C(t) = cY(t-1) \tag{5-13}$$

$$M(t) = mY(t-1) \tag{5-14}$$

因此，式（5-12）变为：

$$Y(t) - (c-m)Y(t-1) = X(t) \tag{5-15}$$

假设本地产品的外部需求随时间以常数 $g > 0$ 呈指数型增长，区域收入水平随时间的变化趋势如图 5-1 所示[2]。如果初始收入水平等于 Y'，那么出口增加导致收入增加至 Y^*。如果地区初始收入为 Y''，那么很显然，呈现出相同的趋

---

① 参见米亚奥（1984）。

② 如果本地产品的外部需求随时间以指数方式增长，增长率 g（g>0）保持不变。那么有：

$$X(t) = X(0)(1+g)^t \tag{5-12n}$$

这与方程（5-15）之间的差别在于：

$$Y(t) = \frac{X(0)(1+g)^{t+1}}{1+g-(c-m)} + K(c-m)^t \tag{5-13n}$$

其中，K 为由初始收入条件定义的一个常数，其值可以表示为：

$$K = Y(0) - \frac{X(0)(1+g)}{1+g-(c-m)} \tag{5-14n}$$

当 $c-m < 1$ 时，$\lim_{t\to\infty} K(c-m)^t = 0$。正如图 5-1 所示，区域收入以一个不变的均衡速率 g 收敛于发展路径的收入水平。本章附录包括了对差额方程（5-15）的求解过程。

势，收入水平趋向于 Y^*。

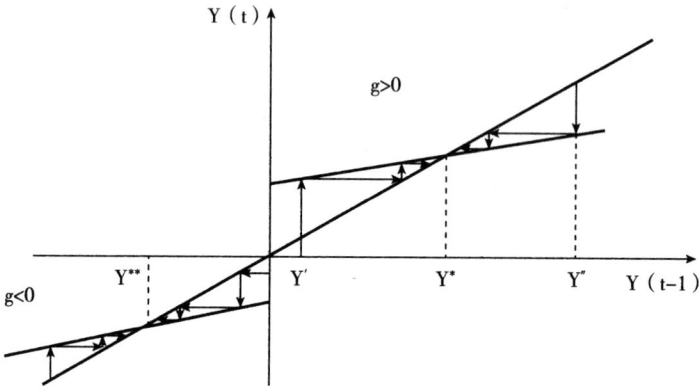

图 5 - 1　输出基础模型的动态均衡

注：变化趋势用不变速率 g 表示，g > 0 时为增长，g < 0 时为衰退。

　　有趣的是，按照相同的逻辑，如果 $g < 0$ 且满足 $0 < c - m < 1 + g$，那么收入水平按不变速率 g 趋向于负值 Y^{**}。当本地的边际消费倾向 $c - m < 1$ 时，收入收敛开始出现，该条件已经在静态模型中定义过了。如果基本关系式的线性结构给定，那么该模型的动态过程非常简单。但如果在这些关系中引入非线性关系，那么有可能出现收入的爆炸式增长现象，也有可能出现陷入突发性危机的现象，当然，这取决于经济系统的结构性变动（参见第十章）。

四、输出基础模型的评价

1. 一般性评论

　　所有版本的输出基础模型的最大优点在于，它从小型经济体系的视角分析了区域发展。这类模型运用凯恩斯宏观经济学的纯经济学逻辑，解释了区域间贸易在小型经济体系经济增长过程中所起的决定性作用。鉴于难以将一个地方经济体系定性为自给自足的经济体，因此在这些模型中，常把出口看成是总需求的一个主要的组成部分，而把自主投资看成是总需求的一个次要的组成部分。

　　输出基础模型还告诉我们，生产专业化是经济增长的主要决定因素。一个区域在国际分工中的作用，取决于它辨认特定的生产性资产的能力，且根据这种能力，该区域向更加广阔的市场提供商品并获得远远超出当地限制的更大的需求。20世纪70年代，这种思想得到了自下而上的发展理论的大力支持，目前这一理论在很大程度上仍然有效。此外，该理论在当时代表了区域发展分析理论方面的重大进展。鉴于其构造方式，该理论也为我们提出预警，当国际市场需求呈现出显著的长期波动时，本地经济的专业化存在着风险。实际上，根据模型的逻辑，经济发展的源泉不过就是对本地产品需求的增长，因此，一旦这种需求减少，就意味着经济的衰退。

区域增长的这种分析方法，概念简单，符合经济逻辑，容易应用于现实（模型需要相对较少的数据），多年来在区域经济学和城市经济学领域都取得了很大的成功。

然而，这种成功导致分析人员忽略了模型内在的局限性，这种局限性主要源于将无空间属性的宏观经济学模型运用到地方环境之中。该模型将区域解释为内部均质的空间，认为某一区域与外部空间的差异（类似于一国与世界其他地区的区别）主要表现在不同的生产结构和专业化上，但也没有对这种差异给出解释。该理论的区际版本认为，一个地区区别于其他地区的主要表现在于进口和消费倾向以及出口能力上的差异。但这些差异都是被假设的，都没有得到解释，该模型能够确定但不能解释地区经济发展的决定性因素。因此，该模型非常适合于描述某一地区在某工业领域的专业化，或者在"李嘉图商品"生产领域的专业化，或者在与自然资源相关的产品（如矿产资源、特殊农产品）生产领域的专业化的发展历程。这样，"李嘉图商品"的生产专业化是不需要解释的，因为它被认为是理所当然的。然而，在所有其他情况下，确定输出基础部门并将出口转化为更大的竞争力，必须通过分析当地供给结构和供给动态变化来解释，不幸的是，该模型完全忽略了这一点。

另一种批评意见涉及进行分析时的高度概括，没有区分不同的生产活动或不同的专业化部门。该模型表明，无论哪个部门生产出口商品，出口对收入的乘数效应都是相同的。但是，如果每个专业化生产部门的乘数效应在一定程度上取决于对中间投入品的需求，而这些中间投入品，或者是区内生产商生产的，或者是大量从区外进口的，那么进口对收入的乘数效应不可能相同[①]。钱纳里在20世纪50年代初期的开拓性研究中，利用了意大利南北地区的投入产出表。他的研究表明，当时意大利对梅佐吉奥诺地区的大规模投资，有利于发达的北部地区的发展，而非有利于发展中的南部地区的发展，这是因为梅佐吉奥诺地区的收入乘数

---

① 这一缺点可以通过使用投入产出表来修正。投入产出表从不同部门和不同地域（区内和区外）的角度区分了商品内在的关联性，这显示了实际乘数机制在地区层面的应用。

存在显著的漏出效应①。

此外，该模型假设供给的增加不存在任何障碍。如果外部需求增加，那么经济系统利用其内部的资源马上扩大生产能力，也就是假设区内总是存在那些未曾使用过的或无成本地扩大产能的闲置生产要素和生产能力。如果不满足上述假设，需求的增加会导致价格的短期上涨而不是生产活动的扩张。

由于假设乘数效应随时间推移而保持不变，因此模型在做长期预测时存在局限性。就长期而言，显而易见的是本地经济的生产多样化将导致进口替代效应，这与不变乘数效应假设相矛盾②。从长期来看，一个地区的专业化很可能（且是可取的）转向附加值更高的更先进的生产部门，并沿着该发展路径，该地区将调整资源从衰退产业转移到新兴产业。如果区域发展研究把自己锁定在固定的专业化领域上，那么在区域动态分析时，将忽略长期发展中的结构变动这一最重要的领域。

出于同样的原因，该模型忽视了本地服务业部门对区域经济增长的作用，认为增长单纯地取决于基础部门的动态发展，这是该模型的另一个缺点。在现代经济社会中，反而是那些当地环境品位和水平、金融、管理、市场和技术服务等因素，在很大程度上决定基础部门长期的生产能力和竞争能力。

2. "经济基础"的估计

由于对输出基础模型应用的热衷，学者们研究出了许多方法来区分区域基础部门和服务部门。这种区分在理论上很容易，但在实践中却是很难的。最常用的方法是区位熵分析法，该方法根据区域部门就业份额和全国同一部门就业份额的比值，区分出两种部门③：

$$QL_{ir} = \frac{E_{ir}}{E_r} \bigg/ \frac{E_{in}}{E_n} \qquad (5-16)$$

其中，i、r 和 n 分别代表部门、地区和国家，E 代表总就业（可以表示区域

---

① 参见钱纳里（Chenery, 1953, 1962）。西尔金（1959）指出，乘数效应不仅取决于专业化部门，还取决于专业化程度。专业化程度较高的地区必然要求更高水平的区际贸易开放度，尤其是如果存在高度多元化的区内需求，那么将激励产生更多的商品交易量。所以不同结构的区域，其乘数效应不可能完全相同。

② 格林赫特早在1959年就指出，区域基础部门并不是一成不变的，也就是说区域基础部门随着时间而发生变化，例如，目前生产的私人商品和公共产品将推动新型产品生产部门的出现，这就改变了基础部门，具体参见格林赫特（Greenhut, 1959b, 1966）。

③ 最早由希尔德布兰德和梅斯（Hildebrand and Mace, 1950）提出，他们利用区位熵界定一个地区的基础部门。

层面上任意部门的变量，如收入）。如果份额比大于 1，则表示产出超过本地区的需求，必然包含净出口。以此方式确定出口部门后，把出口部门就业（或收入）之和作为基础部门就业（或收入）的估计值。

然而，利用区位熵定义基础部门，存在许多弊端[1]。首先，除非假设空间内所有的消费者具有相同的品位和偏好；否则，过多的产出可能并不意味着超过本地需求，可能只是表明本地的需求结构与全国不同罢了。其次，该方法假设经济体是一个封闭的系统，实际上就是假设国家没有出口，因此分母中的本地就业（收入）份额仅代表与国内需求相关的就业。该假设与现实并不相符，区位熵低估了基础部门。最后，如果区位熵以单位产出为基础进行计算，那么需要假设各地的劳动生产率相同，而这更不符合现实。

估算基础部门的另一种方法是最小需求法[2]。该方法基于以下假设：所有区域中某个部门的最低就业份额是满足某区域需求所必需的最小份额，并且如果该部门的本地就业份额大于其他区域，说明生产能力超过了该区域的需求。超过最小就业份额的部门其就业份额之和，确定为基础部门的就业。此方法也有其局限性。第一，在一个地区中，某个部门可能具有很低的就业份额，但并不是因为其生产仅用于满足本地需求，而是因为该部门为净进口部门，这就使基准区域的选择具有很大的随意性。第二，该方法同样需要假设整个空间内的需求和劳动生产率都相同，这已在区位熵方法中提到过。

3. 区域乘数的估计

假设上面提到的所有缺陷都是可以接受的，但要利用输出基础模型来预测区域发展趋势，还需要估算收入乘数。在此方向上的早期尝试，主要是利用上述方法（及其缺点）来确定基础部门[3]。

但至少还有另外两种常用的方法来估计区域乘数。第一种方法是对乘数（即各种边际倾向）进行经验估计。该方法最初是由阿奇博尔德提出的，他是通过直接估计当地购买商品的倾向来估算区域乘数的[4]。根据国家层面详细的支出分

---

① 参见普拉特（Pratt, 1968）。

② 参见厄尔曼和达西（Ullman and Dacey, 1960）。

③ 在基础部门和所有部门的就业或产值规模已知的情形下，通过式（5-7）我们可以计算乘数值，$Y/X = 1/(1 - c + m)$。当然通过这种方法计算的只是一个平均值，而边际值是 $\Delta Y/\Delta X$。只有当除出口之外没有其他的自发性支出时，两者是相等的。

④ 参见阿奇博尔德（Archibald, 1967）。麦圭尔于 1983 年曾经利用很相似的方法计算了苏格兰两个地区的乘数。对英格兰乘数的计算，参见斯蒂尔（Steel, 1969）。关于乘数的文献综述，参见威尔逊（1968）。

类，检索居民消费的官方数据，并确定在当地购买可能性很大的商品和服务（零售服务、公共服务、电影院、教育服务等）。然后计算出本地消费在全国总消费中所占的份额，并对各项支出进行加总。重复计算若干年的数据，产生一个本地消费支出的时间序列，当用可支配收入进行回归时，可以得出地方层面的边际消费倾向（$c-m$）[1]。一旦知道边际消费倾向的值，就可轻易获取区域乘数的值。

第二种方法是艾伦首先提出的，该方法放弃了直接估算地方支出或各种边际倾向（消费和从其他地区或国外进口）的思路，转而以地区生产总值的"漏出量"的倒数作为区域乘数指标。艾伦指出了收入乘数效应漏出的四个渠道：储蓄、区际进口、国外进口、直接税和间接税。一旦知道了这些数值，计算出它们在收入中所占的比例，其倒数就是乘数的具体值[2]。

五、投入产出分析

输出基础模型可以测算本地生产随外部需求的变化而变动的程度。然而，名为投入产出分析的分析技术能够估计出特定部门需求增长对本地经济的影响，包括对每个部门的产出和总产出的影响。因此，输出基础模型可以看成是只包含两种生产部门的投入产出模型。

以瓦西里·里昂惕夫的部门间相互依存模型为基础，投入产出分析可以用来预测特定部门需求增加对本地其他部门的影响。下面我们将看到它是如何施加它的影响的。

投入产出分析涉及构造一个 $n \times n$ 阶矩阵。矩阵中的元素记录了 n 个本地生产部门之间在一年内发生的所有交易，行向量为销售量，列向量为购买量，换言之，矩阵是以价值表示的各部门之间的中间投入品的流动量[3]。矩阵中的行向量为每个部门面对最终需求的销售（包括公共消费和私人消费、投资和出口）；列向量表示购买原材料、劳动力和资本（即工资和利息）以及海外采购。如果是

---

① 我们假设

$$C_1 = a + bY_d \qquad (5-15n)$$

也就是本地消费 C_1，一部分取决于收入，它相当于收入的 b 部分，一部分取决于 a，它与收入无关。回归分析可以估计参数值，尤其是 b 值，它就是用本地可支配收入来支付的边际消费倾向。

② 参见艾伦（Allen, 1969）。这种方法的基本逻辑可以通过封闭经济体的情况去理解：唯一可能降低乘数的变量为引起收入增长的储蓄倾向。然而，储蓄倾向的倒数恰好就是凯恩斯乘数，有学者利用该方法估计了意大利区域乘数，参见法金和比亚吉（Faggian and Biagi, 2003）。

③ 对不同商品交易求和时，显然应以价值计算而不能以数量计算。

国家次一级的投入产出矩阵，那么列向量还得包括区外采购（进口）[1]。

根据矩阵的构造方法可知，每行之和表示每个部门的销售收入，来自于其他部门的需求和最终市场需求。每列之和表示每个部门的成本，包括购买中间品、外部生产的产品、支付工资和利润等要素报酬。行向量之和等于列向量之和。此外，最终需求之和等于所有收入构成或增加值之和，即区域产出 Y（见表5-3）。

表5-3　简化的投入产出表

销售部门	中间投入品需求 购买部门 1…n	最终需求 C G I X	总产出
1	A_{11}. A_{1j}. A_{1n}	C_1　G_1　I_1　X_1	R_1
⋮	⋮　⋮　⋮	⋮　⋮　⋮　⋮	⋮
n	A_{n1}. A_{nj}. A_{nn}	C_n　G_n　I_n　X_n	R_n
劳动力（工资）	W_1. W_j. W_n		W
其他增加值（利润）	Π_1. Π_j. Π_n	Y	Π
进口	M_1. M_j. M_n	M_C　M_g　M_i	M
总产出	R_1. R_j. R_n	C G I X	

A_{ij}表示部门 i 向部门 j 销售的产品价值，C、G、I、X 和 R 分别表示私人消费、公共支出、投资、出口和产值，行向量之和（即代表性部门 i 的收益）如下：

$$\sum_j A_{ij} + (C_i + G_i + I_i + X_i) = R_i \quad \forall i \tag{5-17}$$

列向量之和，即代表性部门 j 的成本为：

$$\sum_i A_{ij} + W_j + \Pi_j + M_j = R_j \quad \forall j \tag{5-18}$$

其中，W 和 Π 分别表示工资和增加值的其他组成部分（如利润）。地区生产总值 Y 如下：

$$W + \Pi = Y = C + G + I + X - M = R - \sum_j \sum_i A_{ij} - M \tag{5-19}$$

部门 i 和部门 j 间的商品流动可以用所谓的"技术系数"a_{ij}来表示，该系数表示部门 i 和部门 j 在生产上的技术关联或结构关联。换言之，技术系数表示，当部门 j 每提供 1 欧元产品时，部门 i 能生产多少欧元的产出的问题[2]：

---

[1]　同样的分析方法分别用于国家、区域或城市。在区域或城市的投入产出矩阵中，进口和出口意味着针对区域而言的流入或流出，而非国外。具体参见蒂伯特（1957）。

[2]　例如，汽车行业与橡胶行业的技术系数体现了生产汽车所需的橡胶量。

$$A_{ij} = a_{ij} R_j , \quad a_{ij} = A_{ij}/R_j \tag{5-20}$$

将式（5-20）代入式（5-17）中，并将最终需求用 D 表示，则对于任意部门 i，我们可以得到：

$$\sum_j a_{ij} R_j + D_j = R_i \quad \forall i \tag{5-21}$$

式（5-21）表示部门 i 的产值（收入），部分源于最终市场需求 D，部分源于向其他部门的销售。

对技术系数矩阵进行线性运算，则式（5-21）可以改写为①：

$$R_i = \sum_j b_{ij} D_j \quad \forall i \tag{5-22}$$

其中，b_{ij} 是"里昂惕夫逆矩阵"或"乘数矩阵"。该矩阵能够计算部门 j 的 1 欧元最终需求直接或间接地导致的部门 i 的产值。实际上，它不仅可以计算一定数量需求的直接效应，也可以计算最终需求自身引发的间接效应。例如，式（5-22）不仅可以确定建筑行业需求产生的木材产量，而且也可以确定家具行业需求产生的木材产量，而这项需求是由建筑业需求增加所产生的。在输出基础理论中，凯恩斯乘数被综合成为单个值；而在投入产出分析中，它被分解为一个相对于每个部门或商品需求的 n×n 的乘数集合。

因此，在预测特定部门需求增加带来的影响分析方面，投入产出分析是一个有力的工具。如果技术系数矩阵 a_{ij} 已知，就可以计算出部门（商品）外部需求增加 ΔD_j 对以下方面所产生的影响：对地方单个部门 i 产值的影响：$\Delta R_i = b_{ij} \Delta D_j$；对本地工资的影响：$\Delta W = \sum_i \Delta R_i a_{wi} = \sum_i b_{ij} \Delta D_j a_{wi}$，其中，$a_{wi} = W_i/R_j$；假设部门平均工资不变，为 w_i^*，则对本地就业的影响：$\Delta L = \sum_i (\Delta W_i/w_i^*)$；对本地收入的影响：$\Delta Y = \Delta W + \Delta \Pi = \sum_i \Delta R_i (a_{wi} + a_{vi})$，其中，v 代表除工资外收入的其他组成部分。

该方法的局限性众所周知。技术系数对产出增加的稳定性以及它们随时间的稳定性，要求所有生产过程满足规模收益不变且不存在技术进步。当投入产出分析在地方、区域或城市层面使用时，难度会增加。在这种情况下，如果使用该工具来预测当地经济发展趋势，技术系数矩阵必须分为区内贸易流矩阵和区际贸易

---

① 式（5-21）以矩阵形式表示，其中 R 和 D 分别代表部门的产值向量和最终需求价值向量，A 为技术系数矩阵，I 为单位矩阵，于是有：

$$R = AR + D \tag{5-16n}$$
$$(I-A)R = D \tag{5-17n}$$
$$R = (I-A)^{-1} D \tag{5-18n}$$

将 $B = (I-A)^{-1}$ 定义为列昂惕夫转置矩阵，我们可以得到：

$$R = BD \tag{5-19n}$$

本质上与式（5-22）一样。

流矩阵。这样才能测量特定部门需求增加对本地经济的影响，并且排除对国内其他地区的"漏出效应"。但以这种方式区分系数矩阵是相当困难的，通常利用如下方法进行区分：①以实证调查为基础编制技术系数表，这种方法精确但成本极高；②对该部门的专业化进行案头研究，但前提是该部门只在涉及该领域的专业化时才满足不断增长的需求①。

在地方层面上使用投入产出分析预测和模拟经济政策效果时，必须假设随时间推移的技术系数不变。因此，应该谨慎解释其分析结果。

六、进口地区：哈罗德—多马模型

1. 原始模型

经济学家罗伊·哈罗德于 1939 年、埃弗塞·多马于 1957 年分别独立地研究了经济系统为维持初始的宏观均衡状态所需要达到的增长率②。哈罗德—多马模型的结论是，考虑到增长路径很不稳定，并且很可能偏离均衡增长率，经济系统的均衡更多的是例外而不是一种规律。

哈罗德—多马模型随后被用来解释区域经济的动态过程③。该模型区域版本的假设是，进口作为从区外获取资本和储蓄的途径，对本地经济增长率起决定性作用。此外，与不存在对外贸易的封闭经济体模型相比，均衡增长条件的约束较少，因此，随时间推移更具有可持续性。因此，尽管输出基础理论强调了外部需求作为发展引擎的重要性，但是，哈罗德—多马模型强调区域经济可能由区外投资所驱动，这些投资刺激了当地产出和收入。

正如我们将看到的，哈罗德—多马模型不同于输出基础模型，因为它是一个多周期模型。它抛弃了我们迄今为止看到的严格的短期逻辑，而采用了长期视角。此外，此方法并没有把储蓄看作是有效需求的扣减，反而强调储蓄是获取生产性投资资源的一种重要途径。

模型基于以下假设：

---

① 如果这片区域恰巧是一个和外界孤立的小岛，可以使用海港和空港的统计来计算进出岛屿的商品价值。这些数据是一种非常好的统计工具，能够区分本地和国家之间的贸易。意大利曾用该方法评估了撒丁岛翡翠海岸的一项建筑工程方案对撒丁经济的影响，参见卡梅尼（1982）。有关投入产出法的详述，参见休因斯（Hewings，1977，2001）、马特勒托（Martellato，1982）。

② 参见哈罗德（1939）、多马（1957）。对哈罗德理论的评论，参见霍特里（Hawtrey，1969）。

③ 参见理查森（1969）。

（1）生产单一产品，既可用作最终消费，又可用作资本品。作为最终消费品时，一旦消费发生就退出经济系统；作为资本品时，继续留在经济系统内，并用于其他商品的生产。

（2）资本品具有不易腐烂的性质，这意味着无须区分一项投资是属于新资本投资还是以分期偿还折旧费形式的投资。

（3）边际储蓄倾向为常数。

（4）固定的生产系数，即生产一单位产出所需的生产要素"资本"和"劳动"的数量不变，这等同于假设不存在技术进步。

（5）劳动力增长率为常数 n，并等于人口增长率。

（6）基于加速数理论，投资与收入增长成正比：

$$I_t = v_t (Y_{t+1}^* - Y_t), \quad 0 < v_t < 1 \tag{5-23}$$

其中，v_t 为"加速数系数"，假设它为常数，该系数用来衡量需求（$Y_{t+1}^* - Y_t$）增加一单位时资本 I_t 的增加量。因此，它表示的是资本/产出比。

（7）根据凯恩斯乘数理论，收入与投资增长成比例：

$$Y_{t+1} - Y_t = \frac{1}{s}(I_{t+1} - I_t), \quad 0 < s < 1 \tag{5-24}$$

其中，s 为储蓄倾向，1/s 是投资和收入之间的比例系数（或凯恩斯乘数），扩大一单位投资，则收入以更高比例（1/s）的方式增长。

总需求的增加势必引起资本和劳动力要素需求的增加，这是调整生产以适应新的消费水平所必需的。为了维持这种均衡条件，假定充分就业，则根据生产的技术系数（L/Y）为常数的假设，劳动增长率必须等于人口增长率 n。

资本方面，式（5-23）表明，需求的增加导致投资的增加，为满足这部分资金需求，储蓄 S 等于必要的投资 I。如果是这样的话，经济以所谓的"有保证的增长率"（y_t）增长，它等于：

$$y_t = \frac{\Delta K}{K} = \frac{I}{K} = \frac{sY}{K} = \frac{sY}{Y} \frac{Y}{K} = \frac{s}{v} = n \tag{5-25}$$

式（5-25）表明，增长率必须等于储蓄倾向 s 与加速数 v 之比，又必须等于劳动力增长率 n。如果是这样，那么随时间推移，总需求和生产间将持续保持初始的均衡状态①。

然而，如果经济系统以有保证的增长率 y_t 增长，那么，用哈罗德的话来说，

① 式（5-25）是假设 I = sY，也就是 I = S 的情况下建立的，它是宏观经济均衡条件。实际上，I = S 是一个事后总会实现的核算恒等式。假设一个经济体是对外封闭的，且不存在公共部门，产出不是完全用来消费而是用来投资（Y = C + I）。另外，收入在消费与投资间进行分配（Y = C + S）。如果满足 C + S = C + I，该条件由 I = S 导出，那么广山等于销售，同时，产出价值等于收入所得，也就是说产出或者用于消费，或者用于储蓄。

它就会沿着"刀刃"前行：一方面是爆炸性增长，另一方面是急剧衰退。如果没有外生干预，那么系统外部条件所产生的任何不均衡，将被市场发出的信号所放大，促使厂商向着恢复均衡的相反方向进行调整。实际上，在一个经济系统中，计划投资超过实际储蓄（I > S）就意味着有效消费大于预期储蓄，因此有效需求大于预期需求①。在该经济系统下，厂商对商品供给短缺的反应是增加投资，矛盾的是，这反而进一步加剧了市场失衡。投资增加，通过乘数效应引起收入和总需求以更高的比例增加。这导致总需求与预期需求之间的偏离越来越大，长期来看，会产生严重的通货膨胀。同理，如果计划投资小于有效储蓄（I < S），意味着预期需求大于有效需求，厂商通过减少投资来应对供给过剩，从而进一步减缓有效需求的增加，长此以往，将造成经济的衰退。

简而言之，该模型表明，当经济系统初始处于非均衡状态时，存在一种推力使其偏离稳定均衡状态越来越远，同时根据初始条件，或走向通胀、或走向衰退。

2. 哈罗德—多马模型的区域版本

当哈罗德—多马模型被应用到区域背景下时，除了全国层面的结论外，还会得出一些有趣的结论。该模型区域版本的明显的特征，是其宏观经济均衡条件，对于区域经济而言，该条件是：

$$S + M = I + X \qquad (5 - 26)$$

其中，M 和 X 分别表示地区之间的资本的输入和输出。区域不是封闭的经济体，若非如此，它将与国家层面的模型没有区别，各地区间紧密联系，相互交换产品和生产要素。

对于代表性区域 i，式（5 - 26）可以改写成：

$$(s_i + m_i)Y_i = I_i + X_i \qquad (5 - 27)$$

也就是：

$$\frac{I_i}{Y_i} = s_i + m_i - \frac{X_i}{Y_i} \qquad (5 - 28)$$

其中，m 是与收入成正比的资本进口倾向，这样式（5 - 25）可以写成：

$$Y_i = \frac{s_i + m_i - \dfrac{X_i}{Y_i}}{v_i} = n_i \qquad (5 - 29)$$

---

① 式 Y = C + S 表明，收入或者用于消费、或者用于储蓄。如果实际储蓄低于计划投资，意味着有效消费大于计划投资，因此，由有效消费所决定的有效需求大于期望需求。

式（5-29）表明，不同于封闭经济体，即使投资超过储蓄，只要储蓄与投资之间的缺口由净进口盈余来弥补，那么资本也能够与产出同速增长，从而保持稳定状态①。区域经济系统不仅可以利用内部储蓄为投资提供资金，而且还可以通过从其他地区进口资本品来为投资提供资金②。当区内储蓄过剩时，净出口同样可以帮助其维持稳态均衡，因为它们弥补了区内低消费和与充分利用生产能力相对应的生产水平之间的差额。

类似地，若区内缺乏劳动力，可以通过区外劳动力的流入达到充分就业，同理，人口向外地迁移可以缓解本地失业现象。因此，劳动力市场均衡条件如下：

$$y_i = n_i - e_i \tag{5-30}$$

其中，e_i 是每个时期的净移民数量，即输出人口减去流入人口，用占区域人口 P_i 的百分比来表示。

区域版本的哈罗德—多马模型得出的第一个重要结论是，实现恒定增长率所需限制条件要比那些封闭型国家经济少，因此随着时间推移易于维持长期稳定。但稳态均衡仍然是例外而不是规则，因为模型中没有任何条件确保劳动力和资本的区际流动足以保证经济匀速增长。也就是说，模型中没有任何条件可以保证生产要素的区际流动能够使得整个系统实现均衡。

区域版本的哈罗德—多马模型的第二个重要结论是那些存在净进口盈余的区域，也就是满足如下条件的区域：

$$m_i - \frac{\sum_j X_j}{Y_j} > 0 \tag{5-31}$$

这种区域的经济增长比其他区域更快，尽管储蓄倾向和资本产出比仍然相等。根据模型的逻辑，净进口盈余实际上会产生更高的生产率，因为这种盈余（顺差）意味着将区外的额外储蓄注入到本地经济体系中，如式（5-29）中所示。

该模型的第三个重要结论涉及区际经济增长率差异随时间的变化趋势问题。正如现实世界中的情形，如果各区域的初始增长率之间存在差异，那么模型表明这种差异不仅会持续下去，而且还会与日俱增。实际上，如果区域 i 的初始增长率高于区域 j 时（$y_i > y_j$），那么根据式（5-29）可知：

$$\frac{\sum_j m_j Y_j}{Y_i}，其中 \sum_j m_j Y_j = \sum_j X_j \tag{5-32}$$

---

① 该系统实现均衡的约束条件是区域间的贸易必须平衡，即：
$\sum_i \sum_j M_{ij} = \sum_i \sum_j X_{ij}$，其中对于每个区域 i、j 存在 i≠j (5-20n)
② 该情况已在本章前边章节关于核算的内容中进行了分析和解释。

式（5－32）的值变小，从而进一步推动 y_i 的增长。

后两个结论提醒我们，如果贫困地区是富裕地区资本的净输入地区，那么该模型假定在稳定均衡条件下地区增长率将收敛。实际上，式（5－31）和式（5－32）表明落后地区的增长率总是高于发达地区，这种情形是趋同发展趋势所带来的，这表明在储蓄倾向不足和资本产出比较低的情况下，进口倾向在国内和国际区域再平衡过程中发挥着极其重要的作用。

最后，鉴于式（5－29）对解释区域经济增长率的重要性，需要对比值 s/v 进行更为深入的分析。该比值表明，储蓄倾向（s）高和资本产出比（v）较低的区域，其经济增速更快，也就是说，那些能够有效利用资本或者具有资本密集度较低（如服务业）的部门作为主要产业部门的区域其经济增速更快。正因为后一个特征，尽管意大利伦巴第地区长期以来资本积累率很低（20 世纪七八十年代），然而实现了高水平的经济发展。反过来，意大利南部地区在过去 30 多年间（1955～1985 年）对资本密集型产业进行了大量的投资，注入了大量的公共投资和外部储蓄，然而其经济增长却很有限。

这种观察使我们意识到，即使在凯恩斯模型中（如果采用动态的、多周期的和长期的视角），可以利用作为供给而不是需求因素的储蓄和资本的获得性来解释区域经济增长，然而在单周期凯恩斯模型中，因为储蓄降低了有效需求，限制了乘数效应，这表现为 1－c 等于分母中的 s，故储蓄阻碍了区域经济增长。

3. 模型评论

哈罗德—多马模型非常适合于描述和解释那些以关键性宏观经济条件为特征的区域经济系统的经济增长。区内储蓄有限、资本产出比低和贸易逆差，会阻碍宏观的经济增长。但这种情况与现实世界中的许多区域系统的情况是相互抵触的，只有当把弥补内部储蓄不足的外部资本作为决定性因素时，才能解释这种情况[①]。如果利用相同的逻辑来分析增长路径，那么它可以解释区内投资和储蓄水平存在明显差距的不同地区的经济增长率趋同现象，或是区际经济增长率的趋异现象。

虽然区域版的哈罗德—多马模型提供了有用的见解，但因各种原因而受到批评，所有这些批评都涉及这样一个事实：该模型最初是用来解释国家经济增长所需的宏观经济条件，后来进行了改造使其适用于区域背景。

---

① 进口对于一个国家经济增长与竞争力的重要性最近再次被杰出的经济学家保罗·克鲁格曼所证实。克鲁格曼认为，国际贸易的真正目的是进口，而不是出口。出口不过是为了进口融资，因为出口引起的成本低于本国直接生产所需时的成本，具体参见克鲁格曼（1996a）。

该模型的第一个局限性是，它无法预测区际要素流动能够重构均衡状态的问题。这种无能为力主要源于模型缺乏管控和解释要素流动的机制。显然，该模型最初并不是为解释生产要素流动而建立的，因而就根本没有考虑过要素流动性问题。

该模型的第二个局限性是，它无法指出区际经济增长是发散还是收敛的问题。诚然，在现实世界中，欠发达地区通常是资本的净输入方，因此根据该模型的逻辑，欠发达地区是增长速度更快的地区，因此区际经济发展差距是收敛的。然而，同样真实的是，在现实世界中，落后地区通常也是劳动力的净输出地区，根据模型的逻辑，这种情况将伴随着较低的收入增长率，导致区际经济发展差距的发散而不是收敛。

该模型的第三个局限性是，虽然我们可以接受模型的研究结果，即如同现实世界中那样，落后地区是资本的净输入方，但模型并未解释相较于其他地区，为何落后地区对资本具有更强的吸引力的问题。虽然在该模型的国家版本中，其主要原因归结为有利于吸引资本的宏观经济条件（较高的利率），但在区域版本中，其主要原因归结为任意地理区域的区位要素的特性，而且这种区位要素只能通过微观经济方法来确定。因此，毫不奇怪，在哈罗德—多马的这种均质抽象空间的宏观经济模型中，不可能包含这种区位要素。

七、收支平衡和地方增长：瑟尔沃尔定律

20 世纪 80 年代初期，出口对区域经济增长的重要性再次得到了验证。输出基础模型将出口看作是区域竞争优势的标志，因而也是区域发展潜力的标志。现在讨论的瑟尔沃尔定律，认为出口在发展进程中具有决定性作用，出口维持了贸易平衡，在没有其他机制的情况下，为满足国内需求所需的进口提供了资金[1]。事实上，如果出口不足，不能满足该地区的进口需求，贸易收支将出现失衡。长此以往，这将限制进口、限制当地需求，限制当地发展产业的需求。从这个角度上看，一个地区发展失败的原因在于区域贸易收支的不平衡[2]。

因此，如果一个地区的贸易收支处于均衡状态，则该地区能够保持一定的增长率。假设出口增长率取决于世界收入增长率（y_w），权重为出口需求对世界收

---

[1] 瑟尔沃尔解释，出口需求对地区需求来说至关重要，在缺乏其他资金的情形下，这对于满足一个地区的进口需求非常必要，具体参见瑟尔沃尔（Thirlwall，1980，1983）。同时，参见麦康比（McCombie，1992）、麦格雷戈和思韦尔斯（1985）。

[2] 瑟尔沃尔认为，区域问题实际上是收支平衡问题，具体参见瑟尔沃尔（1980）。

入水平的弹性（α）；进口增长率（m）反过来又取决于区域收入增长率（y_r），权重为进口需求对本地收入水平的弹性（β），如果下式成立，则区域贸易收支实现均衡：

$$\alpha y_w = \beta y_r \tag{5-33}$$

也就是：

$$y_r = \frac{\alpha}{\beta} y_w \tag{5-34}$$

后一个关系表示，区域增长率取决于世界收入增长率以及两种需求收入弹性的比率。为了刺激地方发展，一个地区必须建立这样一种产业结构，即出口对世界收入水平的需求弹性很高（α），同时，进口对地方收入水平的需求弹性很低（β）[1]。因此，该方法认为，地方发展无非是产业转型的问题，出口部门转向具有更高需求收入弹性的行业，而进口部门转向具有更低需求收入弹性的行业。

该理论的有趣之处在于下列双重论点：①进口是区内生产的必要条件，区内生产需要原材料和非本地生产的中间投入品；②出口对区域经济增长至关重要，因为它是进口资金的最直接来源。

不过，也有可以避开贸易逆差限制区域经济增长的其他的进口融资的方法。在现实世界中，大量的例子表明，发达的出口地区与欠发达的进口地区同时存在；对于欠发达地区而言，从长期来看，发达地区的公共转移支付和私人投资，为其贸易逆差和地方收入增长提供了资金。

因此，与任何一个需求驱动理论一样，瑟尔沃尔定律如果用来解释短期发展，具有一定的有效性，因为它并不是关注解释生产系统专业化和竞争力问题的理论。

八、本章小结

本章分析了凯恩斯的区域增长模型，该模型强调需求因素是地区发展的引擎。这些理论将区域发展解释为由需求增加驱动的就业增加和收入增长。本章频繁指出这些理论仅限于描述短期增长，因为它们完全忽略了生产系统结构和动态变化，并理所当然地认为一个区域应增加供给以满足不断扩大的需求，包括外部需求。

基于这些原因，用凯恩斯理论解释长期增长路径，或者将其作为制定长期动

---

[1] 在微观经济学中，需求的收入（供给）弹性衡量的是收入变化一个百分比所导致的需求（供给）变化的百分比。

态发展政策措施的基础，都是有风险的，并且容易产生误导。相反，如果用来解决一些特定的规范性问题，例如在给定生产能力的情况下降低失业率，那么它们的优点就非常明显，即这些模型简单，经济学推理过程严谨，易于应用到实际当中。

最后，本章认为，当凯恩斯理论放弃短期视角，采取长期的、多周期的观点时，例如哈罗德—多马模型，它们舍弃了从需求方面去解释经济增长，转而强调供给要素（如储蓄和资本形成）对解释区域增长过程的重要性。

附 录

求解差分方程（5-15）时，通常是分别求其通解和特解。

定义 $Q(t)$ 为齐次方程：

$$Q(t) = (c - m)Q(t - 1) \tag{5-1a}$$

令：

$$Q(t) = K \varphi^t \tag{5-2a}$$

则，我们可以得到：

$$K \varphi^t - (c - m) K \varphi^{t-1} = 0$$

也就是，

$$\varphi = c - m \tag{5-3a}$$

因此，式（5-2a）变为：

$$Q(t) = K(c - m)^t \tag{5-4a}$$

其中，K 为常数，其值未知。

定义特殊方程为：

$$R(t) - (c - m)R(t - 1) = X(0)(1 + g)^t \tag{5-5a}$$

令：

$$R(t) = h\psi^t \tag{5-6a}$$

因此，式（5-5a）变为：

$$h \psi^t - (c - m) h \psi^{t-1} = X(0)(1 + g)^t \tag{5-7a}$$

因此有：

$$h\psi^t \left(1 - \frac{c - m}{\psi}\right) = X(0)(1 + g)^t \tag{5-8a}$$

当且仅当下式成立时，该式成立：

$$\psi = 1 + g \tag{5-9a}$$

同时：

$$X(0) = h - \frac{(c-m)h}{\psi}$$

$$h = \frac{X(0)\psi}{1 - \frac{c-m}{\psi}} \tag{5-10a}$$

有 $\psi = 1+g$，因此，式（5-10a）变为：

$$h = \frac{X(0)(1+g)}{(1+g) - (c-m)} \tag{5-11a}$$

将 h 和 ψ 的值代入式（5-6a）中，式（5-5a）的特解为：

$$R(t) = \frac{X(0)(1+g)^{t+1}}{(1+g) - (c-m)} \tag{5-12a}$$

方程（5-15）的解由通解 Q(t) 与特解 R(t) 之和得出，即：

$$Y(t) = K(c-m)^t + \frac{X(0)(1+g)^{t+1}}{(1+g) - (c-m)} \tag{5-13a}$$

就是式（5-7）。使用初始条件来定义 K（仍然未知），可得：

$$Y(0) = K(c-m)^0 + (1+g)^0 \frac{X(0)(1+g)}{(1+g) - (c-m)} \tag{5-14a}$$

或：

$$K = Y(0) - \frac{X(0)(1+g)}{(1+g) - (c-m)} \tag{5-15a}$$

也就是式（5-8）。

如果 $c - m < 1$，$\lim\limits_{t \to \infty}(Y_{t+1}^* - Y_t) = 0$。因此，区域收入沿不变均衡增长率 g 的发展路径收敛，如图 5-1 所示。

思考题

1. 20 世纪五六十年代的区域增长理论中的空间概念为何种空间概念？为什么？

2. 如何定义需求动态变化驱动的区域增长理论？

3. 什么是贸易收支平衡？贸易收支平衡、服务业收支平衡以及资本转移收支平衡是如何进入区域社会账户收支平衡中的？

4. 当区域对外贸易是开放时，区域收入平衡背后的宏观经济条件是什么？

5. 输出基础理论（包括所有形式的输出基础模型）的主要观点是什么？该理论的优点和缺点是什么？

6. 计算区域消费乘数的方法有哪些？

7. 为什么构建以及如何构建投入产出表？生产技术系数及系数矩阵代表

什么？

8. 区域层面的哈罗德—多马模型包含了何种额外因素？该模型的主要优点和缺点是什么？

9. 贸易逆差有碍于区域经济增长是否正确？请解释原因。

阅读文献

［1］Allen K. J. （1969），"The Regional Multiplier: Some Problems in Estimation", in J. B. Cullingworth and S. C. Orr, eds. , *Regional and Urban Studies: A Social Science Approach*, London: Allen & Unwin, pp. 80 – 96.

［2］Archibald G. （1967），"Regional Multiplier Effects in the United Kingdom", *Oxford Economic Papers*, Vol. 19, No. 1, pp. 22 – 45.

［3］Daley W. M. （1997），*Regional Multipliers: A User Handbook for the Regional Input – Output Modelling System （RIMS II）*, Washington: U. S. Department of Commerce, Economics and Statistics Administration, U. S. Government Printing Office.

［4］Faggian A. and Biagi B. （2003），"Measuring Regional Multipliers: A Comparison Between Different Methodologies in the Case of the Italian Regions", *Scienze Regionali – Italian Journal of Regional Science*, Vol. 2, No. 1, pp. 33 – 58.

［5］Steele D. B. （1969），"Regional Multipliers in Great Britain", *Oxford Economic Papers*, New Series, Vol. 21, No. 2, pp. 268 – 292.

［6］Camagni R. （1982），"L' Impatto sull' Economia Sarda della Spesa e dell' Investimento Turistico in Costa Smeralda", *Quaderni Sardi di Economia*, No. 4, pp. 371 – 413.

［7］Carter H. O. and Brody A. （eds）（1970），*Applications of Input – Output Analysis*, Amsterdam: North Holland.

［8］Chenery H. （1962），"Development Policies for Southern Italy", *Quarterly Journal of Economics*, Vol. 76, No. 4, pp. 515 – 547.

［9］Cuihong Y. （2002），"The Impacts of Water Conservancy Investment by Using Input – Output Technique: A Case of China", Paper Presented at the 14th International Conference on Input – Output Technique, University of Quebec, Montreal, October 10 – 15.

［10］Harringan J. （1982），"The Relationship between Industry and Geographical Linkages: A Case Study of the United Kingdom", *Journal of Regional Science*, Vol. 22, No. 1, pp. 19 – 31.

［11］Hewings G. J. D. , Israilevich P. R. , Sonis M. , and Schindler G. R. （1997），"Structural Change in a Metropolitan Economy: The Chicago Region 1975 – 2011", in C. S. Bertuglia, S. Lombardo, and P. Nijkamp, eds. , *Innovative Behaviour in Space and Time*, Berlin: Springer Verlag, pp. 183 – 212.

［12］Israilevich P. R. , Hewings G. J. D. , Schindler G. , and Mahidhara R. （1996），"The Choice of an Input – Output Table Embedded in Regional Input – Output Models", *Papers in Regional*

Science, Vol. 75, No. 2, pp. 103 – 119.

［13］ Ning A. and Polenske K. P. （2005）, "Application and Extension of Input – Output Analysis in Economic – impact Analysis of Dust Storms: A Case Study in Beijing, China", Paper for Presentation at the 15th International Input – Output Conference, China International Input – Output Association, Beijing, June 27 – July 1.

［14］ Nyhus D. （1983）, "Observing Structural Change in the Japanese Economy: An Input – Output Approach", in A. Smyshlyaev ed. , *Proceedings of the Fourth IIASA Task Force Meeting on Input – Output Modeling*, Laxenburg: International Institute for Applied System Analysis.

［15］ Polenske K. （1970）, "An Empirical Test of Interregional Input – Output Models: Estimation of 1963 Japanese Production", *American Economic Review*, Vol. 60, No. 1, pp. 76 – 82.

［16］ Domar E. D. （1957）, *Essays in the Theory if Economic Growth*, Oxford London: University Press.

［17］ Harrod R. F. （1939）, "An Essay in Dynamic Theory", *The Economic Journal*, Vol. 49, No. 193, pp. 14 – 33.

［18］ Hoyt H. （1954）, "Homer Hoyt on the Development of Economic Base Concept", *Land Economics*, Vol. 30, No. 2, pp. 182 – 187.

［19］ North D. （1955）, "Location Theory and Regional Economic Growth", *Journal of Political Economy*, Vol. 63, No. 3, pp. 243 – 258.

［20］ Richardson H. （1978）, *Regional and Urban Economics*, London: Pitman.

［21］ Thirlwall A. P. （1980）, "Regional Problems Are Balance of Payments Problems", *Regional Studies*, Vol. 14, No. 5, pp. 419 – 425.

第六章

要素禀赋

一、要素禀赋和区域经济增长

本章主要讨论了那些专门从供给因素角度解释区域经济长期动态过程的理论。根据前一章所讨论的理论（尤其是输出基础模型），它们不仅将出口视为发展的引擎，而且把它看成是确定一个地区经济体系出口能力和竞争力的决定性因素。如果一个经济体系能够出口产品，或者说它能够在区际分工中占有一席之地，那么该经济体系必然具有某种形式的优势，或者以较低的价格进行生产，或者提供更高质量的产品，或者向市场投放新产品。如果一个经济体系的生产过程是高效的，且具有复杂而先进的地方工业体系和现代化的生产性服务业，以及基础设施、优质的资源和先进的生产技术，并且其从事的领域包括由复杂的文化、社会和经济进程发展起来的广泛、多样化和先进的知识，那么，经济体系能够满足这些不同的要求。

地域竞争力来源众多，因此，各自采用截然不同的分析方法也就不足为奇了。本章主要介绍将要素禀赋作为地区竞争力来源的理论。虽然这些理论的一些基本假设有所不同，但是它们都由严谨的新古典模型组成，分别对商品和生产要素的流动性做出了各种假设，从资源导向的角度讨论了经济增长。同时，从区际要素禀赋的不平衡和要素生产率的差异，解释了地域系统在与世界其他地区的联系中所具有的生产优势。这些就构成了经济增长路径的基础，同时也决定了经济增长出现的时机和采取的形式。

根据这些理论，商品或要素贸易可以解释商品和要素相对价格调整、生产能力提升以及充分就业问题。根据新古典的一般推理，对那种假设生产要素在区域间完全自由流动（新古典增长理论）的理论而言，要素报酬差异会导致资源在空间上的重新配置，这种资源重新配置提高经济增长率①；对那些将视角转向商品自由流动的理论（区际贸易理论）而言，要素生产率方面的差异使地区在特定产品生产方面具有比较优势，该地区也因价格方面的优势可以出口商品。此外，对于那些在本地生产没有优势，即本地生产率较低的产品来说，从外部市场购买符合本地区的利益。这些进口产品在外部市场的销售价格比在本地生产时的价格更具竞争力。

需要注意的是，这里使用的"增长"概念的含义与前面章节中的理论所给出的含义不同。增长含义不同的原因在于这些模型所关注的是不同的经济政策，本章并不是要通过增加当地生产的产品的需求降低高失业率，而是要解决贫穷、不发达和收入分配不平等问题。这样，经济增长不再被解释为是就业和短期收入的增长，而被认为是个体福利水平的提升（以及区域间的收敛）。福利水平的提升，可以通过提高要素生产率，进而提高工资水平和人均收入来实现（新古典宏观经济模型），也可以通过推进本地专业化进程，参与区际贸易，从外部市场购买价格低于本地生产的产品来实现。

这些理论有许多特点。其中的第一组理论，也就是古典和新古典的要素流动性理论，它的独特之处在于借用了"相对增长"的概念，目的是要确定和解释产出增长水平和增长率收敛或发散的路径。从这点上来说，有关要素流动的新古典模型，直到今天仍被误解为只能解释地区经济的收敛趋势。但是，这些理论的现代版本认为，如果在新古典生产函数中引入规模收益递增，那么可以推出与原始模型中重新平衡不同地区收入水平的、机械的和单一的结果大不相同的行为和趋势（参见第十一章）。此外，作者对原始模型进行修正使得它包含两种部门，此时如果假设初始均衡条件，那么修正后的模型可以解释收入水平的不同趋势。

第二组理论（古典和新古典的区际贸易理论）的独特之处在于，它们引入了李嘉图在其经典的国际贸易理论中首先提出的相对优势或比较优势的概念，在此基础上可以确定地区的专业化部门。在提供给外部市场的所有商品中，该地区以相对较低的生产成本出口其生产的商品。生产成本上的这种差异是因为用来生产商品的要素的相对生产率不同。这种说法实质上意味着，即使一个地区生产所有产品的成本都比较高，以至于它比起该国其他任何地区的生产效率都要低，但相对于本地区其他产品而言，它在生产某种产品上的生产效率相对较高。因此，

---

①　如果要正确理解这个推理，需要牢记两个重要的理论概念。第一，在新古典范畴内，要素生产率遵循边际报酬递减规律，即要素数量越多意味着要素生产率越低。第二，按照新古典理论，生产要素根据其边际生产率获得报酬，即企业为额外生产要素所支付的价格等于该额外生产要素为企业所创造的价值，此时，企业实现利润最大化。基于以上观点，在一个拥有大量特定要素的地区，该要素生产率必定较低，因此，也只能获得较低的报酬。

该地区可以通过专业化生产这种相对高效的产品的方式，在国际劳动分工中占有一席之地。我们将会看到，这种观点具有重要的规范性含义，因为它断言，无论生产效率如何，总有一种自动机制保证某种专业化部门的存在，因此，促进发展的经济政策措施是不必要的。这一论断意义深远，它要求对其真实性提供全面保证，然而，正如我们将会看到的，将国家层面的运行机制完全运用到区域和地区层面时，这种真实性就会被削弱。本章描述的模型以古典和新古典的增长理论和国际贸易理论为基本框架。因此，它们在处理区域经济增长的经济条件时，也采用了均质抽象空间的假设，即总体经济指标处处相同。

下一节讨论的模型基于以下假设：生产要素完全流动，零运输成本，产品不流动①。本章第三节与这种假设相反，即生产要素是固定的，而生产的商品是完全流动的。在生产要素运输成本为零的情况下，新古典理论不仅是地方增长理论，同时也是生产要素流动理论；如果产品完全流动，则地方增长理论同时也是区际贸易理论②。后者源于新古典的国际贸易理论，这些理论包含的模型因其优美的经济学逻辑而著称，但将其应用于地方环境时常受到批评。

二、区域经济增长和要素流动

1. 单部门模型

20 世纪 60 年代初，经济学家乔治·博茨和杰罗姆·斯坦开创性地提出了新古典区域增长模型，他们仍然采用新古典增长模型的惯常假设：①完全竞争的产品市场；②完全竞争的生产要素市场，这意味着生产要素按其边际生产率获得报酬，确保厂商利润最大化；③通过生产要素报酬的灵活性，实现充分就业；④生产要素在区域间完全自由流动，流动成本为零；⑤商品不能流动；⑥生产要素的动态变化引起资本劳动比的变化。因此，两种要素在商品生产中完全可以相互替代。

新古典理论中，经济发展一方面取决于技术进步，另一方面取决于生产要素的增加。这两者共同构成了区域总生产函数，该函数可由规模收益不变的柯布—道格拉斯生产函数来表示③：

$$Y = A K^{\alpha} L^{1-\alpha} \tag{6-1}$$

---

① 参见博茨（Borts, 1960）、博茨和斯坦［Borts and Stein, 1964, 1968（original edition 1962）］。

② 参见克劳斯和约翰逊（Krauss and Johnson, 1974）、卡梅尼（1999a）。

③ 参见柯布和道格拉斯（1928）。

其中，$0 < \alpha < 1$。Y 表示收入，A 表示技术进步，K 表示资本，L 表示劳动，α 和 $1-\alpha$ 分别表示资本效率和劳动效率。

对上式取对数，则收入 Y 随时间变化如下[①]：

$$y = a + \alpha k + (1-\alpha)l \tag{6-2}$$

其中，小写字母 y、a、k、l 分别代表收入、技术进步、资本和劳动随时间的增长率。式（6-2）表明，收入随时间的增长率取决于技术进步增长率、资本增长率和劳动增长率。式（6-2）也可以写成：

$$y - l = a + a(k-l) \tag{6-3}$$

这种表达式突出了模型的重要特征，即劳动生产率或人均收入的增长（由等式的左边部分表示）等于技术进步和资本劳动比的增长。如果不存在技术进步，只有当资本增长率超过劳动增长率时，人均产出才增加。同理，只有在资本增长率等于劳动增长率时，才可以保证经济系统处于稳定状态，即动态均衡：资本产出比或人均产出随收入增加而保持不变。

根据新古典经济学，经济增长关系到区际和区内资源的最优配置问题。在要素完全流动的开放经济体中，更有效率的区域间资源配置要求生产要素向其生产率水平最高、报酬最高的地方转移。因此，在一个地区中，资本增长率（k）取决于可用于投资（ΔK）的区内储蓄数量（sY）以及该地区的资本回报率（i_r）与世界其他地区的资本回报率（i_w）之差，用数学运算符号表示如下：

$$k = \frac{sY}{K} + \mu(i_r - i_w) \tag{6-4}$$

同样，劳动增长率取决于人口增长率（n）和本地工资收入水平与世界其他地区工资收入水平之差（$w_r - w_w$）：

$$l = n + \lambda(w_r - w_w) \tag{6-5}$$

其中，μ 和 λ 分别表示资本和劳动力根据报酬差异而流动的程度。

假设存在两个区域：南部劳动力多于资本，为贫困地区；北部资本多于劳动力，为富裕地区；资本从富裕地区向贫困地区流动；反过来，劳动力由南部向北

---

① 对方程取对数，则：

$$\ln Y = \ln A + a\ln K + (1-a)\ln L \tag{6-1n}$$

变量对时间求导，则：

$$\frac{d\ln Y}{dt} = \frac{1}{Y} \frac{\partial Y(t)}{\partial t} \tag{6-2n}$$

令 $\frac{\partial Y(t)}{\partial t} = \dot{Y}$，式（6-2n）可以改写为：

$$\frac{d\ln Y}{dt} = \frac{\dot{Y}}{Y} = y \tag{6-3n}$$

令式（6-1n）中所有变量对时间求导，即可得出等式（6-2）。

部迁移。结果，由于要素生产率水平的差异，要素相对匮乏地区的报酬较高（见图6-1）。南方劳动力的外流使其能够提高生产力，从而提高劳动力要素的报酬。同样的积极效应也来自北部资本的外流。当区域实现充分就业时，两个区域获得相同的要素生产率、相同的报酬、相同的要素禀赋，进而获得相同的收入水平，此时重新配置过程就会停止，经济系统处于均衡状态。在图6-2中，x轴显示了这两个地区的全部可利用的劳动力，边际生产率曲线下方的面积表示该地区的产出水平。因此，要素回报差异所导致的资源的重新配置，为北部带来的产出净增加部分由图6-2（a）中的斜线区域的面积来表示，为南部带来的产出净增加部分等于图6-2（b）中的斜线区域的面积。

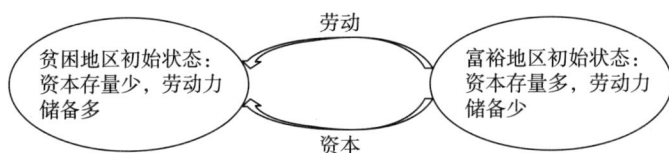

图6-1 单部门两区域模型中生产要素的区际流动

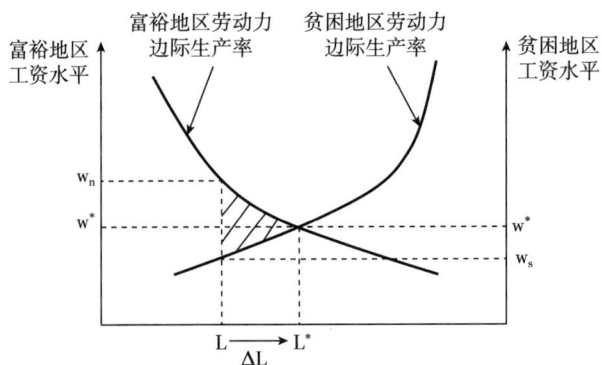

（a）

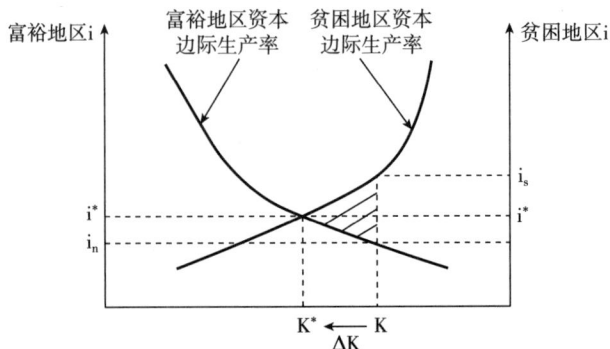

（b）

图6-2 资源重新配置的生产优势

从动态的角度来看，当资本和劳动力以完全相同的比例增长时，模型达到了稳态均衡。图 6-3 显示了资本和劳动力增长率都为 0 时的曲线形状①。从中直接得到的曲线代表资本劳动比的恒定增长，用来分析式（6-3）的动态特征②；在 K/L 的某个正值下，经济系统实现稳态均衡。可以用数学方法证明均衡解的存在性、唯一性和稳定性；稳态均衡解恰好与资本劳动比的增长率为 0 的点重合。如果资本增长率曲线与劳动力增长率曲线的交点为负，则该地区不会增长，反而会出现持续的下降。接下来我们将看到，如果模型中引入规模收益递增或递减，动态均衡可能无法实现。

---

① 参见史密斯（1975）、米亚奥（1987a）。令式（6-4）和式（6-5）为零，即可得出这两条曲线。至于式（6-1），如果我们用式（6-4）替换式（6-1），可得到：

$$k = sL^{\beta}(K/L)^{a-1} + \mu(i_r - i_m) = 0 \tag{6-4n}$$

其中，i_r 为资本的边际生产率，其计算式为：

$$i_r = aL^{\beta}K^{a-1}L^{1-a} \tag{6-5n}$$

将其代入式（6-4n）中，可得：

$$sL^{\beta}(K/L)^{a-1} + \mu(aL^{\beta}K^{a-1}L^{1-a} - i_m) = 0 \tag{6-6n}$$

可将其重写为：

$$sL^{\beta}K^{a-1}L^{1-a} + \mu aL^{1-a+\beta}K^{a-1} - \mu i_m = 0 \tag{6-7n}$$

继续变形得：

$$[(s + \mu L)/i_m\mu]^{\frac{1}{1-a}} = KL^{\frac{a-1+\beta}{1-a}} \tag{6-8n}$$

解上式可得：

$$k = \left(\frac{s + \mu L}{i_m\mu}\right)^{\frac{1}{1-a}}L^{\frac{1-a+\beta}{1-a}} \tag{6-9n}$$

同时，考虑式（6-5），则我们有：

$$l = n + \lambda(w_r - w_m) = 0 \tag{6-10n}$$

令 w_r 等于边际生产率，可以得出：

$$n + \lambda((1-a)L^{\beta}K^aL^{-a} - w_m) = 0 \tag{6-11n}$$

通过简单变换可得：

$$k = \left(\frac{w_m\lambda - n}{\lambda(1-a)}\right)^{\frac{1}{a}}L^{\frac{a-\beta}{a}} \tag{6-12n}$$

② 式（6-4）取决于每单位（k-1）对时间的变化率，即可令 H(k-1) = d(k-1)/dt。则根据式（6-4）和式（6-5），我们有：

$$H(k-1) = sA(k-1)^{a-1} + \mu(aA(k-1)^{a-1} - i_m) - n - L\lambda((1-a)A(k-1)^a - w_m) \tag{6-13n}$$

当 $\lim_{(k-1)\to\infty} H(k-1) = \mu i_m - n + \lambda w_m$ 以及 $\lim_{(k-1)\to\infty} H(k-1) = \infty$ 和 H'(k-1) < 0 时，以上关系可以解释图 6-3 中资本增长率的变化曲线，并且表明对式（6-9n）而言存在唯一且稳定的均衡增长，详见米亚奥（1987b）。

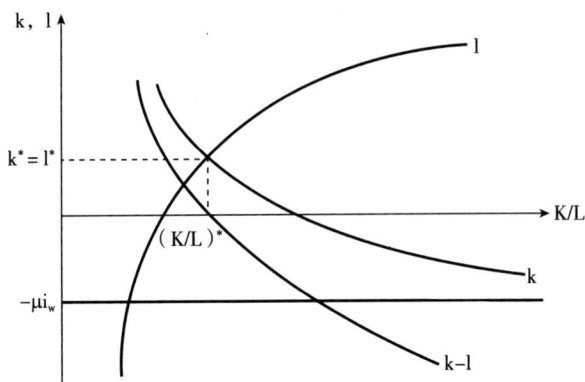

图 6 - 3　新古典模型的稳态均衡

2. 两部门模型

当新古典经济学家遭遇经验证据与模型结论明显不符的窘况时，也就是资本由低收入地区流向高收入地区时，他们不得不探索出一种完全不同的方法，为要素的实际流动提供更好的解释，尤其是要证实资本向工资回报率更高地区转移的趋势[①]。

为此而建立的模型，称为两部门模型，其作者结合了更符合现实的假设，并强调区内资源配置的低效率对生产要素区内和区际流动起到决定性作用。

其结论与单一部门模型的结论完全不同：根据新古典逻辑，生产要素区际转移是因为它们受到更高报酬的吸引。然而，由于外部冲击使这些地区远离最初的稳定均衡状态，随后的资源重新配置使得各地的经济增长率呈现出永久性差异[②]。

---

　　① 单部门模型的推论之一如下：低收入地区的资本和资本产出比的增长率较高，因而人均收入增长率也较高。同时，由于资本产出比增长较快，低收入地区工资增长率也应较高。然而，理论模型的作者所做的统计检验表明，事实并非如理论所述。博茨和斯坦对美国的研究发现，在 1919～1929 年和 1948～1953 年资本流向高收入地区，而且，这些地区具有较高的工资增长率。只有在 1929～1949 年，实证结果支持这种理论假设。结果，博茨和斯坦不得不承认，该实证研究无法支撑他们的理论模型，具体参见博茨 (1960)、博茨和斯坦 [1964, 1968 (original edition 1962)]。但是许多新古典主义学者认为初始模型是合理的，问题在于使用错的方法进行经验研究。史密斯认为，问题在于博茨和斯坦对所用数据的分解过细；科埃略等认为，各地生活成本差异很大，故把名义工资视为个人福利的指标是不对的，具体参见史密斯 (1974)、科埃略和格尔 (Coehlo and Ghali, 1971)、科埃略和谢泼德 (Coehlo and Shepherd, 1979)。

　　② 用博茨和斯坦的话来说，"我们所概括出来的驱动力，导致永久性的区际收入增长率差距。唯一实现增长率收敛的方式，是在此经济关系框架中引入其他自主力量，并发挥作用"，具体参见博茨和斯坦 [1968 (original edition, 1962)]。

模型基于以下假设，其中一些假设已在单部门模型中给出：

（1）存在两个区域，每个区域都有两个生产部门，生产两种产品，一种用于出口，一种供区内使用，前者劳动生产率水平较高，后者生产率水平较低。通常将这两个部门视为高生产率的工业部门和低生产率的农业部门。

（2）贸易收支失衡，这一假设被私人资本的流动所抵消。

（3）完全竞争的产品市场，个别区域的销售数量不会影响世界市场上的商品价格，而区内产品的价格则由本地的供求关系所决定。

（4）资本要素只在工业部门使用。该假设并不影响最终结果，随后将给出证明。

（5）产品生产规模收益不变。

（6）生产要素的报酬根据其边际生产率确定。

（7）生产要素的成本等于要素的边际产品价值，这确保厂商的利润最大化[①]。

从初始均衡状态出发，即各区域的增长率稳定且相同、资本和劳动以固定速度增长并等于收入增长率。此时如果引入外生冲击，那么模型就显示两区域是如何走向增长率各异的发展道路的[②]。假设对一个区域出口的商品需求增加，直接后果就是该商品的价格上涨。这一效应对本地各要素的边际产品价值产生正向影响。结果是生产资源在区内和区际重新配置，具体如下所示：

（1）外地资本被本地更高的报酬所吸引，导致生产出口商品的部门的资本存量增加。

（2）由于劳动边际产出价值提高（由出口商品的价格上涨所引起），导致当地厂商的劳动力需求增加。

（3）对劳动力的更大需求吸引了当地农业部门和其他地区的劳动力，因为可以获得更高的报酬。

---

① 边际产出价值是产品价格乘以生产该产品的要素边际生产率。它代表厂商从使用额外一单位生产要素中获得的收益。厂商为了最大化利润，就会使要素的边际产出价值必须等于要素成本。以劳动力为例：

$$VPMa_l = P_X \times PMa_l = w \qquad (6-14n)$$

此处 $VPMa_l$ 为边际产出价值（如边际收益），P_X 为产品 X 的价格，PMa_l 为劳动力的边际生产率，w 为工资。同样地，对于资本：

$$VPMa_k = P_X \times PMa_k = i \qquad (6-15n)$$

此处 i 代表资本的报酬。当要素边际收益等于其边际成本时，如式（6-14n）和式（6-15n）所示，厂商实现利润最大化。

② 根据此假设，该模型类似于输出基础模型，即外部需求是增长的源泉。外部需求是外生假设的，并未对此进行解释。

（4）出口商品生产部门的生产和就业规模的扩大对农业部门产生"回流效应"，即通过增加对农产品的需求，导致农业部门生产和就业规模的扩大。

因此，在这个模型中，产出增长源于制造部门更有效地配置资源，以及更高的生产力水平。对出口商品需求增加所导致的初始刺激一旦被触发，制造业部门生产资源禀赋随即得到增加：一方面是外部投资的流入，另一方面是区外和本地农业部门劳动力的流入①。

该模型得出了两个主要结论。它们不同于上一节所讨论的单一部门模型，实际上，两个模型的结论相互冲突。第一，两种生产要素现在同时流向高收入地区（见图6-4），该结论得到了本模型作者美国实证结果的支持。

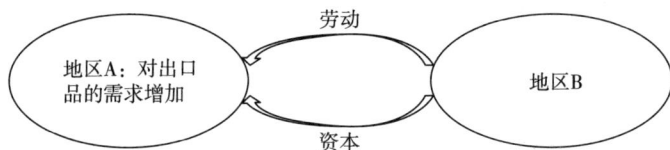

图6-4 两部门两地区模型中生产要素区际流动

第二个结论更有意思，模型表明，区域经济增长趋向于发散。其原因如下：一个地区的工业品出口所产生的收入不同于可支配收入，两者之差为区外借入资本的报酬②。因此，作为可支配收入的一部分，区内储蓄无法为本地生产提供足够的资金。资本的短缺保证了该种生产要素的高回报率，从而刺激了区外资本的持续流入。结果，该地区的经济增长率持续高于其他地区。劳动力流入出口商品生产地区，改变了资本劳动比，从而缩小了区际经济增长率方面的差距③。模型中的农业部门通过两种方式来应对经济增长率差距：①向出口部门提供劳动力，从而缩小增长率方面的差距；②增长过程中，对农产品需求的增加，刺激了农业生产并吸引了区外的新的劳动力，缓解了部门间增长率的差距。

有趣的是，虽然两部门模型始于完全不同的假设，不可避免地构建起来完全

---

① 由工业化引发的劳动力从农业部门向工业部门的流动，是地方经济增长源泉的很好的例子。有一种版本的模型假设，单个地区存在两种部门，一种部门是要素生产率较低的部门，另一种部门是要素生产率较高的部门。在标准的新古典假设下，劳动力向高工资部门转移，随后实现区内资源的最优配置，进而导致收入水平的提升。参见博茨和斯坦（1964）、麦康比（1988）。

② 回忆下经常账户支出平衡（见表5-1）中的"非本地居民的工资收入和资产收入"项，这些收入并未进入可支配收入一项中。实际上，在表5-2中，可支配收入中的工资收入和资产收入是指净收入，也就是指居民在区外挣得的收入一项，参见第五章。

③ 博茨（1960）写道，"劳动力流动并不足以导致发展差距的收敛，然而劳动力流动所导致的区际发展差距，会比劳动力停止流动所导致的区际差距小一些"。

不同的框架，然而最后所得到的结论却与哈罗德—多马模型相同。实际上，这两种模型均认为，如果一个地区是资本的净输入者，它的增长率将会更高。此外，两部门模型表明，这种优势随着时间的推移而持续存在，从而加剧了区际发展差距，这与缪尔达尔和卡尔多构建的凯恩斯主义的累积发展模型相一致。

　　与人们普遍持有的观点相反，新古典模型还设想了区际经济增长的发散，而不仅仅是收敛问题。它是通过假设初始的稳态来实现的，从而避免了单部门模型中的区域之间初始非均衡的假设。最近，有学者又把收益递增引入了该模型并对其动态过程进行了公式化处理。这样，即使是在初始阶段处于均衡状态的情况下，它也可以解释区际经济发展的发散过程（见第十一章）。

3. 新古典方法评价

　　刚刚描述的新古典模型其优雅而严谨的经济逻辑，使得它至今仍在区域增长的分析中广为流传。一般认为，它们的主要优点是，在区域经济增长过程中，生产要素流动发挥主要的作用。相对于国家层面而言，流动性在区域层面上具有更重要的作用，因为相较于国家之间，区域之间几乎不存在限制资源要素流动的空间和社会障碍。

　　发达地区对劳动力极具吸引力。但是，密集使用劳动力所导致的收益下降，可能会削弱它们的竞争力。同样，欠发达地区因其相对较低的工资和单位劳动力成本，造就了区位优势，因此吸引了资本（至少在单部门模型下是如此的），从而提高了本地产业的竞争力。因此，传统的劳动密集型制造业可能有利于欠发达地区或新兴工业化地区[①]。

　　然而，显著的区域不平衡持续存在，这说明上述区位优势不足以缩小发达地区和欠发达地区之间的发展差距。发达国家的强势地区，能够承受伴随工业化和资本密集度提高而出现的收益递减，然而发达国家的弱势地区不得不与欠发达国家的低劳动力成本展开竞争，因此这些弱势地区常被挤在发达的北部地区与落后的南部地区之间[②]。

　　正如新古典理论所解释的那样，区域不平衡的持续存在还表明，要素流动在现实生活中还存在着许多障碍。其中，首要的、明显的障碍是资源流动的经济成本和心理成本。上述模型中假设这些成本为零，现实中这些成本的存在解释了为

---

　　① 一个很好的例子是20世纪70年代的意大利东北部和中部，相对于西北部（伦巴第、皮埃蒙特、利古里亚）和南部，这些地区的经济主要由传统的劳动密集型轻工业所带动，这些产业拥有较高的劳动生产率和较低的劳动力成本。

　　② 参见卡梅尼（1999a）、霍兰（1977）。

什么要素没有依照模型中所指明的方向进行流动，或者根本不流动。

由于发展过程中的累积作用和协同作用，资本倾向于留在发达地区。产品和工艺创新、新知识、集体学习过程以及聚集经济等形式的技术进步，通常会促使企业仅投资于已经拥有资本的发达地区。加强发达地区这些经济优势，常常以不利于落后地区生产活动的社会和环境条件为代价。

劳动力流动也可能面临障碍。首先，劳动力向发达地区的转移取决于发达地区的经济状态，如果发达地区经济增长希望渺茫、处于停滞状态，那么人口可能不会流入[1]。此外，从落后地区向发达地区的人口迁移通常是一种"选择性迁移"，涉及高技能工人，他们在发达地区能够找到与自身职业技能相匹配的就业岗位。这种类型的劳动力转移不可避免地抢走了落后地区的高效、高技能劳动力资源，这不仅不利于区际发展差距的缩小，反而进一步扩大了区际发展差距。另外，劳动力市场很可能存在"不完善"，扭曲了新古典逻辑基础上的完全竞争机制，因此，即使在其他地区存在失业的情况下，工资也有可能增长；事实上，这些不完善可能会加剧失业状况。

根据维拉·卢茨提出的"意大利二元经济"理论[2]，强势地区的工会强行增加工资（虽然适用于强势部门或厂商），在全国劳动力市场上形成了二元工资和市场分割。根据卢茨的理论，发达地区通过裁员或引入更先进的技术应对劳动力成本的增加。失业工人流向生产率水平较低的欠发达地区，在那里他们愿意接受低工资和低生产力水平的工作。此外，尽管在要素生产率方面存在着很大的差距，但国家层面上的工资谈判会导致地区间工资水平的均质化，这造成了具有危害性的不完全的劳动力市场，因为它消除了导致要素流动，尤其是资本区际流动的经济激励。根据新古典主义的这一观点，持续的经济落后很可能是因为存在那些限制资源要素流动的体制和社会因素，从而无法形成更有效的资源配置的缘故。此外，根据两部门模型，专业化程度低和竞争力不足决定了区域初始的经济增长。

此外，所有区域的生产函数都相同的假设，在一定程度上也是不符合实际的。如果取消该假设，模型结论将会发生变化。在存在不同的技术水平的情况下，地区之间相同的资本产出比并不能保证相同的产出水平（见图 6–5）。在现实世界中，各区域很可能生产不同的产品，厂商生产所需要的特定技术知识和要素在空间上的非均匀分布，也可以部分地解释区际有限的资本流动。

---

[1] 参见奥肯和理查森（1961）。

[2] 参见卢茨（1962）。关于意大利二元经济的讨论，参见阿克利和斯帕文特（Ackley and Spaventa, 1962）、斯帕文特（1959）、格雷贾尼（Graziani, 1983）。有关卢茨理论的评述，参见霍兰（1971）。

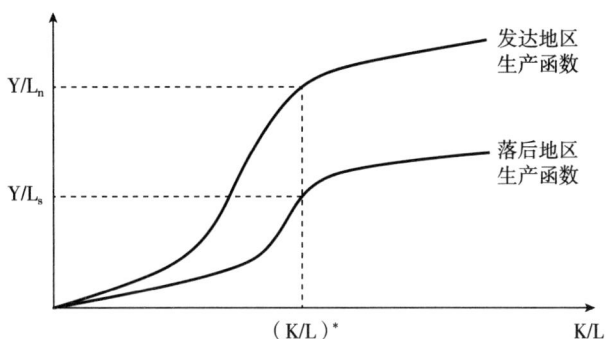

图 6-5 两地区不同的生产函数

三、要素不流动、专业化和福利

1. 专业化与比较优势：李嘉图经典模型

上一章强调，需求驱动型区域经济增长理论的局限性之一，是无法解释区域专业化部门的形成问题。为了寻求区域专业化的内生解释，最初的尝试是把国际贸易模型运用于区际贸易。这些模型应用于区域层面是基于这样一种理念，即区际贸易的流动性和自由度远远高于国际贸易（因为区际距离更短且不存在贸易壁垒），国际层面上发展起来的理论也可以应用于区域层面[1]。

然而，这种观点可能是错误的。尽管一个地区比起国家更加倾向于专业化且其专业化程度也更强，而且与世界其他地区的贸易对其经济增长和福利水平的提升发挥重要的作用，然而不可能将影响国际贸易的经济因素无条件地运用到区域层面中来，其中的一些因素要么不像在国家层面上那样发挥作用（如价格和工资水平的灵活性、国际收支平衡等），要么就不存在（如汇率波动）。

还有一个方面需要强调：这些模型并不是用来解释区域经济增长的。在假设要素禀赋给定的情况下，它们被认为是用来解释商品生产领域的专业化模式和贸易所带来的利好。当本地产能不变时，可以确定那些进一步提高地区专业化程度的要素。专业化程度越高，相对产品价格越低，越有利于个人福利的提高，这些

---

[1] 在这方面俄林（1933）有个有趣的发现，如果排除生产要素流动性，那么国际贸易理论就是区际贸易理论的一个特例。

均表明了地区经济发展趋势。

根据那些受国际贸易理论启发而建立起来的模型，区域（和国家）间的产品交换基于比较优势而不是绝对优势。这相当于说，即使某一地区所生产的产品价格以及生产成本均比其他地区高，进而其生产效率普遍低下，然而可能在某种产品生产方面具有相对较高的效率。因此，该地区通过专门从事效率相对较高的产品的生产，从而在国际劳动分工中占有一席之位。当考察大卫·李嘉图的比较成本理论逻辑时，这个被称为"托伦斯—里卡多悖论"的结论变得相当清晰起来了①。

模型的假设如下：

（1）两个地区，北部和南部，生产两种产品，产品 A 和产品 B。

（2）只有一种生产要素——劳动力，且两地区劳动生产率不同。

（3）产品生产不存在规模收益递增或递减，边际成本为常数。

（4）生产要素在区内完全流动，在区际不能流动。

（5）没有货币，商品贸易采取易货贸易的方式，以单位商品进行支付。

表 6-1　两地区两种产品生产的绝对优势和比较优势

产品	A	B
地区		
a 绝对优势（每单位产品的劳动时间）		
北部	1	1
南部	2	4
b 比较优势（机会成本：为获得额外一单位另一种产品所损失的该产品数量）		
北部	1	1
南部	1/2	2

表 6-1a 按生产货物所需的劳动时间列出了商品的生产成本。北部生产一单位商品 A 和 B 均需要 1 小时劳动，南部生产一单位商品 A 需要 2 小时劳动，而生产一单位商品 B 需要 4 小时劳动。因此，在这两种商品生产上，南部都比北部效率低。如果我们就此止步，根据绝对优势的逻辑，北方没有任何理由与南方进行贸易，不会购买比自己生产的商品更贵的商品。

根据比较优势模型逻辑，生产成本的绝对差异不足以解释南北贸易带来的好处。李嘉图认为，应该基于比较成本或机会成本进行分析，即为多生产出一单位

---

① 参见李嘉图（1971）。经济史学家们仍不确定到底是谁首先建立了比较优势的概念，因为特伦斯（Torrens，1815）以及李嘉图（1817）都出现了这个概念。毫无疑问，这两位学者对比较优势理论的发展都做出了巨大的贡献。

特定产品而放弃的另一种产品的数量。在我们的数值示例中，北部为了额外生产 1 单位商品 A 必须放弃 1 单位商品 B 的生产，同理，为额外生产 1 单位商品 B 必须放弃 1 单位商品 A 的生产；而南部为了额外生产 1 单位商品 A 必须放弃 2 单位商品 B 的生产，为额外生产 1 单位商品 B 必须放弃 1/2 单位商品 A 的生产。

表 6-1b 显示了两地区两种商品生产的比较成本。北部在生产商品 B 上比南部更有效率；反过来，南部在生产商品 A 上比北部更有效率。结果，北部专业化生产商品 B，而南部专业化生产商品 A，两个地区对超过本地需求的商品数量进行交易。

各地区从贸易中能获利多少？假设商品 B 在国际市场上价格固定为 1.5 单位 A，该价格为商品 B 在两地价格的中间值，在北部的价格为 1 单位 A，在南部的价格为 2 单位 A。因此，如果北部从商品 A 的生产中转移 1 工时用以生产 1 单位商品 B，并出口额外产出，那么在国际市场上将换取 1.5 单位商品 A，但如果利用这 1 单位工时来生产商品 A，那么只能获得 1 单位的商品 A，北部因为这种交换行为节省了 0.5 个工时。同理，如果南部专业化生产商品 A，那么利用分配给产品 A 的生产 1 工时可以生产出 1/2 单位的商品 A，此时它放弃 1/4 单位的商品 B 的生产，在国际市场上以 1:1.5 的比例交易 0.5 单位的商品 A，则南部将获得 1/3 单位的商品 B（0.5×1:1.5），而不是用这 1 工时自己生产 1/4 单位的商品 B，这样南部可以节省 1/3 个工时[①]。

两个地区均从交易中获利，它们的"贸易收益"诱使它们从事具有比较优势的商品的生产。每个地区都将贸易视为获取进口商品的机会，进口商品的生产技术高于本地现有技术水平，这就使进口商品能够以更低的"劳动价值"生产。这增加了人们的福祉[②]。因此，将劳动力重新配置到更有效的用途上，会带来更大的个人福祉和更高的生产力水平。

成本不变和生产要素无限供给的假设，意味着各个地区的生产达到了完全的专业化，每个地区只生产一种具有比较优势的商品。

该模型的主要结论是，根据比较优势定理，无论一个地区实际的生产能力如何，市场总会产生一种自动机制，确保每个地区始终具有某种专业化的部门。这显然引发了一种激进的主张，即无论区域的实际生产能力如何，它们总是能够在国内和国际市场上占有一席之位。如果这种情况没有发生（正如现实中发达国家

[①] 劳动时间的比较优势计算如下：要通过贸易获得 1/3 的商品 B，而同样时间，自己只生产 1/4 的商品 B，该地区从贸易中获得额外的 1/12 的商品 B（1/3－1/4＝1/12）。已知生产每单位商品 B 需要 4 小时，生产 1/12 单位商品 B 则需要 1/3 小时，这意味着劳动时间的节省可从贸易中获得好处。

[②] "李嘉图认为，进口带来的好处，主要是利用薪水可以购买更多的价格较低的商品"，参见奥尼达（1984）。

仍然存在巨大的区际发展差距那样），那么它也只是有些因素扭曲要素市场的正常运作罢了。然而，在弃用那些扶持地区竞争力和区际经济增长趋同的政策之前，正如比较优势理论所表明的那样，有必要确认比较优势理论在区域层面的有效性问题。下面将会证明，区际竞争完全基于绝对优势，这与比较优势理论所阐述的完全不同。

李嘉图模型有许多缺点，最主要的一点就是并未对两地间劳动生产率差异进行解释，而这正是产生比较优势的原因。然而，比较优势的概念引起了经济学家很大的兴趣，因为它建立在相当严谨且极其优雅的逻辑之上。结果，它被过于仓促地纳入到区域经济学中了[①]。直到最近，比较优势理论在区域背景下的适用性才开始受到质疑[②]。

2. 要素禀赋理论：新古典赫克歇尔—俄林模型

1933 年，瑞典经济学家伯蒂尔·俄林在新古典框架下重述了伊莱·赫克歇尔 1919 年的国际贸易模型，并修正了赫克歇尔的理论中不符合现实的假设，被称为"赫克歇尔—俄林模型"。[③]

赫克歇尔—俄林模型也被称为要素禀赋模型，它是基于要素不可流动的假设而构建的，该假设属于典型的国际贸易模型假设，与新古典增长模型的假设恰好相反。该模型解释了各地区为何倾向于形成专业化的生产部门，并证明这是由区域（或国家）之间在要素生产率方面的差异所导致的，而要素生产率在李嘉图模型中则被看作是外生的。在生产要素不可流动、产品可自由贸易的情况下，要素禀赋模型表明，一个地区最适合于专业化生产的产品部门，是那些生产过程中能够最大限度地利用本地丰富的生产要素的部门，因为这种生产要素的成本在本地区是相对较低的。该地区能够在外部市场上销售的商品，应该是本地专门化生产的商品，这种产品的生产成本较低，并且由于价格上的差异可以出口。同理，外区域由于该种产品生产的劳动生产率水平较低，因而从外部市场购买本地生产的该种产品的价格低于该地区生产该种产品时的价格，因此对该地区来说仍然是很有利的。

为了得出这些重要结论，该模型始于以下假设：

（1）有南部和北部两个地区，每个地区生产两种产品，需要资本和劳动两

---

① 阿姆斯特朗和泰勒（2000）的发现具有象征性意义，"贸易是基于比较优势而不是绝对优势，这一点是普遍接受的"。

② 参见卡梅尼（2002）。

③ 参见赫克歇尔（1919）。

种要素投入。

（2）每种产品以不同的要素密集度进行生产：令产品 A 为钢铁产品，相较于劳动力需要更多的资本；令产品 B 为玉米，相较于资本需要更多的劳动力。

（3）两个地区的生产要素在质量上相同，但数量上不同；北部具有更多的资本，南部具有更多的劳动力。

（4）两个地区的生产函数相同，该假设排除了比较优势源于区际劳动生产率差异的可能性，这与李嘉图模型相反。

（5）生产要素市场是完全竞争市场。因此，每种产品的均衡价格等于生产的边际成本，每种要素价格等于边际产出值。

（6）两个地区的需求状况相同。因此，贸易前后产品的相对价格不发生变化，换言之，如果两地产品价格不同，它所反映的并不是消费者偏好的不同，而是生产要素的相对价格不同。

（7）生产要素不可流动，贸易前后各个地区的要素禀赋不变。

（8）商品在国内和国际市场上都可以进行贸易；贸易是完全自由的，不存在如关税或运输成本等障碍。

该模型最简单的版本之一，采用以下形式：在资本密集度较高的北部地区，劳动力的成本高于资本的成本，因为劳动力数量很有限。因此，北部投入更少的劳动力和更多的资本，生产远多于南部的钢铁，而南部的资本成本高于劳动力成本 $\left[\text{图 } 6-6 \text{ 中}(K/L)_A^N > (K/L)_A^S\right]$。

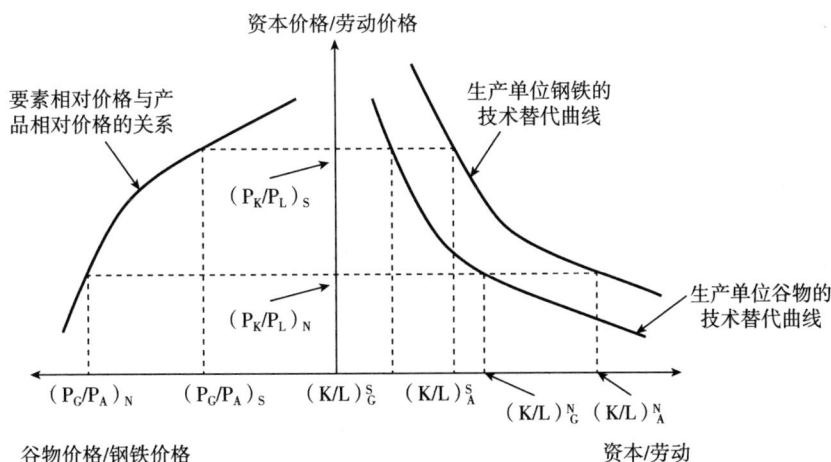

图 6-6　不同资本劳动比下的要素和产品的相对价格

资料来源：阿姆斯特朗和泰勒（2000）。

这种方法同样适用于分析玉米生产。北部生产一单位玉米的资本劳动比高于南部生产一单位玉米的资本劳动比。请注意：在这两个地区，由于玉米是劳动密集型商品，对于任意的要素相对价格而言，生产一单位玉米的资本劳动比都低于生产一单位钢的资本劳动比。

迄今为止，这种讨论产生了以下重要结论：在南部，劳动力成本低于资本成本，因此，一单位玉米的价格相对于一单位钢铁的价格低于北部。反之亦然，北部的资本相对充裕，因此资本成本低于劳动力成本，劳动密集型商品玉米相对于钢铁的价格将高于南部。

两地区的比较优势源于相对价格的差异。对南部来说，专业化生产玉米并用玉米盈余与北部的钢铁进行贸易，更加经济，因为从外部市场购买钢铁成本更低。相反，对北部来说，专业化生产钢铁，并以低于本地生产的价格从国际市场上购买玉米，更为经济。

然而，调整过程并未就此止步。这两种商品中任何一种产品生产的专业化，即使是部分的专业化，也要求各地区在这两种产品生产之间重新配置资本和劳动力，这就会改变要素的相对价格。北部必须将资源从玉米生产转移到高资本密集度的钢铁生产部门，这样就面临着相对于劳动力更多的资本需求，从而导致资本的供给减少和资本相对价格的上涨。在南部，由于专业化生产玉米，劳动力需求相对多于资本的需求，因此相对于资本成本上涨而言，劳动力工资上升幅度更大。如图6-7所示，其结果是国际和国内贸易市场上商品的相对价格相等（"一价定律"）。

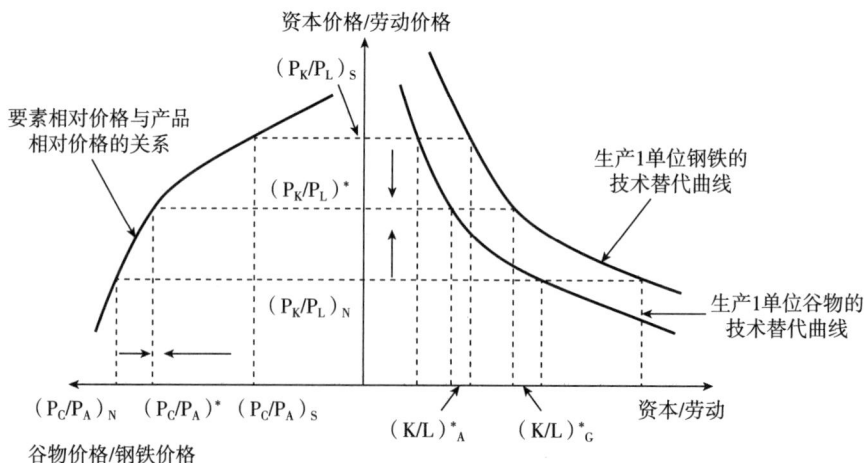

图6-7 区际贸易导致要素和产品相对价格均衡

资料来源：阿姆斯特朗和泰勒（2000）。

　　赫克歇尔—俄林模型的实证检验结果经常与理论结论不一致。在这些相互矛盾的结论中，最著名的是里昂惕夫悖论[1]。里昂惕夫在 20 世纪 50 年代以美国为例对该模型进行了检验，他发现美国这个资本充裕的国家，其出口部门实际上是劳动密集度很高的部门。莫罗尼和沃克用不同的方法，得出了与里昂惕夫相同的结论：美国劳动力充裕的南部地区实际上出口资本密集型产品[2]。此外，1960～1990 年，意大利北部的工业化地区，主要的专业化产业部门是轻工业，如纺织业、服装业、电子工业等；而劳动力丰富的意大利南部地区则专门从事钢铁和石化等重工业部门的生产[3]。

　　对赫克歇尔—俄林模型的悖论的第一种解释是，区域间生产要素的差异不仅是数量上的，更是质量上的。里昂惕夫自己也指出，在检验模型时，将劳动力视为同质要素是不可能的。正如国际贸易中的"新要素比例理论"所证明的那样，不同职业和不同熟练程度的劳动力，在很大程度上就解释了地区专业化的程度[4]。对这种悖论的第二种解释主要集中在这样一种事实上，即理论模型中不存在技术进步。事实上，正如国际贸易"新技术"方法论的支持者所指出的那样，产品和生产工艺创新，即使是在传统部门也可能带来巨大的优势，使得这些部门在具有现代部门和先进技术的发达地区也具有较强的竞争力[5]。在那些公共资本投资高的地区（如 1960～1980 年的意大利南部地区），或者为吸引大型企业而提供大量公共激励措施的地区（如英格兰北部和爱尔兰），出现产业专业化是这些政策干预的结果而不是市场力量作用下的结果。

　　从赫克歇尔—俄林模型中得出的结论是富有意义的，这也是所公认的该模型的优点。该模型提醒我们，区际贸易完美取代了要素流动性，因为资源不能在区域间自由流动时，区际贸易使得各个地区的要素价格趋于均等化。此外，如前所述，该模型可以解释生产专业化（输出基础模型和经典的李嘉图模型是把它处理为外生设定的）的形成，同时也能揭示个体福利水平的提升。

　　然而，应要记住，在该模型的内在逻辑下，即在要素禀赋给定、规模收益不变和单位产出的要素密度不变的假设下，更高水平的产出并不一定是由更高水平的专业化引起的。因此，我们可以得出这样的结论，该模型不能解释区域经济增长过程。如果说可以解释的话，那么人们从提高个体福利水平（在模型中通过"贸易收益"实现）和在分工中获得并保持其利好的角度来理解经济增长时，就

---

[1]　参见里昂惕夫（1953，1956）。

[2]　参见莫罗尼和沃克（Moroney and Walker，1966）。

[3]　参见卡梅尼（1999a）。

[4]　参见基辛（Keesing，1966）。

[5]　参见波斯纳（Posner，1961）、弗农（1966）、纳尔逊和诺曼（1977）。

有可能存在一种区域经济发展趋势。但这点在模型中非常隐晦，并且也未得到证明。

四、区域经济增长中的绝对优势与比较优势

正如我们所看到的，区际贸易模型得出了一个很重要的结论：不论效率如何，一个区域总能通过专门化生产具有比较优势的商品，在国际分工中发挥作用。因此，存在一种自动调节机制，能够保证一个地区无论其生产效率如何，都能从事某种商品的专业化生产。

在已知上述论断重要性的情况下，人们可以质疑它是否也像适用于区域那样适用于国家；或者说，如果一个地区的商品生产效率都很低，那么该地区是否不再生产任何产品而把所有商品的生产都交给那些绝对效率很高的地区来进行生产？从理论上讲，这相当于质疑地区间的竞争到底是基于绝对优势还是相对优势的问题。

最近的研究表明，区域不同于国家，因为区域之间是以绝对优势为基础展开竞争的①。为理解这一论断，有必要考察国际贸易中恢复均衡的调整过程，以及在外生冲击下比较优势原理的运行情况。起点是对现实的观察，尽管李嘉图模型能够得出贸易总能为一国带来利好的结论，但实际上，贸易只有存在商业上的绝对优势时才能发生②，在给定汇率的情况下，经济主体比较两国商品价格（绝对价格）后才能做出是否进行交易的决策③。在生产率水平较高的国家，工资也必然高于效率较低的国家，因为欠发达国家的要素报酬是根据较低的生产率水平和总产出水平所决定的。从逻辑上讲，生产率差距一般被工资差距（以相同货币计算）所完全抵消，这表明比较优势也是绝对优势。

不过，我们还是假设存在这样一种情形：生产率较低的国家的货币工资被人为地保持在较高水平，并且令它等于效率较高的国家的工资水平，也就是说，每小时1欧元（我们这里指的是国家经济，而不是区域经济）。在这种情况下，如

---

① 在近期的研究成果中，罗伯特·卡玛尼响应国际著名的经济学家保罗·克鲁格曼提出的具有争议的主张，提出了不同于厂商，区域只能在比较优势的基础上进行竞争的主张，参见卡梅尼（2002）。对于正文中提出的更为广泛的争论，参见卡梅尼（2002）。

② 李嘉图模型是从规范性研究的角度提出的。该模型总结出区域（或国家）间进行贸易是有利可图的结论，然而该模型没能确定贸易能否发生的问题。

③ 李嘉图模型根据以产品为单位的易货贸易机制，说明了两个国家经济中存在比较优势的问题。但是，该模型缺乏理解实际贸易活动所必需的工资、价格和货币理论。"贸易的货币条件是一种绝对成本优势"，参见奥尼达（1984）。

果汇率为1:1，且劳动生产率等于表6-1a所示的水平，那么贸易的货币条件就如表6-2所示，即北部在两种产品的生产上均具有绝对优势，因为它的劳动生产率水平更高。北部生产所有产品，它得到的不仅是充分就业，而且还包括向南部出口过剩产品而形成的贸易顺差。相反，南部什么都不生产，遭受高失业和持续的贸易赤字。

表6-2 贸易的货币条件

区域 ＼ 产品	A	B
北部	1 欧元	1 欧元
南部	2 欧元	4 欧元

在国家层面上，比较优势将基于以下三个自动平衡调节机制而发挥主导作用：

（1）在固定汇率制度下，北部持续的贸易顺差使其积累了黄金（现代的术语即货币），激活了休谟著名的"价格—货币流动"机制[1]；货币积累产生通货膨胀，引起价格和工资的上涨，反过来削弱了国家在所有商品生产上的绝对优势。

（2）在浮动汇率制度下，北部持续的贸易顺差导致其货币升值，进而导致出口商品价格上升，进口商品价格下降。结果是北部生产的商品再次丧失了竞争力，而这有利于南部，南部重新恢复了它具有比较优势的商品的竞争力。

（3）北部劳动力市场的供求不平衡推动了工资上涨，再次导致北部竞争力削弱，从而有利于南部。

上述机制使比较优势重新发挥作用，使得相对缺乏竞争力的国家可以生产部分产品，从而重新在国际分工中获得一席之地。

然而，虽然这对一个国家适用，但对一个地区可能不适用。货币工资无法反映区域层面的边际生产率水平：一方面，区域层面的工资水平是固定的，是国家层面决定的，它反映的是国家的平均生产率水平；另一方面，如果生产率水平低下是由厂商的外部环境（如运输困难、服务质量低下等）所决定的，那么，在生产要素自由流动的情况下，劳动力不会接受较低的工资水平。因此，认为工资水平差距抵消生产率差距，进而维护比较优势的主张是不现实的。

---

① 铸币代表着硬通货或者国际支付手段，它的净流量意味着国家国际贸易收支顺差或逆差，参见奥尼达（1984）。

因此，我们可以得出结论，自动平衡调节机制在国家层面的运作相对于区域层面的运作是有效的，这是因为：

（1）在区域层面上，贸易顺差可能会因资本的区际流动而得以持续存在，且未必会引起当地价格和工资的上涨[①]。对那些贸易逆差的欠发达地区，这种机制的效果也是明显的：如果欠发达地区通过以支付养老金和失业救济金等转移支付方式或外部资本流入的方式获得资金，那么贸易逆差将会持续下去。如果是这样，那么贸易平衡不是宏观经济的约束条件。结果，自动平衡机制未被激活。

（2）由于区际实行的是单一货币制度，因此在区域层面上并不存在基于浮动汇率制度的自动平衡机制。

（3）在区域层面上，只存在劳动力市场非均衡所产生的自动平衡机制。但在这种情况下，劳动力市场调节机制的运作也不像在国家层面那样有效。当劳动力市场出现不均衡时，在生产要素自由流动的国家内部，将有大量的劳动力转移到高工资的地区，因此欠发达地区工资下降、发达地区工资上升的可能性要小很多。实际上，工资调整机制没有足够的时间发挥其积极作用。

因此，最后的结果是：当一些区域的生产效率绝对地高于其他区域时，它们往往会生产所有的商品，其他区域则将面临着大规模失业和"荒漠化"的风险。这种情况将持续存在，因为在国家层面上看起来能够维持其比较优势的宏观经济自动平衡机制，在区域层面上不存在或根本不起作用。因此，必须"保护"各区域的核心竞争力，因为这些竞争力才是区域经济长期发展所依赖的动力。

五、关税同盟理论

国际贸易理论体系中有一个重要的研究领域，这些领域主要关注建立关税同盟对国际贸易的影响，如1958年建立欧洲共同市场或1993年建立欧洲单一市场对国际贸易的影响[②]。出于对单一市场的建立对区域经济增长和发展差距的影响的好奇，一些学者开始了该领域中有关区域层面的研究。在过去的十年中，建立"欧洲28国"的决定引发了激烈的争论，争论的焦点是在前共产主义阵营中的成员国加入欧盟如何影响东欧各国内部的地区差距以及欧盟15个原始成员国的区

---

① 参见第五章相关内容。

② 关于建立欧洲共同市场所产生的效应，参见瑟尔沃尔（1974）、巴拉萨（1975）、西托夫斯基（Scitovski, 1958）。关于统一市场的相关效应，参见切凯尼（Cecchini, 1988）、卡梅尼（1992b）、奎维特（Quévit, 1992）。

域经济增长路径的问题①。

建立关税同盟就需要消除国际贸易中的经济和制度障碍：取消关税，统一生产技术标准和产品质量认证规则、安全和运输规则，消除消费品的间接税差距，实现资本市场的共同监管。建立关税同盟的主要结果，是出口市场的扩张和大型统一市场的形成。在这种统一的大市场中，地理距离为本地市场所提供的"保护"作用越来越少，这一点已经由当今大规模的经济全球化进程所证明。

根据关税同盟理论，市场扩张产生了许多重要的宏观经济效应：

（1）市场竞争力显著提升。

（2）随着市场规模的扩大，商品生产的规模经济效益更大。

（3）本地市场不再是唯一的市场，故可以建立起最终消费品和中间投入品贸易。每个地区都可以从欧洲市场上最高效的生产商处购买商品。

（4）厂商对竞争加剧的预测推动了投资的增加。这种效应甚至在建立单一市场之前就已经产生，因为这是厂商适应市场预期的结果。

（5）人均收入水平的提高，导致商品多样化需求的上升（收入效应）。

（6）需求转向以更有效的技术生产的商品，以实现质优价廉。

（7）技术和知识从发达地区向欠发达地区转移。

在上述效应中，除了最后一个效应外，其余的效应都有利于更富有、更发达的地区，这些地区坐拥金融、生产和知识资源，能够抵御日益激烈的市场竞争，应对多样化的需求，利用日益增长的规模经济，并随单一市场进程的推进，做出果断、及时且精准的投资。一个有趣的例子是，前共产主义阵营中的国家加入欧盟后，其国家内部的核心区与边缘区之间，或者东欧地区与西欧地区之间（特别是接壤欧盟的地区）的差距不断扩大。经验证据表明，尽管在这些国家中以前集中在大都市地区的经济活动呈现出明显的扩散，但实际上这种过程是有选择性的，主要发生在那些离欧盟最近的地区②。

在更为微观的地域层面上，即特定区域内的强势地区和弱势地区之间，上述现象也是很明显的。例如，1993年欧洲统一市场的建立对意大利大城市米兰、罗马和那不勒斯产生了积极影响，这些城市经历1993年以前多年的衰退之后，迎来了显著的经济复苏和发展过程③。

上面列出的最后一项影响，即技术从中心区向边缘区转移，可以解释为有利

---

① 2004年5月1日，东欧八国和地中海两国（马耳他和塞浦路斯）加入欧盟；2007年，保加利亚和罗马尼亚加入欧盟；随着2013年克罗地亚加入欧盟，欧盟成员国从15个增加到28个。

② 参见贝克特勒和道尼斯（1999）、佩特拉克斯（2000）、特雷斯特鲁等（2003）、雷斯密尼（2007）。

③ 参见卡梅尼和庞皮里（1990）、卡佩罗（2002a）。

于欠发达地区。然而，这需要欠发达地区在追求特定的竞争力目标时有能力利用这些技术，但一般来讲，这种能力对欠发达地区而言是最缺乏的。

由此，我们可以得出结论。关税同盟理论告诫我们建立一个庞大的统一市场对区域经济增长将产生如下影响：它为地区经济发展提供了重要的机遇，但这种发展机遇对所有地区经济系统而言并非是均等的，它们可能更有利于经济发达的且经济有活力的区域，进而扩大地区差距。

关税同盟理论表明，在巨大的统一市场内部，由于生产要素、技术知识和消费偏好的自由流动和溢出，形成了在生产能力和需求方面的同质化。但是，收入水平和要素禀赋方面的完全的同质化，加剧了生产的去专业化趋势。同时在统一市场内部，国际贸易和区内贸易的区别消失，统一市场内的所有产品均根据国内贸易和区际贸易标准来进行交易，这样就解释了产业内贸易的发展，即相似产品的"双向贸易"或"水平贸易"，这种贸易模式在发达国家曾获得了迅速的发展。这种贸易模式也给地区经济的发展带来了积极的影响。

对国家和区域之间相互交易同类产品的这种似乎不合理的现象的解释，基于以下两个方面：

（1）需求方面：在林德的开创性研究之后，著名的兰凯斯特模型把水平贸易解释为由"水平"差异化产品所引起的贸易活动。商品主要区别于相同特性的不同组合，当然商品的这种特性的总体数量是保持不变的，消费者可以通过选择不同品牌、供应商或生产商来获取具有不同特性的商品。消费者根据个人效用函数在这些差异化产品中进行自由选择，这是水平贸易的基础[1]。

（2）供给方面：在这种情况下，通过分析一种商品在现代经济中是如何生产的，尤其是如何分布的，可以解释相同商品的水平贸易。厂商通过建立销售和分销网络来确定其在某一特定市场上的优势。根据这种观点，产品差异化主要源于厂商销售产品和控制市场份额的方式。

这对区域发展的影响是显而易见的。如果我们接受了供给方面对水平贸易的解释，即不同的生产和销售模式，那么各个区域必须在更高的生产效率和更低的生产成本的基础上展开竞争。提高效率和降低成本是通过规模经济、技术进步、产品创新和生产工艺创新等手段实现的，而所有这些因素都与比较优势理论所提到的宏观经济优势相距甚远，因此可以证实区域层面的竞争力是以绝对优势为基础的观点。这将是下一部分内容的理论观点。

---

① 参见林德（1961）、兰凯斯特（Lancaster, 1980）。对模型的评论参见巴克（1977）。

六、本章小结

　　本章考察了区域经济增长的新古典理论，"增长"被理解为个人福祉水平的提升（以及区际发展差距的收敛）。对于第一类理论，即新古典宏观经济模型来说，通过提高要素生产率，提高工资和人均收入水平，进而可以实现更高水平的个体福利（新古典宏观经济模型）。对于第二类理论，它包括古典贸易模型和新古典贸易模型，更高水平的个体福利是通过区域专业化过程而实现的。高水平的专业化分工促进了区际贸易，可以从外部市场以低于内部生产价格的价格来购买商品，这会给区域带来各种利好。

　　本章考察了关于这些理论的一些常见假设。对于新古典宏观经济模型而言，它们对"趋同理论"的解释设置了多余的限制。这些模型的现代版本表明，将收益递增纳入新古典生产函数，将会产生一系列的行为和趋势，这些与从原始模型中所得出的区际收入水平自动调节机制和单一结果是相冲突的。此外，经过作者完善后的原始模型，如果考虑到两个部门，那么它可以解释在初始均衡假设下收入水平差距是如何产生的问题。

　　关于第二类理论，即古典和新古典的区际贸易理论，本章已指出，在解释区域竞争力时，不能直接使用李嘉图的比较优势概念。实际上，本章已经表明，相对优势概念所依据的国家层面的经济机制并不适用于区域层面。这意味着，不同区域之间的竞争是建立在绝对优势的基础上而不是建立在比较优势的基础上，且这种优势是在长期内不断进行更新和创造的优势。下一章的理论，将专门讨论何种因素导致绝对优势的问题。

思考题

　　1. 新古典区域增长模型的增长概念是什么？

　　2. 单部门模型的结论是什么？它与两部门模型的结论存在怎样的区别？

　　3. 两部门模型中的何种结论与其他模型中得出的结论相似？与哪个模型相似？

　　4. 新古典区域经济增长模型的优点和缺点是什么？

　　5. 区域经济增长模型总是用来解释收敛过程的说法是否正确？

　　6. 区域竞争基于"比较优势"的说法意味着什么？

　　7. 李嘉图模型的结论是什么？

8. 赫克歇尔—俄林模型中的主要理论是什么? 该模型能够解释的增长概念是什么?

9. 区域竞争基于绝对优势的观点的理由是什么?

10. 什么是关税同盟理论?

阅读文献

［1］ Department of Trade and Industry（DTI）（2004）, *Regional Competitiveness and State of the Regions*, London: Department of Trade and Industry.

［2］ Edmonds T. （2000）, "Regional Competitiveness and the Role of the Knowledge Economy", Research Paper 00/73, House of Commons.

［3］ Eskelinen H. , Maskell P. , Vatne E. , Malmberg A. , and Hannibalsson I. （1998）, *Competitiveness, Localised Learning and Regional Development*, London: Routledge.

［4］ Huovari J. , Kangasharju A. , and Alanen A. （2000）, "Regional Competitiveness in Finland", Paper Presented at 40th Congress of the ERSA, Barcelona, August 29 – September 1.

［5］ Leontief W. （1953）, "Domestic Production and Foreigner Trade: The American Capital Position Reexamined", *Proceedings of the American Philosophical Society*, Vol. 97, No. 4, pp. 332 – 349.

［6］ Emerson M. （1992）, *One Market One Money: An Evaluation of the Potential Benefits and Costs of Forming an Economic and Monetary Union*, Oxford: Oxford University Press.

［7］ Resmini L. （2007）, "Regional Patterns of Industry Location in Transition Countries: Does the Economic Integration with the EU Matter?", *Regional Studies*, Vol. 4, No. 6, pp. 747 – 764.

［8］ Borts G. H. and Stein J. L. （1964）, *Economic Growth in a Free Market*, New York: Columbia University Press.

［9］ Camagni R. （2002）, "On the Concept of Territorial Competitiveness: Sound or Misleading?", *Urban Studies*, Vol. 39, No. 13, pp. 2395 – 2411.

［10］ Cecchini P. （1988）, *The European Challenge*: 1992, Aldershot: Wildwood House.

［11］ Leontief W. （1953）, "Domestic Production and Foreigner Trade: The American Capital Position Re – examined", *Proceedings of the American Philosophical Society*, Vol. 97, No. 4, pp. 332 – 349.

［12］ Lutz V. （1962）, *Italy – A Study in Economic Development*, London: Oxford University Press.

［13］ McCombie J. S. L. （1988）, "A Synoptic View of Regional Growth and Unemployment: I – The Neoclassical Theory", *Regional Studies*, Vol. 25, No. 4, pp. 267 – 281.

［14］ Ohlin B. （1933）, *Interregional and International Trade*, Cambridge: Harvard University Press.

［15］ Ricardo D. （1971）, *Principles of Political Taxonomy and Taxation*, Harmondsworth: Penguin Books.

第三部分

地区发展理论：多元
联系空间

第七章

地域竞争力与外生发展

一、多元化空间：地域竞争力的构成要素

本部分关于区域发展的研究方法与此前不同，区别在于对空间概念的界定。前面章节讨论的所有理论中的"空间"概念，都假定其辖区范围内是同质的、均匀的，而本部分中的理论却把"空间"视为多元化的空间。这种研究视角的变化，必然导致某种空间范围内的经济活动、生产要素、需求结构以及部门结构等都是非均质的，这就要求从新的角度审视地域联系。

空间概念的重新诠释，有助于准确地判定地区经济增长极。各种经济活动、资源、经济联系和市场联系等都围绕这些增长极进行，这些最终导致地域累积性聚集和良性循环过程。这种空间概念，把区位理论中最具启发意义的原理，也就是聚集经济，作为地区发展源泉重新纳入到区域发展理论中了。显然，由此就切断了与抽象或行政的地理空间之间的所有联系。一个以区内经济和社会联系为基础的更加复杂的空间概念占据主导地位，进而衍生出了多元联系空间的概念。

当空间被看作多元联系空间时，理论的性质就发生变化，宏观经济和宏观区域分析方法就会被微观区域和微观行为的分析方法所取代。作为国家系统组成部分的区域，经济上不再被视为单一的、内部同质的单元，人们也从区位选择、生产能力、创新能力、竞争力以及区域内外关联等角度研究单个经济主体（无论大型的还是小型的、公共的还是私人的、跨国的还是本地的）的行为特征。

由于出现了更加先进和复杂的建模技术，本书的下一部分将对此进行讨论[①]，20 世纪 70 年代中期，埃德温·冯·博芬特从定性的角度对文献进行了区

[①] 这里指的是非线性条件下的均衡和垄断竞争下的均衡的形式化。后者是迪克希特和斯蒂格利茨于 20 世纪 70 年代后期提出来的，本书第四部分中的一些模型就是基于此而建立起来的。

分，一种是不包含聚集经济的"纯粹且严谨的"区域理论，另一种是不严谨但包含聚集因素的"应用区域理论"①。

这一部分所分析的理论与前一章所讨论的理论相似，它们都把发展看作是供给方面的因素产生和维系的过程。但是，我们将看到，这些理论中所包含的发展概念与先前所研究的理论几乎毫无关系。它们抛弃了把发展视为收入和就业的简单增长以及个人福祉水平提升的短视的观点，而是采用了一种更长期的视角。它们确定了决定一个地区长期竞争力的所有有形和无形因素，并使其能够随着时间的推移而持续保持这种竞争力。为了重申发展和增长之间的区别，本部分论述了地方发展理论，同时，放弃了此前为确定（短期或长期）增长路径所做的努力。

因此，这里所分析的理论，试图找出促使生产成本和投入价格低于其他地方的因素。这些因素包括：①外生因素，即源于该地区外部的、偶然或有意转移到该地区的因素；②内生因素，这些因素源于该地区，推动该地区的发展，并能使该地区启动自我强化的发展进程。

外生因素包括以下几个方面：大型企业或跨国公司偶然选择该地区为生产区位，外区域的创新成果扩散到此地，外区域行政当局所做出的新的基础设施建设决策等。虽然这些因素与当地特征和生产能力没有多大关系，但一旦它们出现，就有可能促使新的经济活动出现，促进当地经济的发展。内生因素主要是指当地的创业能力和当地的生产资源（劳动力和资本）状况，尤其是指当地社会经济活动主体的决策能力，他们控制当地的发展进程，在转型和创新阶段提供支持，并且能够利用外部知识和信息进一步优化发展进程。所有这些因素，都通过集中化的地域组织而进一步得到增强和提升。这种地域组织，可以提高本地获取和学习新的知识的能力，并通过本地社会经济网络提高交易效率、降低交易费用②，还促使经济主体通过经济和空间方面的相互接近进一步提升其经济优势。

多样化空间假设，就意味着抛弃了区域发展只取决于区际资源配置的理念。相反，区域发展是由当地的生产能力、竞争能力和创新能力所推动的。新古典的区际增长模型（博茨和斯坦的单部门模型）假定，国家经济增长率是外生决定的，因此，区域发展理论就是要解释国内各区域的增长率是如何分布的问题。根据竞争性发展的逻辑，在零和博弈中，一个地区的经济增长只能损害另一地区的经济增长③。在这里要讨论的理论采用了成长性发展的概念，即一国的经济增长

① 冯·博芬特（1975）的这两种理论即是本书这部分所介绍的理论。
② 交易成本是指与商业交易相关的信息和文件交换所产生的成本，因此也被称为"市场使用成本"。
③ 在博茨和斯坦的单部门模型中，贫困地区的增长要快于富裕地区。需要强调的是，其他新古典模型（如赫克歇尔－俄林模型）中的发展概念所采用的是成长性发展，而不是竞争性发展。关于竞争性发展与成长性发展之间的区别，请参阅理查德森（1973，1978）。

率是各个地区经济增长率之和。国民经济的发展可能是由于资源的增加而实现的，也可能是在资源不变的情况下因规模收益递增（下一章所讨论的理论）而实现的。

本章探讨了如何识别那些决定经济系统长期竞争力的外生因素的相关理论：主导型企业的存在、跨国公司的存在、源自其他区域的创新的扩散、交通和社会基础设施的建设，以及先进的通信技术的采用等。在接下来的两章中，我们将讨论那些以极具洞察力的视角确定决定本地竞争力的内生因素的理论。这些理论假设，经济活动的地域聚集导致规模收益递增。事实上，这些理论认为，经济发展道路依赖于地域聚集的生产组织效率而不是额外的经济资源或有效率的资源空间配置。

二、增 长 极 理 论

1. 经济研究方法：佩鲁的贡献

弃用均质抽象空间而采用多元联系空间概念的第一个理论，就是"增长极"理论，它是由法国经济学家弗朗索瓦·佩鲁于 1955 年首次提出的。

佩鲁的理论基础浓缩在他著名的论述中，尽管它很简单，但却很重要："发展并不是同时出现在所有地方，它以不同的强度首先出现在增长点或增长极上，然后通过不同的渠道向外扩散，最终对整个经济产生不同的终极影响。"[①]

这样，在区际经济增长原理模型产生的同一时期，佩鲁构建了地区发展理论。该理论设想由一个"推进单位"触发发展进程，进而在空间的某些点上出现选择性增长。佩鲁把这一因素看作是偶然存在于该领域中的主导性企业，他称它为"主导产业"，因为它通过其投资决策能够影响与之相关的其他厂商的投资水平[②]。由于其动态性和技术进步，主导性企业对外部市场的需求做出反应（在这里，输出基础模型的影响显而易见）。此外，由于其在部门和经济中的主导地位，它必然会对所属行业和整个经济产生一系列积极的影响。

主导性企业的技术创新，降低了商品价格或提高了商品质量，增加了商品的外部

---

① 佩鲁（1955）。佩鲁早在 1950 年就提出了这一观点的雏形。

② 希金斯提出了如下定义：如果企业 A 的投资决策影响了与其相关的一组企业 B 的投资决策，并且如果满足以下条件，即 $I_B = f(I_A)$，且 $\Delta I_B / \Delta I_A > 0$，其中 I 为投资水平，则企业 A 即为"主导性企业"，参见希金斯（1977）。

市场需求。这极大地刺激了商品生产，进而通过一系列正向效应导致增长极的产生：

（1）凯恩斯收入乘数效应。从水平联系的角度来说，这种效应遍及整个经济。主导性企业的生产规模的扩大，扩大了企业自身以及与之相关联的企业的就业，从而增加了居民的收入和消费。

（2）里昂惕夫乘数效应。这种效应源于部门间的投入产出效应，它在垂直方向上遍及主导性企业的链条之中。主导性企业的发展，使得上游企业和部门的生产与销售市场不断扩大。企业之间的关系成为传递发展的渠道，没有它，就不可能存在增长极（因此，该理论很好地反映了多元联系空间的概念）。

（3）厂商投资的加速效应。对主导性企业及其相关企业的商品需求的增长，刺激了投资（显然，在这里可以参考哈罗德—多马模型）。这些投资是由高水平的利润所促进的，也就是高水平的利润导致高水平的再投资。与投入产出效应一样，这种加速效应在垂直方向上对主导性企业的产业链施加各种影响。这样就形成了选择性发展，因为发展，尤其是其直接影响，可能仅限于主导性企业所属的部门和与之相关的部门①。

（4）极化效应。这种效应导致了佩鲁所说的"增长极"的产生。当主导性企业对中间投入品和服务的需求增加时，它会尽可能吸引其他企业接近它。这样做的好处是：①可以最小化为推进性企业提供服务的各种企业的运输成本；②可以利用极化部门所创建的各种基础设施和固定社会资本；③可以提高由主导性企业的经济活动所产生的当地管理水平和企业家技能；④可以利用由扩大就业规模所带来的更大规模的需求。

该理论包含了先前理论所提出的解释发展的许多关键特征：平衡发展模式所强调的基础设施、生产性服务业以及企业与部门间的投入产出联系对发展进程的重要性；哈罗德—多马模型所强调的需求增长（实际和预期）对投资水平的正向效应；输出基础模型中的凯恩斯收入乘数机制。

该理论与先前理论的区别在于，考虑这些因素的方式不再是宏观经济和宏观领域的角度，而是从微观经济和微观行为的角度②。发展是由企业的活力及其与其他企业的联系所带来的，累积性增长过程则是主导性部门所属各个行为主体的理性行为反应的结果。

佩鲁首次把选择性增长的可能性纳入到地区发展理论之中，也就是说，通过特定部门和地区的累积发展过程，经济发展局限于某区域的特定部门或特定地区。因此，根据佩鲁的理论，增长并不一定会自动扩散到所有经济部门以及整个国家和地区。

---

① 参见布代维尔（Boudeville，1964，1966）、佩林克（1965）等。
② 参见汉森（1967）。

2. 地域研究方法：布代维尔的贡献

尽管增长极理论的目的是要解释地区经济发展，但它缺乏明确的地区维度。根据佩鲁的理论，发展扩散的渠道是投入产出联系，但它并没有为这些联系给出具体的空间区位。因此，毫不奇怪，有人认为经济空间和地理空间在佩鲁的理论中是不一致的[①]。

1964 年，雅克·布代维尔通过划分出推进性产业正向效应的地理边界，明确指出了增长极理论的空间或地域属性。通过简单地扩展佩鲁理论，布代维尔得出了确定极化效应地理边界的三种方法。为此，他利用了如下有关发展进程中的行为主体的地理区位或正向溢出效应的地理位置的三种假设：

（1）推进性产业及其关联企业在地理上是群集的[②]。

（2）推进性企业位于城市中。因此，根据城市经济学的经典理论，可以假设促进经济发展的投入产出联系发生在同一城市区域内。

（3）主导性企业只对当地经济产生正向的影响。这相当于假设输出基础理论中的收入乘数效应不存在漏损，并认为只能当主导性企业的正向效应局限于本地区时才会产生增长极。

上述三种假设有一个共同的特征，即发展的关键因素不再只限于佩鲁所说的那种部门间的相互依存关系。为了实现地区经济发展，必须要实现生产活动的空间集中，这种空间集中决定主导性企业对地区发展的最终的正向效应。

最后一个假设意义非凡，它代表了一个分水岭，也就是这里的区域经济发展解释不同于以往区际增长模型，它强调，经济活动空间聚集与空间分散相比，是更有效率地组织地区经济活动的地域生产组织。因此，增长极理论是第一个把空间看成是地区经济发展的积极的影响因素的理论，它为下一章的内生发展分析开辟了道路。在这种分析中，经济活动的空间集中是规模收益递增的源泉，它表现为聚集经济、地方化经济、技术外部性和本地化的学习过程等形式，所有这些都是提高本地企业竞争力和促进本地发展的要素。

3. 增长极理论的批判性评价

增长极理论的优点显而易见。它首次指出了地区发展是选择性的，这种发展有利于某些部门和某些特定的地区，但不一定有利于整个区域。现实世界是由发

---

① 参见佩林克（1965）。

② 参见第八章。

达地区（制造业活动密度很大，经济增长能力很强）和欠发达地区所组成的，其至还包括那些同属于一个区域但发展差距很大的地区。增长极理论是最早的可以解释空间聚集现象的理论。

此外，该理论的显著优点是将部门间的投入产出联系和生产活动的空间聚集看作是发展的关键因素。对于部门联系来说，它是第一个在解释地区发展时强调部门竞争力和产业动能的重要性的区域发展理论①。对于聚集经济而言，它也首次成了地区经济发展理论的重要的组成部分。

最后，增长极理论把完全不同的其他理论发展起来的概念糅合在一起了。佩鲁的核心观点体现了中心地理论的核心思想②，即增长极为广阔的区域提供高水平的服务（生产性服务，基础设施和健康服务，教育、娱乐和文化服务），这些高水平服务可以吸引新的厂商进入极点周围的地区。这意味着，厂商是再次根据区位理论强调的两个关键要素做出区位决策，即运输成本（中间投入品交付给主导性企业）和聚集经济，这就产生极化效应，形成了地区经济发展理论。

受这一理论启发而进行公共干预的欧洲国家的经验表明，增长极理论也存在一些缺陷。这些国家，或者通过创建国有企业（如意大利）进行干预，或者通过吸引外资企业的政策（如英国和爱尔兰）进行干预。

增长极理论的第一个缺陷是，它不能解释最初区域内存在推进性产业的原因，它假设这种推进性企业的存在是外生决定的。由于增长极理论无法解释推进性企业为什么存在于该特定区域的问题，因此它无法区分出自然增长极和规划增长极的区别。

在政府经济增长政策的激励下，大型企业在落后地区选择生产区位是佩鲁和布代维尔理论的惯常的解释了。为了形成增长极，必须把大型企业或产业联合体嵌入到一个能把许多经济活动进行分包和外包的巨大的生产网络之中，这样主导性企业的投资才能产生很大的乘数效应，这就是增长极的含义所在。为了生成类似于自然增长极的那种正向效应，如果要维持大型企业的正向效应保持不变，那么规划的增长极必须要建立有关部门间联系的本地网络，这正是大多数以这种理论为指导的公共干预政策常忽略的主要问题③。事实上，意大利南部地区建立了许多大型的地区工业综合体（如钢铁和石化），而这些工业综合体与区外的许多产业部门建立了密切的联系，进而把发展红利扩散到该地区以外的地区。

增长极理论的第二个缺陷是，它忽略了增长极的负向效应（艾伯特·赫希曼

---

① 需要注意的是，按照时间顺序，增长极理论早于偏离—份额分析法。正如前面所讨论的那样，该方法试图通过生产结构和部门变化来解释一个地区的发展。

② 参见第三章。

③ 关于增长极理论应用的研究综述参见帕尔（1999a，1999b）。

的"回流效应"①），只强调增长极的正向效应（赫希曼的"扩散效应"）和成功建立增长极的预期。但是，很容易发生这样的情形：大型企业的出现将对当地价格和工资造成很大的冲击，因此大型企业在某个地区选择生产区位，将对本地企业，尤其是手工业企业产生挤出效应，进而对当地就业产生显著的负面影响②。

图7-1显示了增长极的形成对一个地区经济的正面效应和负面效应随时间的变化过程。增长极的正面效应的显现，需要克服最初的阻力并且在主导性企业和当地企业之间建立起密切的联系，这往往需要很长时间。负面效应在第一阶段就非常明显，随后随着当地经济围绕这家大型企业进行重组而减弱。结果，净效应（所谓的"净溢出效应"）最初明显为负的，随着经济发展，负面效应逐渐被减弱，净效应逐渐变成为正的。据估计，净负面效应可能会持续数十年。

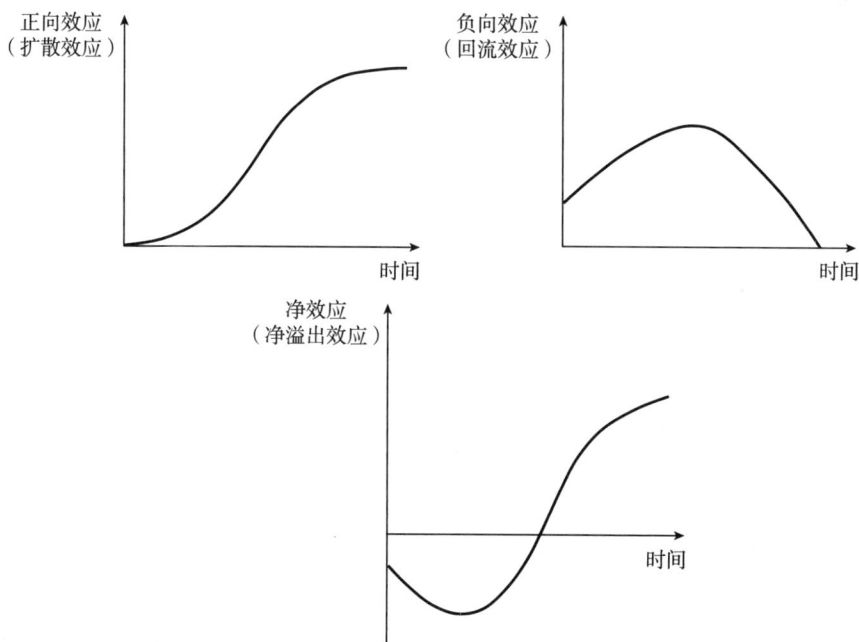

图7-1　增长极正负效应的时间演化

此外，仔细考察增长极理论我们会发现，在进行规范性分析时增长极理论的

---

① 参见赫希曼（1958）。

② 20世纪60年代在塔兰托（意大利南部）建造的钢铁厂就是一个例子，其直接后果是关闭了小型工艺品企业。由于外来干预导致了生活费用、土地租金和工资水平的上涨，这些小型企业被迫离开城市地区。

逻辑常常是相互矛盾的。如果目标是开发欠发达地区，那么主导性企业不应对本地进行大规模的投资，但如果这么做了，那它又无法产生对当地经济的大规模的溢出效应。为了摆脱这种困境，意大利早在几十年前从钢铁和石化（20世纪60年代）等行业已转向机械和汽车制造等（20世纪七八十年代）行业了，这些行业需要大量的投资，因而常常被认为会产生很大的溢出效应。然而，在这种情况下也没能实现增长极理论所预期的效果。这些就表明，这是一个相当复杂的过程，还需要另外一种政策干预，也就是不仅要鼓励工业的发展，还要支持人力资本、知识和学习等无形要素的发展。

在地区经济分析史上，增长极理论无疑发挥了重要的作用。它是第一个能够用微观经济学的方法分析地区发展的理论，它证明部门竞争力和地域聚集等要素在地方经济发展方面发挥了极其重要的作用，并把选择性发展的概念引入到一些地区和部门。然而，从理论上讲，它无法解释发展动力（主导性企业）为什么出现在某项领域而不是其他领域的问题。由于这一缺陷，该理论的规范应用有时会导致严重的政策失灵。

三、跨国公司与区域经济增长

1. 跨国公司在区域经济增长中的作用

基于对新古典理论高估资本流动性的作用的批判，以及对佩鲁的理论高估大型企业在地方发展中的作用的批判，有学者在20世纪70年代提出了一种新的理论，从大型跨国公司对地方经济增长的影响角度，解释了区域经济发展。该模型采用微观行为分析法进行推理，本章将给出其论证过程。

该理论采用"激进"的方法，着重研究跨国公司的区位选择对区域经济发展的影响，其总体观点是跨国公司的区位决策是由利润动机驱动的。因此，非技能劳动力密集型生产活动，显然将选择劳动力成本低的地区[①]。按照这种逻辑，落后地区是低附加值行业首选的场所，因此欠发达地区经济发展与否与这些企业的成功与否密切相关。根据这种理论，将生产环节分解为不同的功能并为它们选择合适的区位，是跨国公司制胜的策略。然而，跨国公司的战略一般都趋向于进一步加强发达地区和欠发达地区之间的不合理的劳动分工，即发达地区通常发展

---

① 关于这些，参见霍兰（1977）、马西和米根（Massey and Meegan，1978）、卡尼等（Carney et al.，1980）、达姆特（Damette，1980）、利佩茨（Lipietz，1980）等。

高附加价值的经济活动，而欠发达地区只能发展低附加价值的经济活动。因此，可能会存在利佩茨所指出的那种发达地区与欠发达地区之间的"一体化与支配"的关系可能永远存在的风险①。

按照这种激进的观点，正是资本的积累导致了空间发展的不平衡。随着时间的推移，资本运作系统不断复制并加剧地区间的差距，扩大了国内富裕和贫困地区之间的差距。

资本的高流动性将导致跨国公司的生产区位不断发生变化。这种趋势的加剧，对那些资本主义经济所固有的落后地区而言，进一步加大了经济衰退的风险。因为资本的高流动性，落后地区的经济先经历扩张，再经历衰退，经济增长和衰退迅速交替。经济快速增长本身就包含着一种危机，在经济快速扩张时期，基础设施的不足、劳动力的短缺和产能的匮乏造成当地工资和价格水平的上涨，从而使整个区域经济陷入困境②。

尽管英国北部、意大利南部和爱尔兰的公共干预政策有利于大型企业的发展，然而区际失衡仍在继续，这从经验上证明这种"激进"思想的观点是错误的。

20世纪80年代，出现了更加均衡化的思想流派，但它仍强调跨国公司在当地经济进程中的积极作用③。20世纪80年代的许多技术革新，改变了标准的劳动分工，推动了这一流派的形成与发展。通过CAM/CAD应用程序实现的可重复编程系统以及众多行政和管理程序的计算机化，催生了新的行业组织形式，其特点是紧密的功能集成（生产、设计、研究、营销和策略）、去垂直化和生产流程的重组④。

总的来说，跨国公司选择某区域为其生产区位，与该区域因技术转移和劳动生产率的提升而导致的整个区域经济效率的提高密切相关。跨国公司选择某区域而产生的经济优势，可以分为直接和间接两种优势。直接优势主要是指：创造就业岗位；提升管理能力和技术水平；高技能就业岗位的出现，提高工资水平；改变产业和功能组合；提高生产能力。

除了这些直接优势，还有外国直接投资（FDI）带来的溢出效应形式的间接优势。这主要是指当地生产系统因大型跨国公司的存在而所获得的货币外部性和

---

① 参见利佩茨（1980）。

② 有关这些观点，可以参见霍兰（1977）、达姆特（1980）、卡尼等（1980）等。尤其是达姆特，他引入了资本高流动性的观点。

③ 这方面的介绍可以参见诺维拉尔斯等（Nauwelaers et al., 1988）、杨格等（1988）。20世纪90年代，爱尔兰凭借其吸引外国直接投资的能力，实现了非凡的经济增长（即"爱尔兰奇迹"），这充分表明，外国直接投资与一国经济增长之间并不总是负相关的，而且比"激进"学派所设想的更为复杂。

④ 参见卡梅尼（1988）。

技术外部性。后者，实际上就是指无法从外部性中获得的知识和技术内部化。一般认为，间接优势涉及很多领域：壮大那些缺乏企业家精神的地区的生产系统；增强产业聚集效应；激励跨国公司对上下游产业部门进行新的投资；培育跨国公司新的上下游企业部门；地方化的技术外溢；提高本地的管理和技术知识；企业与地方职能部门之间展开交叉职业培训。

这些经济优势或溢出效应，可通过技术外部性在跨国公司所在地扩散，也就是说，通过模仿或逆向工程工序、劳动力培训、大型跨国公司潜在供应商之间竞争加剧等，优化了本地企业的生产流程。此外，这些优势还可以通过跨国公司和当地企业之间的投入产出联系加以扩散。这种情况下，经济优势是通过货币外部性的形式表现出来的，因为它们是由市场来进行调节的①。

这种过程对当地经济的影响程度，将取决于外国直接投资的特点和该地区自身的特点。诸如企业集团的垂直一体化程度、生产过程中的技术含量、企业集团网络的规模、在集团网络中的地位、投资类型（新建或收购现有企业）以及生产外包的程度等，跨国公司运营的各个方面都会影响它们为当地经济带来的利益。

就某一地区的特点而言，其现有的生产体系（定量和定性评估）、人力资本和技术知识决定了跨国公司对其所在地区的经济的影响程度。近期的一系列文献强调，跨国公司与当地企业的投入产出联系对当地经济发展至关重要。当然，这又回顾了增长极理论及其所强调的部门间联系对地方经济发展的重要性。这种较新的思想学派，把投入产出关系对经济增长的影响在总生产函数中以收益递增的形式进行了数学建模，这完全是佩鲁和布代维尔的理论所没有的②。

该理论强调，外国直接投资和跨国公司所在地这二者的特点的结合，决定了跨国公司对当地经济发展的影响程度。反过来，这种结合又与跨国公司选择国外生产区位的战略密切相关。如果选择国外区位是为了提高生产效率，那么可以预料到，至少在短期内东道国所获取的红利是相当有限的，因为跨国公司常把低水平或低技术的生产环节转移到国外，且跨国公司选择的国外区位通常是劳动力成本低、生产活动少的地区。反过来，如果选择国外的生产区位是为了获得战略性资源，那么这种海外区位选择所涉及的将是高层级的功能（如研发活动），故选择何种区位，将取决于具有高度专业化的人力资本、有竞争力的工业组织和创新性的环境。这就意味着这些为东道国提供了有利的条件，因为在跨国公司与当地

① 关于跨国公司在东道国传播其优势的渠道的文献，参见布洛姆斯特罗姆和科克（Blomström and Kokko，1998）、布罗尼根（Blonigen，2005）、约翰逊（2006）、库格勒（2006）等。

② 参见罗德里格斯一克莱尔（Rodriguez - Clare，1996）、博伦斯坦等（Borensztein et al.，1998）、马库森和维纳布尔斯（Markusen and Venables，1999）等以及本书的第十章。

公司之间可以开展在交流知识和技术方面的合作，且可以避免跨国公司采取纯粹的开采性战略的可能性[①]。

最后，有关跨国公司在地方经济发展中的作用的文献，最近主要关注跨国公司为地方经济发展转移技术（或技术溢出[②]）的问题。这些技术溢出在创新水平较高的发达地区出现得更加频繁。它们频繁地出现在类似于跨国公司从事的行业的工业部门以及那些已具有特定知识的工业部门，而跨国公司进一步丰富了这些特定部门的知识[③]。如果地方系统要利用大型跨国公司所创造的技术外部性，那么地方系统所具有的创新精神显得更加重要。因此，有必要考察如下两方面的特点：该地区的内源性技术潜力和创新的空间传播机制[④]。

尽管有关 FDI 与区域经济增长的研究很多，但 FDI 与经济增长之间的长期关系尚不明确，实证结果也远未达成一致。有关 FDI 与区域经济长期增长之间的关系是复杂多样的，这种关系是 FDI 特征和当地因素共同作用的结果。因此，对这一现象的概括是相当复杂的，也正因如此，它仍然吸引着众多学者的关注。

2. 区域对跨国公司吸引力的决定因素

以未开发地区的投资对东道国就业和增长的短期优势以及 FDI 驱动增长模式的成功案例（一些东欧国家首都地区和爱尔兰）为基础，大量研究致力于确定地区能够吸引 FDI 的主要源泉，其目的主要是要解释 FDI 空间分布的不均衡。

FDI 的区位选择通常与跨国公司的战略有关。特别是：①如果跨国公司的战略是扩大市场，那么大规模的最终消费品市场是区域吸引力的主要来源；②如果跨国公司的战略是成本最小化，那么廉价劳动力、接近最终消费品市场以及国际贸易壁垒较少是区域吸引力的主要来源；③如果跨国公司的战略是寻求战略性资产，那么高质量的资产和人力资本是区域吸引力的主要来源；④如果跨国公司的战略是寻求资源，那么丰富的自然资源和原材料是区域吸引力的主要来源。

根据上述思路发展起来的 FDI 理论，因其非空间性质而受到批评，因为 FDI

---

① 这种情形下，东道国也可能仅仅是知识的捐赠者，并不能从跨国公司中获得好处。关于这个问题，参见布洛姆斯特罗姆和科克（1998）。

② 关于跨国公司与技术溢出问题，参见布洛姆斯特罗姆和科克（1988）、坎特韦尔（Cantwell, 1989）、坎特韦尔和杨马里诺（Cantwell and Iammarino, 1998）、坎特韦尔和皮西特洛（Cantwell and Piscitello, 2002）等。

③ 关于这一点，参见霍兰（1977）、马西和米根（1978）、利皮茨（1980）、卡尼等（1980）、达姆特（1980）等。

④ 有关跨国公司技术溢出，参见杨马里诺和麦卡恩（2013）。

理论把空间看作是"高度程式化和不具体的"①，并认为区位因素可以适用于大量的区域，因而也就无法解释 FDI 在实际中的区位选择。

21 世纪初，从理论方面开始分析吸引 FDI 的决定性因素，也就是当地的特定资产。主要的做法是，一方面分析该地区特定的地域因素，另一方面分析区位决定因素的空间相互依赖关系。

对于地域特征而言，大城市的存在一般被认为是吸引外国直接投资的重要的因素之一，城市是高技能劳动力、便利设施、知识、产业活动所需的先进和专门服务以及"城市氛围"的所在地。最近，社会资本、地方机构服务质量、生活质量、交通基础设施质量和可达性等"软性"资产被认为是吸引 FDI 的重要因素。但这些研究的关键是，FDI 的区位选择是否首先考虑宏观经济和国家因素（国家银行系统和宏观经济的稳定性、国家机构的效率水平）然后再考虑区域方面的因素，还是跨国公司区位选择只考虑区域因素而不考虑国家社会经济条件的问题②。最近的实证分析表明，国家和地区之间的区位选择具有很强的关联性，这说明跨国公司选择区位时兼顾这两个方面的因素③。

至于区位决定因素的空间依赖性，近期的文献强调了邻近地区的地方资产在影响 FDI 区位选择方面的作用。从实证角度来考虑，由于空间计量经济学技术的发展，这种影响的实证研究也已成为可能。该技术评估邻近地区资产对区位选择的影响时，把距离权重纳入邻近区域特征分析中。

像 FDI 与区域经济增长之间的关系一样，确定对 FDI 吸引力的来源也是非常复杂的，因为许多方面相互交织在一起，共同影响着 FDI 的区位选择。尽管在此领域已进行了大量研究，但该领域仍然是从概念和实证角度进一步深入研究的领域。

四、创新的空间扩散

1. 哈格斯特朗模型：地理距离

我们尚未研究创新在地区经济发展中的作用。本书第二部分所介绍的有关地

---

① 参见杨马里诺和麦卡恩（2013）。对于传统区位选择决定因素的非空间性质的批判，参见巴尔巴·纳瓦雷蒂和维纳布尔斯（Barba Navaretti and Venables, 2004）。

② 关于这些方面的研究，参见普斯特拉和雷斯密尼（Pusterla and Resmini, 2007）、卡西和雷斯密尼（Casi and Resmini, 2014b）等。

③ 参见卡西和雷斯密尼（2014a）。

区经济发展的新古典区际理论和模型认为，创新是"天赐之物"，所有经济行为主体都可以免费获得，因此对经济系统的增长能力不会产生影响。这些理论和模型认为，技术进步在所有部门、所有经济行为主体和所有领土范围内都以同样的速度同时出现。

然而，如果放弃完全信息的假设，代之以20世纪80年代的信息不对称这一更新的概念，那么，迄今为止所假定的简单框架就不再适用。创新在不同地区以完全不同的方式出现，它因此就成为解释区域经济增长能力差异的一个关键因素。创新解释了产出增长过程，而产出增长不能直接归因于规模收益不变情况下的生产要素的均衡增长[1]。

因此，创新对于解释地区经济系统为什么会发生经济增长的问题至关重要。任何一个区域经济发展的完整理论，都必须能够指出创新的来源以及赋予地方系统创新能力的因素。

这些问题的早期分析方法，把创新看作是发展的外生因素。这种方法坚持认为，创新通过特定的地域通道进行传播，并对地区经济产生积极的外生影响。因此，应该分析创新到达特定地区的地域路径，也就是要分析创新空间扩散模型中的形式化的路径。

这其中最著名的、最早的模型是由瑞典地理学家托尔斯滕·哈格斯特朗提出的模型[2]。他在创新扩散研究方面进行了开创性工作，随后的研究都以他的研究为基础。他认为，创新的时间过程呈现出逻辑斯谛函数所表示的"S"形模式，他把创新周期的时间阶段与空间过程结合起来，描述了创新活动的时空扩散过程。他的创新的时空扩散过程，可以划分为三个阶段（见图7-2）：

第一阶段是"采用"阶段，城市层级体系引导扩散过程。创新中心通常是最主要的城市或其他一些大都市中心，然后是排名靠后的中心（见图7-2(a)）。

第二阶段是"扩散"阶段，层级效应和"邻里效应"（见图7-2(b)）同时发挥作用，但权重随时间发生变化。最初，层级效应仍然占主导地位，但随着时间的流逝，空间摩擦使外围的大中心脱离了扩散影响的直接范围，邻里效应占

① 在一项著名的研究中，索洛（1957）指出，1900~1949年，美国逾40%的经济增长归因于某种无法用要素增长来解释的因素（著名的"索洛余值"）。随后，在国家、区域和地方各级层面进行的实证调查表明，20世纪下半叶，产出增长的1/3以上归因于通过技术进步所实现的要素生产率的增长。这些研究是否有必要假设规模收益不变仍然存在争议。尽管如此，它在几个方面被证明是有用的。在规模报酬递增的情况下，产出的增长大于投入的增长，但在概念上和实证上确定技术变革对经济增长的具体贡献是相当困难的。相反，在收益不变的假设下，不是通过生产要素增加而获得的全部产出增加部分都归因于技术进步。关于创新的空间扩散在区域发展进程中的作用的讨论，还可参见麦康比（1982）。

② 参见哈格斯特朗（1966），对该模型的最初的思考参见哈格斯特朗（1952）。

主导地位①。

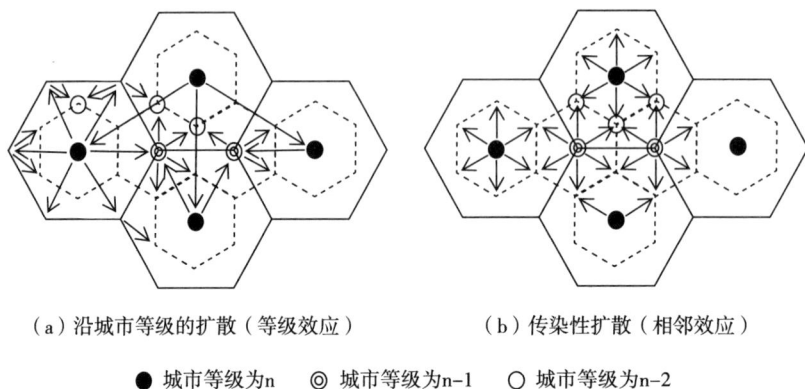

（a）沿城市等级的扩散（等级效应）　　　（b）传染性扩散（相邻效应）

● 城市等级为n　◎ 城市等级为n-1　○ 城市等级为n-2

图7-2　哈格斯特朗的创新扩散渠道

第三阶段是"饱和"阶段，创新的空间扩散变得随机。在创新中心周围可能达到饱和，偏远地区的扩散率仍然很低。扩散模式的整体减速可能掩盖了追赶过程，尽管原创地中心区的采用已经停止，创新仍向偏远的外围地区传播。

在哈格斯特朗的模型中，创新的扩散过程如同流行病传染过程，已经接受创新的人与潜在接受者之间接触的可能性，可以解释该模型中的创新扩散。模型隐含地假设每个潜在接受者都有相同的接受机会，并且接受创新的空间差异完全是由于信息流地域传播的时间差异所致。

该模型假设，有关创新的信息是自动被采用的。哈格斯特朗仍是借助于信息强度的度量，把创新潜在采纳者之间的接受信息不均匀分布纳入模型中的②。

此外，还应记住，只有假定所有潜在采纳者采用某一特定创新的可能性都相同时，才可以使用这一逻辑斯谛函数。导致不可接受这种假设的因素是空间。事实上，很难假设位于产业结构和生产绩效完全不同的两个地区的潜在采用者对创新过程具有相同的接受程度。因此，空间在哈格斯特朗的模型中并没有发挥重要作用，故空间在模型中只表现为实际使用者和潜在使用者之间的纯粹的地理距离。

2. 格里利谢斯和曼斯菲尔德的贡献：经济距离

经济学家兹维·格里利谢斯和埃德温·曼斯菲尔德研究了影响创新采用过程

---

① 这说明，尽管大多数创新在城市和大城镇的采用率高于经济体的平均水平（农业部门的创新除外，如新型农业机械），但创新中心周围的某些农村地区也可能高于平均水平，参见理查森（1972）。

② 哈格斯特朗（1967）指出："一个人越经常接触已经接受了一项创新的人，他就越易于接受这项创新。"

的空间特征。他们在哈格斯特朗的模型中引入了这样一种思想，即创新采用者之间的地理距离对创新空间扩散的影响小于经济距离的影响，某地区生产活动数量，收入、消费和投资水平，可以解释该地区的创新接受能力[①]。

格里利谢斯和曼斯菲尔德，为实证分析创新扩散过程提出了两阶段方法。第一阶段是对逻辑斯谛函数进行估计，其形式如下：

$$D = K/(1 + e^{-(a+bt)}) \tag{7-1}$$

其中，D 表示采用密度或者采用者的累加数量，a 表示第一次采用的时间（逻辑斯谛函数的起点），b 表示创新采用速度（逻辑斯谛曲线的斜率），K 表示渐近线曲线的趋势（逻辑斯谛曲线的上限），即创新的潜在采用者所能达到的最大数量（见图 7-3）。逻辑斯谛函数的分析特点是易于进行参数估计[②]。

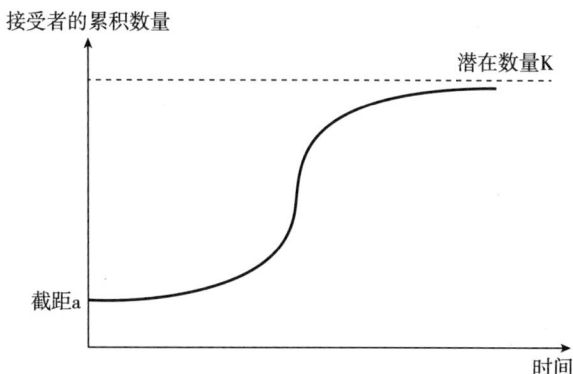

图 7-3　逻辑斯谛函数

一旦知道了逻辑斯谛函数的参数，下一步便是通过区际截面数据进行回归分析，估计地方经济主要特征对创新采用的历史时刻、创新渗透速度以及饱和程度的影响程度。这为创新采用的各种空间模式提供了清晰的"快照"[③]。

格里利谢斯运用这种方法解释了美国杂交玉米种子使用率的巨大截面差异。他发现，特定地区适应性杂交品种的发展滞后和种子生产商进入这些地区的滞后（起点差异）可以用进入市场的收益率差异来解释，而"收益率"是市场密度、创新和营销成本的函数。杂交玉米使用的长期均衡（上限）和接近均衡的速率

---

①　参见格里利谢斯（1957）、曼斯菲尔德（Mansfield，1961，1968）等。

②　通过对数转换，可以得到函数的线性形式，可以使用普通最小二乘回归法（一种易于应用的计量经济学技术）估计函数的参数。格里利谢斯（1957）指出："选择逻辑斯谛函数，是因为它应用简便且易于解释。"

③　这种情况下，通过基于普通最小二乘法的多元线性回归模型，很容易确定这三个参数所假定的值的行列式。

（斜率）的差异，至少在一定程度上，可以用美国不同地区由天然品种改变为杂交品种的收益率的差异来解释①。

当运用相同的方法来解释意大利 20 个地区固定电话服务的普及时可以明显看出，由于社会经济因素，各地区在采用创新（起点）方面存在显著的差异，也就是地区的产业业绩和当地人口的受教育水平，可以充分解释固定电话服务的饱和程度和采用速度（即上限和斜率）。反过来，地区的城市结构对决定采用创新的历史时点（参数 a 的值）而言非常重要，这就凸显了城市在创新起源中的作用②。

就采用工业创新（工业自动化、智能化等）而言，从逻辑上看，落后地区采用创新的概率很低。从宏观层面上看，落后地区采用新的技术的一个重要障碍是劳动力成本较低，这就降低了节约劳动型新技术的相对收益率。从微观经济学角度来看，在从旧技术向新技术的转换中，文化和组织的落后会导致高昂的调整成本，这些成本使新技术在落后地区的利润远远低于发达地区。

从动态的角度来看，落后地区采用创新滞后，可以从两个关键因素进行解释。第一个关键因素是不采用创新的不可逆性，这可能会使一个地区永远处于技术落后的状态。不可逆性源于那种复杂的、不可逆的累积学习和知识的投资过程，而这些过程伴随着向新技术的转变。这些过程影响采用新技术的成本和收入，并改变其相对收益率。在第一阶段，开始采用创新时，采用新技术的成本很可能超过收益，从静态的角度来看，不采用创新的决定可能是合理的（见图 7 - 4）。但是，采用新技术的成本和收益随时间的变化趋势表明，在一定的时间区间内，采用新技术是有利可图的。然而，超出某个时间点（图 7 - 4 中的时点 2）后，采用新技术的成本大于收益，且随着时间的推移这种差距越变越大，故不采用新技术的决定变得不可逆了。其结果是，落后地区只能利用有限且陈旧的技术禀赋与先进地区展开竞争③。

第二个关键因素是具有前瞻性和远见性的公共政策。事实上，如果在第一阶段对开发新技术实施激励措施，那么这些激励措施的强度可能要低于后期激励开

---

① 参见格里利谢斯（1957）。

② 参见卡佩罗（1988），关于工业自动化技术的采用的分析采取了相同的方法，参见卡梅尼（1985）。

③ 创新采用的成本模式解释如下：因为新技术中本地知识的创造和旧技术沉没成本的降低（可通过旧技术的加速折旧来实现），采用新技术的成本首先是下降的。然后，由于旧技术中知识的不断积累，采用新技术的成本随之增加。反过来，由于学习过程集中在旧技术上，收益（扣除仍使用的旧技术的机会成本）随时间而减少。图 7 - 4 表明，如果不立刻选择新的技术轨迹，就有可能永远不能引入新技术。事实上，采用的时间越晚，锁定在旧技术所开发的知识上的风险就越大，并且从旧技术到新技术的转换成本越高，参见卡梅尼和卡佩罗（1998）。新技术采用的成本和收益模式还受到创新生产的市场结构的影响，参见卡佩罗等（1999）。

创新应用的成本与收益

成本曲线

收益曲线

1　　　　2　　　　时间

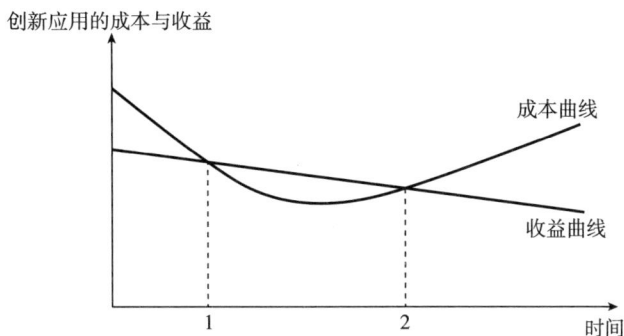

图 7 − 4　采用新技术的成本和收益随时间的变化趋势

资料来源：卡梅尼和卡佩罗（1998）。

发新技术所需激励措施之强度。如图 7 − 5 所示，如果在时点 0 开始开发新技术，那么相对于旧技术而言，其开发可能只需要较少的成本。但是，如果在时点 1 开始开发新技术，那么推迟开发新技术所需的公共成本会很大。因此，实施那些具有前瞻性和远见性的支持技术开发的政策是相当必要的，但是在落后地区实施这些政策，通常是相当困难的。

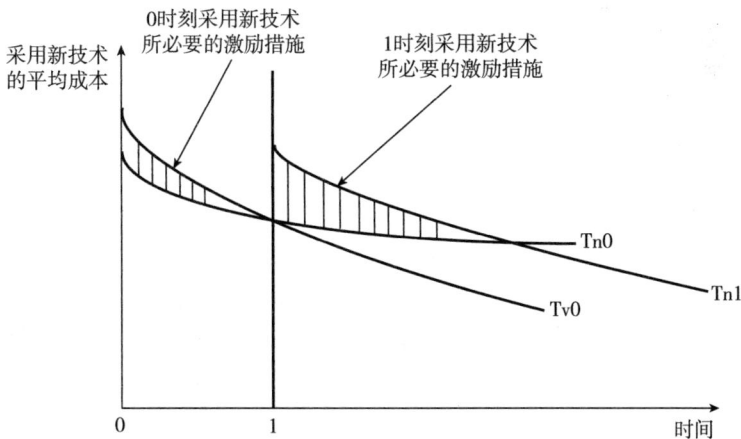

采用新技术的平均成本

0 时刻采用新技术
所必要的激励措施

1 时刻采用新技术
所必要的激励措施

Tn0

Tn1

Tv0

0　　　　1　　　　时间

图 7 − 5　新技术采用所必要的激励措施随时间的变化趋势

注：Tv0 = 在 0 时刻采用旧技术的平均成本；Tn0 = 在 0 时刻采用新技术的平均成本；Tn1 = 在 1 时刻采用新技术的平均成本。

资料来源：笔者根据卡梅尼（1998）绘制。

3. 逻辑斯谛传染病模型的局限性

逻辑斯谛模型，在有关创新空间扩散的文献中是广为人知的模型，但它也难免因缺乏解释性而受到批评①。

首先，传染病模型的逻辑并未考虑到创新的技术演化过程，也就是创新发生后的技术进步过程。它更没有考虑到因突破性创新而导致的技术演进轨迹的转换范式问题。然而，技术知识的变化可能会引发产品创新，其结果是改变甚至终止旧产品的演化模式。与此同时产生的是以新的逻辑斯谛函数来表示的新产品的开发过程，该过程可能与旧的技术演进过程共存一段时间，这就意味着我们无法利用逻辑斯谛模型来表示技术多元化②。

其次，逻辑斯谛方法的第二个缺点是，它认为技术开发是由潜在采用者的行为以及对技术的需求所推动的，并且理所当然地认为灵活多样的供给能够满足这种需求。然而，我们已经意识到，创新是"供需"良性循环的结果，在这种循环过程中供需双方相互作用，共同影响着创新进程的时间尺度以及创新方式。

最后，模型对潜在采用者的数量进行了事前的、外生性的界定，这对模型的解释能力有相当大的负面影响。

4. 产品生命周期和区域生命周期

创新的空间扩散是一个时间的持续过程，这种理念是诺顿和里斯的区域生命周期理论逻辑模式的核心部分，该理论是基于赫希和弗农著名的产品生命周期理论提出的③。

诺顿和里斯的区域生命周期理论，把技术能力的区域差异解释为技术老化引起的生理过程。通过对需求、生产和创新过程的分析，技术发展包含三个阶段，每个阶段都对应着特定的创新区位（见图 7 - 6 （a）），具体如下：

第一阶段是新产品的起飞阶段。当频繁发生产品特性的渐进式创新且生产流程尚未标准化时，创新所需的战略性要素是研究和创新能力、劳动力技能和随时可获取的特定信息。城市和大都市地区是创新活动的首选区位，因为这些地区的

---

① 参见布朗（1981）、戴维斯（1979）、斯通曼（1986）等。对于扩散模型的批判性分析参见哈格特等（Hagget et al. ，1977）。

② 用来分析电话服务的逻辑斯谛模型，很难解释今天的事后实际扩散过程。该模型产生于 20 世纪 80 年代中期，当时没有预测到手机的出现，手机的出现从根本上改变了固定电话服务的使用趋势。

③ 参见弗农（1966）、赫希（1967）、诺顿和里斯（1979）等。

需求对价格缺乏弹性（刚性），接受创新的能力很强。

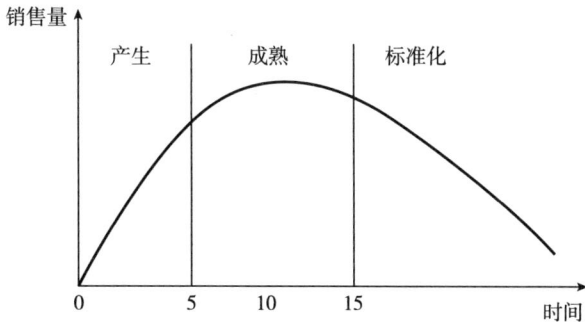

（a）传统曲线

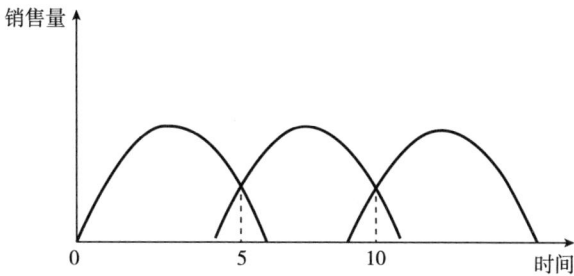

（b）高科技部门的曲线

图7-6 产品的生命周期

第二阶段是产品的成熟阶段。在此阶段，渐进式的工艺流程创新占主导地位，因此该阶段的创新的战略性要素是管理能力和资本的可获得性。该阶段是以资本高度密集型经济活动为主，因此生产过程需要大型工厂。发达国家边缘地区的土地成本较低，是生产创新产品的最佳区位。

第三阶段是产品的标准化生产阶段。该阶段创新的战略性要素是劳动力成本，最佳地点是发展中国家。

上述过程的结果是，产品创新从接近大都市中心的城区向周边地区逐步扩散。这种扩散是通过把创新从较强区域"过滤"到较弱区域的机制而实现的。

与逻辑斯蒂传染病模型相比，该理论的优点在于它考虑到了区际技术多元化。这是特定时间框架内技术区际流动"快照"所带来的结果，而区际技术流动则是由技术生理老化过程所驱动的。现实中，可能还会出现这种情况，即中心地区技术创新停滞不前，而外围地区可能经历以"创造性模仿"为特征的显著的创新过程①。

---

① 参见达维拉和尼茨坎普（Davelaar and Nijkamp，1990）。

然而，这种推理也存在一些缺陷。首先，虽然生命周期理论非常适合于解释20世纪五六十年代创新的空间扩散，当时产品的技术变革以长波的形式出现，包括传统的起飞、成熟和衰退阶段。但20世纪80年代，情况却发生了变化，与高科技产业相关的新技术范式极大地加快了产品演化的速度。因此，产品的生命周期大大缩短，采用新技术的空间模式也随之发生了变化（见图7-6（b））①。事实上，产品生命周期缩短所带来的压力，并没有伴随创新从中心区向外围区迅速扩散。此外，20世纪80年代新技术范式的本质是它重振了"传统"生产，使其从边缘转移到中心。把新电子技术引入纺织、汽车、服装和精密仪器等传统部门，通过改进产品和工艺来革新这些部门的生产，这些为中心区而不是外围区的经济复苏提供了足够的机会。

其次，生命周期模型的第二个缺点是，它一律把区域之间的技术发展视为地区间转让技术的简单的线性过程。由此，它就排除了扩散过程中存在某些主观因素的可能性，例如，某些地区相对于其他地区的有关创新的兴趣、才能和接受能力等方面的差异②。因此，在假定所要采用的信息这一点上，该模型犯了与哈格斯特朗相同的错误。

从前面的讨论中可以看出，创新的空间扩散是一个高度复杂的过程，在这个过程中，需求要素（潜在采用者的特征）与供给要素（当前技术范式的特征）相互作用，尤其是与创新扩散环境的特定要素（地区的结构特征）相互作用。所有这些都很难纳入到扩散机制为传染病扩散过程的模型中去。故根据定义，那些以不同方式吸纳创新的地区被排除在外了。这样就忽略了解释创新空间扩散的一个关键因素。尽管如此，值得赞扬的是各种模型在分析过程中，像格里利谢斯和曼斯菲尔德的模型那样以"经济距离"的方式，或者以当地内生因素（将在第九章中详细讨论）的方式，都试图把这一要素纳入进去。对当地内生因素而言，最值得提及的是大量存在的知识和学习过程，它们支撑了创新的采用过程，解释了一个地区在吸纳和利用创新方面的能力。

五、基础设施与区域经济发展

前面讨论的许多经济增长理论，都认同基础设施对区域发展的重要作用。均

---

① 根据阿伯内西和厄特巴克的话来说，产品生命周期曲线"失去了尾巴"，参见阿伯内西和厄特巴克（1978）。

② 正如达维拉所言，"'蜂拥聚集'过程是'创造'过程，而不是简单的'复制'模仿过程"，参见达维拉（1991）。关于这一观点，也可参见达维拉和尼茨坎普（1990）。

衡发展理论、发展阶段理论、输出基础理论和增长极理论都强调，基础设施对一个地区经济增长和发展路径起到决定性作用。根据这些理论，一个地区的出口能力、生产系统的竞争力以及对新的经济活动的吸引力，主要来源于发达的基础设施禀赋。

根据这些理论，最近的分析更加关注基础设施，并试图在众多决定地区经济增长的可能的因素中，确定基础设施对地区经济增长的实际贡献。

这些分析都把基础设施禀赋，连同地理区位和聚集部门结构，看作是决定区域经济发展潜力的因素之一[1]。良好的基础设施将吸引新的厂商进入该地区，这对已在此地运营的厂商来说，变成了竞争力的来源。它提高了生产要素的生产率，并且通过提高可达性，降低了其采购成本，对当地经济发展产生正的外部性[2]。

基础设施的生产是不可分割的，因此它们通常是由公共部门生产的，因而常被称为"公共资本"或"社会固定资本"。

在进行上述理论分析的同时，有学者还进行了大量的实证研究，旨在衡量"社会固定资本"对要素生产率的贡献[3]。最常见的方法是估计区域或省级层面的总生产函数，以验证规模经济的存在，或者估计与基础设施禀赋相关的乘子系数（从计量经济学的角度来看更容易）[4]。

大卫·阿肖尔（Aschauer，1989，1990）对实证分析的贡献最大，他估计了生产函数，他的研究表明，公共资本在 1945～1985 年对美国的全要素生产率产生了积极的影响。自阿肖尔的这项研究以来，大量的学者进行了实证研究，这些研究表明，对不同的地理区域和不同的时间段而言，高密度的公共资本对产出弹性具有显著的正向效应，这意味着增加公共资本供给会扩大其对地区产出的影

---

① "区域发展潜能"模型最早是由比尔（1986）提出的，他认为，"基础设施对区域经济发展贡献理论的构建，其基本要求是它不能把自身局限于基础设施本身，还应考虑决定区域经济发展的其他可能因素；而这正是区域发展潜力采取的方法"。

② 把基础设施作为内生增长源泉的分析，参见巴罗（1990）。

③ 估计基础设施禀赋有两种方法。最常用的一种方法是用货币来衡量公共资本在总资本存量中所占的比例。使用频率较低的方法（主要是因为难以获得合适的数据）是根据基础设施禀赋的"自然"指标来计算。

④ 除了基础设施禀赋外，被认为是决定当地系统整体竞争力的其他因素也经常被纳入生产函数中来。例如：比尔强调区位、部门构成和聚集结构；费里和马特西尼强调人力资本的作用；法比亚尼和佩莱格里尼强调地理因素、环境和部门结构的重要性。具体参见比尔（Biehl，1986）、法比亚尼和佩莱格里尼（1997）、费里和马特西尼（1997）等。拟生产函数估计中若干方法问题的解决办法，参考埃尔汉斯和拉克什马农（1988）。

响。表 7-1 总结了近期文献中对这种影响的各种估计①。

表 7-1　基础设施对产出影响的备选估计

研究	产出弹性	分析层面	基础设施变量	产出变量
阿肖尔（1989）	0.39	国家	公共资本	全国产出
芒内尔（1990）	0.33	国家	公共资本	全国产出
阿肖尔（1989）	0.24	国家	核心公共资本	全国产出
赫尔腾和施瓦布（1995）	0.39	国家	公共资本	全国产出
穆莫等（1995）	0.07~0.26	州	公共资本	州生产总值
穆莫和威廉斯（1991）	0.25	州	公路网密度	全要素生产率
科斯塔等（1987）	0.20	州	公共资本	产出
芒内尔（1990）	0.15	州	公共资本	州生产总值
阿肖尔（1990）	0.11	州	核心公共资本	人均产出
芒内尔（1990）	0.06	州	公路资本	州生产总值
德诺（1988）	0.31	都市区	公路资本	制造业产出
达菲—德诺和埃伯茨（1991）	0.08	都市区	公共资本	个人收入
埃伯茨（1986）	0.19~0.26	都市区	核心公共资本	制造业增加值

资料来源：吉尔德（1998）。

　　这些实证分析发现，基础设施禀赋与经济增长之间存在相关性，这表明"社会固定资本"是地域竞争力和要素生产率的决定因素。相关性的密切程度在很大程度上取决于所考虑的公共资本的类型，相对于"社会和民用基础设施"（医院、学校、大学、公共住房项目和污水处理系统），直接为企业提供服务的"经济"基础设施（运输设施、道路、高速公路、铁路、机场和发电站）提高劳动生产率的效率更大。尽管社会和民用基础设施直接影响生活质量和人力资本，但它们只会影响长期生产，且其影响不一定只限于这些基础设施所在的区域。此外，研究这一问题所使用的众多估计方法和不同的地区划分说明，社会固定资本价值的收入弹性的确具有显著的变异性（见表 7-1）。

　　然而，长期的基础设施政策对缩小地区发展差距的影响是非常有限的。除国家政策外，20 世纪七八十年代，欧盟把 80% 的结构基金配置到目标 I 区域的基

①　关于这一主题的理论和实证研究，可以参见汉森（1965a，1965b）、埃伯茨（Eberts，1986）、科斯塔等（1987）、德诺（1988）、阿肖尔（1989，1990）、里特维尔德（Rietveld，1989）、芒内尔（1990）、达菲—德诺和埃伯茨（1991）、穆莫和威廉斯（1991）、赫尔腾和施瓦布（1995）、穆莫等（1995）、吉尔德（1998）等。

础设施发展方面，但这并没有缩小区域差距：20 世纪 70 年代这种差距基本保持不变；在 80 年代实际上进一步加剧了区际差距；在 90 年代区际差距有所收敛；在 21 世纪初的经济危机期间，却发生了"逆向收敛"过程[①]。

这些结果表明，需要审慎地看待基础设施投资在经济发展中的作用[②]。基础设施的发展必须与基础设施拟建地区的产业专业化需求相匹配，均衡发展理论已经充分证明了这一点[③]。尤其引人误入歧途的是这样一种观点，即在不存在有利于生产活动的"沃土"来培育各种产业活动的情况下，仅靠基础设施建设也能促进落后地区的经济发展。此外，交通基础设施建设可能会加剧该地区厂商间的竞争，因为它可以使得区外厂商易于进入本地市场。此外，在基础设施已经很完善的情况下，像加大对任何密集使用的要素的投资一样，加大对社会固定资本的投资，则它对促进当地经济增长的作用是很微弱的[④]。

综上所述，虽然可以把社会固定资本禀赋看作是地方发展的必要条件（实证调查的结果也表明了这一点），但是不能把它看作是充分条件。如果要使得基础设施政策真正发挥作用，那么还必须具备一系列其他同样必要的因素，包括企业家精神、专业化和创新能力等。

六、新的通信技术与区域经济发展

标准化的信息通信技术（ICT）的发展，给地区经济系统带来了新的机遇，同时也带来了新的挑战。采用信息通信技术（或"计算机网络"），拓宽了创新道路，促进了地区经济发展。产品创新（电子商务）、产品分销创新（线上营销）和生产流程创新（即时生产、功能集成）都源于这些技术的出现和开发，提高了本地生产系统的竞争力和效率。

新通信技术提供的发展机遇取决于这些技术本身的战略用途，这种用途结合了新的技术潜力、新的组织方法（创新本身需要）以及那些用具有创新性的和高质量产品（商业理念）来进行市场渗透的新的营销方式。因此，要想获得这

---

①　参见欧盟报告（2004，2011）、卡梅尼和卡佩罗（2015）。

②　参见布鲁因斯马等（Bruinsma et al.，1990）、维克曼（Vickerman，1991）等。

③　参见罗森斯坦—罗丹（1943）以及本书的第四章。

④　该领域的先驱者汉森（1965a，1965b）指出，比利时各区域的发展因投资类别而异。落后地区更多地受益于社会间接资本的增加（例如，包括卫生和教育在内的社会服务），而中等发达地区则更多地受益于经济间接资本支出的增加（例如道路和电力供应）。两种社会资本的变化对拥挤地区的影响都较小，帕齐和萨迪（Paci and Saddi，2002）的研究，得出了意大利北部和南部基础设施的不同的收入弹性，意大利北部为 0.14，而意大利南部为 0.20。

些技术带来的潜在收益和更高的竞争力，需要获得知识、创新和创造技能，而它们在空间上的分布肯定是不均匀的。知识源于缓慢的学习过程，学习过程的加速则是由信息、知识以及对研究和培训的投资所推动的，而信息和知识等则来自于地方的经验和专业知识，这些经验和专业知识又体现在人力资本、本地联系网络以及本地劳动力市场中。知识日益嵌入本地生产系统中，因此学习过程具有高度的选择性，并决定了使用技术的能力，这些能力在地区之间存在显著的差异①。

这最后一点具有重要的含义，它通常与前面所谈论的基础设施有关，但大量利用这些技术是地区经济发展的必要条件而不是充分条件。严格来讲，技术对地方经济系统的经济增长模式的影响，实际上是中性的，技术就代表了支付一定的成本换回来的一系列机会，是一种"准公共物品"。它与"公共物品"的区别，就在于文化和组织能力的差异上。这种文化和组织能力，可以利用一系列的创造性技术、组织风格和商业理念，开发它们的潜能。这些能力很可能存在于中心区，尤其是在采用技术的初期阶段。至少在采用技术的最初阶段，这些能力增强了发展的向心力。

这一点提醒我们，信息和通信技术对区域差异的影响仍然是不确定的。在过去 15 年中，有两种主张解释了信息和通信技术在缩小区际发展差距方面的作用②：

第一种观点认为，新的信息与通信技术能够解决边缘区的问题。大量获取信息、知识和特定的生产性服务，可以缩小边缘区的区位劣势，也就是消除第四章"核心边缘"方法所强调的不利因素。

与之相反，第二种观点认为，技术扩散是向心化的过程，这种过程是由发达地区的更大的潜在需求、有关这些技术的更多知识、利用这些技术的能力所共同驱动的。根据这种观点，技术采用的向心化过程，为中心区创造更多的机会以维持和扩大它与边缘区之间的发展差距。

实证研究表明，在采用技术的第一阶段，或者是需要新技术采用策略的技术进步的所有阶段，技术的扩散是一个向心化过程。20 世纪 90 年代初进行的一项关于 ICT 技术对意大利北部和南部地区发展的影响的研究表明，北部地区采用 ICT 技术与地区经济发展之间存在相关关系。但是，由于缺乏使用该技术所必需的知识，南部地区似乎完全不存在这种关系。美国的一项实证研究也得

---

① 参见卡梅尼（1991）、伦德维尔和约翰逊（1994）、阿什海姆（1996）、阿敏和威尔金森（1999）、基布尔和威尔金森（2000）等。关于集体学习的概念参见第九章。

② 关于信息与通信技术出现后发展速度趋同还是趋异的争论，参见戈达德和派伊（1977）、吉莱斯皮和威廉斯（1988）、吉莱斯皮等（1989）、赫普沃思和柯特森（1988）、卡佩罗（1994）等。

出了类似的结论，即各个州的回归分析显示，各个州电信投资回报率之间存在差异，这种差异可能是由于作为生产要素的电信基础设施的利用效率较低而导致的。该项研究还发现，获得显著的正效应的州是那些厂商更有效地利用电信基础设施的州[①]。

最近的研究再次强调，如何使用这些技术的知识没有在当地的劳动力市场中积淀下来，也没有为当地企业之间的密切联系所丰富起来，那么采用新的技术不会促进当地经济的发展进程[②]。

七、本章小结

本章考察了以多样化空间概念为基础的理论。这种空间概念把一个区域内的生产活动、要素、需求结构和部门结构的空间分布看作是不均匀的。根据这种理论方法，一个地理区域内存在的经济和社会联系在解释地方发展方面发挥着重要的作用，因此称它为多元联系空间。

在多元联系空间的众多方法中，本章阐述的是那些把系统外的外生因素确定为长期竞争力的决定性因素的方法：主导性企业或跨国公司的存在、外源性创新的扩散、交通和社会基础设施的建设、新通信技术的应用等。下一章将考察另外一些理论，它们以深刻的洞察力，试图确定决定当地竞争力的内生因素。

思考题

1. 什么是多元联系空间？空间的这一定义是如何改变区域发展理论的？
2. 基于多元联系空间的经济增长的概念是什么？
3. 什么是外生发展？
4. 增长极理论的主要创新点是什么？该理论的局限性是什么？
5. 跨国公司区位选择的主要决定因素是什么？
6. 跨国公司促进经济发展的当地条件是什么？
7. 哈格斯特朗模型的主要目的是什么？该模型的局限性是什么？格里利谢斯和曼斯菲尔德对该模型的贡献表现在哪里？

---

① 参见伊尔马兹和丁克（Yilmaz and Dinc, 2002）。关于电信对中国区域发展影响的实证分析，参见丁和海恩斯（Ding and Haynes, 2004）。关于电信对葡萄牙区域发展影响的实证分析，参见巴特勒等（Butler et al., 1986）。
② 参见卡佩罗（1994）、卡佩罗和斯佩拉尼（2004）等。

8. "基础设施导致经济增长"的说法是否正确？说明其理由。

9. "信息与通信技术缩小了区际发展差距"的说法是否正确？说明其理由。

阅读文献

［1］Biehl D. (1986), *The Contribution of Infrastructure to Regional Development*, *Regional Policy Division*, Brussels: European Community.

［2］Bröcker J. and Schneekloth N. (2006), "European Transport Policy and Cohesion: An Assessment by CGE Analysis", *Scienze Regionali – Italian Journal of Regional Science*, Vol. 5, No. 2, pp. 71 – 87.

［3］Fabiani S. and Pellegrini G. (1997), "Education, Infrastructure, Geography and Growth: An Empirical Analysis of the Development of Italian Provinces", Temi di Discussione, No. 323, Banca d'Italia, Rome.

［4］Spiekermann K., and Wegener M. (2006), "Accessibility and Spatial Development in Europe", *Scienze Regionali – Italian Journal of Regional Science*, Vol. 5, No. 2, pp. 15 – 46.

［5］Butler J., Gaspar J. M. B., and Jeppesen E. (1986), "Telecommunications and Regional Development in Portugal", *Arbejdsrapport*, Vol. 16, Aarhus University.

［6］Capello R. and Nijkamp P. (1996), "Telecommunications Policy for Regional Development: Theoretical Considerations and Empirical Evidence", *The Annals of Regional Science*, Vol. 30, No. 1, pp. 7 – 30.

［7］Ding L. and Haynes K. E. (2004), "The Role of Telecommunications Infrastructure in Regional Economic Growth of China", Paper Presented at the Telecommunications Policy Research Conference, Washington, DC, October 1 – 3.

［8］Yilmaz S. and Dinc M. (2002), "Telecommunications and Regional Development: Evidence from the U. S. States", *Economic Development Quarterly*, Vol. 16, No. 3, pp. 211 – 228.

［9］Cantwell J. and Piscitello L. (2002), "The Location of Tecnological Activities of MNCs in European Regions: The Role of Spillovers and Local Competencies", *Journal of International Management*, Vol. 8, No. 1, pp. 69 – 96.

［10］Crescenzi R., Pietrobelli C., and Rabellotti R. (2012), "Innovation Drivers, Value Chains and the Geography of Multinational Firms in European Regions", Vol. 14, No. 6, pp. 1053 – 1086.

［11］Iammarino S. and McCann Ph. (2013), *Multinationals and Economic Geography*, Cheltenham: Edward Elgar.

［12］Li S. and Ho Park S. (2006), "Determinants of Locations of Foreign Direct Investment in China", *Management and Organization Review*, Vol. 2, No. 1, pp. 95 – 119.

［13］Nachum L. and Wymbs C. (2002), "Firm – specific Attrbutes and MNE Location Choices: Financial and Professional Service FDI to New York and London", Working Paper, No. 223,

ESRC Centre for Business Research, University of Cambridge, Cambridge.

[14] Pusterla F. and Resmini L. (2007), "Where Do Foreign Firms Locate in Transition Countries? An Empirical Investigation", *Annals of Regional Science*, Vol. 41, No. 4, pp. 835 – 856.

[15] Resmini L. (2007), "Regional Patterns of Industry Location in Transition Countries: Does theEconomic Integration with the EU Matter?", *Regional Studies*, Vol. 41, No. 6, pp. 747 – 764.

[16] Urata S. and Kawai H. (2000), "The Determinants of the Location of Foreign Direct Investment by Japanese Small and Medium – sized Enterprises", *Small Business Economics*, Vol. 15, No. 2, pp. 79 – 103.

[17] Antonelli C. (eds) (1992), *The Economics of Information Networks*, Amsterdam: North Holland.

[18] Biehl D. (1986), *The Contribution of Infrastructure to Regional Development*, Brussels: Regional Policy Division, European Community.

[19] Boudeville J. – R. (1966), *Problems of Regional Economic Planning*, Edinburgh: Edinburgh University Press.

[20] Capello R. (1994), *Spatial Economic Analysis of Telecommunications Network Externalities*, Aldershot: Avebury.

[21] Casi L. and Resmini L. (2014), "Spatial Complexity and Interactions in the FDI Attractiveness of Regions", *Papers in Regional Science*, Vol. 93, No. S1, pp. 51 – 78.

[22] Gillespie A. and Williams H. (1988), "Telecommunications and the Reconstruction of Regional Comparative Advantage", *Environment and Planning A*, Vol. 20, No. 10, pp. 1311 – 1321.

[23] Holland S. (1971), "Regional Underdevelopment in a Developed Economy: the Italian Case", *Regional Studies*, Vol. 5, No. 2, pp. 71 – 90.

[24] Iammarino S. and McCann Ph. (2013), *Multinationals and Economic Geography*, Cheltenham: Edward Elgar.

[25] Vickerman R. ed. (1991), *Infrastructure and Regional Development*, London: Pion.

第八章

地域竞争力与内生发展：聚集经济

一、竞争力的内生来源：聚集经济

纵观本书截至目前的论述，空间在区域经济理论和模型中发挥着两种截然不同的作用：①阻碍经济活动的自然壁垒或空间摩擦力，它主要体现为在投入品和产出品市场之间存在着自然距离，这在模型中常被描述为普通的运输成本①；②经济发展的"自然容器"，它主要体现为简化的地理区域，这在宏观经济理论中经常与行政区域相联系，但也与范围较小的地方性区域相联系（在某区域内的简单地理聚集，如上一章讨论的更加微观的经济理论所设想的情况）。对这两种情形而言，空间都不是地方经济发展的决定性因素。同样的经济逻辑也可以解释区域、大都市区域或一般化的人口密集的产业区的发展。输出基础理论，既适用于一个地区也适用于一个国家，其推演的基本逻辑没有发生变化。同样，哈罗德—多马模型以及新古典增长模型，既适用于区域也适用于国家，这说明这些理论和模型都不具有空间特性。

在本章以及下一章，空间的概念有了一个根本性的改变，空间在区域经济发展过程中将发挥截然不同的作用。空间不再是一个简单的地理容器，而被看作是一种经济资源，一个独立的生产要素。它是厂商静态优势和动态优势的生成器，是决定一个地方生产系统竞争力的关键性因素。根据本章（及下一章）所考察的理论，空间是收益递增的源泉，是以聚集经济和地方化经济为主要形式的正外部性的源泉。当地方生产系统存在收益递增时，生产和交易成本将会下降，生产要素的效率和创新能力将会提升，该地方就能够获得更高的增长率。因此，区域经济发展取决于集中化的地域生产组织的效率，而不是经济资源的可获得性或更

---

① 这里所提及的是本书第一部分考察的所有区位论模型。

有效的空间配置。

这个新的空间概念包括以下两方面含义：首先，空间是多样化的空间，从中（甚至在一个地区内部）很容易看出经济活动空间分布的不均衡现象。经济发展只在那些集中化的生产组织对静态和动态效率参数施加正向影响的地区才能发生。其次，空间是相互关联的，因为一个地区的经济和社会联系在各个方面都发挥着至关重要的作用，它们确保市场机制的平稳运行、生产流程的高效和低成本、地方市场的知识积累以及创新的更快频率，所有这些都是推动地方发展的重要因素。

一旦采用这一新的空间概念，发展的源泉就不再被看作是外生的。根据现在的定义，发展是内生的。发展，从根本上取决于地域的集中化的生产组织，其中内嵌着一个社会经济和文化系统，该系统中的各种要素决定当地经济发展的成功与否，这些要素包括企业家才能、地方生产要素（劳动力和资本）、地方行为者在不断累积的学习过程中获得的相关技巧，以及能够指导本地经济发展的地方经济和社会行为者的决策能力等。这些地方行为者的决策能力，当发生变革和创新时，能够支撑本地的经济发展，并利用外部的信息和知识丰富本地的发展进程使之适应一般经济增长过程以及世界经济的社会、技术、文化的变革过程。因此，本章阐述的各个理论将试图确定地方特有的条件，这些条件决定了本地生产系统的竞争力并确保其随时间推移的持久性。这些理论寻找当地的因素，这些因素使地区和位于其中的厂商能够生产具有国际（绝对）竞争优势的产品，并能通过不断创新来保持这种优势，而且能从外部吸引新的资源。

区域内生发展理论可以划分为两大流派：一方面是新马歇尔主义理论，认为地区经济增长是外部性影响厂商静态效率的结果，这类理论多年来不断扩张和巩固；另一方面是最近刚兴起的新熊彼特主义研究，将发展解释为地方外部性影响企业创新能力的结果。

将空间诠释为发展的一种积极因素是逻辑上的一个飞跃，这在 20 世纪 70 年代早期的经济思想史上写下了重重的一笔。那时，传统的经济模型无法解释发生在意大利的前所未有的地区经济发展模式，这震惊了整个经济理论学界。20 世纪 70 年代早期，意大利的一些地区，主要是东北部和中部地区①，突然开启了高速的经济增长过程，但同时意大利的工业化地区②则表现出明显的陷入经济危机的迹象，这既不能由生产要素区际转移（该时期明显减少）的新古典范式来解释，也不能由关注大企业效率的佩鲁范式来解释，还不能由地区发展受外部需求驱动的凯恩斯范式来解释。

---

① 因此称该地区为"NEC 区域"。
② "工业三角"地区指由伦巴第、利古里亚、皮埃蒙特所组成的区域，即意大利西北部地区。

20世纪七八十年代，世界各地的许多新马歇尔主义理论家，都沿着非常相似的理论路线进行了研究（至今仍不乏关于该问题的理论）：沃尔特·斯多尔提出了"自下而上"的发展理念；恩里科·奇乔蒂和莱因哈特·韦特曼提出了"本土潜力"；本特·约翰尼森提出了"地方环境"；伯纳多·塞奇和吉奥阿基诺·加洛弗里提出了"系统区域"；克劳德·库勒特—贝尔纳·佩克尔和伯纳德·甘恩提出了"地方产业体系"①。但直到20世纪70年代中期，贾科莫·贝卡蒂尼在意大利出版的有关"马歇尔产业区"的开创性研究中，首次系统地提出了内生发展理论②。来源于著名的新古典经济学家阿尔弗雷德·马歇尔的研究工作③中的产业区理论，第一次把外部经济（聚集经济）概念化为地域竞争力的源泉。产业区理论是根据这种理论模型而提出上述主张的，即经济发展是导致收益递增和自我强化机制的社会文化系统所不断强化的过程。

在下文，尽管正统经济学家通常反对这种做法，然而我们不会对所考察的理论的性质进行评论。相反，我们认为这些理论通过确认聚集在一起构成区域竞争力的各种无形因素（知识、学习、关系和社会资本）的方式，进一步丰富了区域经济分析过程。本章认为，这些理论绝非缺乏经济意义，反而应因它们为深化区域发展过程的认识所做出的贡献而得到重视和赞赏。

最后，当空间被视为厂商优势的生成器从而成为发展过程中的一种积极因素时，研究区域发展的学者们开始将他们的注意力转移到城市空间的作用方面。他们把城市空间看作是生成聚集经济（地方化经济或城市化经济）的地方，因而也是整个地区经济发展所植根和组织的地方。因此，正如克里斯泰勒和廖什的模型所显示的那样，发达的、高效的城市以及由反映有效劳动分工的垂直联系和水平联系网络所组成的城市体系，可能就决定一个地区的经济发展和成功。

在这种思想中，最优城市规模理论代表了确定城市规模的第一步，它允许充分利用城市化经济。进一步的研究不仅把提高城市效率与城市规模联系起来，而且在动态视角下，把城市的优质生产要素、高水平功能、高质量服务等资源禀赋的增长与城市规模联系起来了。这些理论不仅能够解释城市规模的自然扩张，而

---

① 参见塞齐（Secchi，1974）、斯多尔和托德林（Stöhr and Tödtling，1977）、奇乔蒂和韦特曼（Ciciotti and Wettmann，1981）、加洛弗里（Garofoli，1981）、约翰尼森和斯皮林（Johannisson and Spilling，1983）、斯多尔（1990）、库勒特和佩克尔（Courlet and Pecqueur，1992）、甘恩（Ganne，1992）。有关内生增长理论的详细综述，请参见瓦斯克斯—巴奎洛（Vásquez－Barquero，2002）。

② 贝卡蒂尼（Becattini，1975）陈述了他的核心思想，然后他在1979年的后续研究中，进一步发展了这些思想。在后续的一系列研究中，贝卡蒂尼扩展并深化了"马歇尔产业区"概念。最近的有关该议题的学术研究，参见贝卡蒂尼。

③ 参见马歇尔（1920），关于马歇尔的研究和产业区理论之间联系的详细分析，参见贝兰迪（1989）。

且还能解释城市结构的演变，并能够确定在何种条件下城市规模会扩张（不仅与自然规模有关）及其扩张原因。

二、马歇尔产业区

1. 产业区的基本条件

20世纪70年代，人们见证了"第三意大利"发展的奇迹[①]：意大利东北部和中部地区实现了惊人的高速增长，而在这一时期，意大利经济整体上遭受宏观经济环境（石油冲击、通货膨胀、失业、消费和投资停滞、国家货币里拉贬值）恶化所造成的严重经济危机的冲击。这一奇迹，最初被解释为是由工业化地区的大公司之间的产业竞争所导致的短期现象，之后又被认为是生产分散化带来的对地域经济的积极影响（因而被解释为依赖于中心区的一种发展过程）。经验研究表明，第三意大利发展模式，其实具有其独有的自主性和独创性，因而被誉为资本主义经济发展的新模式[②]。

大量的有关非大都市区域分散化发展的案例研究，激励了人们去积极地探讨第三意大利经济发展之原因。第三意大利地区的典型特征是小型企业的大量聚集和来源于当地农业系统结构变迁过程中的创业模式。这种有关成功因素的研究，得到了如下研究的佐证，这反过来又丰富了此种研究：一是地方劳动力市场灵活性研究，这些地区的农副产品生产企业允许劳动力兼职，而且劳动力快速便捷地在企业之间转换工作；二是支撑农业和贸易合作传统的文化、社会和政治同质性的社会学研究[③]。

在这些经验研究成果的基础上产生的，且其后孕育了众多分支学科的开创性理论，就是马歇尔产业区理论。它指的是一个中小型企业密集聚集的地区，其中的每个企业都是为地区主导产业服务的企业，它们专门从事整个生产流程中的一

---

① "第三意大利"是指由东北部和中部大区（NEC地区）构成的地理区域。采用该名称是为了强调对意大利经济发展惯用的北部、南部"二元"分法的不足，同时标志经济发展的新的（第三个区域）宏观区域的诞生，参见巴格纳斯克（Bagnasco，1977）。

② 参见贝内德蒂和卡梅尼（1983）。

③ 遗憾的是，对这些问题的开创性研究一直没有翻译成英文，从而只在意大利可以获得这些资料，参见巴格纳斯克（1977，1983）对企业家能力的研究。有关当地劳动力市场运行的研究，参见佩西（1973）、布鲁斯科（1982，1990）；对社会和政治凝聚力的研究，请参见巴格纳斯克和特里格利亚（Bagnasco and Trigilia，1984）、巴格纳斯克（1985）、特里格利亚（1985）。

个或数个生产环节（或者附属活动）中的生产活动。

小型企业的空间聚集是一个地区成为产业区所必需的第一个基本条件，虽然它不是充分条件。产业区的经济生产组织植根于那种以共同价值观为基础而构成的社会和文化体系之中，该体系渗透于整个市场之中并影响其运行①。正是这种经济和社会结构之间的联系，驱动了地区的经济发展；市场和社会之间的相辅相成，促成了协同、合作和相互作用，这又催生了收益递增和产业区企业的区位优势。一个地理区域要成为产业区，必须具备如下基本条件：①厂商间的空间接近性或地理邻近性；②社会接近性：整个社区共享的制度、法规、规则体系调节市场运行，该体系推动企业之间合作，或者一般而言，生产活动或服务的内部生产成本很高时，厂商常常求助于当地的市场；③小型企业大量聚集：其主要特征是柔性化的生产，当市场发生波动时能够迅速调整产品生产；④行业专业化：该地区拥有该专业化部门生产链条中的所有生产环节，也就是从产品设计到产品制造所需的所有中间产品的生产环节，再到产品在全球范围内的销售。

2. 产业区经济

上述经济地域条件组合，为企业的成功运行带来了竞争优势。如果用纯粹的经济学术语来表述，则这些条件创造了以聚集经济形式显现的收益递增环境，或者更加准确地表述，则创造了那种企业因邻近同一行业内不同企业而获得各种经济优势（降低成本或提高生产效率）的地方化经济或"产业区经济"②。这些优势使得小型企业能够克服规模小而造成的各种障碍，同时也不会失去小型规模带给它们的经济优势③。

产业区经济源于以下所描述的因素（表8-1中列出）：

（1）降低生产成本。产业区内大量的高度专业化的本地供应商，降低了中间投入品的运输成本。具有高度弹性的地方劳动力市场，也就是劳动力对劳动力需求的变动做出快速而连续的调整，同样降低了生产成本。同时，由于共享社会

---

① 贝卡蒂尼（1990）最初的产业区定义如下：在自然和历史因素共同决定的地区中的，那种以社区居民和大量企业的积极活动为主要特征的社会地域实体。该定义强调了那种以经济活动主体的地理和社会接近性为基本特性的产业区特征。

② 马歇尔（1920）在《经济学原理》中强调了地方化经济的重要性，"相同类型的小型企业大量聚集在特定地域中，或者通常所说的'产业的地方化'，一般能够获得非常重要的外部经济"。

③ 实际上，由于规模有限，小型企业不能充分开发"规模经济"，即企业在同一地点生产大量的和越来越多的产品过程中获得的优势。在产业区，这一劣势由地方化经济，即马歇尔所说的"外部经济"所抵消。之所以称为"外部经济"，是因为其依赖于企业的外部条件（产业的总产出量）而不是内部条件（企业的产出量）。马歇尔（1920）指出，大规模生产优势既可以通过把大量企业集中到一个地区，也可以通过建造几个大型工厂获得。

规则和对机会主义行为的社会惩治，企业更容易依靠劳动力市场，从而可以利用外部劳动力，尤其是将一些更复杂、高成本的生产环节外包出去。这也是降低生产成本的一种因素。

（2）降低交易成本（即经济交易过程中产生的成本）。产业区市场的地理邻近性特征，有助于通过紧密的地方信息网络实现劳动力供求的匹配。更加重要的是，通过共同的行为规则体系、社会化过程中的行为规范内部化以及部分源于农场管理制度的社区归属感而实现的社会接近性①。这种社会接近性建造了一种抑制交易中的机会主义行为或欺诈行为的治理机制，从而显著降低了交易成本，这使企业更多地依靠市场。特定社区的归属感和社会认同感在地方社会中普遍存在，这就强化了信任关系，从而促进了非正式的、非政府机构的和柔性契约形式的企业间合作关系。根据贝卡蒂尼（1987）描述，马歇尔产业区是"浓缩的产业间关系的本地化"。企业间的完全的专业化，赋予企业所需的专业技术知识，以便有效获得大量本地供应商所提供的高质量服务。因此，相对于差异化的产品系统，依靠本地市场的产品生产成本进一步下降。

（3）提高生产要素的生产效率。外部经济并不只是对成本产生积极的影响，在生产资源给定的情况下，通过社会价值的共享体系、专业化厂商的空间聚集以及企业规模的小型化共同作用于企业的生产能力，提高了生产要素的生产效率。在生产过程中的上游和下游部门存在大量的厂商，提供了一系列的各种服务，使企业可以很好地利用各种服务，并对地方经济的市场概念产生协同效应。社会邻近性创造了马歇尔所说的"产业氛围"，即存在于整个生产体系不可分割的"无形资产"中的产业文化，它既包括企业家心态、合作精神，还包括那些使企业在其他条件不变的情况下能够提高生产效率的有关生产周期的本地技术知识和社会化知识。企业在不同生产阶段的专业化、劳动的垂直分工和水平分工以及企业间密切的供求关系，产生了更高的整体效率，这表现为收入水平的提升和厂商利润水平（以及该地区对新企业的区位或创立具有的吸引力）的提高。

（4）提高创新能力（动态效率），这是从区内企业所拥有的创新能力角度而言的。产业区理论继承了马歇尔（1920）有关地区专业化的观点："在从事相同技能行业的地区，人们通过相互邻近所获得的优势是非常巨大的。行业的秘密不再是秘密，而是像存在于空气中的东西一样，孩子们在不知不觉中学到了其中的许多知识。"这种观点强调本地累积的知识对企业创新能力的重要性。这些方面

① 对于产业区的农业系统历史结构，巴格纳斯克（1977）写道，"自耕农家庭（尽管现在其性质发生了变化）最初是生产系统的中心，我们也能理解为什么工业化的发生是建立在这种原始家庭形式的基础上的"。应该注意的是，贝卡蒂尼（1979）最初是用"乡村城市化"来定义工业化的扩散的，其目的是强调最近工业化地区的农业根源。

的内容，通过下一章讨论的理论重新阐述并扩展。

因此，产业区经济就解释了产业区内企业在整体上具有高效率的原因。相应地，这些理论认为地域以及其中的企业网络和社会联系是经济增长的源泉，也就是说，把它视为有助于确定发展路径和生产能力的积极因素（见表8-1）。

表8-1 产业区基本条件和优势分类

基本条件（来源）　优势（效应）	空间邻近性	社会和文化的接近性	小型企业的集中	产业专业化
降低生产成本	降低中间投入品的运输成本	地方代理人体系；依靠外部劳动力（在家办公）；生产环节外包	柔性化生产	容易获得熟练劳动力；企业间劳动分工
降低交易成本	实现劳动力供需匹配；巨大的地方上下游市场	人际关系网络；共同的规则和制度体系；共同的行为规范；归属感；行为主体间的合作能力；非正式的契约	企业间灵活的、非政府机构间关系	选择供应商时充足的专业技术知识
提高生产要素的生产效率	存在大量的专业化服务和基础设施；专门化中间产品的广阔市场	广泛传播的产业文化；缄默信息的传播；广泛传播的企业家才能	在生产过程中，投入品数量和质量上的灵活性	提供给专业化部门的信息服务
提高创新能力（动态效率）	地方化的知识积累	创新活动风险的社会化；共享知识积累	竞争驱动的创新	特定知识的积累

3. 超越产业区经济

尽管产业区经济是同一部门内小型企业大量聚集在某一地区所显现出来的一种经济优势，然而它也是由经济和社会环境中的各种因素所催生并得到进一步强化的。

第一个提高效率的因素是经济、地理和社会元素之间相互交织。关于"产业区"概念，人们经常强调小型企业在特定地区的简单聚集并不能组成一个产业区。社会接近性是产业区的一个典型特征，它被定义为惩罚机会主义行为的共同的行为规范和相同的价值体系。社会接近性渗透于市场之中，它利用清晰的行为规则建构市场组织，并提升市场的运行效率。这种组织模式的优势在于经济和社会结构的紧密联系。对此，分析家们是利用"社区市场"的概念来进行描述的。交易所需信息，不仅存在于价格体系之中，也存在于行为主体通过社会化过程所内部化的含而不露的行为规范之中，因此"社区市场"是指介于市场和社区之间的一种交易活动的管理方式①。

第二个提高效率的因素是合作与竞争的统一。的确，能否在这两个过程之间找到适度的均衡，将决定着产业区组织模式的成败问题②。尽管产业区理论给人们的印象是它一直在强调合作的重要性，然而在产业区内企业生产的产品之间具有明显的替代性特征，因此产业区内企业之间展开激烈的竞争。这种企业间竞争是促使产业区企业提高产品质量和进行生产技术创新（即使是通过模仿的创新）的驱动力。同时，明确的合作关系的形成，是受到那些惩罚机会主义行为的社会规范和约束力制约的市场的显著特征；在"重复博弈"（即交易在相同的经济主体之间连续发生多次）条件下，"声誉"是保证企业在市场中能够生存的一种无形资产③。

第三个提高效率的因素是支撑交易监管体系的治理结构（地方代理人和机构）的存在。这种治理结构，通过支持各种形式的竞争与合作确保"社区市场"的有效运行。为使竞争不会恶化到对企业造成损害，产业区的行业协会以协议和指导性税费形式实施价格控制，并根据制造流程进行调整。这样，不仅降低了信息不对称带来的风险，还降低了交易成本。戴奥塔蒂（1995）认为，地方治理体系同样也防止合作退化为金融协定或保护主义的卡特尔，进而抵消竞争的正向效应。

从首次提出马歇尔产业区概念到目前的 40 多年来，这一概念作为地方系统的研究工具仍未被其他研究工具所超越。虽然大量反复的实证研究可能减弱了对

---

①　"社区市场"的观点，首先是由戴奥塔迪（Dei Ottati，2003；original version，1987）提出的。同样，巴格纳斯克（1985）还提出了"市场社会化"的概念。因为社会因素在产业区理论中占据重要地位，因此一些学者认为"尽管存在许多具有真实的经济学意义的主张，然而整个画面仍以社会学观点为主"，参见贝内德蒂和卡梅尼（1983）。

②　关于竞争和合作的共生性问题，参见贝卡蒂尼（1990）、比安基（1994）、戴奥塔蒂（1995，2003）。关于合作的概念或"集体效率"，参见施密茨（Schmitz，1995，1998）、拉贝洛蒂（Rabellotti，1997）。

③　关于这一点，贝卡蒂尼（1990）写道："产业区的动态和自我再生性质由企业内操作成本和企业外实施成本的连续比较所决定……需要注意的是这种比较并不是生产和购买之间的一般性比较，而是正在做的和已经做之间的一种特殊的比较……还需要注意的是这方面几乎总是'共同制造'的东西。"有关作为资本的声誉的详细分析，参见戴奥塔蒂（1995）。

它的吸引力，然而意大利产业区模式仍然是发展经济学家用来解释正在发展中国家兴起的小型企业系统的分析工具①。不过，如同将从特定案例中得出的结论运用到其他环境时经常发生的情形一样，对拉丁美洲的分析表明，意大利产业区与在巴西、墨西哥和阿根廷等国家正在兴起的小型企业集群之间存在着明显的差异，尤其是因这些国家企业合作程度低而导致的差异更加明显②。

由于产业区的动态发展仍缺乏合理的逻辑化的解释，辨认出产业区成功或危机（产业区演化的突发性模式）的决定因素的研究，至今仍是该领域研究中最有吸引力和最有收效的方面。

4. 一些评述

如前所述，产业区理论的突出优点在于，它是第一个主张空间在经济发展过程中发挥积极作用的理论，从而从社会、心理和文化的角度丰富了聚集经济的概念。

该理论的第二个优点是它强调了发展过程中的内生性因素：企业家精神、柔性生产、产业区经济，以及能够激发"本地潜能"的社会文化背景和制度结构。这种自下而上的发展理论，间接假定诸如熟练劳动力、特定知识和专门技能等一些特定要素的非流动性，还假定包括支持交易和市场机制的社会文化体系等无形要素。这就解释了地区发展的选择性以及人为创造发展过程的困难。

产业区理论还有另一个优点，即它在构建理论框架时提出了能够解释那些"令人费解"的现象的概念模型，并且能够把真实的地域因素纳入开放性的分析框架中来。

虽然产业区理论具有上述这些优点，然而我们还要关注其逻辑结构方面的一些缺陷。产业区理论的第一个缺陷是，如同已有理论发生"突发性"变动时经常发生的情形一样，产业区理论具有过分强调创新而贬低以往的理论成果的倾向。它突出地强调内生因素的作用，但完全忽略了伴随经济发展过程的外生的和客观的因素，尤其是忽略那些对单个地区经济产生重大影响的宏观环境和宏观地域条件。这些因素对产业区的诞生、发展以及危机的影响是不能忽略的。例如，20 世纪 70 年代早期，意大利大型产业区的制造业和出口遇到了很大的困难，这就导致了意大利中期汇率的普遍疲软以及劳动力成本（以国际货币表示）的下降，而这对意大利东北部和中部地区而言是非常有利的，因为这些地区专门从事

---

① 需要指出的是，当然这不是出于骄傲，尽管区域经济学家从发展经济学家的分析中获得了其最初的理论（如发展阶段理论），然而今天正在发生相反的变化，也就是发展经济学家正在使用区域经济学家发明的分析工具。这就展现了区域经济学发展思想在过去 60 多年间所经历的重大发展和自主化过程。

② 参见施密茨和缪齐克（Schmitz and Musyck，1994）、拉贝络蒂（1997）。

劳动密集型的"可贸易"的制造业产品的生产，而且这些产品又具有很高的价格弹性[①]。1992 年，同样的情况再次发生，当时意大利经济普遍疲软，加上欧洲金融市场的动荡，导致意大利经济政策制定者过度贬值里拉使它超出了汇率"蛇形浮动"范围，从而意大利也退出了欧洲货币体系。

因此，不仅要分析特定区域的经济发展内在因素和企业家能力，还要分析区域经济系统之间的相互依赖关系和长期的反馈机制[②]。考察这些经济联系的一种有效的方法，是采用区域"相对区位优势"的概念。这一概念由两种指标来度量，一是从广义的地方社会生产系统整体效率角度定义的劳动生产率水平，二是从广义的"劳动力再生产"成本角度定义的劳动力成本。这些指标，主要用来确定影响每个地区工资实际购买力水平的所有社会环境因素。意大利三个大区的相对区位优势，很清晰地显示了20 世纪70 年代东北部和中部地区（NEC 地区）所具有的有利条件，以及同期西北部地区丧失竞争力的主要原因（见图 8 - 1（a））[③]。

学者们通过劳动生产率与劳动力成本的比较，验证了 20 世纪 80 年代"中部"地区经济的复苏；很有趣的是一些地区的相对竞争力强于另一些地区的相对竞争力，尤其是意大利中部地区的竞争力；还有那些产业区理论既没有预见到，也无法解释的危机（见图 8 - 1（b））。

产业区理论的第二个缺陷是静态的理论框架和空间现象的事后描述。该理论能够令人满意地量化第三意大利的相对优势，然而它在以下方面并不怎么成功：确定第三意大利地区经济增长和动态变化的决定因素、应对日益激烈的全球竞争的能力、应对快速的技术变革的能力、应对人力资本短缺形式的负反馈的能力、应对劳动力和生产要素成本的上升的能力、应对经济成功带来的自然环境拥挤和基础设施拥堵的能力。这些因素可能会抵消这些地区最初取得成功所依赖的一些区位优势。

---

①　参见贝内德蒂和卡梅尼（1983）、卡佩林（1983）。

②　为了理解 20 世纪 70 年代和 90 年代意大利东北部地区的绩效，需要同时分析这些年代东北部地区和南部地区的绩效。

③　这里的经济逻辑如下：假设产品价格（p_n）在全国范围内都相同，且通过以不同地区（r）不同的加成率（$1+\lambda$）加成地区单位产出劳动力成本（w_r/x_r）而得出，即：

$$p_n = (1+\lambda)_r (w_r/x_r) \tag{8-1n}$$

其中，w 表示工资，x 表示产出量。调整式（8 - 1n）中的变量，则当满足下式时，一个地区具有区位优势，因为此时存在正的毛利润率（λ）：

$$x_r > (w_r/p_n) \tag{8-2n}$$

用相对形式表述，则当一个地区满足下式时，可以获得超越平均水平的利润：

$$(x_r/w_r) > (x_n/w_n) \tag{8-3n}$$

对于经济分析问题，参见贝内德蒂和卡梅尼（1983）。对于意大利案例的应用，参见卡梅尼和卡佩罗（1990）。

（a）1971年

（b）1981年

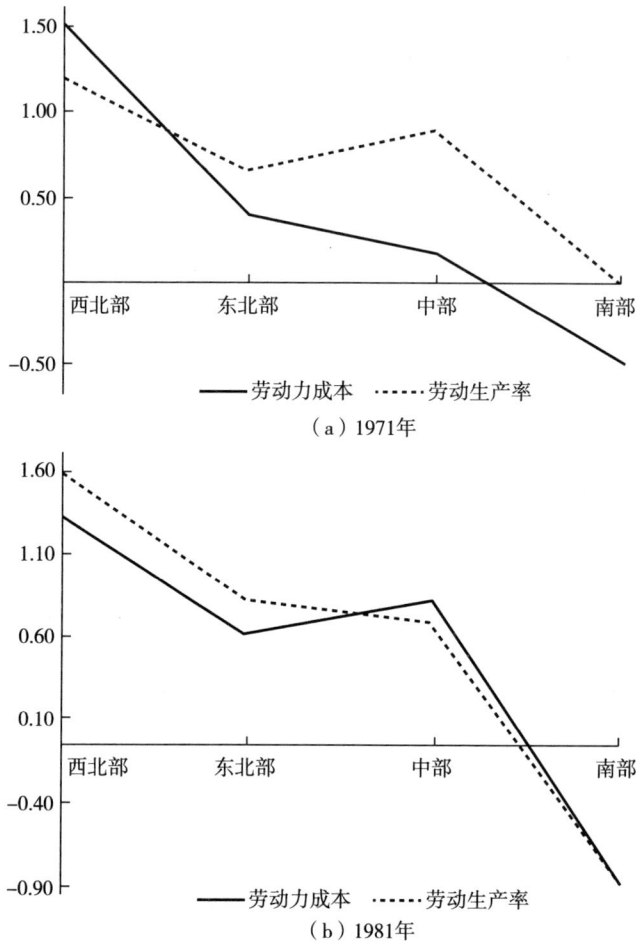

图 8 - 1　1971 年与 1981 年意大利各区域的区位优势

资料来源：卡梅尼和卡佩罗（1990）。

　　产业区理论的第三个缺陷（在其后来的思想流派中特别明显）是过分强调专业化和柔性化的生产。柔性化生产，是小型企业和"后福特制"生产组织模式的典型特征[1]，也是使用现代的柔性化生产技术（计算机辅助设计／生产）和生产组织方式（适时生产）的大型企业的典型特征。同样，外部经济也很好地解释了产业区内企业的收益递增现象，在大型企业所在的大都市区域同样存在这种外部经济。因此，仅仅依靠主观的、内生的和地方化的因素是无法解释近年来

----

[1]　参见皮奥里和萨贝尔（Piore and Sabel, 1984）。

开始工业化的地区的竞争力，更不能解释它们长期保持这种竞争力的能力。

尽管产业区理论的重要性、丰富性和有效性已经得到验证，然而很明显的是，评估该理论所提出的经济优势相当困难。这种困难也部分地解释了出现大量的定性研究的原因，而这种定性研究试图确定各个产业区的基本元素和成功因素。但这种方法的问题是，它可能沉溺于逸闻趣事，无法给现有的概念框架做出更多贡献以至阻碍理论的发展。因此，受到欢迎的是那些利用统计工具和面板计量分析技术定量测度企业外部经济的方法，这种分析或者利用市级层面的数据（产业区间分析），或者利用产业区内企业层面的数据（产业区内分析）。这类研究的优点不容置疑，因为它消除了实证研究中对逸闻趣事的描述，并能够对那些难以衡量的现象进行精细的量化分析[1]。

总之，我们可以得出这样的结论，即产业区理论在理论和概念上的贡献是非常丰富的。尽管如此，在提出该理论 40 年后的今天，该理论仍然适用于空间经济现象的描述而不是解释空间经济现象的动态特征。

三、城市结构和区域发展

最近特别强调了这样一种观点（过去也有学者提出过），即一个高效、现代化和先进的，能够以均衡方式增长并追求公平、有竞争力和可持续发展目标的城市结构，决定一个地区经济发展的成败[2]。

根据这种观点，区域发展主要源于那些作为生活工作在其中的人们获得递增收益的源泉的不同城市的均衡增长，以及每个城市所处的城市体系的平衡增长[3]。因此，每个城市必须找到能够不断强化其各种要素的增长路径，该城市的静态效率和动态效率也主要来源于这种要素。此外，如果单个城市融入那种良好的联系与综合性城市中心之间有规律性地整合起来，且以和谐和均衡方式发展的城市体系中，则会显著地提升城市的发展速度。

---

① 利用市级数据进行产业区定量研究，参见皮蒂洛贝里（Pietrobelli, 1998）。基于企业层面数据的研究方法，参见拉贝洛蒂（1997）、西格诺利尼（Signorini, 2000）。

② 贝金（1988）在评论廖什和克里斯泰勒的理论时指出，"良好的城市等级网络有利于区域的均衡发展"。

③ 欧盟部长委员会于 1997 年在诺德韦克，提出了有关"欧洲空间发展计划"（ESDP）的官方文件，之后，于 1998 年 6 月在格拉斯哥举行的部长会议上进行了补充，并于 1999 年在波茨坦会议上最终通过。该文件强调了有效城市体系对区域发展的重要性，文件指出"欧洲城市及城际联系的发展是影响欧洲地域空间平衡发展的最重要因素"，参见欧洲空间发展计划（1998）。此外，"只有当区域中的城镇成为经济增长的引擎时，区域才作为一个整体具备较强的竞争力"，参见欧洲空间发展计划（1998）。

从经济学角度上看，这些主张被大量的理论发现所证实。尽管在单个城市效率分析和城市系统效率分析之间存在明显的差异，然而不管是静态角度的还是动态角度的，这些观点的理论基础都是非常明确的（见表8-2）。

表8-2　静态和动态的城市化经济的源泉

空间维度 时间维度	城市	城市体系
静态	作为企业集群的城市 存在多个部门 近距离接触的频率 交易成本下降	作为一个高效生产系统的城市体系 均衡的城市结构 高效的连接网络 专业化经济 来自互补性活动的网络外部性
动态	作为创新环境的城市 降低不确定性： －信息的转码器 －集体行动的事前协调 －集体学习的基础	作为有效创新合作系统的城市体系 动态网络外部性的生成器

城市是生产活动和居住活动的空间集群。经济活动的聚集、频繁的相互接触、获得前沿信息和知识的便利性，都是源于城市区位的明显优势。城市化经济不同于地方化（或产业区）经济，因为城市化经济源于多部门的存在①。广泛和多样化的劳动力市场、典型的中心和城市化服务（高端的、金融的、保险的、管理的等）的可获得性、管理和行政技能的供给、交流和信息结构，这些都是城市区位的典型特征，它们影响着城市中企业的生产率水平。

但是，作为发展引擎的城市，其重要性还在于它能够创造动态经济，并成为新的高科技公司和创新功能的首选区位。在20世纪五六十年代，众所周知的城市功能是新型企业的"孵化器"或者小型企业的"保育室"，这已得到经验数据的证实②。除此之外，最近关于城市动态效率的解释还提出了一个新的因素。像环境一样，城市在降低动态的不确定性以及创造有利于地方行为者的集体学习方面，发挥至关重要的作用。城市环境包括合作、协同和关系邻近性，在环境理论

---

① 奇尼兹（1961）指出，那些竞争较激烈且具有多样化的结构的城市，相对于那些寡头垄断化和专业化的城市具有更大的发展潜力，前者为小型企业创造了外部性优势，而后者是通过大型企业的服务功能"内部化"导致城市发展环境的枯竭。

② 弗农（1960）、胡佛和弗农（1962）的有关美国中小型企业聚集在城市中心区的开创性研究，为城市承担的"孵化器"作用提供了明确的证据。

中，它们决定企业的动态效率。共同的价值观、共同的行为准则、归属感和相互信任是城市系统与创新环境共同的特征。它们也解释了城市系统在减少不确定性并形成知识和集体学习的社会化过程方面的能力[1]。

然而，在理解城市体系对区域经济发展的作用时，仅仅强调单个城市的效率是不够的。正如空间一般均衡和城市体系结构理论的先驱者克里斯泰勒和廖什所指出的那样，一个均衡的城市体系应该是大城市、中等城市、小城市和城镇的有序组合，其间有高效率的交通运输网络相连接。就从效率和福利角度而言，这样的城市体系是理想的地域系统。实际上，这样的城市体系可以利用每个城市的地理、历史和文化特点，为企业和家庭提供广泛且多样化的备选区位，可以避免生产和居住活动过度地集中在少数几个大型城市的弊端。在大城市，规模经济优势很容易被其过大规模带来的高社会成本和环境成本所削弱。

关于城市体系，前面讨论过的城市网络理论，为加深理解城市系统动态效率做出了重要的理论贡献[2]。一个由各城市中心按照等级次序或者相似规模组成的网络组织，具有明显的优势，尤其在实施创新项目（基础设施、公共服务供给以及大规模的城市规划）所必需的创新合作方面更是如此。

刚刚讨论的理论中的城市体系静态效率和动态效率的源泉，是相当明确的。但需要指出的是，将区域发展与城市结构动态发展结合起来的理论，也对社会方面（凝聚力）和环境方面（可持续性）给予高度的重视，这也是静态和动态优势（劣势）的源泉，是城市体系平衡增长的决定性因素。这是因为它们影响企业的区位选择，影响一个城市保持已有企业并吸引新企业的能力。在全球化时代，欧洲各大城市之间对跨国直接投资的竞争非常激烈，能否获得成功取决于各城市的经济效率、环境质量和社会质量。

四、聚集经济：规模、生产率与城市增长

1. 最优城市规模

如前所述，如果空间在发展过程中发挥积极作用，那么聚集经济成了解释区

---

① 参见第九章对创新环境理论的详细说明。有关城市环境概念，参见卡梅尼（1996b）。在欧洲五个大都市区（阿姆斯特丹、米兰、巴黎、伦敦、斯图加特）存在"环境效应"的经验证据，参见卡佩罗（2001）。

② 参见本书第三章。

域和城市经济增长模式的核心。

根据定义，城市是企业和个人享有的以城市化经济形式存在的聚集经济的源泉。在城市中，制造业活动得益于社会固定资本（交通基础设施、先进的通信网络和服务）、为企业提供高端服务、巨大且多样化的中间投入品市场和最终消费品市场等优势，而这些优势随城市规模的扩大而变大。个人得益于城市提供的各种公共服务（一般而言，主要指教育、健康、交通和社会基础设施等）和私人服务（文化和娱乐活动），也得益于工作和居住机会、闲暇时间和生活方式等不同领域的"多样化"的选择，这些优势同样也随城市规模的扩大而变大。由于这些外部性的存在，在相同的资本劳动力比率（K/L）下，大城市的资本、劳动力等生产要素的劳动生产率相对于小城市较高（见图8-2）。

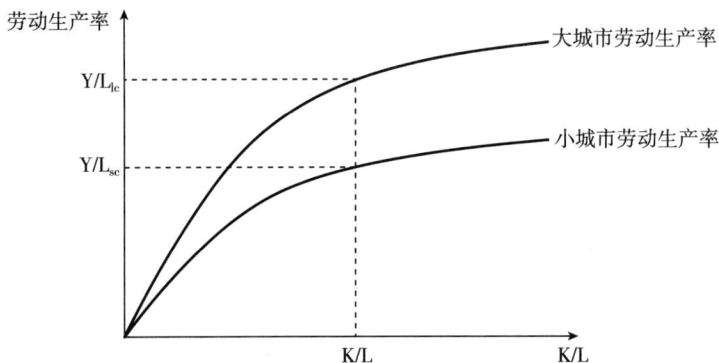

图8-2 劳动生产率：静态的城市聚集经济

由于这一原因，那些最大化其静态效率、开发聚集经济、沿着良性的循环累积路径增长的城市，对区域自身的动态发展而言是至关重要的。就欧洲团结政策的理论依据而言，欧盟一直关注以下两种政策之间的权衡：一是支持落后地区的政策（公平目标），二是能够利用发达地区（一般是大城市区域）效率以获得更多财富的政策（效率目标），相对于纯粹的公平政策，效率政策能够带来更多的财富，从而创造更多的资源以分配给落后地区[①]。

20世纪70年代，威廉·阿朗索提出了"最优城市规模理论"，该理论设想城市的实体维度的增加如果超过最优规模，聚集优势就会下降。该理论认为，以城市规模经济为基础的不可分割性和协同机制，适用于一定规模的城市，如果城

---

① 这里的讨论涉及两份重要的报告，即萨皮尔报告（Sapir, 2003）和世界银行报告（World Bank, 2009）。关于此种争论，参见巴卡（2011）、法罗尔等（Farole et al., 2011）、金（2011）、麦卡恩和罗德里格斯—波斯（2011）、卡梅尼和卡佩罗（2015）等。

市规模超过该规模，那么因拥挤效应而产生的规模不经济性会降低城市区位的平均优势曲线。反过来，主要表现为阿朗索所定义的随城市规模发生变化的土地租金成本的平均区位成本，开始增加并超过某个临界值。高昂的城市土地成本和现代版本中的不断增加的环境成本，都是解释"U"字形平均区位成本曲线的因素。与所有密集使用的经济资源一样，如果超过城市规模的某一临界值，那么城市也表现出规模收益递减的特征。

因此，根据这一理论，平均区位收益曲线和平均区位成本曲线分别呈现出倒"U"字形和"U"字形形状，代表的是已经居住在城市的人们的收益和成本，前者先增加后减小，后者先减小后增加。这同样适用于边际区位收益曲线和边际区位成本曲线，这些曲线代表一个人选择城市作为其新区位时的收益和成本。

根据这些曲线，可以确定城市的不同"临界"规模，其中最有趣的有以下几个（见图8-3）：①城市最小规模（A）：当平均区位成本等于平均区位收益时；②对生活在城市中的居民而言的最优规模（B）：当人均区位收益和人均区位成本之间的距离达到最大时；③对整个社会而言的最优规模（C）：当边际区位收益等于边际区位成本时，边际扩张的收益被新增成本完全抵消，因此，它不仅是从单个城市角度的最优规模，而且也是国家规划角度下的最优规模；④城市的最大规模（D）：超过这一规模，人均区位收益小于人均区位成本①。

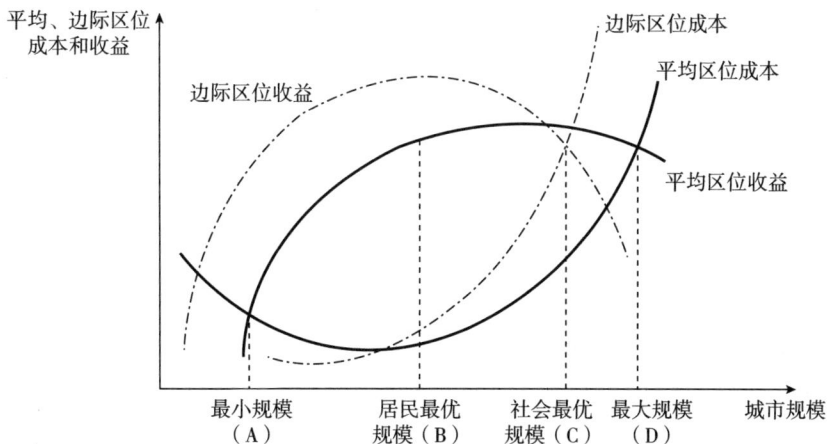

图8-3 平均、边际区位成本和收益：城市临界规模

资料来源：理查森（1978）。

① 阿朗索（1971）指出，很多作者只是通过最小化区位成本函数来寻找"最优城市规模"，这是一种错误的倾向。正如他所指出的那样，这种方式只有在人均产出为常数时才有意义。

每种研究方法都有其内在的局限性。人们在不同研究方法的基础上，通过大量的实证分析，检验了城市环境中的聚集经济以及收益和成本曲线的形状以确定最优城市规模。人们所采用的研究方法主要有如下三种[①]：

（1）估计城市总生产函数。该生产函数通过与城市规模相关的乘数，能够验证规模经济的存在性问题[②]。基本假设是所有城市都拥有相同的生产函数。这种假设必然与现实相冲突，因为现实中，城市结构复杂程度不同，它所具有的功能也就不同。

（2）估计部门总生产函数。该生产函数可以验证产业集中度较高城市的产业是否具有较高要素生产率的问题[③]。该方法被认为能够克服所有城市都拥有相同生产函数这一假设的局限性，它能够估计产业层面的规模经济（胡佛把它定义为行业内部的地方化经济，或者企业外部的地方化经济）[④]。不过，该方法同样具有局限性，因为它无法测度相对于小城市的大城市生产活动和产业组合所产生的经济优势。这种组合通常由服务活动构成，而测度服务活动产出存在很大的困难，因此这类分析不包含服务活动。

（3）在控制了大城市和小城市生活成本的差异之后，直接分析其收入和工资的差异。基于这种逻辑，大城市生产率水平高，因此大城市的实际工资水平也相应较高。实证结果确认了这一预期结论，不过较高的工资水平也可以解释为大都市区域劳动力面对不舒适（高价、社会和环境问题）环境而获得的更高的货币补偿，它并不是高生产率水平带来的高水平报酬[⑤]。

有关最优城市规模理论的新古典方法受到了许多批评，包括以下观察事实：

（1）城市互不相同。城市有不同的功能，也有不同的专业化领域。在经济计量分析中，对所有城市利用相同的城市生产函数来估计其最优规模是过于约束性的做法。根据理查森（1972）的话来说，"根据所讨论的城市的功能和结构，可以预期城市规模的有效范围会发生很大变化的"[⑥]。

（2）如果城市互不相同，根据它们的具体特征，最优的城市规模也会不同。理查森巧妙地把"最优城市规模"理论与企业行为理论进行了比较。既然我们并不期望每个企业都在相同产出水平的最优情形下运行，那么我们为什么还要期望每个城市都要处于人口规模都相同的最优状态呢？

---

① 参见卡梅尼（1992a）。

② 基于该方法的研究参见西格尔（1976）、马雷里（Marelli, 1981）。

③ 基于该方法的研究参见西弗（1973）、斯维斯考史卡斯（Sveiskauskas, 1975）、卡里诺（Carlino, 1980）、亨德森（1985）。

④ 对于不同形式的聚集经济的定义参见本书第一章。

⑤ 基于该方法的研究参见福克斯（1967）、霍克（1972）。

⑥ 也可以参见亨德森（1985，1996）。

（3）城市存在于城市环境中，而城市环境影响城市的运行效率。事实上，如果小城市与那种各中心之间分工明确，不仅存在垂直分工（不同等级之间的分工）还存在水平分工（不同功能之间的分工）的大都市区域和区域系统有效地联系起来，那么这比与孤立的大城市联系起来更有效率。相反，最优城市规模理论没有考虑到城市运行的空间环境。

（4）由于城市生产环境的定性特征，城市产生了各种各样的外部性。早在1961年，本杰明·奇尼茨就对城市要素生产率主要取决于城市实际规模这一假设提出了质疑。反过来，他就强调城市生产率的主要来源是多样化和竞争性的城市生产体系。相较于寡头垄断和专业化的城市结构，这种生产体系为小型企业提供更多类型的外部性①。

在现实世界，并不存在与最优城市规模理论相一致的城市体系。随着时间的推移，上述这些缺陷激发人们从各种角度解释聚集经济，以改变那种聚集经济仅取决于城市规模的错误观点。

2. 超越城市规模：SOUDY 模型

20世纪80年代中期，为了取代"最优城市规模理论"有关城市都是相似的假设，卡梅尼（1986）构建了新的供给导向的城市动力学模型（SOUDY）。该模型在概念推理中引入了这样一个假设，即根据城市承担的功能范围，城市划分为不同的类型。

如图8-4所示，对于每种经济功能和与之相关的城市规模范围，模型假设高级功能所对应的平均（总）收益曲线位置相对较高，其理由为：①进入壁垒的提高；②需求弹性变小，使其在所有市场条件下都可以获得额外利润；③由于利用更稀缺的和更优质的生产要素，获得垄断收益的可能性增加。

高级功能的特点是城市规模（以城市人口表示）的阈值（d_1，d_2，d_3，…）较高。如果在图8-4中加入阿朗索提出的传统的"U"形区位成本曲线，那么通过比较平均区位收益和平均区位成本，可以确定有效城市规模的最小值和最大值（在图8-4中，对应于第1级功能及中心的城市规模为 $d_1 - d_3$；对应于第2级功能及中心的城市规模为 $d_2 - d_4$…）。

该模型假设每个等级分别存在一个"有效"的城市规模区间，并且该区间与特定等级的经济功能是联系在一起的。换句话说，对于以特定需求阈值和最小生产规模为特征的每个经济功能，都存在与此相对应的最小和最大城市规模。如

① 卡里诺（1980）对奇尼茨的分析进行了批评。以65个美国城镇样本为基础的研究表明，企业内部和外部规模经济均对城市生产率水平产生重要影响。

果超出该规模，那么城市区位的不经济性将超过该功能对应的生产收益。

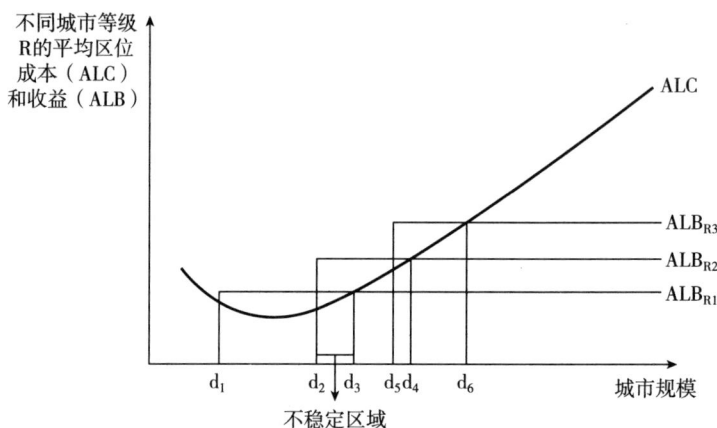

图 8 - 4　不同城市功能下的有效城市规模

资料来源：卡梅尼等（1986）。

　　随着每个城市中心扩大并逐渐达到与其级别相对应的最大规模（"约束性动力"），它进入了一个不稳定的区间（如图 8 - 4 中的 $d_2 \sim d_3$ 区间）。此区间就是让该城市中心拥有高级功能的合适的潜在区位，因为此时已经达到了具有更高级功能的临界需求规模。从动态的角度上看，每个城市的长期增长潜力取决于它发展或吸引新的更高级功能、迈向更高等级城市的能力（"结构性动力"）。这种"跳跃"并不是机械地实现的，它代表着真正的城市创新，在动态模型中被视为一种随机过程。如果城市没有创新，它将停止增长；如果它在其承载的功能上进行了创新，它将继续增长。

　　根据上述逻辑，SOUDY 模型能够考察"最优城市规模理论"没有分析过的许多现象，并通过以下建议更加深入地解释现实世界：

　　（1）需要用城市规模的"有效区间"来取代"最优规模"[①]，它是指平均生产收益超过平均区位成本的范围。

　　（2）需要根据城市实际承担的功能确定不同的"有效"城市区间。

　　（3）可以将城市等级从城市规模中脱钩。与克里斯泰勒的方法不同的是，相同规模的两个城市（如图 8 - 4 中 d_2 规模的城市），可以属于两个等级（上例

---

　　① 理查森（1972）早已提出了把最优城市规模概念替换为城市规模有效区间概念的问题，后者由城市边际收益超过边际区位成本来界定。

中的等级 1 和 2），这取决于它们吸引或发展更高级别功能的能力①。

SOUDY 模型的内在逻辑，使其能够将城市动态变动过程解释为城市的实际增长过程以及表征长期的城市特征的结构演变过程。然而，直到 2000 年，聚集经济才重新回到解释城市动态变动的中心位置上，SOUDY 模型被公认为是一种具有独创性和前瞻性的城市动力学模型。

3. 聚集经济和空间：地理学方法

21 世纪初，小城市相对大城市得到了更快的发展，而这一现象无法找到合理的理论解释，此时聚集经济作为城市动力源泉的解释又回到了人们的视野中。事实上，当人们假设大城市具有很高的生产力和效率（因此预期它们具有更大的吸引力和活力②）时，小城市相对于大城市的良好的绩效并没有得到任何解释。反过来，当中小城市的良好的绩效被解释为大城市存在规模不经济现象时，正如根据"最优城市规模理论"来解释时的情形一样，人们又面临着这样的疑惑，即如何从理论上解释大城市在某个特定时点进入收益递减阶段的现象。

对聚集经济的地理基础感兴趣的一些学者提出了一种方法，这种方法可以解决上述理论与现实之间的矛盾问题③。这些学者进一步发展和丰富了阿朗索（1973）提出的"借用规模"概念："如果小城市或大都市区靠近其他人口聚集区，那么它们会显现出一个更大规模城市的一些特征。"这些表述是由以下观点所支撑的，即小地方可以从其邻近地区"借用"一些聚集收益，这可以节省聚集所需成本④。

上述方法强调了这样一种事实，即城市聚集效应并不一定被限制在城市实际边界以内，它会向周围地区溢出。在这种方法中，聚集经济能够施加其影响的实际距离，是解释小城市有时因接近其他城市（或以此为代价）而得到快速发展的关键因素。该方法能解释小城市为什么有时比大城市更有效率的问题，也能解释当从整个城市系统"借来"聚集经济时，为什么在地方（区域）层面上会存在有效的多中心城市结构的问题。

图 8-5 展示了不同城市规模下的城市平均总收益。享有借用规模的城市（b）

---

① 不过，这两个城市从动力学角度看是有差异的。一个属于较低等级（等级 R_1）的城市在达到其区间的最大值之后将不再增长，而另一个因新的和更大的城市净收益（利润），已发展到了具有更高功能（与等级 R_2 相关）的城市。

② 参见克鲁格曼（1991b）。

③ 关于"失去的联系"的概念，参见梅杰斯（2013）、伯格等（2014）。

④ 帕尔（2002）认为，聚集成本相对聚集收益更受城市边界的限制。

从其规模中获得平均收益，这种城市是典型的大城市（a）。这意味着规模和邻近性会产生技术外部性，从而将小城市的生产力水平提高到大城市的生产力水平。

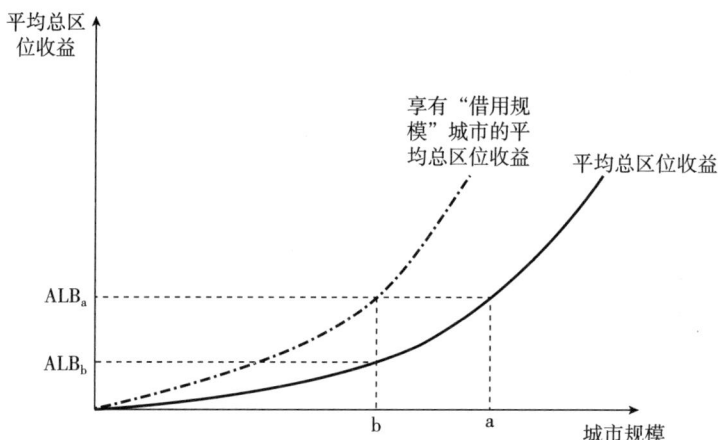

图 8-5　聚集经济与借用规模

资料来源：卡梅尼等（2015）。

在这些学者看来，同样也会发生相反的情况：由于地理位置上接近大城市，小城市的创造新功能并进一步发展的能力受到限制，从而失去（而不是获得）优势。称为"聚集阴影"的邻近性劣势被认为是形成城市体系的调控要素，也就是与克里斯泰勒模型中的情形一样，新的城市区域会在较远距离处形成以避免与已经存在的同等的或更大规模的城市的竞争[①]。

尽管直观上感觉聚集经济并不局限于城市的实际边界以内，且如果城市位于一个较大城市体系中，那么城市拥有更高水平的生产率，但这种方法也存在与主流方法相同的局限性，即认为城市成长只是与大城市有关的现象，因为大城市具有高水平的（静态）生产率。大城市的高水平生产率是城市发展动力的源泉，因为它与更大的吸引力相联系。但是，这种推理方式意味着，聚集经济与城市成长之间存在着间接的联系，而且这种间接联系还得经过实证检验。此外，这种方法还表明，如果城市成长，那么它的生产力水平就会提升，它的吸引力和规模也会变大。这种推理方式也不尽如人意，因为其推理的起点（"如果城市规模扩大"）正是城市动态发展理论所要解释的问题，而把这种需要解释的问题作为一种可能性，就等于放弃了对城市动态发展决定性因素的解释[②]。

[①]　参见克鲁格曼（1993）、藤田和森（1996，1997）、多布金和艾奥尼迪斯（2001）。

[②]　参见克鲁格曼（1991a）、世界银行（2009）。

　　此外，这些方法都没有从理论上对"借用规模"或"聚集阴影"出现的条件进行解释，它们也不可能找出经验性规律以确定何时一方胜出另一方。这些缺陷需要更多的理论思考和实证研究。

　　地理学方法与将在第十章和第十一章讲述的主流方法一样，都假定收益递增不存在门槛，无论城市的实际规模有多大，总是存在聚集经济。类似于任何密集使用的资源，城市也受到收益递减规律的约束。如果认识到城市动态发展的真正来源是城市净收益而不是城市总收益时，这一情形就可以得到解释了[①]。事实上，企业和个人的区位选择，以及友善的规划师的规范性选择，都是基于扣除高昂的劳动力和土地成本以及通常的城市规模不适宜因素之后的区位收益。如图 8-6 所示，当城市净收益是区位选择的决定因素时，即使总收益持续增长，仍存在城市最大规模。

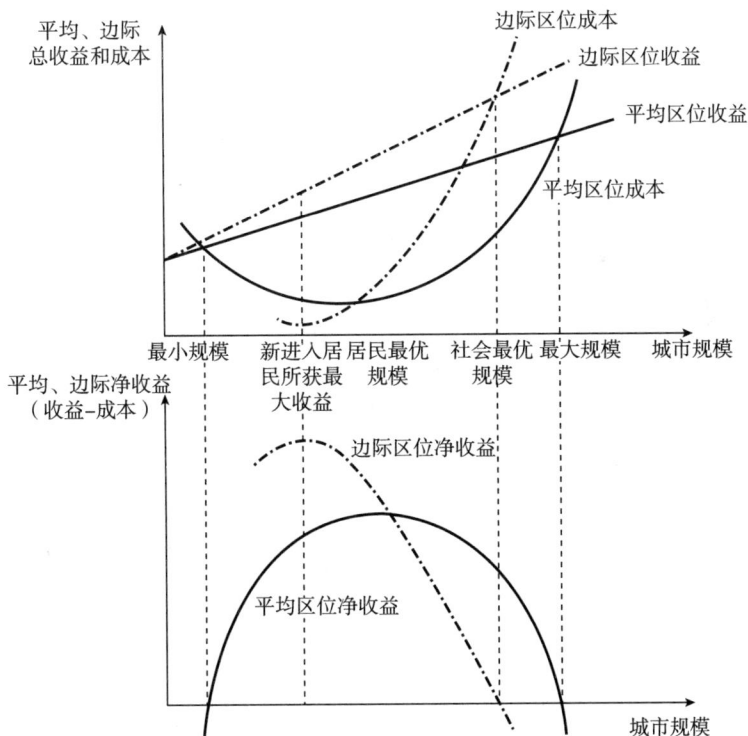

图 8-6　城市动态发展的原动力：城市净收益

资料来源：阿朗索（1971）。

————————————

① 参见阿朗索（1973）、卡梅尼等（2015）。

4. 动态聚集经济和城市增长：宏观—地域方法

最近提出的研究聚集经济的一种方法是考察聚集经济的宏观—地域基础[1]。如同测度城市规模效应的实证研究那样，该方法也以城市为主要分析单元。

宏观—地域方法的主要思想是，解释城市增长必须要考虑时间维度，因此必须以动态聚集经济概念来替代静态聚集经济概念。动态聚集经济被定义为与城市规模相关的生产率优势随时间发生变化。一旦确定了动态聚集经济的决定因素和前提条件，那么我们就可以直接解释城市增长问题了。

这种方法需要认识到聚集经济的静态解释和动态解释之间的两个连接要素。第一，如果假设聚集经济是吸引新的经济活动和人口的驱动因素，那么必须在宏观的城市层面上而不是微观的货币层面上，把它看成城市净收益而不是总收益；第二，其他一些因素与纯粹的城市规模一起，有助于解释城市的效率水平，而且这些因素的强度的变化会导致聚集经济的变化，不管其城市规模如何。

事实上，简单地说，从小城市到中等城市再到大城市，效率水平的提升被认为是理所当然的，只有认为那些规模非常大的城市中才会出现城市规模收益递减现象。上述新的理论猜想假设了更加复杂的情形，认为在传统的三级或四级规模（按小、中、大、超大顺序）的城市中利用聚集经济相对简单，但城市规模达到某一不稳定的临界点时，将存在特定的限制性因素或者特定的促进性因素。因此，当缺失调控城市规模的因素时，不论其规模如何，城市成长路径都可能会停滞，甚至会出现衰退的现象。这些因素，本质上并不属于定量因素而是属于定性因素，而且如果要聚集经济充分发挥其有益作用，那么这些因素禀赋需要在特定的时段内实现质的飞跃。经济活动质量，生产要素质量，外部联系与合作网络密度，包括内外流动性、教育、公共服务的城市基础设施质量，所有这些因素都能够提高城市生产率优势，并通过城市演进和转型过程，可以实现长期的（用动态生态模型语言来表述）"结构动态变化"过程。

从这种意义上说，一个城市相对优异的经济绩效，并不是机械地与静态的聚集经济联系在一起的。反过来，该方法强调了聚集经济自我显现的条件以及在每个城市规模等级中充分得到利用的条件。

这种方法强调了聚集经济的存在以及聚集不经济的风险，这种普遍规律在各种规模等级的城市中均发挥作用。尽管规模很大，但一些大城市能够摆脱聚集不经济，而一些小城市尽管规模小，却会经历规模收益递减（见图 8-7）。对这种

---

[1] 对于该方法，参见卡梅尼等（2013，2014，2015）。

明显矛盾的现象的解释在于，城市能够通过创新其承担的功能或者促进与其他城市的网络合作和互动来克服聚集不经济。不过，这些都不可能精确地指出城市规模区间的长度（每个等级的城市达到其最优表现的规模）以及达到最大规模的速度（城市总净收益逻辑曲线的斜率）。

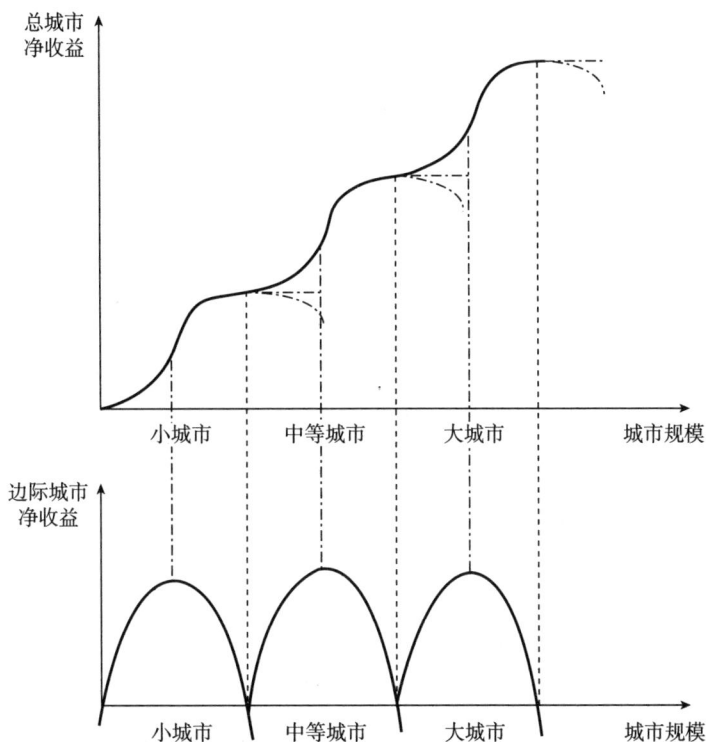

图 8 - 7　简化的城市等级体系下的城市演化过程

注：根据城市规模分类的总城市净收益、边际城市净收益。

资料来源：卡梅尼等（2015）。

　　总之，该方法强调存在一个唯一的聚集经济法则，该法则适用于所有城市规模且在不同规模等级中显示出不同的特征。在每个级别内的城市中，那些具有价值功能或者网络以及合作能力的地域资本资产的资质水平，是阻止城市进入收益递减阶段的必要条件。从这种角度来看，较小的城市，不管其规模如何，如果通过开发优质的地域资产走上一条良性的循环累积的转型创新之路，那么就有很大的成长潜力。

　　该方法不仅能够解释城市的自然成长过程，而且它还能诠释那些代表着日益重要的程式化事实的城市的结构演化过程。事实上，长期以来，创新通过创造新的生产性和消费性服务，提高现有服务行业的服务水平，提升产业的服务功能，推动服务功能根据城市等级有选择性地去中心化，以及在市内交通和通信方面采用新技术，影响了城市的相对成长，从而改变了城市的性质、专业化模式和城市发展的机会。

5. 城市化经济与地方化经济

前面的讨论表明，城市是那些来源于大型产品和服务市场、就业机会、不同生活方式、为企业和家庭提供的高端服务等的富饶和多样化经济的自然源泉，而城市的这种经济优势被定义为是城市化经济。然而，自20世纪70年代以来，众多争论的焦点主要集中在这些问题上，即作为城市收益递增的源泉，在产业多样化与专业化中哪一个相对更加重要。

为确定何种城市以及每个城市中的何种行业导致更高水平的聚集经济效应，学者们已经进行了大量的实证研究。相对于那些源自多样化城市的经济优势，高度专业化的城市所产生的优势，霍伊特在其理论中称之为"基础部门"，是很容易确认出的，它是地方化经济优势的源泉，也称它为马歇尔经济。在多样化城市中，企业可以享用多样化的产业以及庞大的中间投入品和最终消费品市场所带来的好处，一般称它为城市化经济，或者利用简·雅各布斯的名字命名，称它为"雅各布斯外部性"。雅各布斯是第一位于1969年在其著作《城市经济》中强调这一概念重要性的学者。

根据传统的马歇尔经济理论，当行业规模扩大时，区位设于专业化城市的企业可以享用生产成本下降所带来的好处。这些好处源于以下因素的存在：专业化的投入品市场、专业化的最终消费品市场、能够实现企业需求和劳动力技能之间良好匹配的专业化劳动力市场、整个产品生命周期内的企业专业化、地方企业之间的密切的投入产出联系。这种投入产出链也被称为"货币外部性"，因为它们是由市场所调节的。

传统的雅各布斯经济理论强调源于地区内众多产业组合的优势，这些优势随着城市规模的扩大而增加。例如，相对于小城市，纽约、洛杉矶和旧金山都是拥有很大的和很丰富的产业组合的城市。特别地，产业多样化通过新的、互补的和多元化的知识的方式成了外部性的主要源泉，因为这些知识能强化当地产业的创新能力，增强当地产业的发展动力。

实证分析所采用的方法是在区域或城市生产函数中引入专业化和多样化指

标，以便在控制城市规模后检验专业化和多样化的影响程度①。

尽管研究成果非常丰富，且随时间的推移推出了复杂的计量经济学技术和地理坐标数据，然而实证结果仍然含混不清，有关产业多样化还是专业化决定城市生产率（和城市成长）水平的问题上，仍然缺乏一个清晰和确切的结论以至有人认为这种提法本身就是一个错误的提法②。出现这种结果的原因是多方面的。首先，实际上具有重要意义的并不是单纯的产业多样化或产业专业化，而是城市中现有产业的组合情况。当不同地区的产业不尽相同，但产业具有庞大的共同知识基础以保证互补性知识得以相互交换时，才能发生作为城市化经济基础的产业间思想和知识的交叉融合③。其次，当利用不同来源的经济优势时，存在着产业的异质性。高科技产业相对传统产业更注重知识交流，而传统产业可能通过投入产出联系（与当地供应商和专业劳动力市场保持着长期稳定的关系）获得更多的优势④。最后，如果放弃那种产业或个人之间的空间接近必然会带来知识交流的确定性逻辑思维，那么产业多样化或产业专业化决定城市生产率（和城市成长）缺乏无可辩驳的证据这一问题，就会出现另一种解释。正如下一章将清晰看到的，如果假设存在一种能够强调代理人或企业之间经济合作的条件的关系性逻辑，那么与个体行为多样性和丰富性相关的随机的和可能的因素，就会存在于利用该地区现有优势的能力当中，从而可以较容易地解释总体结果的不稳定性。

五、本章小结

20 世纪 70 年代中期以来，很多理论致力于在经济分析中纳入空间概念，以使空间在决定地区经济发展模式方面发挥积极的作用，本章对这些理论进行了概述。根据这些理论，"空间"概念让位于"地域"概念，后者是为位于其中的各类活动创造经济优势的一种因素。对这些理论而言，经济发展取决于生产活动聚集的空间组织，而不是取决于更多的经济资源禀赋或资源更有效的空间配置。

---

① 有关马歇尔与雅各布斯外部性的综合研究，参见博德里和希弗洛瓦（Beaudry and Schiffauerova, 2009）。关于专业化与多样化指标的构建，参见本章的附录。

② 关于同时考察空间和产业的前沿方法以及地理关联数据的使用，参见西科尼和霍尔（Ciccone and Hall, 1996）、埃利森和格莱泽（Ellison and Glaeser, 1997）、西科尼（2002）、罗森塔尔和斯特兰奇（2001, 2003）、亨德森（2003）、库姆斯等（Combes et al., 2008）、帕格（2010）等。

③ 该主张被称为"相关多样性"，这是由 20 世纪 90 年代发展起来的演化经济地理学派提出的一个概念，在第九章中详细介绍，参见弗伦克尔等（Frenkel et al., 2007）、博克马和杨马里诺（Boschma and Iammarino, 2009）。

④ 参见法奥吉等（2013）。

这些理论至今仍得到了广泛研究，并且通过众多理论和实证研究有了很大的进展。它们代表了区位理论与地方发展理论的最大交融，其中区位特征与经济发展过程相互解释，二者之间有着千丝万缕的联系。所有这些都是在微观经济和微观行为框架内实现的，因此，没有严格的宏观经济增长模型的数学表述，直到20世纪80年代末期，宏观经济增长模型只能在完全竞争和收益不变的假设下才能得到构建。在接下来的章节中，我们将看到近年来发展起来的一些理论，其中，空间因素和从空间中得出的收益递增都纳入宏观经济增长模型之中了。之所以能够这样做，是因为这些理论采用了不同的空间概念，即"多元程式化"空间。不过，在朝这个方向前进之前，下一章将以凝练的方式介绍一些将地域概念作为动态优势源泉的理论。正如我们将看到的那样，在这些理论中地方系统的创新能力取决于深深嵌入到本地的地方社会经济状况。在严格的微观经济和微观行为框架内，各种接近性概念（实际的、关系的、制度的、认知的）作为地方企业创新能力的解释要素而更加凸显出来了。

附录：专业化与多样化指标

对部门专业化与多样化以及城市静态与动态效率进行实证研究，需要确定能够衡量一个地区生产多样化或专业化程度的指标[1]。

测度一个地区生产专业化最常用的指标是所谓的赫希曼—赫芬达尔（HH）指数[2]。用 s_i 表示地区在部门 i 的就业比重，地区的生产专业化水平由所有 k 个产业就业比重的平方和来度量：

$$HH = \sum_{i=1}^{k} (s_i)^2$$

该指标的取值从 1/k（就业在所有产业中平均分布）到 1（就业集中在一个部门）。因而，指标越高，该地区的生产专业化程度就越高。

HH 指数的构建方式并没有考虑某个部门的专业化是由一个大企业还是众多小企业的存在造成的。在前一种情况下，专业化优势来自规模经济（该产业内存在一个大工厂）；在后一种情况下，则是地方化经济的结果（同一部门中有许多

---

[1] 我们在这里介绍文献中的一些基本指标。此外，也有区域角度的产业地方化指标。对于这后一类指标的评论，参见弗雷泰西（2008）。

[2] 与区位商指标度量一个地区不同产业部门的专业化程度（见本书第五章）不同，HH 指数是对地区总的专业化程度进行度量。该指标是由赫希曼（1954）和赫芬达尔（1950）两位学者分别提出的。由于强调这两种指标之间的区别，进而经常带来很大的困惑，但这两个指标中的任何一个指标都证实这两位学者各自为该指标体系的原创者。

企业）。为了克服这一局限性，可以对指标作如下修改：

$$LOCECON = \sum_{i=1}^{k} (s_i - 1/k^*)^2 - \sum_{j=1}^{n} (z_j - 1/n)^2$$

其中，z 为区内 n 家企业的就业份额，k^* 为 n 家企业所属部门的最大的厂商数量。该指数的第一部分测度的是产业就业分布与平均分布（$1/k^*$）之间的差异程度[①]。该指数的第二部分表示该地区的企业的就业分布与平均分布（$1/n$）之间的差异程度。该指标的取值范围介于 -1 到 1 之间，越接近 -1，专业化越依赖于企业规模而不是地方化经济。事实上，在这种情况下，该指数代表的是企业的就业分布与平均分布的差异情况。

很明显，1 与 HH 指数之间的差异所衡量的是多样化程度。该指标的一个变体是根据前五个本地最大的产业计算的多样化指数。在这种情况下，一个地区的生产多样化程度表示为 1 与各部门就业比重的平方和之差，这里的各部门为排除第一大部门之后的前五个最大的部门，具体如下[②]：

$$DIV = 1 - \sum_{i=1}^{5} (s_i)^2$$

该指数取值从 0 到 1，越接近 1，表明生产多样化水平越高。

迄今为止所讨论的指标度量了一个区域的产业专业化程度。不过，度量一个地区的专业化水平如何随时间变化可能是很有趣的。对此，劳伦斯指数是一个合适的指标。该指标形式如下：

$$LAWRENCE = \frac{1}{2} \sum_{i=1}^{k} |s_i^t - s_i^{t-1}|$$

其中，i 表示一般性部门，k 代表部门的最大的厂商数量。乘积项 1/2 保证了指标的取值介于 0 到 1 之间。该指数的值接近 1，表明产业专业化的转换，而接近 0，则表明该地区的专业化模式随时间变得更加稳定。

另一个著名的指标是所谓的克鲁格曼专业化指数[③]。该指数构建的目的是测度一个地区相对于参照地区（一般是其所在国家）在产业专业化上的差异程度。它是由 r 地区的 i 部门的就业比重（s_{ir}）与国家层面的相同比重（s_{in}）之差的绝对值之和得出：

$$DISS_r = \sum_{i=1}^{k} |s_{ir} - s_{in}|$$

该指标取值范围为 0 到 2 之间。当其值接近于 0 时，相异度较小，因而地区

[①]　利用 k^* 而不是 k 为了避免当企业数量少于产业数量时出现的指标扭曲。事实上，在这种情况下，企业分布且是平均分布的产业最大数量为 n 而不是 k。

[②]　一些文献认为，最大的专业化部门一般代表一种极端情形，从而被排除。

[③]　参见克鲁格曼（1991a）。

r 的专业化程度与其国家的专业化程度是相似的。相反，当其值接近于 2 时，表明该地区与国家的专业化模式完全不同。由于其构建的方式，该指标不能度量地区的专业化程度；它度量的是地区专业化与国家专业化程度的差异。因而，它表示的是相对专业化程度。

近年来，有关城市生产力和城市增长的多样化或专业化研究难以获得普遍认同，这促使学者们寻找一种不同的多样性的定义，即它不仅基于不同部门的组合，而且还基于共享同一知识基础的互补性部门①。正如我们将在下一章中看到的，这种思考为确定产业专业化或多样化在区域动态中的作用的新指标和新尝试开辟了道路。

思考题

1. 内生发展的含义是什么？
2. 空间在区域内生发展理论中发挥着什么样的作用？
3. 内生发展理论中的增长的概念是什么？
4. 是什么激发了内生发展理论的概念化？
5. 如何定义产业区？如何定义产业区经济？产业区内有哪些优势是超越产业区经济的？这一理论的优点和缺点是什么？
6. 在理论上，哪些因素支持了"区域发展取决于区域内的有效城市体系"的思想？
7. "最优城市规模"的理论依据是什么？对该理论的批评有哪些？
8. SOUDY 模型解释了什么现象？相比之前的方法，该方法新在何处？
9. 地理方法在对城市成长的解释中加入了什么？"借用规模"和"聚集阴影"的含义是什么？地理方法的主要局限性是什么？
10. 城市增长的宏观地域方法引入了哪种理论创新？什么因素解释了城市的结构动态变动？
11. 地区生产专业化指数是如何构建的？
12. 劳伦斯指数是如何构建的？
13. 克鲁格曼专业化指数是如何构建的？

阅读文献

[1] Alam G. (1994)，"Industrial Districts and Technological Change：A Study of the Garment

---

① 该理论将在第九章中介绍。对于最新的指标，参见第九章附录。

Industry in Dehli", in *Technological Dynamisms in Industrial Districts: An Alternative Approach to Industrialisation in Developing Countries?* New York – Geneva: UNCTAD, pp. 257 – 266.

[2] Dawson J. (1988), "Flexibility Together: Surviving and Growing in a Garment Cluster, Ahmedabad, India", *The Journal of Entrepreneurship*, Vol. 5, No. 2, pp. 153 – 177.

[3] Dei Ottati G. (1996), "Economic Changes in the District of Prato in the 1980s: Towards a More Conscious and Organised Industrial District", *European Planning Studies*, Vol. 4, No. 1, pp. 35 – 52.

[4] Nadvi K. and Schmidz H. (1994), "Industrial Clusters in Less Developed Countries: Review of Experiences and Research Agenda", Discussion Paper, No. 339, IDS, University of Sussex.

[5] Rabellotti R. (1997), *External Economies and Cooperation in Industrial Districts: A Comparison of Italy and Mexico*, London: Macmillan.

[6] Rabellotti R. and Schmidz H. (1997), "The Internal Heterogeneity of Industrial Districts in Italy, Brazil and Mexico", *Regional Studies*, Vol. 33, No. 2, pp. 97 – 108.

[7] Saxenian A. L. (1994), *Regional Advantage: Culture and Competition in Silicon Valley and Route 128*, Cambridge: Harvard University Press.

[8] Scott A. J. (1992), "The Role of Large Producers in Industrial Districts: A Case Study of High Technology Systems Houses in Southern California", *Regional Studies*, Vol. 26, No. 3, pp. 265 – 275.

[9] Camagni R., Capello R. and Caragliu A. (2013), "One or Infinite Optimal City Sizes? In Search of an Equilibrium Size for Cities", *The Annals of Regional Science*, Vol. 51, No. 2, pp. 309 – 341.

[10] Camagni R., Capello R., and Caragliu A. (2015), "The Rise of Second – Rank Cities: What Role for Agglomeration Economies?", *European Planning Studies*, Vol. 23, No. 6, pp. 1069 – 1089.

[11] Camagni R., Capello R., and Caragliu A. (2016), "Spatial Context and Structural Evolution behind Urban Growth", *Papers in Regional Science*, Vol. 95, No. 1, pp. 133 – 158.

[12] Camagni R., Diappi L. and Leonardi G. (1986), "Urban Growth and Decline in a Hierarchical System: A Supply – oriented Dynamic Approach", *Regional Science and Urban Economics*, Vol. 16, No. 1, pp. 145 – 160.

[13] Carlino G. (1980), "Contrast in Agglomeration: New York and Pittsburgh Reconsidered", *Urban Studies*, Vol. 17, No. 3, pp. 343 – 351.

[14] Combes P. P., Duranton G., and Gobillon, L. (2008), "Spatial Wage Disparities: Sorting Matters!", *Journal of Urban Economics*, Vol. 63, No. 2, pp. 723 – 742.

[15] Ellison G. and Glaeser E. L. (1997), "Geographic Concentration in US Manufacturing Industries: A Dartboard Approach", *Journal of Political Economy*, Vol. 105, No. 5, pp. 889 – 927.

[16] Meijers E. (2013), "Cities Borrowing Size: An Exploration of the Spread of Metropolitan Amenities across European Cities", Paper Presented at the Association of American Geographers annual meeting, Los Angeles, April 9 – 13.

[17] Becattini G. (1990), "The Marshallian Industrial District as a Socio – economic Notion", in F. Pyke, G. Becattini, and W. Sengenberger, eds. , *Industrial Districts and Interfirm Cooperation in Italy*, Geneva: International Institute of Labour Studies, pp. 37 – 51.

[18] Becattini G. (ed.) (2004), *Industrial Districts: A New Approach to Industrial Change*, Cheltenham: Edward Elgar.

[19] Camagni R. , Diappi L. , and Leonardi G. (1986), "Urban Growth and Decline in a Hierarchical System: A Supply – oriented Dynamic Approach", *Regional Science and Urban Economics*, Vol. 16, No. 1, pp. 145 – 160.

[20] Capello R. (1999), "Spatial Transfer of Knowledge in High – technology Milieux: Learning vs. Collective Learning Processes", *Regional Studies*, Vol. 33, No. 4, pp. 353 – 365.

[21] Dei Ottati G. (2003), "The Governance of Transactions in the Industrial District: The 'Community Market'", in G. Becattini, M. Bellandi, G. Dei Ottati, and F. Sforzi, eds. , *From Industrial Districts to Local Development*, Cheltenham: Edward Elgar, chap. 4.

第九章

地域竞争力与内生发展：创新与接近性

一、竞争力的内生源泉：创新与接近性

到目前为止，本书考察了空间作为区位优势生成器的作用，也就是区位具有较低的生产和交易成本、有效使用资源方面的作用，从而使企业能够获得更高的生产率水平和利润水平。

不过，空间对经济活动的影响不仅包括在生产过程中的静态效率的提升（即企业收益的增加或成本的下降）方面，还包括提升企业创新和创造能力方面。在这种情况下，空间是动态效率的源泉。在经济活动高度集中的地区，便捷的信息交流、频繁的面对面接触、研发活动与先进服务业的集中、熟练劳动力的易获得性、共同的规则和行为准则以及当地的社会资本，促进和激励区域内企业的创新[①]。

这些特征在城市地区最明显，因此城市地区一直被认为是创新活动的天然场所，是新知识的"孵化器"。城市是主要的研究中心，因为它们拥有大量的技能劳动力，提供各种先进的服务业（金融和保险）使得城市能够化解创新活动带来的各种风险。然而，也有一些无可争辩的事实是某些小规模的非大都市区域的创新能力，长期超越其他地理区域，有时它们的创新水平与其制造业比重明显不成比例。这些创新中心的存在，就证明创新活动的空间集中存在某种形式的收益递增。相关的例子有加利福尼亚的硅谷、波士顿地区的"128公路"、德国南部的巴登—符腾堡、丹麦的日德兰半岛、瑞典的斯莫兰以及靠近尼斯的索菲亚—安蒂波利斯，这里列举的只是部分的例子。

20世纪80年代，解释上述这些现象成了人们特别感兴趣的问题。当时，在

---

① 新熊彼特主义理论的重要综述，参见莫利特和塞基亚（2003）。

深刻的技术变革的推动下，创新被认为是经济发展的驱动力，知识成为地方经济能否获得成功的关键因素。反过来，一般认为创新活动空间分布不均衡是区域失衡的主要原因。尽管劳动力和资本具有高流动性，然而知识以及与文化、技术和创新能力有关的无形要素是难以流动的，而正是这些要素决定地方系统的竞争力强度。

从上面的表述中可以理解，为什么决定地区创新能力的内生的本地条件成了20世纪80年代以来区域发展理论的最主要的目标。这些理论完全不同于第七章讨论的创新的空间扩散研究，这些理论的主要目标不再是通过外生的因素来解释创新过程，而是去辨认决定创新的本地的内生因素。因此，分析创新过程中的内生因素，也就成了本章的主要内容。

对上述理论而言，创新的内生性决定因素是通过动态的区位优势，显现出规模收益递增的特征。这些动态的区位优势主要来源于：

（1）企业之间的空间、地理接近性，有助于缄默知识的交流，这就反映了致力于解释创新活动空间集中现象的经济地理学家们的主要主张。

（2）企业之间的关系接近性，它被定义为地方经济活动主体之间的互动与合作，是集体学习过程和创新风险社会化过程的源泉（即地理和社会接近的主体之间的地域联系），这是地域经济学家从地方创新能力角度解释地方系统动力机制时所采取的方法[①]。

（3）制度接近性，主要是指遵守规则、准则和行为规范的形式，这些制度不仅能够促进行为者之间的合作，从而促进知识的社会化，而且还能够帮助经济活动主体（个人、企业和地方机构）建立支持交互式学习过程的组织形式。人们是通过更加系统化的方法来分析这种过程的，而这些系统化的方法是试图要理解复杂系统（如创新系统）的演化过程的。

（4）经济主体间的认知接近性，它被解释为存在一种共同的知识基础，这种知识基础保证以互补知识为特征的行为主体之间的相互理解，正如演化经济地理学在解释创新型企业集群的形成时所解释的那样。

我们将会看到，这些理论的发展将克服那种单纯把地理接近性作为知识交流的解释因素的简单化的观点。以20世纪80年代中期的"创新环境"理论以及90年代法国接近性学派[②]的理论为代表的各种新的理论和更深刻的研究，都纳入

[①] 接近性概念的研究使法国产生了一个思想学派，他们分析组织和文化接近对地方发展的相对重要性（与地理接近性相比较），参见卡雷柳（2015）。法国学派的"组织和文化接近性"概念与这里提出的"关系接近性"概念有很多共同点。关于法国学派的"接近性经济学"，参见贝莱特等（1993）、拉勒特和托尔（1998，2005）、拉勒特（2002）、托尔和沃利特（2014）等。

[②] 关于法国接近性学派，参见贝莱特等（1993）、拉勒特（2002）、拉勒特和托尔（2005）、托尔和沃利特（2014）等。关于创新环境理论，参见卡梅尼（1991）。

到地方知识交流的解释中了，尽管其间难免存在一些混淆和重叠，然而这些理论可以从关系性、认知性、组织性、社会性、技术性等不同的接近性概念角度进行分析和概括，其中的一些概念被巧妙地嵌入到区域发展理论中，例如，关系性、制度性以及认知性、接近性就是这种情况。本章正是围绕这几种接近性概念及其所依据的理论而进行展开的①。

所有这些方法的共同特征是，每个接近性概念的分析，都是围绕其降低创新活动的不确定性和解决单独行动的参与者之间的协调问题来进行的。接近性的存在推动了"交互式学习"的发展，这是一种建立在合作和行为主体间知识交流基础上的学习过程。在大多数理论中，合作被认为是经济主体明确决定进行合作的结果，不同的接近性概念则帮助行为主体确定选择合作伙伴的标准。只有创新环境理论才能明确地将知识交流概念化为一种自发的现象，即使它与地方行为主体的意愿相悖，然而它是通过地方层面的知识社会化必然会发生的。在这一点上，创新环境理论中的知识积累过程与交互式学习概念是不同的，它被定义为是"集体的学习"过程。

鉴于接近性概念的丰富性，有必要了解它们之间存在的互补关系，以及在这些众多新方法中自然接近性概念对于解释知识交流的有效性。正如我们将要解释的那样，不同的接近性概念在理论基础方面存在很大的差异。同时，我们将会看到，当利用某种方法解释地方层面的接近效应背后的机制时，会再次涉及自然接近性概念。

对于与聚集力有关的内生发展理论，我们不会对该方法的定性性质进行评论，相反，我们认为这些方法通过强调决定地方竞争力的无形因素（知识、学习、关系和社会资本）的作用，而丰富了经济理论。此外，其中一些理论提出了解释地方竞争力的一种新方法。它们实际上不再采用传统的功能方法，其特点是确定性的因果关系，即不加思考地认为地区某种程度的知识自然会引致创新。相反，它们采用的是一种关系方法，根据这种方法，可能性因素在解释知识何时导致创新等问题时发挥重要的作用，而这种可能性因素是指经济参与者感知经济现实、对外部刺激做出反应，以及做出合作和产生协同效应的各种可能。这些因素丰富了对现实世界的解释，也为深刻地、精细地解读经济发展过程开辟了道路。

因此，从这些理论出发，可以提炼出新的"区域创新模式"概念，且这些概念可以根据本地现有条件来解释区域创新的不同模式，而这些条件是指生成知

---

① 在本章后面几节我们并没有考察组织、技术和社会接近性。社会接近性这一概念是在致力于解释静态而不是动态效率的产业区理论中形成的，我们对其在第八章进行了介绍。组织接近性，这是一个同时包含多个接近性概念的非常一般化的概念，因而没法用来突出每种接近性的效应。技术接近性通过认知接近性来解释，因而已经包含在对后者的考察中。

识和包括区内外关联的经济主体间经济关联的前提条件。现代创新政策，正是基于这些"区域创新模式"而制定的。

二、知识溢出：地理接近性

大量的实证研究已证实，创新活动具有空间集中的自然倾向。根据创新活动的投入指标（如研发支出）和产出指标（如专利数量），这些研究表明创新活动聚集在核心区域和大都市区域。此外，在所有工业化国家中，对高技术企业的区位分析表明，这些高新企业都具有显著的极化效应，因为这些企业都明显偏好部门高度专业化的核心区域[①]。

对这一现象的解释很简单，即集中化的区位有助于利用研究中心和大学开发的科学技术知识，它使人们更容易获得模仿和逆向开发所需的未编码的缄默知识，它保证企业能更加便利地获得技能劳动力和各种先进服务。

此外，创新过程的复杂性和系统性解释了它们的累积性特征，即在最初的原创性创新之后伴随的是一系列渐进式创新，这些创新构建了一条"技术轨迹"，知识沿着这个轨迹在明确的技术边界内实现增长和发展。在地方层面，创新要素的供给和需求相互作用，相互强化。先进企业通过扩散其技术和组织专业知识来创造良好的周围环境，而周围环境同时又支撑着这些企业的活动。结果就是研究和创新活动不断累积、极化，进一步增强创新在空间集中的自然趋势。

马歇尔很早就证明了城市和部门聚集经济在解释创新活动集中方面的作用。近年来，随着人们认识到创新对地方系统竞争力的重要性，人们对动态聚集经济（促进企业创新的聚集优势）的研究越来越感兴趣。

20 世纪 90 年代发展起来的技术溢出理论，将创新活动的空间聚集与区位集中对这些创新活动本身所产生的收益递增联系起来了。消费者与供应商之间的相互交融和动态互动、研究中心与本地生产单元之间的协同作用，都发生在类似于

---

① 在英国，纽卡斯尔大学的城市和区域发展研究中心（CURDS）、萨塞克斯大学的科学政策研究机构（SPRU）对创新活动进行了研究，参见奥基等（1980）、戈达德和思韦茨（1986）、克拉克（1971）等；美国的马莱茨基等（1986）和意大利的布雷什（2000）、佩西等（2000）也进行了有关创新活动方面的研究。高科技企业区位聚集现象的研究，有基布尔对英国、斯滕伯格对德国、奇乔蒂对意大利、德克斯特和塔巴雷斯对法国、马莱茨基对美国、弗兰克尔对以色列、奇乔蒂对 OECD 国家的研究等，参见奇乔蒂（1982）、德克斯特和塔巴雷斯（1986）、基布尔（1990）、斯滕伯格（Sternberg, 1996）、弗兰克尔（2001）、马乔尼（2002）等。关于创新对区域发展作用的详细研究，参见卡皮琳和尼茨坎普（1990）、德格鲁特等（2004）、尤尔斯和奥尔什（1990）等。关于空间溢出的理论和经验分析，参见梅尔和赛德拉西克（2005）。

高度专门化的都市区等限定的区域范围内。之所以如此，是因为只有通过面对面的接触，信息的快速交换和缄默知识的传播才成为可能。在聚集区，企业研发活动带来的好处不仅局限在企业内部，它们还"溢出"到周围环境中，从而有利于其他企业的创新活动。

大量的实证分析主要是经济计量分析，成功地估测出了聚集在一起的企业所享受到的技术溢出和知识优势。现简要概述用于估测这些影响的两种方法[①]：

（1）估计区域层面的总体知识生产函数以检验技术溢出的存在性，或者用更简单的计量经济学术语来说，验证区域内外的研发（R&D）活动对其获取专利是否存在不同的效应[②]。结果证实，创新活动存在溢出效应，与本地研发相关的参数的显著性大于与外地研发相关的参数的显著性[③]。

（2）对区域知识生产函数进行分部门的分解估计，不仅包括本地和外部的研发支出，而且包括同一部门和不同部门的研发支出。其目的是确定多样化知识和专业化知识对创新活动的不同影响。结果再次显示，对大多数部门来说，本地研发支出比外部研发支出的作用更显著，而多样化知识对地方创新能力的重要性大于专业化知识。

不过，这一理论也会受到各种批评。首先，需要牢记的是，研发支出和专利数量都是衡量创新能力的高度选择性的指标。这两个指标都只涉及产品创新，也就是说，这种产品方面的突破通常与大型企业的创新活动有关。它们完全忽视了中小型企业创新过程中所特有的过程创新、创造性模仿、逆向工程等。

其次，更令人质疑的是这一理论所设定的空间概念。这种空间纯粹是地理上的空间，是参与者之间的自然距离，是导致溢出效应纯粹的自然容器，而且根据流行病学的分析逻辑，简单地认为溢出效应来源于参与者之间的实际接触。这就产生了如下后果：第一，这种观点难以解释知识在地方层面的扩散过程，它只把潜在创新者之间接触的可能性看成是知识空间扩散的源泉了。第二，它只关注创

[①] 在大量的知识溢出实证研究中，特别值得提及的是贾菲（1989）的开创性研究。跟随其后的研究包括：阿克斯等（1994）考察了小型企业和大型企业利用知识溢出能力的差异；奥德雷奇和费尔德曼（1996）、费尔德曼和奥德雷奇（1999）区分了多样化溢出和专业化溢出；安塞林等（2000）确定了知识溢出效应消失的临界距离。对知识溢出在地区发展中作用的综述，参见德格鲁特等（2001）。

[②] 如果把研发支出作为创新活动的投入（R&D），把专利数量（B）作为产出，那么知识生产函数表示为获得一定数量的创新产出所需要的创新投入量，即：

B = f(R&D)   (9 – 1n)

最近的计量检验显示，R&D 和专利之间存在一定的同步性。这表明专利倾向于在创新过程的前期申请，因此它并不完全代表生产创新产出的能力。

[③] 最近的研究使用了更精确的方法，如包含根据考察区域的地理距离而取不同值的"滞后变量"。但研究结果没有变化，他们证实了技术溢出的存在。大学研发支出对靠近大学的地理区位创新能力有显著的影响，发现当距离超过 50 英里时，溢出效应开始消失。

新的扩散而不关注知识创造过程。因此，在创新的空间扩散方面，它具有与哈格斯特朗的模型同样的局限性，即知识扩散意味着采用，而采用则意味着更多的创新和更好的绩效①。然而，这忽视了创新过程中的最关键的东西，也就是人们（或环境）如何学习的问题。这是学者们最感兴趣的问题，如果政策制定者希望采取更加规范化的行为来促进地方发展，那么该问题也是政策制定者最感兴趣的问题。

三、集体学习与创新环境：关系接近性

1. 地方协同与地方关系

从 20 世纪 80 年代开始，国际上的一些学者就开始分析小型企业的空间聚集现象。他们的结论是，参与者之间的社会互动、人际协同以及集体行动，也就是"关系接近性"是能够解释小型企业的空间聚集及其所在地区具有很强创新能力的因素②。这种思潮把空间作为动态效率的生成器纳入到了地域发展分析的核心位置。

在该理论中，地方行为主体之间的经济和社会关系决定了特定地区的创新能力和经济发展，称它为"创新环境"③。空间接近性、经济与文化的同质性提升了行为主体之间的协同性，并且由于这些因素支撑着集体学习和知识社会化过程，从而为小型企业带来了动态优势。

在这样一种环境中，经济和社会关系表现为两种形式：

（1）通过顾客和供应商之间以及私人和公共行为主体之间的一系列非正规的、"非贸易"的关系，以及通过就业流动链条和企业间相互模仿过程而产生的一系列缄默知识的转移。法国"接近性学派"对这些非正式关系已经进行了广

① 参见第七章相关内容。

② 这里的研究是指由欧洲创新环境研究团体（GREMI）所开展的研究。该研究团体的总部位于巴黎，成员是来自所有欧洲国家的学者。该团体的研究成果最具代表性的有艾德洛特（1986）、艾德洛特和基布尔（1988）、卡梅尼（1991）、梅拉特等（1993）、雷蒂等（1997）、欧洲研究团体（RERU，1999）等。

③ 应该强调的是："'创新环境'概念必然是抽象的，环境必须被看成是一种经济和地域的典范而不是经验现实。它被概念化为经济学术语，使我们能够归纳最近的一些实证发现，以表明关系资产在特定地区中的重要性，并寻找它们支持创新过程的方式的经济学逻辑依据。然而，创新环境的特征在现实地域系统中从来没有完全实现过。这些特征的存在和创新产出之间的关系已经在一些现实案例中得到了证实，尤其是得到了理论上的证明。但是它决不能被视为是创新的先决条件，无论是充分条件还是必要条件。它只是提高创新可能性的一种因素。"具体参见卡梅尼和卡佩罗（2012）。

泛的研究，这些非正式关系近来也被称为"非贸易依存关系"①。

（2）主要发生在技术开发、职业培训、基础设施和服务供给等领域的企业之间、集体代理人之间以及公共机构之间的正规的、跨地域的合作协定。

前一种类型的关系看成是产生环境效应的"粘合剂"，它们由后一种更正规化的关系所补充，后者看成是"网络关系"可能更恰当一些。这两种类型的关系都可以看成是工具或者"运营商"，它们可以帮助（小型）企业提升竞争力和创造力，并降低创新过程中固有的动态不确定性。

跨地域网络的合作伙伴是经过选择的企业、银行、研究中心、培训机构、地方公共机关等个体经济单元，对这些合作伙伴而言，区位只不过是能够辨认这些众多个体经济单元的众多要素中的一个坐标而已。因此，乍一看，这些网络仅仅是将不同的经济参与者联系起来，与空间并没有必然的联系。然而，如果个体区位具有重要意义，那么这些网络揭示存在着一系列的相互联系，这些联系促进地区发展并使得人们辨认出不同的企业（例如，硅谷库比蒂诺市的苹果公司）；如果这些网络关系开始成倍增长，那么它们最终将变成地域关系。如果仔细观察，则可以发现对地方环境的认同往往优先于对单个合作伙伴的认同，这突出了地域因素的重要性；与一家位于硅谷的企业的联系，其战略重要性更多地在于打开了硅谷的"技术窗口"而不是获得这一企业专有的技术②。

2. 集体学习与网络合作

"关系资本"被定义为一整套的规范和价值观，这些规范和价值观支配着人与人之间的相互作用、包容它们的制度、在各种社会行为者之间建立起来的关系网络、社会的整体凝聚力。因此，关系资本可以解释地方行为主体之间的社会互动、人际协同和集体行动的强度，也就是关系接近性。关系接近性在环境理论中的作用与空间接近性在知识溢出理论中的作用一样，因为它通过以下形式产生动态优势（见表 9-1）③：集体学习和社会化过程；降低伴随创新过程的风险和不确定性；通过降低交易成本，使日常决策和战略决策的事前协调成为可能。

---

① 参见贝勒特等（1993）、斯托弗（1995）等。

② 参见卡梅尼和卡佩罗（2002）。

③ 关系资本概念类似于帕特南（1993）提出的社会资本概念。卡梅尼（2001）认为这两个概念的主要区别在于，社会资本存在于任何一个存在地方社会的地区，而关系资本则由行为主体的如下（稀有）能力构成：不同技能的相互依存、彼此的相互影响、彼此之间的信任，以及即使与其他互补组织有距离仍能进行合作的能力。

表9-1　地方环境的主要功能

功能 ＼ 条件	地理邻近性	关系接近性
降低不确定性	信息收集/选择 "分支机构"的垂直整合 地方标识（集体营销）	信息转码 决策程序的选择 参与者的风险分享
降低协调成本	信息共享 降低交易成本（威廉姆森） 日常决策的事前协调（马歇尔）	通过忠诚和信任降低控制成本 对机会主义行为的社会制裁 战略决策的事前协调
集体学习的持久基础	地方环境内的劳动力流动 创新实践的模仿	产业项目上的合作 缄默知识的传播 复杂发展规划中的公私伙伴关系

资料来源：卡梅尼和卡佩罗（2002）。

这些功能在大企业通过其研发部门实现，而内部的多样化和复杂性也为它们提供了有利的条件。正如现在所解释的那样，小型企业在高度专业化的地域也能够找到同样的功能。

创新环境中的学习，是通过以忠诚和信任为基础的客户与供应商之间稳定持久的协作形式，在本地劳动力市场中以自发和社会化的方式进行的。这些关系促进了消费者和供应商之间可编码知识和缄默知识的交流，从而导致了渐进式创新过程和特定的技术发展路径。本地劳动力市场中的关系同样在地方生产体系中发挥着重要作用，因为技能劳动力在区内的高速流动和区外的低速流动，促进企业间的知识交流，提升劳动力的技能水平。那些衍生企业，也就是以前受雇于本地企业的员工所创建的独立企业，也参与到知识的社会化进程中来了。

研发部门的存在确保了大型企业的知识积累，因为大型企业存在时间较长，并不断发展其内在能力和文化，知识可以持久积累。相比之下，小型企业生命周期很短，从而无法有效地积累企业大量的专门知识。这一困难通过环境以及其内部关系得以解决，因为稳定的劳动力市场、区内频繁的人员流动、消费者和供应商之间稳定的关系，保证了知识的积累和连续性。

因此，在创新环境理论中，集体学习是企业内部学习在地域层面上的表现。在大型企业中，知识和信息的流动是通过研发、生产、营销、战略规划部门之间的内部功能互动来实现的①；而在创新环境内部以及地方小型企业系统中，这种功能是通过人员的高度流动、消费者和供应商之间密切的创新互动以及企业衍生来实现的（见表9-2）。

表9-2　创新环境中学习过程的先决条件和通道

情境（途径） ＼ 先决条件	连续性	动态协同	
企业	研发功能	功能互动 缄默知识的传播	内部学习
地域	流向环境外部的劳动力低流动性 供应商和顾客之间的稳定的联系	环境内部的劳动力高流动性 供应商和顾客的创新合作 地方的衍生企业	集体学习
网络	战略同盟的复杂性导致的稳定性	通过合作进行知识转移	通过网络学习

资料来源：卡梅尼和卡佩罗（2002）。

　　除了以上企业的学习途径以外，创新环境理论还提供了第三个互补性的学习途径，即通过"网络合作"进行学习（见表9-2）。通过战略同盟和非股权合作协议，企业可以从外部获得它们需要的一些战略资产，从而节省了内部开发这些资产的成本。这种知识获取过程介于内部学习和集体学习之间，因为企业虽然与外部接触，但仍然保持一系列有选择性的、有针对性的关系。这种学习形式在创新环境理论中扮演着重要角色，因为它使得那些在孤立和闭锁的社会化和集体化过程中创造出来的本地知识，可以自我革新、自我丰富起来。只有通过与外部企业的合作，确保新知识涌入，才能避免因知识闭塞而导致的创新环境的消亡。创新环境理论家们正是利用这种概念工具来解释小型企业聚集区域的发展的，包括马歇尔产业区的发展。

3. 超越集体学习和网络合作

　　然而，集体学习不是本地企业通过创新环境及其关系资本获得的唯一的动态优势。促进企业创新能力的另一个因素是伴随创新过程的不确定性的减少。在大型企业中，信息搜集、知识整理以及决策程序选择等功能均由研发部门或者计划

---

　　① 自欧洲创新环境研究团体首次提出集体学习的概念以来（卡梅尼，1991），已经有许多学者开始使用这种概念，参见卡佩罗（1999a）、基布尔和威尔金森（1999，2000）、劳森和洛伦茨（1999）等。关于聚集经济认知维度的概念参见卡佩林（2003）。

单位来实施,所有这些都是为了减少静态和动态不确定性;而在创新环境中,这些都是由环境通过它自身的知识社会化和集体学习来实现的,在这种情况下,信息因地理接近性和集体接近性而得到快速传播[①]。

另外,降低决策单位之间的事前协调成本,以及促进"集体行动"(提供集体物品或简单地整合私人投资决策),是在环境中推进创新进程的另一个因素。这种协调通常会受制于信息的有限性及高成本,以及可能存在的机会主义行为。创新环境的存在降低了这些成本,因为它使得信息流动更加畅通;它通过接近性和社会同质性或凝聚力,创造实施协调决策的有利条件;同时它通过培育信任感和社会制裁威胁,阻止机会主义的行为。社会或心理因素是相当重要的因素,它源自共同的价值观和相似的行为规范,它通过建立忠诚和信任而产生积极影响。相反,对机会主义行为,它迅速而果断地采取孤立和惩罚措施[②]。

马歇尔产业区理论对这一研究方法产生了显著的影响,创新环境理论也重申了地理接近性的重要性,然而它注重强调的是社会和文化接近性,因为它们保证小型企业聚集地区的稳定而持久的合作。在产业区理论中,这些合作产生"社区市场",这是一种保证企业静态效率的生产组织形式;在创新环境理论中,这些合作产生知识的社会化过程,它降低创新风险,提高集体学习效率,而这些都是提高动态效率的要素。

近来,计量经济学的实证分析佐证了创新环境理论。在意大利三个创新环境的案例研究中,有学者利用单个企业层面的数据估计出了生产函数,其中生产要素的效率参数与以下各项有关:

(1)对劳动力而言,集体学习的影响,是通过分析地方衍生企业密度、评估地方劳动力市场稳定性以及质量来确定的。

(2)对无形资本而言,"产业氛围"和集体学习的影响,是通过比较本地专门化知识对区内企业的重要性与外来知识对本地企业的重要性而确定的。

结果表明,劳动生产率受到规模收益递增的影响(在企业平均规模较小的情况下),而集体学习过程提高了规模收益递增强度。相反,(无形)资本生产率受到规模收益递减的影响,不但提高地方专门化知识的估值和使用,还显著提高了资本生产率(见图9-1)[③]。

从经济理论角度而言,"创新环境"的思想最近被罗默、卢卡斯等构建的程

---

① 参见卡梅尼(1991)。

② 这使人回忆起马歇尔产业区理论,以及社会和文化同质性在形成阻止机会主义行为的交易制度方面的作用,参见卡梅尼和拉贝洛蒂(1997)、阿里戈蒂等(2001)。

③ 关于该方法的细节,参见卡佩罗(1996b)。在该先驱性研究之后,后续的分析也考察了集体学习与地方氛围对企业创新活动的影响。这方面的研究文献请参见卡梅尼和卡佩罗(2002)。

式化理论模型间接地证实①。这些内生增长模型的严谨的新古典传统和总量分析方法，在没有改变环境理论的基本假设的前提下，无法改变该理论的内在的逻辑，这证明环境理论有能力描述支撑地方经济系统动态发展的内生经济规律。

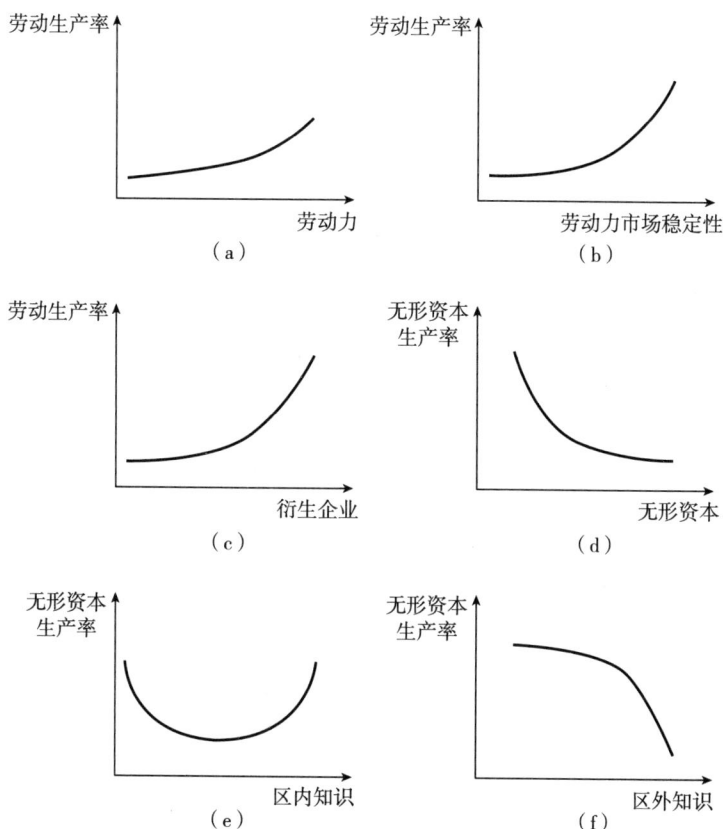

图9-1　集体学习效应与要素生产率

资料来源：卡佩罗（1999）。

　　最后需要指出的是，创新环境理论弥补了知识溢出理论固有的局限性，它不是从纯粹的接触可能性角度，而是从供应商与客户关系、当地劳动力高流动性以及衍生企业等具有充足证据的地域经济现象角度解释了知识传播渠道。相应地，该理论把地域因素重新放在分析区域内生创新能力的中心位置上，并恢复了空间

---

① 罗默和卢卡斯的理论将在第十一章进行讨论。在新古典内生增长框架内对创新环境理论的"模型化"参见卡佩罗（2002b）。

在经济动态变动中的积极作用。但马歇尔产业区理论是在纯静态效率的框架下强调空间的作用的。

四、"学习型区域"与区域创新系统：制度接近性

1. "学习型区域"理论

创新环境理论，与国际上在地方创新能力的基础上广泛分析内生因素的发展理论是相一致的。这种方法，把其主要的关注点转移到制度方面，尤其是转移到嵌入地域环境中的一系列社会、经济和文化规则方面。这种研究方法源自丹麦奥尔堡学派的奠基人、经济学家本特—阿克·伦德沃尔的研究，之后在英国和美国得到了广泛的传播[①]。

这一研究领域的主要内容可以概括如下：现代经济的主要资源是知识。因此，经济体的竞争力主要取决于学习和知识的获取能力。此外，因创新的复杂性和系统性特征，以及近来技术变迁缩短产品生命周期的特征，学习过程必然是交互作用过程，换言之，学习源于企业与地方科学系统之间、企业内部不同职能部门间（生产和研发之间、营销和研发之间）、生产者与消费者之间、企业与社会和制度结构之间的合作与互动。创新过程，需要企业内部不同职能部门之间、企业和外部行为者之间的反馈、互补和相互依赖，这意味着学习过程需要组织化的合作和互动。创新日益成为以直接经验或他人直接经验为基础的非正规的学习过程的产物，它是通过专注于寻找特定技术、解决生产和市场中问题的方案来实现的。

上述这些不同特征，最终导致创新过程的高度地方化，创新是在那些构成"制度厚度"的各种传统、规范、习惯、社会习俗和文化活动中产生的[②]。因此，如果不在其发生的社会文化和制度背景下考察创新，那么我们就无法正确地理解创新。在存在那些帮助经济行为主体（个人、企业、公共和私人机构）采取有

[①] 关于丹麦学派的主要研究成果，参见伦德沃尔（1992）、伦德沃尔和约翰逊（1994）、阿什海姆（1996）、埃德奎斯特（1997）、马斯克尔和马姆博格（1999）、马尔伯格和马斯克尔（2002）等。对于英国和北美地区所进行的研究，参见库克和摩根（1994）、摩根（1997）、伯克马等（1997）、库克（2002）等。制度因素对地方增长的重要性现在已被广泛认可，因而在宏观经济增长计量模型中构建制度表现指标被认为是十分必要的，参见斯廷森等（2005）。

[②] 参见阿敏和思里夫特（1994）。当然，"制度"这个词应当按照诺斯和威廉森的制度经济学中的含义进行理解，即一系列社会规则和"游戏规则"，参见诺斯（1990）的著作，也可以参见威廉森（2002）。

助于交互学习的组织形式的一系列的规范、惯例和行为规则的"制度接近性"的地区，较早地出现各种创新过程，经济系统也更具竞争力①。

因此，"学习型区域"是指这样的区域：

（1）是一个社会和机构行为规范支持互动学习的区域：公司职能的横向组织、公司之间的合作和契约，以及企业与研究中心之间的合作，促进知识交流，支持学习过程。

（2）是一个具有"组织化的市场"的区域：内含其中且普遍享有的行为规范，保障了区域内缄默信息的交流和知识的创造。这些都是通过专注于新产品和新技术的交互式、创造性学习过程产生的。同样，"破坏性"学习过程（是一种"创造性破坏"）教会地方系统放弃过时且低效的技术轨迹，并引导系统沿着新技术变革（尤其是组织变革）带来的彻底的转型轨迹发展下去②。

简言之，"学习型区域"是能够发展交互式学习过程的社会经济系统，区域竞争力正是取决于这种"学习能力"。因此，"学习型区域"是这样一种概念，即把经济系统竞争力的必要条件确定为学习过程而不是知识储备状态的概念③。

"学习型区域"概念尽管抽象，也无法应用在经验研究上，但却已得到了普遍的共识，它不仅得到了英国和北美地区特定科学界的共识，而且在机构层面，欧盟把它作为设计提升区域凝聚力的新的政策工具来使用了。然而，把"学习型区域"的概念转化为区域经济政策后所得到的结果，却令人相当困惑，因为它所提出的干预政策包括提供教育和培训服务、激励学习、分享创建支持互动的组织形式的成功经验、对重组企业提供金融援助等，都是众所周知的、过去曾使用过的支持落后地区经济发展的干预政策。

还应该强调的是，该理论有一个很明显的缺陷。尽管它设想的是具有相同的社会经济和制度条件的区域系统，以及行为主体之间相互作用与合作，然而它依

---

① "制度在这里被定义为一系列调节人们关系并影响人们互动和学习的惯例、习俗、规则和法律"，参见伦德沃尔和约翰逊（1994）。

② "学习型区域"的这一定义与第八章讨论的理论有着密切的联系。"组织化市场"的概念令人联想到由产业区理论提出的，更具有说服力、内涵更丰富的"社区市场"的概念，它是指社会规范调节市场行为，从而使市场更具效率和活力。"社区"市场和"组织化"市场之间的差别表现在它们所导致的结果上，前者包含的因素决定了竞争合作模式的共存和积极的相互作用，而后者产生了交互式学习的动态过程。此外，"学习型区域"理论在强调地区放弃过时技术路径的"毁灭性"学习之重要性方面，与创新环境理论是十分相似的。创新环境理论也强调地方系统避免知识"锁定"的重要性。这种知识"锁定"是指当环境迅速转向新技术路径的时候，行为规范和规则一类的知识可能成为"退出壁垒"，参见比安基和米勒（1993）。

③ 伦德沃尔和约翰逊指出，"学习型经济不只关注大学、研究机构、内部研发部门等科技体系的重要性，也关注学习在经济结构、组织形式和制度安排等方面的重要性"。参见伦德沃尔和约翰逊（1994）。

然是非空间的。这一理论没有解释这些关系为何以及为什么必须是地方性的，它也没有解释"组织化的市场"的产生必须具备何种地域条件，或者何种地域要素推动交互式学习过程。

当考虑到"学习型区域"的概念来源于"学习型经济"的概念，而"学习型经济"的概念反过来又用来定义"国家创新系统"时，这些缺点显得更加明显了。国家创新系统，主要是指那些允许、强化、重视各种形式的交互式学习的一系列制度和规范。这一概念可以在不同地域层面上转换的事实，也表明该概念的非空间特征。

2. 区域创新系统

区域创新系统（RIS）理论强烈反对熊彼特主义的思想，即创新是一个由不同且连续的时间阶段构成的线性过程，在这个过程中，创造知识且把它转换为可交换的思想。区域创新系统理论，则持有相反的观点，即创新是一个交互式和非线性的过程，是参与者之间复杂的反馈和反作用系统的产物。创新是否成功，就取决于把新的技术和组织解决方案与对新产品和生产过程的潜在需求相融合的能力。

事实上，RIS 理论把其分析重点主要集中在地方参与者的两个子系统之间的关系上：一个是由大学、公共和私人研究实验室组成的创造和传播知识的系统，称它为"基础实施系统"；另一个是由当地企业和潜在采用者组成的系统，称它为"商务系统"[①]。根据这一理论，地方创新活动的成功在于，"基础实施系统"提出的新的创造性的技术解决方案与当地企业的实际技术需求之间的匹配和持久的协同关系。该观点是基于支持合作的地方制度性要素，尤其是基于规范和行为准则而提出的，这些在"学习型区域"理论中已经强调过了。

RIS 理论把制度接近性放到显要的位置上，将其作为降低创新过程中各种风险和不确定性的一个因素。这种结果，是在没有利用那些强调该过程的地方性质的经济地域要素的基础上得出的。此外，RIS 理论的支持者特别强调增强 RIS 的两个子系统的重要性。地方创新能力的欠缺，一般认为是由于这两个子系统中任何一个子系统的效率低下或发展不足所导致的。在这种情况下，创新政策必须致力于弥补这一弱点[②]。

对于这些规范性的建议而言，有必要提出一些告诫：创新可能从外部知识中

---

① 尤其参见埃德奎斯特（1997，2005）、库克等（2000）、库克（2004）、阿什海姆和格特勒（2005）、特里普尔（2010）等。
② 参见托特林和特里普尔（2005）。

产生，甚至还可能是某些与研发无关的活动的结果。所有地区都强调发展正规的知识创造活动，就意味着把这些地区都推向相同的创新模式，而目前这种战略被广泛认为是很不成功的战略①。

还需要牢记的是，"区域创新系统"源于"国家创新系统"的概念②。这一概念可以从一个地理层面转换到另一个地理层面，这证明它必然具有非空间性质，从这样一个理论中推断出支撑区域创新过程的内生因素是不可能的。

五、演化经济地理学与"相关多样性"概念：认知接近性

20世纪90年代末，出现了"演化经济地理学"的新的思想流派。它的突出特征在于，以历史演化的视角分析企业的诞生和死亡，并将其作为解释地区动态发展的主要因素。有关企业创新和区位选择，是在有限理性的背景下进行分析的，并且是以不同于新古典区位理论的完全信息假设的理论来进行解释的，它采用的方法是制度经济地理学的归纳法。

根据其演化特征，该理论把创新和新知识发展描述为，是在特定技术范式内，沿袭特定技术轨迹并围绕现有能力进行的创造性发现过程的结果③。企业是有限理性的，因此受到发展历史的强烈的影响，这既影响到企业的创新活动，也影响到企业的区位选择过程。出于这一原因，从当地其他企业衍生出来的新的企业，通常选择区位设于同一地区以降低不确定性；已存在的企业，由于与当地供应商和顾客建立了长期和稳定的关系，因而表现出明显的区位惰性。新企业和已有企业的区位决策过程的最终结果是，属于同一产业的企业在特定地区大量聚集。

在空间集群的形成历史中，最早产业聚集并没有被解释为区位优势的源泉，而把它看成演化过程的结果，这种演化过程遵循着高度结构化和有组织的惯例，

---

① 参见第九章后文"区域创新模式"相关内容。

② 有关"国家创新系统"概念能否用于区域层面，提出一个"区域创新系统"的争论，参见豪厄尔斯（1999）、阿克斯等（2000）、弗里特什（2001）。

③ 在这一视角下，"地方化创新"的含义变得清晰了，这是一种在特定范式下沿着特定技术轨迹发生的创新。对于演化理论的深入分析，参见纳尔逊和温特（1977）、多西（1982）、安东内利（1989）、福雷和伦德沃尔（1996）等。

其目的是降低有限理性条件下的决策的不确定性①。

空间聚集（或不存在聚集），不仅是产业发展历史的结果，而且还决定着产业发展在未来的演化路径。事实上，从这种观点看来，本地企业生存的可能性取决于它们利用该地区现有信息的能力。反过来，这种能力又取决于行业内是否存在共同的知识基础。

正是在这种推理方式下，认知接近性的概念成了解释创新能力的一个关键因素。为了根据存在于本地层面的知识来进行创新，企业必须拥有必要的补充知识，以进行创新并产生革新性的技术解决方案。然而，所有这些只能在一个能够保证企业之间的共同语言和相互理解的共同知识的基础上才能产生。在文献中，这一条件被称为"相关多样性"，它被定义为具有共同知识基础的各种相互关联的技术解决方案②。

虽然认知接近性的概念是为了解释地方情境的形成而提出的，但是它已经被用来解释企业之间所有形式的合作了，包括远距离合作。区域之间的知识接踵而至，这些知识通常是通过企业之间的网络而形成的，它还需要企业之间在认知上的接近性，从而在合作中产生创新。在这种情况下，认知接近性理论还认为，在更大规模的宏观产业中，两个地区之间的技术差异越大，则它们从知识交流中获得的收益也就越大。

以专利活动和技术大类（如两位数分类）的进一步分解（如五位数分类）为基础，并在区域层面上实施"相关多样性"指标的大量的实证研究表明，"相关多样性"程度和地区经济增长率之间存在正相关关系③。

尽管认知接近性的概念，一直是很有用的概念，然而仍有必要指出它的优点和缺点。这个概念当然有很大的优点，它克服了最初由哈格斯特朗提出，之后由知识溢出理论重新推出的单纯想法的缺陷，也就是可以克服那种可以利用纯粹的行为人之间接触的可能性来解释知识交换的单纯想法的缺陷。此外，认知接近性的概念丰富了文献中的"吸收能力"概念。该概念用来解释同一地区行为人之间在利用知识能力方面的差异，并没有把这种差异归结为纯粹的技术进步方面的差异④。认知接近性的概念，还包含着更加细微的认知要素，也就是同时加强知

① 事实上，该理论的支持者强调在聚集区形成的最初阶段，空间对于区位决策过程是中性的，因为它不影响区位选择。从演化的角度来看，企业一旦偶然选择区位设于某地，这就成为吸引同行业新企业的一种因素，空间也从"中性空间"转变为"实质性空间"，参见博施马和弗兰克尔（2006）。
② 第一个讨论"相关多样性"概念的作者是努特布姆（2000），但是这一概念的发展及获得的经验证据要归功于演化经济地理学的荷兰学派。关于该理论的前沿研究，参见博施马（2005）、弗兰克尔等（2007）、博施马和艾马利诺（2009）、博施马等（2012）。
③ 参见弗兰克尔等（2007）。对于"相关多样性"指标的构建方法，见本章附录。
④ 关于"吸收能力"的概念，参见科恩和利文索尔（1990）。

识互补性和共同知识基础，在此基础上根据行为人个体的特定技术知识和该地区共有的知识总量来确定认知能力。

　　尽管该概念具有这些优点，但它仍有重要的内在缺陷，也就是它把认知维度缩小到产业维度。这种做法把学习过程从经济和地域背景分离开来，这相对于那些强调形成集体学习过程的地方环境因素的创新环境理论来讲，是一大退步。

六、关于接近性概念的一般性评论

　　以知识转移为基础的不同要素之间的互补性，是不同理论都具有的特征。它主要来自于社会和制度规则以及治理形式的环境条件。这些环境条件，可以把那些促进知识非自愿交流的行为和主观因素，转变为那些在共同知识基础的背景下与建设性合作相关的认知因素，并通过这种过程提高合作水平。这种接近性产生了各种不同类型的正的外部性，这些外部性增强了知识的传播，降低了机会主义行为的风险，降低了不确定性，降低了交易成本，促进了对技术知识的共同理解（见表9-3）。

表9-3　不同接近性概念的比较

接近性类型	定义	知识传播渠道	与接近性有关的正的外部性	与过度接近性有关的风险
关系	地方行为主体之间的高度关联性	经济地域因素（供应商与顾客之间关系；衍生企业；专业化的劳动力市场）	知识的非意愿交流；降低机会主义行为的风险；降低不确定性	地方知识的锁定风险
制度	地方主体共同遵守的规则和行为规范	支持合作的宏观经济环境	降低交易成本	制度惰性
认知	共享知识	产业的恰当组合	促进对技术知识的共同理解	产业知识的锁定风险

　　尽管存在一些概念上的重叠，但不同的接近性概念之间的互补性也是很明显的。知识传播同时要求行为主体间的关联能力、行为规范和规则、相互信任（由关系接近性和制度接近性之间相互作用所保证的条件）。关联能力通过行为主体

共享的"认知地图"得到增强（关系接近性与认知接近性之间的相互作用）。另外，惩罚"搭便车"行为的规则和社会规范促进了共同知识基础上的互补性知识的交流（认知接近性与制度接近性之间的相互作用）（见图9-2）。

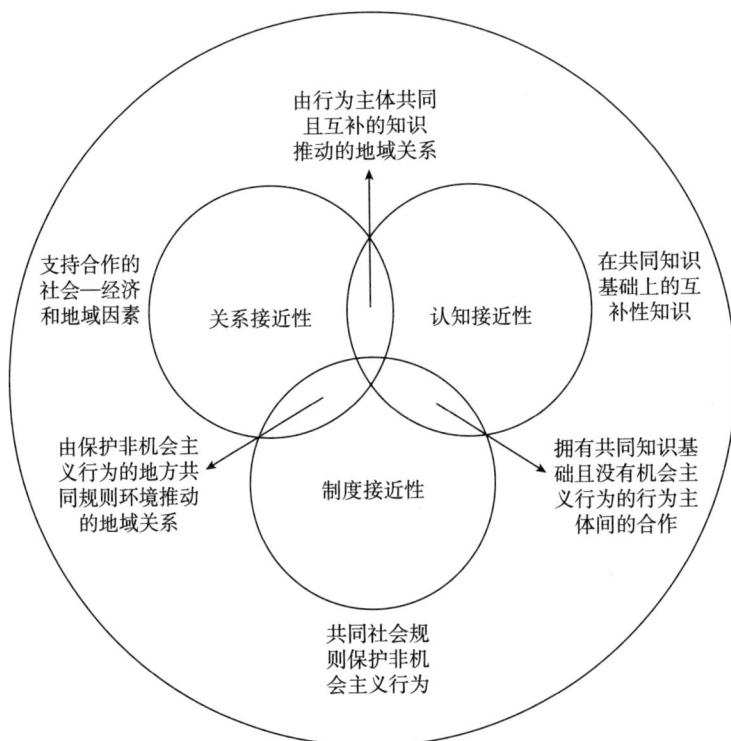

图9-2 各种接近性存在的优势

需要记住的是，各种接近性产生的影响展现出正向和负向的非线性特征，如同在所有协同作用过程中所发生的情形一样。各种接近性的同时存在，可能会使获得的优势成倍增加，但也可能使风险成倍增加。因此，可能会出现收益下降甚至为负的情况。如同创新环境理论所分析的那样，当只存在本地关系这一种关系时，才会存在把知识限制在相同技术范式内的风险，从而降低地方的创造力，减少对外部新知识的获取。当地社会根深蒂固的规范和规则可能会产生制度惯性。过高的认知接近性会导致同一行业知识内的锁定（见表9-3）[1]，创新过程，尤其是根本性的创新可能会减少甚至完全消失。

---

[1] 对于接近性负面效应的详细分析，参见博施马（2005）。

虽然这些不同定义趋向于关系空间的概念，但它们仍然停留在度量空间和地理的视角上，并且它们也远不是一种能够综合"地域"概念的现代的视野。只有在马歇尔地方产业区理论和创新环境理论中，地理空间才变成一种社会空间（从而取名"地域"）。在这里，社会经济关系、能力和文化、历史和身份融合在一起，从而为当地社区创造竞争优势。只有在创新环境理论以及最近的一些解释地域创新能力的方法中，自然地点、身份关系和集体学习过程才被强调为持续创新过程的源泉①，这些过程中的自然区位被确定为在城市区域。只有采用这样的方法，空间才能在创新过程中发挥积极作用。

七、区域创新模式

最近，有学者大力主张那些部门维度不足以解释区域创新能力的观点。事实上，当在区域层面上运用部门逻辑时，会出现两种局限性。第一种局限性是指，这种逻辑把规范化的知识解释为创新的主要源泉，但此前我们已经看到不同的理论是如何在面对面接触、非正式合作、创造力、集体学习过程等各种非规范化的活动中确定知识的来源的。第二种局限性是指，这种思想只认为那些来源于本地产业的知识才是本地创新的源泉，但大量的文献强调了区外知识作为创新的基本源泉的作用。

为了克服这些局限性并让地方特征回归到创新过程解释的中心，最近人们提出了一个新概念，即区域创新模式。这一概念把各种不同的创新模式解释为，存在那种创造知识并把知识转化为创新所必需的环境条件的结果②。

事实上，一旦提出地域创新模式的概念，它就被定义为地域特征（环境条件）的一种组合，这些地域特征存在于创新过程各阶段的不同实施模式的背后。尤其是"地域创新模式"包括了知识→发明→创新→发展的逻辑路径中的不同的空间分类，这些逻辑路径建立在知识创造、知识吸引和创新的地域前提条件存在或缺失的基础上。

因此，地域创新模式的概念，是以知识、创新、经济绩效之间的逻辑顺序为基础建立起来的，因而它是从抽象但自洽的熊彼特主义"创新线性模型"中得出的，即使批评它很不切实际，但它是根植于理性的和有序的创新过程的思想之中的。

当地条件是创新模式不可或缺的一部分，而且它在这种理论方法中被解释

---

① 对于最近关于区域创新能力的诠释性研究，参见库西纳托和菲利布普洛斯—米哈罗普洛斯（2015）。
② 关于区域创新模式的概念，参见卡梅尼和卡佩罗（2013）、卡佩罗和伦齐（2013）。

为物质要素，其功能主要表现为创造知识（研发实验室和大学）；它也被解释为非物质要素，主要表现为地方参与者的关系能力。单纯的知识创造功能不足以保证创新过程的发生，由于知识可以从外部获得，因而它甚至也不是必要条件了。为解释这最后一个问题，目前主要依据上文提到的关于接近性的最新理论。

有关创新过程中每个阶段的地域特征（环境条件），区域创新模式理论利用了大量的文献，这些文献在创新过程中明确地考虑了地域因素：

（1）关于知识创造理论：在 20 世纪 80 年代的大量文献中，人力资本和一般教育、大学和研发活动、城市氛围的存在等，已经通过各种方法被认为是内生知识创造的地域先决性条件。

（2）关于知识扩散理论：可以利用上面介绍的所有的接近性概念。

（3）关于知识接受能力和知识转化为创新能力理论：为了减少不确定性（尤其是竞争对手和合作伙伴的行为）和信息不对称（从而减少合作伙伴之间的相互怀疑）而进行的本地互动和合作，为了减少机会主义行为而建立的信任、归属感、地方忠诚度和社会制裁，都是地域要素，是创新环境的典型特征，它们提高了一个地区加快创新并充分利用集体学习过程和创业活动的能力[①]。

根据这些不同理论，区域创新模式提供了一个演绎框架，以解释创新过程的不同阶段如何在空间上组合在一起，以及为什么其中一些阶段发生在某些地区而不发生在另一些地区的现象。

在创新模式和地域要素的所有可能组合中，"原始模式"可以表示为如下情形，其中每一种都反映了有关空间中的知识和创新的特定文献：

（1）内生创新模式。其中，本地条件完全支持知识的创造、知识在本地的传播和转化为创新，以及知识在本地的广泛采用。鉴于当今知识创造的复杂性，这种模式预计以国际科学网络的形式显示出各区域之间紧密的相互作用。从概念角度来看，这种高级模式是大多数有关知识创造和传播的现有文献所主要考虑的情况（见图 9 - 3）。

（2）创造性应用模式。其特点是，在当地知识匮乏的情况下，富有创造性的经济参与者拥有足够的兴趣和好奇心去探寻区外的知识，并且具有足够的创造力将外部知识应用于本地的创新需求。从概念角度而言，该方法是以采用或改进区域创新的研究文献为基础而建立起来的（见图 9 - 4）。

（3）模仿创新模式。在这种模式中，参与者的创新能力主要依据它们的模仿过程，这种模式可以在不同程度上改进现有的创新。这种模式建立在有关创新

---

① 对于知识过滤理论，参见阿克斯等（2004）。

扩散的文献基础之上（见图9-5）。

图9-3、图9-4、图9-5以程式化的方式展示了之前设想的三种地区创新模式。从这些图中可以看出，区域创新模式比21世纪初提出的核心外围简单分类更为复杂，后者激励核心区成为通用技术的天然区位，因为核心区可以吸引大量的科学家和知识，从而使得研发活动的规模收益递增；外围地区则被赋予应用技术的共同发明人的角色。此外，在解释创新过程时，区域创新模式更多地强调地域要素（环境条件）的作用①。这种环境条件比单纯的研发活动，更能明确地解释创新能力，它们通常被用于衡量一个地区吸收外来生产要素的能力②。

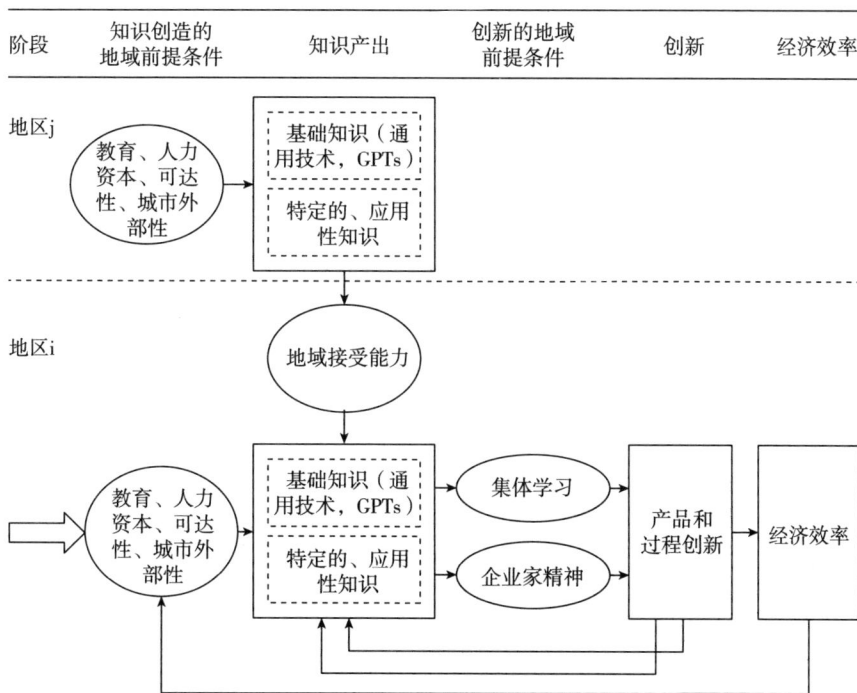

图9-3 内生创新模式

资料来源：卡佩罗（2012）。

---

① 这个想法为后来所谓的欧盟"精炼专业化战略"开辟了道路。该战略的第一个版本，就提出了中心和外围有所区别的创新对策。如今，同样的对策在策略设计和实施不同策略的地区方面都得到了更加详细的阐述。关于这个问题，参见福雷（Foray，2009）、福雷等（2009）、麦坎和奥尔特加一阿吉勒斯（2014），以及本书第九章相关内容。

② 关于吸收能力的概念，参见科恩和利文索尔（1990）。

阶段	知识创造的 地域前提条件	知识产出	创新的地域 前提条件	创新	经济效率

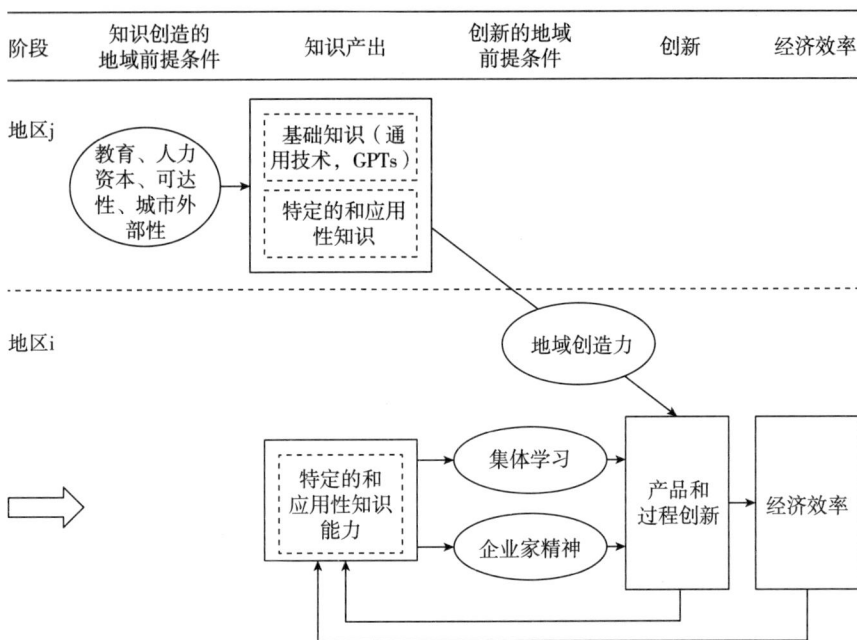

图 9-4 创造性应用模式

资料来源：卡佩罗（2012）。

阶段	知识创造的 地域前提条件	知识产出	创新的地域 前提条件	创新	采用创新的 地域前提条件	经济效率

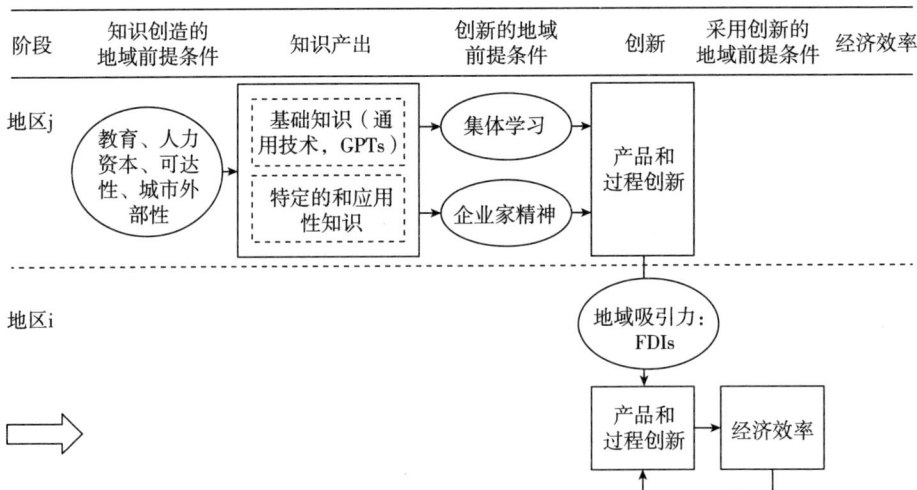

图 9-5 模仿创新模式

资料来源：卡佩罗（2012）。

在经验证据的支持下①，这一方法表明，实现创新和现代化的道路在各地区之间有很大的不同，而且还源于本地的具体情况。实证研究所提出的创新模式多样性就强调，在所有欧洲地区实施共同的规范性策略是具有很大的误导性的，例如，欧盟《里斯本条约》和欧洲2020议程的官方文件所建议的研发投入占GDP的比重要达到3%的目标等。相反，根据不同区域的具体情况，区域创新理论要求采取专项干预措施，以支持、加强和扩展每个区域创新进程的良性发展。正是这些地区创新思想，为欧洲现代化和创新战略（"精炼创新战略"②）的顺利实施，提供了坚实的和可行的理论基础。

八、现代创新政策："精炼专业化战略"

1. 一种新的政策设计及其优点

创建精炼专业化理论的目的是，为欧洲和一些主要贸易伙伴之间的巨大研发差距找到一种解释，并在随后制定合理化的战略。导致知识差距的第一个原因是高科技和研发密集型部门在欧洲经济中所占份额较小；第二个原因被认为是有限的研发投入在空间上的分散分布，导致投入达不到临界值、重复投资、资源配置效率低下以及随之而来的学习过程微弱③。

根据这一判断，"知识促进增长"专家组提出了一个合理而具体的建议。它倡导针对"核心"和"外围"地区实施差别化政策，前者主要针对通用技术（GPT）建立实验室和开展研究活动，后者主要确定其专门化的"知识领域"并与外部研发供应商合作（创新的共同应用）④。

在较新的表述中，尽管存在一些问题，但精炼专业化战略已经运用到区域层面上，并且已经扩展到涵盖旨在通过创新设计和实施来建立区域竞争力的所有战

---

① 根据涵盖欧洲地区地域创新模式所有方面的指标（从本地前提条件到知识和创新强度），聚类分析确定了六种（而不是三种）地域创新模式，从而表明了现实世界的复杂性。内生性创新模式理论确定了两种经验性创新模式，一种与产生基础知识的地区相关，另一种与产生应用知识的地区相关。创造性应用模式把现实世界划分为两组地区，一种是把外部知识应用于内部的形式知识，另一种是应用于非形式知识。模仿模式也把现实世界划分为两组经验性地区，一组是进行模仿的地区，另一组是从未发生过创新的地区。具体参见卡佩罗和伦茨（2013）。

② 关于"精炼专业化战略"，参见福雷（2009）、福雷等（2009）、麦坎和奥尔特加—阿吉勒斯（2014）等。

③ 参见庞蒂卡基斯等（2009）。

④ 参见福雷（2009）、福雷等（2009）、詹尼奇斯（2009）等。

略之中。在这里，创新是从广义的角度上理解（就像其最初的形式一样）的，它并不单纯地只包括研发，它涵盖着创意产业、社会和服务创新、新的商业模式以及基于实践的创新等诸多领域①。

该理论的战略意义在于，精炼专业化战略的实施被认为是一个地区从作为欧盟统一政策主要资金来源的欧洲区域发展基金获得资金所必须满足的条件之一。各地区被要求以其技术专业化为基础，或者用精炼专业化战略专家的话说，各地区被要求以其技术领域为基础制定创新战略。在这里，技术领域是指该地区专门化的技术部门，区域政策要根据该技术领域进行调整并加快本地的创新进程②。为了加快地区在其专业化部门的创新进程，区域政策必须根据地区的技术领域进行调整。为了实现这一目标，应把没有包含空间含义的精炼专业化概念转变为含有空间含义的概念，而实现这种转变的主要因素包括创新政策嵌入到当地知识传播联系中，构建起支持战略性专业化的部门多元化进程的关联性，以及加强促进知识传播的各部门和企业之间的联系。

正如精炼专业化战略专家所主张的那样，该概念的独创性（和优势）在于有关这种创新的地区创新（竞争力）政策的设计方法。实际上，该概念包含一些与传统地区创新政策相悖的理念：

（1）创新并不仅仅与研发有关，因此创新政策不应主要集中在高科技领域和研发投资上。这与标准的创新政策相悖。

（2）精炼专业化战略并不以激励那种在部门基础上"挑选赢家"的文化为主要目标；相反，它推进"发现企业家素质"和学习的公私合作过程。

（3）它提倡的是一种自下而上的方法，该方法基于创业能力的自我发现，从而取代了旧的政策风格，即要求采取集中规划的方法来确定产业发展的优先次序。这种政策方法一般是由需求驱动的，因为它源自本地潜力和本地需求。

（4）这种政策模式自下而上的性质确保了政策的逻辑和设计适合当地区域环境并与之相关，而不是由一个超区域机构所强加。因此，正如《巴萨报告》所倡导的那样，这是一项真正的基于地方的政策。

（5）努力确定真正的潜力和真正的发展优先事项，这也是制定旨在促进增长的政策优先事项的一种方法，这对于相关背景来说是现实的，并且可以明确地在区域背景下应用。

---

① 参见福雷等（2011）。
② 参见卡梅尼和卡佩罗（2013）、麦坎和奥尔特加—阿吉勒斯（2014）等。

2. 新政策设计方法的风险

上述方法的核心思想将这种方法与传统的旧式创新政策区分开来。这种方法的特征是创新的、现代的、高效的和可共享的，它们构成了创新（和竞争力）政策设计和实施的一次文化飞跃，摆脱了多年来已显示出脆弱性和低效率的基于研发的政策。但与此同时，新的政策模式还包含一些不易实现的方面和新颖性，因此需要思考如何实施才能克服伴随这种新的政策模式而来的各种风险的问题。

第一种风险与当地可能缺乏创新的前提条件有关。其核心问题将涉及区域，尤其是落后地区实施自我发现过程的现实能力，即区域应采取自下而上的战略来确定其优势和机会。总体而言，落后地区缺乏有效的精炼专业化战略所必需的关键要素：它们缺乏联系、企业家精神、市场潜能、产业多样性、地方治理以及发展集体学习过程等的关键能力。所有这些都是创业搜寻过程所需要的要素，如果缺乏认真的监控，精炼专业化战略就有可能与区域团结政策的目标背道而驰。

第二种风险是政策优先排序的困难。在具有创新潜力的地区，由于存在各种部门、企业家精神和足够多的人力资本，能够在当地范围内扩散个体创新活动优势，从而形成集体学习过程。但其创业搜寻过程中的问题在于，在所提出的自下而上的项目中进行选择（和协调）时的标准以及公共资源集中投向的领域。在理论层面，相关多样性的概念——指一个区域内与认知相关的行业多样性，一般被认为是确定一个地区是否具有发展产业多样化的可能性的有效依据。相关多样性程度越高，地方层面获得的学习机会就越多，跨行业的知识溢出越多，地区增长率就越高。基于这种推理，政策应支持那些真正建立在且嵌入到该地区现有相关资源的各类发现，这是确定政策优先次序的基础[1]。

第三种风险是公共资源分配不当和不可能实现的地方战略问题。当地方利益和地方政治需求设定不可行的产业目标和冒险性创新战略时，自下而上的战略设计会带来公共资源错配的高风险。解决这种问题的建议是，对那些具有类似创新模式的地区制定相同的政策。为此，需要有一个合理的创新区域分类法，这种分类法要脱离简单的知识创造指标（传统的专利和研发指标），能够捕捉到各地区实际上正在发展的不同创新模式，而这些创新模式是以那些创造知识和形成创新所需的特定的本地前提条件为基础的。从这种角度而言，在上面介绍的区域"创新模式"是构建创新区域分类的一种好方法。从经验角度而言，这些不同模式可以在那些根据地区传统知识基础和生产特性发展起来的知识和创新方式中被发

---

[1]　参见弗兰肯等（2007）、博施马（2011，2014）、内夫克等（2011）、亚科布奇（2014）等。

现，也可以从与其他地区的合作、科学家和专业人员的流动、市场采购和区际投资活动中捕获到。如果确定地域创新模式，则可以提出"精炼创新政策"建议。这些政策可以定义为，针对当地特点以及每个地区已建立的创新模式的特点、优势和劣势所提出的，可以提高地区的创新能力、增强当地知识生产和使用的专业技能的政策。

第四种风险是关于本地历史上的专业化的锁定问题。自我发现过程与技术官僚主义方法背道而驰，后者声称它们可以在科学技术的基础上确定优先事项、目标和指标，并且可以确定哪些知识和行业间溢出应该得到实施和支持。然而，这一过程必须受到组织层面惯例和能力的指导，而这些使得搜索行为本地化（纳尔逊、温特，1982），这种本地化不仅是产业意义上的，而且是区域意义上的。它以现有的区域专业为目标，然后推动未来可能的多元化进程。这种战略带来了锁定的风险。

如何防范这些风险？所提及的建议是否可接受和可共享？对这些问题的争论仍在进行中，需要更多的见解。

九、地域资本的概念

1. 定义和分类

本章和前两章集中考察了作为地方发展基础的要素，它们具有多种性质：物质的（基础设施、大型企业的存在）或非物质的（知识、创造力、企业家精神、社会资本），公共的（运输和能源基础设施）或私人的（金融和生产性资本），内生过程产生的（地方创造力和知识的发展）或外生过程产生的（跨国公司、投资、公共部门投资）等。

这些被认为产生地方发展模式的各种因素，最近催生了一个名为"地域资本"的综合性概念，它被定义为构成地区发展潜力的当地所有有形的和无形的、内生的和外生的、公共和私人性质的资产。

"地域资本"的概念最早是经济合作与发展组织在其《地域展望》的地区政策内容中提出的，欧盟委员会的 D. G. 雷吉奥最近重申了这一概念：

"每个地区都有一个不同于其他地区的特定的'地域资本'，并为特定类型的投资创造比其他地区更高的回报，因为这些投资更适合该地区并更有效地利用其资产和潜力。地域发展政策（采用地域方法的发展政策）首先应该帮助地区发展其地域资本。"[1]

罗伯特·卡梅尼从学术角度对地域资本做了更为仔细的考察[2]，以便对所有潜在的发展来源进行分类。为确定地域资本各组成部分的经济性质，从而确定各部分的积累和贬值规律，他选择了两个主要维度作为分类地域资本的基础（见图 9 – 6）：

高竞争性 （私人物品）	私人固定资本存量 货币外部性（硬） 收费物品（排他性） 　　　　　　　c	关系化私人服务，作用于： – 企业外部联系 – 研发成果的传播 大学的衍生 　　　　　　　i	人力资本： – 企业家精神 – 创造力 – 私人技能 货币外部性（软） 　　　　　　　f
竞 争 性 （俱乐部物品） （半公共物品）	专属网络 集体物品： – 景观 – 文化遗产 （私人"集团"） 　　　　　　　b	合作网络： – 研发和知识创造的 　战略联盟 – 服务和方案的公共/ 　私人合作 土地和文化资源治理 　　　　　　　h	关系资本： – 合作能力 – 集体行动能力 – 集体胜任能力 　　　　　　　e
（公共物品） 低竞争性	资源： – 自然 – 文化（守时） 社会间接资本： – 基础设施　　　a	研发转换机构 接受能力提升工具 连通性 聚集经济和产业区经济 　　　　　　　g	社会资本： – 制度 – 行为模式、价值观 – 信任、声誉 – 联想主义 　　　　　　　d
	有形物品 （硬）	混合物品 （硬+软）	无形物品 （软）

物质性

图 9 – 6　地域资本组成要素的理论分类

资料来源：卡梅尼（2009）。

（1）竞争性，这使得我们可以确定地域资本资产是否只能由个人使用（私人物品）还是可由特定人群使用（半公共物品，每个人都可以使用，但由于使用中存在拥挤和稀缺而存在竞争性；或俱乐部物品，特定人群可以使用且使用中不存在竞争性），或者整个社区都可使用（公共物品）。

（2）物质性，这使得我们可以根据物品是实物的还是无形的来确定其类别，可分为有形物品、无形物品以及一种介于中间的混合式的硬软物品。

---

① 参见经济合作与发展组织（2001）和欧盟委员会（2005）。

② 参见卡梅尼（2009）。

由于这两个维度，我们可以超越基于社会资本、人力资本、基础设施和生产资本（私人固定资本）的潜在生产性资源的传统分类，它们位于矩阵的四个角。事实上，矩阵还显示了一个中间类型的存在，包括俱乐部物品和半公共物品，这代表了源于最新理论的一组创新元素。一方面，我们发现，在信息和通信技术方面，网络具有物质性质，但在企业为生产新产品和服务而建立的合作网络和战略联盟中，网络又具有非物质性质。另一方面，我们发现，在存在"搭便车"行为的情况下，公共物品容易拥挤和贬值。这类商品的特殊性在于，它需要具有包容性和伙伴关系的新的治理形式，以保证"俱乐部"成员的最大利益。此外，现实中还出现了一类混合物品，它们既具有物质性特点又具有非物质性特点。正因为它们的存在，我们可以强调那些像城市和产业区这种复杂的地域组织形式的重要性。正如第八章中详细解释的那样，这些地域组织是聚集经济的源泉，并带来整个社区的发展。

2. 地域资本积累和贬值规律

对地域资本的各个组成部分进行分类，是综合所有可能影响地方发展的潜在资产的一种手段。上述的分类法可以确定每个要素具体的经济性质，以及随之而来的每种资产在其生命周期内的积累和贬值过程。这是确定使用这些资源的策略的一个基础条件，这种策略可以确保资源的长期保护和相对稳定。私人和公共的、有形和无形的商品，均要遵循不同的积累和折旧规律。物质性公共物品的积累，如基础设施以及政府拥有的文化和自然资源，在很大程度上取决于其治理的质量。公共部门负责控制这些物品的关键功能，目的是长期保持其潜在利益，避免其贬值和破坏。

在地方背景下，诸如劳动力或资本之类的私人物质性物品的积累，现在主要取决于其与地方的结合程度。实际上，在现代经济中，资本和劳动力等生产要素，只有通过诸如知识、社会资本和关系资本之类流动性较小的要素与当地环境牢固地结合起来才能降低这些生产要素的过度的流动性[①]。这类知识、社会资本和关系资本等无形要素已根植于当地社会，无法转移到其他地方，从而成了沉没成本。

至于无形的私人物品，如知识，则通过教育过程、研究投资、企业间合作、

---

① 需要澄清的是社会资本和关系资本之间的区别。人们可以轻易认可，当一个社会存在时，社会资本就存在了，但关系资本可能是独立的，并可以被定义为社会资本的一部分。关系资本是指通过参与者之间双边和多边协商所确定的个体在地区内部和外部的合作行为，它由共同行为准则和价值观基础上的友好和互信氛围所推动。具体参见卡梅尼（2009）。

个人和集体学习等途径在当地积累。由于研究人员和熟练技术人员的流动性以及模仿和合作过程，知识可以通过研究中心的溢出效应以间接的方式得到发展。知识在地方层面的长期积累，主要取决于参与其创造过程的主体的连续性和持久性。如今，由于地方企业将生产过程的各个阶段进行外包，因而"知识减少化"的风险很大。在短期，这可能会破坏企业内部和地区内部的整合与协同过程，进而恶化技术创造力和知识生产。

3. 地域资本禀赋和效率

地方发展成功的事迹和动态演化轨迹的庞大又复杂的组合体，可以由地域资本的不同要素来解释，这些要素包括内生的和外生的、定性的和定量的、传统功能性的（基于生产要素的存在和地方效率的先决条件）或关系性的。

各地区并不需要地域资本的上述所有组成部分，在这种情况下也可以发展并长期保持积极和动态的发展轨迹。地域资本特定资产的地方禀赋，源于该地区的历史，并决定其生产专业化部门，在此基础上构建其战略性增长模式。

大多数在区域层面上度量地域资本各组成部分的实证研究表明，地域资本要素禀赋和发展水平之间存在决定性差异，例如，意大利北部的所有地域资本的资产禀赋比意大利中部和南部多很多，南部所有地域资本的资产禀赋是最少的①。但是，当在更详细的地域层面上进行分析时，就会出现不同的情形。在省级层面上（NUTS3）进行的分析描绘情形如下：①大都市区域的省份，其地域资本要素禀赋水平高于平均水平；②有些省份以社会资本和关系资本等无形资本禀赋为主；③有些省份以交通、能源、教育基础设施等物质资本禀赋为主；④有些省份，其所有地域资本要素禀赋均贫乏。

属于上述组群中的任何一种类型的省份，都不具有特定地理位置上的优势，但像社会资本这种类型的地域资本软要素主要分布在意大利的西北部，东北部则没有分布。意大利中部通常被视为一个统一的社会经济区，该区域的省份分别属于上述四个组群中的不同组群。意大利南部的省份，除了属于大都市区域的省份，大部分都属于第四种组群。

更有趣的是，上面的分析表明，单纯的地域资本资产禀赋无法解释这些地区的增长率。虽然意大利北部地区拥有最高水平的地域资本资产禀赋，但经济增长率却并不是最高的。这证明，导致经济增长率差异的是这些资产的使用效率。开发地域资本最有效的方式在于，把相互强化的有形和无形要素整合起来②。

①　对地域资本的实证分析，参见佩鲁卡（2013，2014）；对匈牙利地区的分析，参见托特（2014）。
②　对采用的数据和方法的详细分析以及获得的结果，参见佩鲁卡（2014）。

与所有经济资源一样，地域资本资产的效率并不取决于单一资产的禀赋，而是取决于各组成部分的互补和协同以及它们的均衡发展，这还使人们回想起均衡发展理论（第四章），但新颖之处是现在的互动发生在非物质资源之间。计量经济学分析表明，仅依据知识是不能解释区域经济增长轨迹的，然而在那些拥有大量社会资本和关系资本的欧洲地区，知识却发挥着极其重要的作用①。

地区成功因素的综合分析告诫我们，解释这些不同因素，应在彼此完全不同的概念方法内进行。传统的功能性方法，也被称作实证主义的认知方法，主要根据确定性、机械性、因果关系来进行解释。最近人们推出了另一种方法，它认为主体间的关系比确定性关系更为复杂，并主要根据经济活动参与者解释现实、对外部刺激做出反应、能够产生协同和合作行为的方式来进行解释。这种新方法强调：地方竞争力更多地与信任和归属感有关，而不是简单地与资本禀赋有关；地方竞争力更多地与创造力有关，而不是单纯地与熟练劳动力有关；地方竞争力更多地与关系资本有关，而不是简单地与资本可得性有关；地方竞争力更多地与地方认同感有关，而不是简单地与生活质量和经济体系效率等经济因素有关②。

这样一个具有丰富内涵的概念，具有很大的规范性价值，特别是要求区域政策根据当地环境的具体情况来制定差异化战略时更是如此。正如欧盟《巴萨报告》所指出的那样，区域政策必须是一项以地方为基础的政策，它应通过参与性和包容性程序，根据每个地区的特殊性和各种竞争力要素为基础制定出来③。地域资本概念包含并系统化了竞争力所依赖的所有因素，强调了积累和贬值规律，这对于恰当地设计这些区域政策至关重要。

十、本章小结

本章考察了基于以下思想的各种理论：空间在经济活动中的作用不仅仅在于提高生产过程的静态效率（即增加企业的收入或降低成本）。经济活动区位的空间聚集优势，还体现在企业的创新能力和创造力上，此时空间成了动态效率的来源。在这些理论中，地方系统的创新能力取决于深深根植于本地的社会经济条件。在严格的微观经济和微观行为框架下，不同的接近性概念（自然的、关系的、制度的、认知的）成了解释本地企业创新能力的重要因素。

下一章将讨论最近发展起来的一类理论，这些理论在宏观经济增长模型中纳

---

① 对于数据、方法和结论，参见卡佩罗等（2011）。
② 参见卡梅尼（2009）。
③ 参见巴卡（2009）。

入了空间因素并从中得出了规模收益递增的结论。之所以是这样，是因为采用了不同的空间概念，即"多元化程式空间"。

附录："相关多样性"指标

用正式术语来说，"相关多样性"指标是作为熵指标而构建的[①]。应用于"相关多样性"概念时，最大熵表明区内知识的不同技术类别在其所属的较大技术类别内的平均分布情况。更准确地说，"相关多样性"指标是指一个宽泛的技术类别（g）内部（例如两位数类别）的熵（H_g）从区域 1 到区域 g 的总和，以每一类中的专利占地区专利总数的份额（S_g）为权重：

$$相关多样性 = \sum_{g=1}^{G} S_g H_g$$

类别 g 内的熵（H_g）的计算公式如下：

$$H_g = \sum_{i \in g} \frac{s_i}{S_g} \log_2 [1/(s_i/S_g)]$$

其中，s_i 表示某一技术类别（如五位数）的专利数在一个更大技术类别内（如两位数）所占的比重。当更大的技术类别（S_g）的专利份额与更小的技术类别（s_i）的专利份额相等时，类别 g 的熵最小，这就意味着知识完全局限于属于 g 类的一个技术类别内，在技术类别 g 中不存在知识互补性。如果在所有类别 g 中都发生这种情况，则"相关多样性"指标值等于零，这表示不存在相关多样性。相反，当熵增加时，"相关多样性"水平也随之提升。

最近，人们提出了一个地区间相关多样性指数。该指数衡量拥有相同知识基础的两个地区的知识互补程度；它已被用来确定地区间认知接近性在解释科学合作中的作用[②]。其计算公式如下：

$$区际相关多样性 = \sqrt{\sum_{g=1}^{G} \frac{(S_{g_{r1}} \cdot S_{g_{r2}})}{|S_{g_{r1}} - S_{g_{r2}}|} \sum_{i=1}^{I} (|s_{i_{r1}} - s_{i_{r2}}|)}$$

其中，r_1 和 r_2 表示两个地区，S 表示最大的技术类别 g（从 1 到 G）的专利数所占份额，s 表示属于 g 的类别 i 的专利数所占份额，其取值从 1 到 I。该指数

---

① 熵原理使得在不完全信息条件下，可以确定由大量元素（分子）构成的系统对应于其均衡条件（最大熵）的最大可能条件。实际上，熵原理描述的是仅在一个方向上变化的系统（如气体系统）遇到外部变动（如温度变化）而回归有序系统的过程。普里戈金（Prigogine）的例子正是这样的一种情形：铁棒暴露于位于其某一顶端的热源，其中温度以有序的方式分布；当外部热源停止时，温度沿铁棒均匀分布，并且系统从分子有序状态转变为无序状态，因而从低概率状态变为高概率状态，参见卡梅尼（1992a）。

② 参见卡佩罗和卡拉戈柳（2012）。

通过地区间技术类别 i 的专利份额差异来衡量其技术互补性，两个地区技术类别 i 的专利份额差异越大，地区之间的技术互补性越高。此外，该指数通过两个地区类别 g 中专利份额的乘积来衡量两个地区的共同知识基础。两个地区 g 类中的专利份额，如果控制其相对大小（以分母中的份额之差来衡量①）后仍然较高，那么就意味着地区间具有更广泛的共同技术基础。

思考题

1. 知识溢出方法的概念是什么？这种方法的局限性是什么？

2. 你如何定义"创新环境"？环境需要哪些基本条件？创新环境理论是否克服了知识溢出方法的某些局限性？如何克服的？

3. 学习型区域的概念是什么？你如何定义学习型区域？该理论的主要优缺点是什么？

4. 空间在知识溢出方法、创新环境理论和学习型区域方法中发挥何种作用？

5. 区域创新系统的含义是什么？

6. 演化经济地理学方法的理论是什么？根据该理论，地区产业专业化的决定因素是什么？根据这种方法，推动信息交流更加便捷的因素是什么？

7. 认知接近性、关系接近性和制度接近性的含义是什么？它们是同义词吗？它们与地理接近性概念有何关系？

8. 空间在创新环境理论、学习型区域和演化经济地理学方法中发挥何种作用？

9. 区域创新模式的定义是什么？这种方法的新颖之处是什么？

10. 什么是精炼专业化战略？你如何将精炼专业化战略与以前的创新政策区分开来？实施该战略还存在哪些风险？

11. 如何定义地域资本？地域资本要素分类所依据的维度是什么？为什么依据这些维度？地域资本分类法有何用处？

阅读文献

[1] Aydalot P. and Keeble D., eds. (1988), *High Technology Industry and Innovative Environment*, London：Routledge.

---

① 由于分母的缘故，两个区域之间同一类别之间差异越大，则认知接近性就越低。实际上，该分母可以调整外干极端情况时的分子，这种极端情况是指两个区域中的某一区域把其专利权的活动只集中在一种技术类别中。

［2］Breschi S. （2000），"The Geography of Innovation：A Cross – sector Analysis"，*Regional Studies*，*Vol. 34*，*No. 2*，*pp. 213 – 229*.

［3］Ciciotti E. and Wettmann R. （1981），"The Mobilisation of Indigenous Potential"，in *Internal Documentation on Regional Policy*，No. 10，Brussels：Commission of the European Community.

［4］Cooke P. and Morgan K. （1994），"The Creative Milieu：A Regional Perspective on Innovation"，in M. Dodgson and R. Rothwell，eds.，*The Handbook of Industrial Innovation*，Cheltenham：Edward Elgar，pp. 25 – 32.

［5］Decoster E. and Tabariés M. （1986），"L' innovation dans un Pôle Scientifique et Technologique：Le Cas de la Cité Scientifique Ile – de – France"，in Ph. Aydalot ed.，*Milieux Innovateurs en Europe*，Paris：GREMI，pp. 79 – 100.

［6］Frenkel A. （2001），"Why High – Technology Firms Choose to Locate in or near Metropolitan Areas"，*Urban Studies*，Vol. 38，No. 7，pp. 11083 – 11101.

［7］Goddard J. and Thwaites A. （1986），"New Technology and Regional Development Policy"，in P. Nijkamp ed.，*Technological Change*，*Employment and Spatial Dynamics*，Berlin：Springer Verlag，pp. 91 – 114.

［8］Maggioni M. （2002），*Clustering Dynamics and the Location of High – Tech Firms*，Berlin：PhysicaVerlag.

［9］Malecki E. and Varaiya P. （1986），"Innovation and Changes in Regional Structure"，in P. Nijkamp ed.，*Handbook of Regional and Urban Economics*，North – Holland，Amsterdam，pp. 629 – 645.

［10］Oakey R.，Thwaites A.，and Nash P. （1980），"The Regional Distribution of Innovative Manufacturing Establishments in Britain"，*Regional Studies*，Vol. 14，No. 3，pp. 235 – 253.

［11］Paci R. and Usai S. （2000），"Technological Enclaves and Industrial Districts：An Analysis of the Regional Distribution of Innovative Activity in Europe"，*Regional Studies*，Vol. 34，No. 2，pp. 97 – 114.

［12］Schatzl E. L. and Revilla Diez J.，eds. （2002），*Technological Change and Regional Development in Europe*，Berlin：Springer Verlag.

［13］Sternberg R. （1996），"Reasons for the Genesis of High – tech Regions – Theoretical Explanation and Empirical Evidence"，*Geoforum*，Vol. 27，No. 2，pp. 205 – 223.

［14］Amin A. and Thwaites A. （1986），"Change in the Local Economy：The Case of the Northern Region （UK）"，in Ph. Aydalot ed.，*Milieux Innovateurs en Europe*，Paris：GREMI，pp. 129 – 162.

［15］Camagni R. and Capello R. （1998），"Innovation and Performance in SMEs in Italy：The Relevance of Spatial Aspects"，*Competition and Change*，Vol. 3，pp. 69 – 106.

［16］Camagni R. and Rabellotti R. （1997），"Footwear Production Systems in Italy：A Dynamic Comparative Analysis"，in R. Ratti，A. Bramanti，and R. Gordon，eds.，*The Dynamics of Innovative Regions*，Aldershot：Ashgate，pp. 139 – 164.

［17］Capello R. （1999），"SMEs Clustering and Factor Productivity：A Milieu Production Function Model", *European Planning Studies*, Vol. 7, No. 6, pp. 719 – 735.

[18] Capello R. (2001), "Urban Innovation and Collective Learning: Theory and Evidence from Five Metropolitan Cities in Europe", in M. M. Fischer and J. Froehlich, eds., *Knowledge, Complexity and Innovation Systems*, Berlin: Springer, pp. 181 – 208.

[19] Gordon R. (1993), "Structural Change, Strategic Alliances and the Spatial Reorganisation of Silicon Valley's Semiconductor Industry", in D. Maillat, M. Quévit, and L. Senn, eds., *Réseaux d'innovation et Milieux Locaux*, Neuchâtel: GREMI, pp. 51 – 72.

[20] Lambooy J. (1986), "Regional Development Trajectories and Small Enterprises: The Case Study of the Amsterdam Region", in Ph. Aydalot ed., *Milieux Innovateurs en Europe*, Paris: GREMI, pp. 57 – 78.

[21] Tabariès M. (1992), "Nouvelles PME et cité scientifique en Formation: Ile – de – France Sud", in D. Maillat and J. C. Perrin, eds., *Entreprises Innovatrices et Développement Territorial*, Neuchâtel: GREMI, pp. 23 – 40.

[22] Acs Z., Audretsch D., and Feldman M. (1994), "R&D Spillovers and Recipient Firm Size", *Review of Econmics and Statistics*, Vol. 76, No. 2, pp. 336 – 340.

[23] Audretsch D. and Feldman M. (1996), "R&D Spillovers and the Geography of Innovation and Production", *American Economic Review*, Vol. 86, No. 3, pp. 630 – 640.

[24] de Groot H., Nijkamp P., and Acs Z. (2001), "Knowledge Spill – overs, Innovation and Regional Development", *Papers in Regional Science*, Vol. 80, No. 3, pp. 249 – 253.

[25] Maier G. and Sedlacek S., eds. (2005), *Spillovers and Innovations – Space, Environment and the Economy*, Vienna: Springer Verlag.

[26] Ruslan L. and Plasmans J. (2003), "Measuring Knowledge Spillovers in the New Economy Firms in Belgium Using Patent Citations", *Global Business and Economics Review*, Vol. 5, No. 1, pp. 75 – 99.

[27] Bacaria J., Borràs Alomar S., and Fernàndez – Riba A. (2004), "The Changing Institution Structure and Performance of the Catalan Innovation System", in P. Cooke, M. Heidenreich, and H. J. Braczyk, eds., *Regional Innovation Systems*, London: Routledge, pp. 63 – 90.

[28] Boekhold P. and de Jager D. (2004), "South – east Brabant: A Regional Innovation System in Transition", in P. Cooke, M. Heidenreich, and H. J. Braczyk, eds., *Regional Innovation Systems*, London: Routledge, pp. 44 – 62.

[29] Cooke P. (2004), "The Regional Innovation System in Wales: Evolution or Eclipse?", in P. Cooke, M. Heidenreich, and H. J. Braczyk, eds., *Regional Innovation Systems*, London: Routledge, pp. 214 – 233.

[30] Maskell P. (2004), "Learning the Village Economy in Denmark: The Role of Institutions and Policy in Sustaining Competitiveness", in P. Cooke, M. Heidenreich, and H. J. Braczyk, eds., *Regional Innovation Systems*, London: Routledge, pp. 154 – 185.

[31] Boschma R. and Iammarino S. (2009), "Related Variety, Trade Linkages, and Regional Growth in Italy", *Economic Geography*, Vol. 85, No. 3, pp. 289 – 311.

［32］ Boschma R. , Minondo A. , and Navarro M. （2012）, "Related Variety and Regional Growth in Spain", *Papers in Regional Science*, Vol. 91, No. 2, pp. 241 – 256.

［33］ Frenken K. , van Oort F. G. , and Verburg T. （2007）, "Related Variety, Unrelated Variety and Regional Economic Growth", *Regional Studies*, Vol. 41, No. 5, pp. 685 – 697.

［34］ Neffke F. , Henning M. , and Boschma R. （2011）, "How Do Regions Diversify Over Time? Industry Relatedness and the Development of New Growth Paths in Regions", *Economic Geography*, Vol. 87, No. 3, pp. 237 – 265.

［35］ Tödtling F. and Trippl M. （2005）, "One Size Fits All? Towards a Differentiated Regional Innovation Policy Approach", *Research Policy*, Vol. 34, No. 8, pp. 1203 – 1219.

［36］ Camagni R. and Capello R. （2013）, "Regional Innovation Patterns and the EU Regional Policy Reform: Towards Smart Innovation Policies", *Growth and Change*, Vol. 44, No. 2, pp. 355 – 389.

［37］ Capello R. and Lenzi C. , eds. （2013）, *Territorial Patterns of Innovation: An Inquiry on the Knowledge Economy in European Regions*, London: Routledge.

［38］ Boschma R. （2014）, "Constructing Regional Advantage and Smart Specialisation", *Scienze Regionali – Italian Journal of Regional Science*, Vol. 13, No. 1, pp. 51 – 78.

［39］ Foray D. （2009）, "Understanding Smart Specialisation", in D. Pontikakis, D. Kyriakou, and R. van Bavel, eds. , *The Question of R&D Specialisation*, Brussels: JRC, European Commission, Directoral General for Research, pp. 19 – 28.

［40］ Foray D. , David P. , and Hall B. （2009）, "Smart Specialisation: The Concept", in European Commission ed. , *Knowledge for Growth: Prospects for Science, Technology and Innovation*, Brussels: European Commission, pp. 25 – 29.

［41］ Foray D. , David P. , and Hall B. （2011）, "Smart Specialisation: From Academic Idea to Political Instrument, the Surprising Career of a Concept and the Difficulties Involved in its Implementation", MTEI Working Paper, Lausanne, November.

［42］ Giannitsis T. （2009）, "Technology and Specialization: Strategies, Options, Risks", *Knowledge Economists Policy Brief*, No. 8, pp. 515 – 540.

［43］ McCann P. and Ortega – Argilés R. （2014）, "The Role of the Smart Specialisation Agenda in a Reformed EU Cohesion Policy", *Scienze Regionali, Italian Journal of Regional Science*, Vol. 13, No. 1, pp. 15 – 32.

［44］ Neffke F. , Henning M. , and Boschma R. （2011）, "How Do Regions Diversify Over Time? Industry Relatedness and the Development of New Growth Paths in Regions", *Economic Geography*, Vol. 87, No. 3, pp. 237 – 265.

［45］ Pontikakis D. , Chorafakis G. , and Kyriakou D. （2009）, "R&D Specialization in Europe: From Stylized Observations to Evidence – based Policy", in D. Pontikakis, D. Kyriakou, and R. van Bavel, eds. , *The Question of R&D Specialisation*, Brussels: JRC, European Commission, Directoral General for Research, pp. 71 – 84.

［46］ Camagni R. （2009）, "Territorial Capital and Regional Development", in R. Capello and

P. Nijkamp, eds. , *Handbook of Regional Growth and Development Theories*, Cheltenham: Edward Elgar, pp. 118 – 132.

[47] Perucca G. (2013), "A Redefinition of Italian Macro – areas: The Role of Territorial Capital", *Rivista di Economia e Statistica del Territorio*, Vol. 2, No. 2, pp. 35 – 63.

[48] Perucca G. (2014), "The Role of Territorial Capital in Local Economic Growth: Evidence from Italy", *European Planning Studies*, Vol. 22, No. 3, pp. 537 – 562.

[49] Tóth B. I. (2014), "Territorial Capital: Theory, Empirics and Critical Remarks", *European Planning Studies*, Vol. 23, No. 7, pp. 1327 – 1344.

[50] Camagni R. (1991), "Local Milieu, Uncertainty and Innovation Networks: Towards a New Dynamic Theory of Economic Space", in R. Camagni ed. , *Innovation Networks: Spatial Perspectives*, London: Belhaven – Pinter, pp. 121 – 144.

[51] Capello R. (1999), "Spatial Transfer of Knowledge in High – technology Milieux: Learning vs. Collective Learning Processes", *Regional Studies*, Vol. 33, No. 4, pp. 353 – 365.

[52] Frenken K. , van Oort F. G. , and Verburg T. (2007), "Related Variety, Unrelated Variety and Regional Economic Growth", *Regional Studies*, Vol. 41, No. 5, pp. 685 – 697.

[53] Keeble D. and Wilkinson F. (2000), *High – technology Clusters, Networking and Collective Learning in Europe*, Aldershot: Ashgate.

[54] Lundvall B. A. ed. (1992), *National Systems of Innovation: Towards a Theory of Innovation and Interactive Learning*, London: Pinter.

[55] Neffke F. , Henning M. , and Boschma R. (2011), "How Do Regions Diversify Over Time? Industry Relatedness and the Development of New Growth Paths in Regions", *Economic Geography*, Vol. 87, No. 3, pp. 237 – 265.

[56] Torre A. and Wallet F. , eds. (2014), *Regional Development and Proximity Relations*, Cheltenham: Edward Elgar.

第四部分

区域增长理论：多元程式化空间

第十章

地域竞争力与供需累积增长

一、收益递增、竞争力和累积增长

前两章强调了空间在经济发展中的重要作用，空间是位于其中的企业的优势之源，也就是空间通过以地方化经济或城市化经济形式存在的静态和动态聚集经济，不仅影响企业的生产率和创新能力，而且还影响企业所在地区整体的生产率和创新能力。收益递增源于生产活动的聚集，并决定整个经济系统的效率。

另外，前两章还对内生发展理论进行了定性考察。定性分析在某些情形下属于方法选择的方法论问题，然而在大多数情况下是因为无法把收益递增纳入到分析模型中。从数学角度而言，规模经济假设意味着，决定经济发展的变量之间的关系不能建立在线性方程基础之上，它必须借助于高阶方程组，这必然要求借助比线性方程更为复杂的数学语言来进行描述①。从经济学角度而言，收益递增（单个厂商层面）的存在要求放弃完全竞争的假设，采用与之相反的不完全竞争的假设，这种不完全竞争概念在 20 世纪 70 年代以前是从未被数学模型化的②。

20 世纪 80 年代，在非线性数学模型及不完全竞争条件下的经济模型化这两大领域均取得重大进展，这为推出地区经济增长新理论开辟了道路。由于出现了研究非线性动力系统（分岔、突变和混沌理论）定性行为的数学方法以及经济学领域中的阿维纳什·迪克西特与约瑟夫·斯蒂格利茨的不完全竞争的形式化模

---

① 线性方程（组）是各变量均为一次且不同变量间没有乘积关系的一组等式。高阶方程（组）包含两变量乘积项（yx），或变量存在上标即幂次不等于 1，如 y^2、y^3 等。

② 收益递增假设意味着，当市场扩张时，企业可以利用剩余的生产能力。换句话说，随着市场规模的扩大，企业能够在降低成本、增加收益的同时扩大产出。相反，完全竞争则假设企业在平均成本最小的情况下进行生产。

型，规模收益递增成了决定经济发展的决定性因素，这不仅对于定性理论如此，而且对于分析理论和模型也是如此①。

本书的这一部分描述了地方增长理论，其中大部分使用了先进的数学工具，并借鉴了近期的经济分析模型。它们对地方发展理论特别重要，因为它们的分析超出了埃德温·冯·博文特（1975）所提出的两种区域经济理论之间的区别，也就是，一方面是没有聚集经济的"纯粹且精确"的区域理论，另一方面是虽不精确但考虑聚集经济因素的"应用区域理论"之间的区别。

这些更为规范化的理论的第一个创新之处在于，它们以收益递增的形式将聚集经济纳入到经济特征严谨、形式简洁的增长模型之中，并把聚集经济看作是地方经济发展的决定性因素。他们后来进一步证明，聚集经济现象也可以用传统的经济学理论工具（企业及个人最优选择）加以处理。这吸引了主流经济学家去重新发现经济现象的空间维度，而且其后研究的持续进展在很大程度上也应归功于它。

这些方法的第二个创新之处在于，它们能够摆脱此前的形式化模型的机械化方法论的约束，且在增长轨迹和发展路径所趋向的最终均衡中引入不确定性因素。那些伴随发展过程而发生的协同作用、正向累积（聚集经济）以及负向反馈（增长过程中的拥挤或饱和）现象，都通过非线性的增长关系纳入到模型的逻辑之中。这些使得有可能形成那些涉及不同的初始条件、不同的结构关系变量和参数值，以及收敛或发散、离心聚变或向心聚变、稳定或不稳定增长路径的多重均衡。

这些模型的增长路径与前面两章所考察的理论相似，都是累积的、内生的且主要是选择性增长的路径。现在所描述的模型，实际上把空间看作是多样化的空间，也就是说，这些模型假定在不同地区之间，在经济增长和累积方面存在极大的反差，原因在于以学习过程、规模经济（地区或企业层面）、地方化和城市化经济等形式存在的收益递增，形成循环累积发展的良性循环。此外，收益递增包含在表征当地系统（或其内的个别厂商）动态行为的结构关系之中，因此这种良性循环过程是在当地经济系统运行过程中自行产生的，并标示出一条内生的增长路径。

这些理论与前两章的理论更为相似，因为它们都追求同一目标，即确定长期竞争力的决定因素，以及能够保证一个地区在国际劳动分工中占据和维持一席之

① 迪克西特和斯蒂格利茨最早把张伯伦的不完全竞争思想构建为形式化模型。本章所介绍的将收益递增引入增长路径的所有模型都是基于迪克西特和斯蒂格利茨（1977）的原始公式。关于把非线性动态模型运用于地域动态系统的文献，参见威尔逊（1981）、伦格（1987）、尼茨坎普和雷加尼（1988，1992，1993）、巴伦特森和尼茨坎普（1989）、雷加尼（2000）等。

地的条件。规模收益递增假说实际上包含了这样一种假设，即当市场规模扩张时，要么在资源不变的情况下可以增加产出，要么在生产不变的情况下可以降低成本。换句话说，它假设与增加产出有关的更多的是大幅度节约资源的问题，因此通过对地方竞争力施以积极且日益增长的影响，要不断地提高劳动生产率。每种理论都以不同方式表述了上述效应：循环累积发展理论强调的是获取世界更大的需求份额的能力；"新经济地理"最新模型所强调的是更多地吸引那些寻求良好的金融和生产机会的外部资本的能力；内生增长理论强调的是创造（再造）经济持续增长所需的生产资源的能力。

　　然而，也应该强调这些理论与前面讨论的内生发展理论之间的差异与不连续性。第一个差异和不连贯性就涉及本章所讨论的理论的形式化、宏观性和总体性特征方面，这与前三章中的模型所采用的微观地域和微观行为方法形成鲜明的对照。由于其总体的宏观经济特征，本章所讨论的理论都试图解释总收入的增长率问题，而这种增长率被看作是反映区域发展各个方面的综合性指标。与前三章不同的是，这些理论并不寻求对所有有形和无形要素的经济或其他方面的定性解释，而这些要素决定地方经济系统的动态特征。因而，增长理论再次解释了地方经济的动态路径。然而，这些理论与20世纪50年代和60年代的增长理论之间存在着两个方面的区别：①收益不再是固定的而是增加的；②增长的概念是动态的和长期的。这些理论试图确定可以维持和重新创造地方系统竞争力的因素，而不像以前的理论那样，强调那些促进长期就业和产出的增长、提高个体福利和人均收入的机制。

　　与前三章讨论的理论相比，第二个不同之处在于对空间的处理，现在的空间已成了多样化和程式化的空间。这些方法，关注空间发展中的两极分化现象，即使是同一区域内部不同地区之间，在收入增长水平和速度方面也会存在明显的差异。然而，尽管空间是多样化的，但它现在已经被程式化为没有任何地域维度的点。在这个空间中：①不存在本地化的技术外部性；②不存在有形和无形因素组合，这些因素可能因邻近性和交易成本的降低而影响企业的生产力和创新能力；③不存在构成某一地理空间社会资本的经济和社会关系系统。然而，所有这些都是能够严格地在地域基础之上区分空间要素的要素。这些方法有点老生常谈地将空间视为是发展的容器，因而也就必然地放弃了对空间更有趣和启发性的阐释，即把空间看作是发展的独立因素和资源之一了。

　　与前两章讨论的理论相比，第三个不同之处在于：收益递增不再是个别厂商非自觉产生的特定优势。根据目前所考察的理论，收益递增是规模经济或学习型经济在方程组中的形式化，通过非线性关系，这些方程组可以解释地方系统的结构和演变过程，而非线性关系就使得在总增长率中出现乘数效应。

虽然这些是最新的区域增长理论的主要特征，但本章也讨论了假设厂商或地区层面存在收益递增的模型，把发展解释为供需增长的累积过程。下一章还将讨论一些理论，这些理论利用了衍生于新古典理论的生产函数，认为经济增长源于生产资源的收益递增；在这些理论中，经济增长完全取决于供给要素。

因此，根据本章模型的逻辑，优势地区的竞争力（假定是外生的）催生更大的产出（供给）、更多的投资（有些理论认为是加速机制引致的，另一些理论认为是地方市场创造的更大利润引致的）以及更多的就业，这些加速了劳动力的迁入。这一过程推动了本地市场（需求）范围的扩张，它反过来又吸引了新的投资、创造了新的就业机会（供给），从而形成了累积增长的循环过程。随着本地产出规模的扩大，劳动生产率水平（或速率）也随之提高，这源于体现在资本品中的技术进步、企业和系统层面的学习过程以及更多产出所带来的规模经济。

本章介绍的现代理论建立在尼古拉斯·卡尔多于20世纪50年代末阐释并于70年代建构的模型，该模型已经把收益递增的存在看作是决定地方总体经济增长的结构关系的内在特征。在这个模型中，规模经济被看作是企业外部的，采用学习经济或阿罗提出的干中学经济的形式。在这些模型中，富裕且有活力的发达经济体具有高增长率，也显示出具有更高水平的劳动生产率之增长率，从而产生循环累积增长。由于是地域层面上的收益递增，故该模型在完全竞争的假设下收益递增形式化了[①]。

20世纪90年代，在著名经济学家保罗·克鲁格曼的引领下，一些经济学家吸取了缪尔达尔和卡尔多的观点，把收益递增看作是地方发展的关键性因素。利用形式化的不完全竞争模型，克鲁格曼及其追随者们构建了包含企业区位选择的优美简洁的经济增长模型。这些模型取决于三种经济因素，即运输成本、收益递增和要素流动，且根据他们假设的参数值范围，上述三种要素决定了聚集过程（克鲁格曼称之为"地理集中"）或扩散过程的存在。当一个地区生产活动聚集时，就会出现当地经济累积增长的条件。

在介绍这些理论之前，本书将对解释经济增长的最新数学工具进行概略介绍，这有助于读者理解均衡的新逻辑[②]。

① 缪尔达尔理论的一些开创性思想是由杨格提出的，参见杨格（1928）。
② 为了从严谨的经济学框架中阐述这些新理论，下面将经常使用图形工具而不过多地使用数学工具。数学方面的具体文献将在参考文献中提供。

二、非线性条件下的均衡

1. 方法的创新之处

20 世纪 80 年代以来，非线性动态模型取得了重大成功，原因有两个。第一个原因刚才已经提到，即这些模型能够以程式化的形式来表述现实经济活动中的一些现象，而这些现象明显地影响经济系统形成、演化以及结构。特别是在地方系统中，这些模型能够把规模经济或不经济、聚集经济或不经济、协同效应、复杂系统中各组成部分的特性以及诸如价格、收益、技术创新等变量的变化情况纳入到增长模型中，所有这些因素都可能影响地方经济系统的发展路径。

第二个原因是，现在可以克服求解模型中的困难，方法一是利用数值模拟的方法，方法二是对非线性动态系统的定性行为进行数学分析。最近发展起来的数学方法可以研究解的性质，而不要求其精确值，这类数学分析方法就是"分岔和突变理论"，它们强调多重均衡的存在，其中的变量从一种均衡到另一种均衡的转变是以间断或突变的形式发生的[①]。

这些理论的独特之处在于，它们能够描述系统状态的质变，这些质变是由以下方面的变化所引起的：系统动力变量（也称"状态变量"），它描述每一时点 t 的系统状态，其数值随时间的推移而快速变化；参数（或"控制变量"）的变化反而相对缓慢。

突变理论和分岔理论有几个新特征。第一个特征是，它们允许系统多重均衡的存在，这与先前理论的唯一的动态均衡（或稳定或不稳定）特征形成鲜明的对照。一种均衡相对于另一种均衡更加盛行，以及各种可能均衡之间的选择，取决于决定未知变量动态变动的参数值和初始条件，正如我们将看到的，这将极大地影响地区经济系统的发展轨迹。

这样，就可以把发展的时间模式进行程式化了，其中参数值的微小变化可能引发突变。所以，根据很流行的备选方案，截然不同的增长路径随之产生。这些模型由此能够模拟一系列内生的复杂现象，这些复杂现象过去只能用特别引入的外生冲击来进行复制了。

---

① 突变理论源于法国数学家勒内·汤姆（Thom，1972），它包括了形态发生变化的数学解释，或者形成系统结构的数学解释。与分岔理论一样，它分析以多重均衡为特征的非线性动态系统，系统中的一种均衡到另一种均衡的转变，可能是由决定系统动态的参数的突然和微小改变引起的。

稳定和不稳定的动态均衡（表述为"动态稳定性"①）之间的传统区别，已被"稳定"的更深层次的含义所补充，而这些涉及解自身能够改变其性质的条件（例如，提出周期性解或混沌解而不再是单一的解）。在这种情形下，人们的分析将集中在系统的"结构稳定性"上②。实际上，非线性动力系统的最新方法已经研究了系统的"结构稳定性"、解的质量和性质、系统可采用的形式等。与线性动力模型不同，它们并不关心系统均衡（其"动态稳定性"）的存在性和稳定性的分析。这就解释了为什么我们经常遇到模型不能得出明确的结论，而是根据初始条件和参数假定给出一系列可能解的情况的原因。

这些模型还具有另一个重要的特征，即当时间轨迹发生突变时，它们几乎不能返回到其初始状态。即使时间发生逆转，它们在很大程度上也不能逆转，因为系统会围绕新的状态进行自动重组，没有发展轨迹可以被偶然地复制，也没有发展轨迹可以朝着相反的方向推进。

2. 突发性增长案例：非线性条件下的输出基础模型

如果我们采用已经讨论过的模型（第五章中阐述的动态的输出基础模型），对其进行修正，以确定动态均衡的存在性和稳定性，那么迄今为止的论述就可以更加清晰。

根据霍伊特模型的特征，重新审视人口（P）和就业（分别用E_T，E_b，E_s来表示总就业、基础部门就业和服务部门就业数量）间的结构关系：

$$P = aE_T \tag{10-1}$$

$$E_T = E_b + E_s \tag{10-2}$$

$$E_s = bP \tag{10-3}$$

$$E_b = \overline{E_b} \tag{10-4}$$

我们在式（10-3）中引入时间滞后：

$$E_s(t) = \beta P(t-1) \tag{10-5}$$

在结构关系式（10-1）和式（10-3）中引入非线性：

---

① 尽管系统可能会在外部力量的作用下偏离未知变量的某个值如 y^*，但是仍能重新回到原有的状态，这就表示存在"稳定的动态均衡"。在此情形下，y^* 也被称作时间路径的"引力"，或者称它为 y 轨迹的"引力"。在相反的情况，则它被称为"斥力"，均衡则被称为"非稳定的动态均衡"。

② 非线性模型强调了局部稳定均衡点与全局稳定均衡点之间的差异。如果能够界定 y^* 邻域内任意小的区间，在满足该区间初始条件的情况下，当 t→∞ 时，函数 y（t）趋近于 y^*，y^* 就是局部稳定均衡点。如果在任意初始条件下，当 t→∞ 时，函数 y（t）趋近于 y^*，y^* 就是全局稳定均衡点。具体参见巴伦特森和尼茨坎普（1989）。

$$P = \alpha E_T, \quad \alpha' > 0 \qquad\qquad (10-6)$$

$$E_s = \beta P, \quad \beta' > 0 \qquad\qquad (10-7)$$

关系式（10-6）表明，就业存在某个临界值，超过该临界值，就业的微小增加将导致人口的大幅增长（可能是因为聚集经济的正向效应）。关系式（10-7）表明，人口数量存在一个临界值，超过临界值，人口增加将对服务部门施予很大的影响[1]。根据这些假定，式（10-1）变形为：

$$P(t) = \alpha\{E_b + \beta[P(t-1)]\} \qquad\qquad (10-8)$$

区域增长可以用图10-1来描述。很容易看出该图与图5-1的区别，图5-1显示出收入的线性增长（不过，该图也可用来描述区域自然增长模型，而且也适用于图5-1中所描述的有关变化趋势的动态假设）。在包含非线性的模型（见图10-1（a））中：

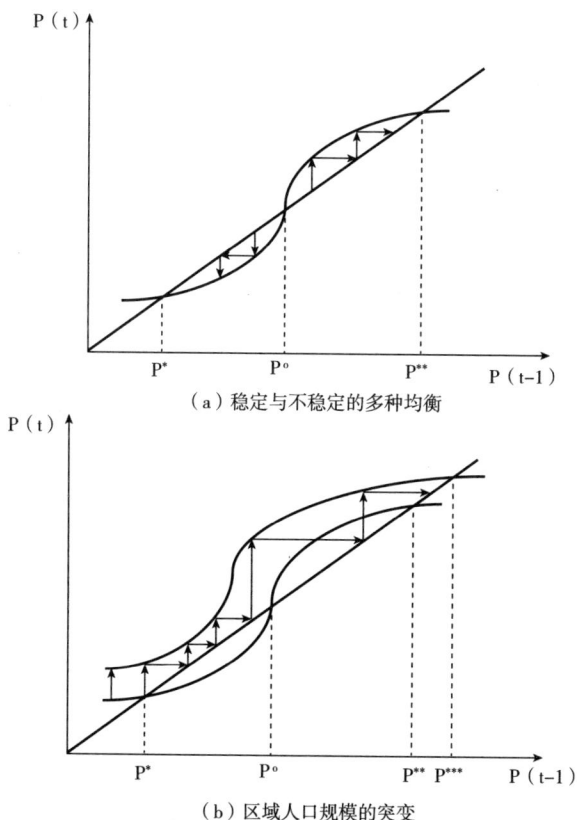

（a）稳定与不稳定的多种均衡

（b）区域人口规模的突变

图10-1　非线性假定下的输出基础模型

资料来源：宫尾（1984）。

---

[1]　参见宫尾（Miyao，1987b）。

（1）存在多种可能的均衡：P^*，P^o 和 P^{**}。

（2）存在不同类型的均衡（见图 10 – 2）：P^* 和 P^{**} 为稳定均衡，P^o 为不稳定均衡[①]。

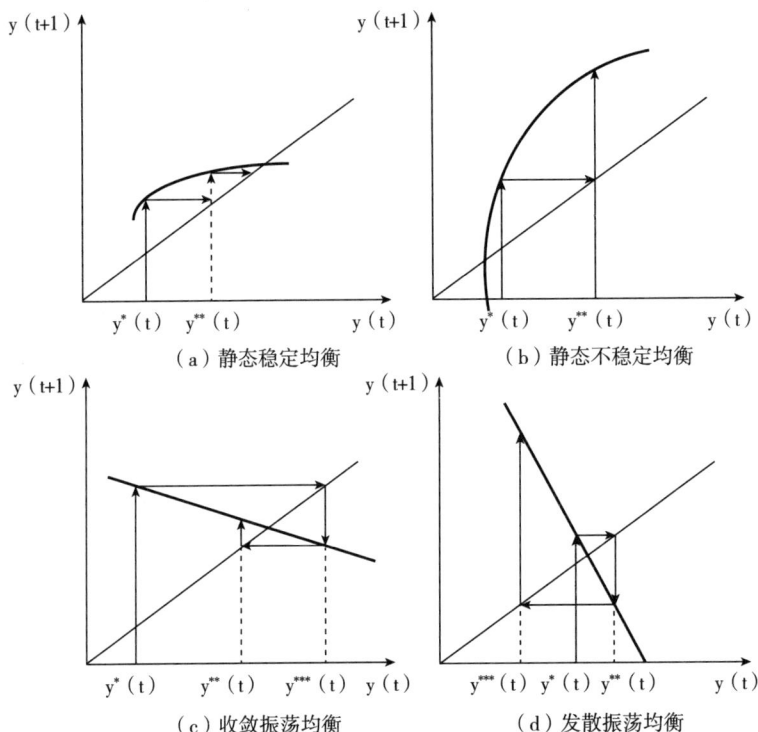

图 10 – 2　有限差分方程的相位图（时间为离散变量）

（3）最终达到何种均衡则取决于系统的初始条件：如果区域的初始人口小于 P^o，则将趋于稳定动态均衡 P^*；相反，如果初始人口大于 P^o，则系统将趋向于均衡 P^{**}。

此外，假设基础部门的就业出现外生性增长（此时前面提到的控制变量或

---

① 利用"位相图"可以直接验证均衡的稳定性；也就是说，分别设定 t 时刻和 t – 1 时刻两坐标轴上的变量值（图 10 – 1 中的人口）。如果函数图像的斜率为正，如目前的情形，当斜率小于 1 时，则存在一个稳定的动态均衡（见图 10 – 2（a））；而当斜率大于 1 时，则存在一个不稳定的动态均衡（见图 10 – 2（b））。前一种情形是随着时间的推移，变量以递减的速率增长（斜率小于 1）；后者则是变量以递增的速率增长（斜率大于 1）。如果函数图像的斜率为负，斜率绝对值小于 1 描述了以振荡收敛的方式达到均衡（见图 10 – 2（c））；斜率绝对值大于 1 则描述了以振荡方式发散（见图 10 – 2（d））。

"参数"发挥作用),则由关系式(10-5)所表示的曲线向上移动。如果基础部门的就业增幅很小,这种变化就不会导致该区域人口规模产生很大变化。然而,也存在这样一种情形:尽管就业增加值可能很小,然而在间断点上,将会发生跳跃性增长,人口数量大量增加(见图 10-1(b)),城市规模从 P^* 陡然增至 P^{***}。在此情形下,经济系统不可能回到状态 P^*,而是在新的更大规模上重新组织。

三、企业外部收益递增:循环累积因果模型

新古典理论认为存在自发的再均衡过程,而缪尔达尔在 20 世纪 50 年代末构建了一个与之截然相反的"循环累积因果模型"[①]。通过自我强化的良性或恶性循环机制,缪尔达尔(1957)的"循环累积因果模型"可以解释实证研究中经常遇到的区际差距不平衡现象。根据该模型的逻辑,在无外界因素的情况下,如果市场力量发挥作用,那么富裕区域将愈加富裕,贫困区域将愈加贫困。

从缪尔达尔的模型中得出的结论,如前所述,完全不同于传统的新古典的主张,这可以根据构建模型时的基本假设来解释:

(1)投资函数取决于实际或预期的需求水平(加速数理论),而不是像新古典理论提出的那样取决于资本收益率。

(2)地域层面上存在收益递增,也就是说,生产活动的空间聚集和包含在资本品中的知识积累,导致了聚集经济的产生,这与新古典生产函数中的收益不变相反。这一假设(在发展经济学思想史上第一次)表明,在确定地方经济增长轨迹时,必须考虑收益递增的影响[②]。它还意味着,放弃了新古典逻辑所强加的区际技术进步相同的单一生产函数,而是采取更为现实的假设,即发达地区拥有更先进的技术,这在一定程度上解释了发达地区具有高生产率和竞争力的原因。

在这些假定下,优势区域有两个良性过程在发挥作用(见图 10-3):

(1)这些区域之所以吸引劳动力,是因为它们的产出规模很大(该模型假

---

① 我们已在第六章中看到,如果假定区域的初始增长率不同,那么收敛是单部门新古典模型的必然结果。这一结论困扰着模型的作者,因为它没有被实证研究所证实。利用当时的数学工具,伯恩斯和斯坦根据两部门模型,在假定区域间初始增长率相同的情况下,证明了区域之间存在长期发散,这种状况一直持续到 20 世纪 80 年代为止。在 20 世纪 80 年代,新古典学者们通过把非线性引入最初的模型之中,证明了即使假定初始增长率不同的情况下也存在某些参数值的发散,参见第十一章。

② 杨格(1928)曾经提出收益递增对经济系统发展的重要性。同一年,佩鲁在微观经济框架内强调了聚集经济对地方发展的重要性。

定为外生），因此劳动力的需求也就很大。不同于新古典理论中的生产要素同质性假设，这是一种选择性的迁移过程，涉及的是具有高技能的人力资本，这使得劣势地区失去高技能的劳动力资源。流向富裕地区的劳动力，扩大了当地市场，刺激了新的投资，吸引了新的资本，这就形成了良性的发展循环。

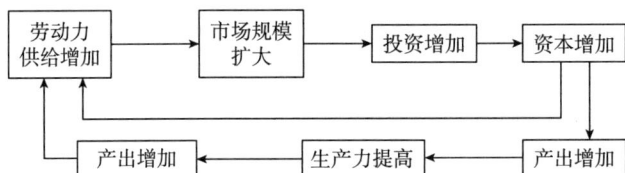

图 10 - 3 缪尔达尔的良性循环累积发展

（2）与此同时，生产活动在特定地区的高度集中产生了聚集经济，这提高了该地区的生产力和竞争力，进而促进了该地区的发展。在一个良性的供需循环中，高水平供给导致劳动力需求进一步增加、对本地产品的（内部和外部）需求扩大、新投资的产生、新企业的创立、更密集的聚集、源于区位聚集的优势的扩大以及生产力水平的进一步提高。

相反，贫困地区形成逆向的恶性循环过程，因此，劳动力大量流出，大量流失资本，区内需求大量缩小，聚集经济的减弱导致了生产率水平的下降。根据该模型的逻辑，这些地区必然遭受荒漠化和贫困。

然而，缪尔达尔模型为循环累积过程的无限演进设定了限制因素，这些限制因素主要是地域和供给方面的因素。由于环境的拥堵、生产要素的日益稀缺以及成本的不断增加，持续且集中的发展过程会产生扩散效应（缪尔达尔称之为"波及效应"）。因为空间的连续性特征，这些扩散过程可能波及该地区，然后沿着交通和通信轴线扩散，或者它们也可能通过城市等级系统中的分支系统"向下过滤"[1]。

尼古拉斯·卡尔多意识到缪尔达尔模型具有很强的解释能力，他于 20 世纪 70 年代构建了循环累积因果关系的形式化模型[2]。

地方收入（y）增长动力，来源于出口（e）的增长[3]。出口增长动力，部分依赖与世界经济发展相关的外生因素（b），部分依赖与地方竞争力发展趋势相

---

① 参见缪尔达尔（1957）。

② 参见卡尔多（1970）。关于卡尔多发展模型的收敛或发散问题的研究，可以参考迪克西特和瑟尔沃尔（1975）。

③ 这里显然受到输出基础理论的影响。

关的内生因素，而这又决定于国内价格变量（p）。反过来，国内价格变动，则是通过单位产出的劳动力成本变化来解释的，也称它为"效率工资"，进而可以通过工资增长率（w）和劳动生产率增长率（π）之间的差异来解释。最后，劳动生产率的增长率又受到著名的"凡登定律"[1]的影响，根据这一定律，劳动生产率的增长率由外生部分（d）及用产出增长率来表示的系统内生部分所组成[2]。这最后一对关系表明，伴随高产出增长率的是更大比例的劳动生产率的增长率；这可以用规模经济和学习效应的存在来解释，而它们则包含在数学方程中的正的参数（f）中[3]：

$$y = ae, \quad a > 0 \tag{10-9}$$

$$e = b - cp = b - c \ (w - \pi), \quad b > 0, \ c > 0 \tag{10-10}$$

$$\pi = d + fy, \quad d > 0, \ f > 0 \tag{10-11}$$

这三个关系如图10-4所示，其中式（10-9）在右上象限，式（10-11）在左上象限，式（10-10）在右下象限，左下象限是转换象限，调换轴变量。从图10-4中很容易看出，随着参数a，c，f的值的变换，系统从初始增长率 y^* 开始，或者进入良性累积循环发展（见图10-4（a）），或者进入恶性累积循环衰退（见图10-4（b））。决定经济轨迹呈现增长而非衰退的经济条件如下：①更大的出口需求弹性（参数a）[4]；②将产出增长与生产率增长联系起来的更高的收益递增参数（参数f）；③出口对生产率（和国内价格）变化的弹性更大（参数c）。

此外，很明显，当经济系统的结构条件疲软时，也就是初始的产出增长率

---

① 凡登（1949）利用经典的斯密方法，经验性地论证了市场规模和生产力提高之间存在联系，以及产出增长率与生产率提高存在正向关系。

② 参见凡登（1949）。凡登定律的实证检验仍然存在许多争议。卡尔多最初的实证检验由于假设因变量（生产率）和自变量（就业）之间存在内生关系而受到批评，原因在于，根据定义，自变量（就业）是生产率指数的分母，参见罗索恩（1975）。卡尔多利用实证反驳了这些批评，他证明了产出增长率（进而与就业增长率相关）和生产率增长率之间的关系在某些部门中并不存在，尤其是农业和贸易部门。这一争论延续至今，参见卡尔多（1975）、瑟尔沃尔（1983）。凡登定律的实证检验，参见利昂—勒德斯马（1998）的西班牙研究、麦康比和德里德（1984）的美国研究、利德和劳（1998）的英国研究以及索罗（2003）的意大利研究。

③ 常数d表示独立于产出的生产率的外生增长，它能够解决区域经济学家间的这种争论，即究竟是产出增长率决定劳动生产率增长率（如凡登定律所假定），还是劳动生产率的增长率决定产出增长率。一项用意大利的区域数据对凡登定律所做的实证检验表明，劳动生产率的独立成分解释了生产率总增长的最大份额，而不是产出增长率，参见索罗（2003）。

④ 相对较多的出口导向部门和相对较少的进口依赖部门，会促进发展的良性循环，正如之前（用严格的凯恩斯主义术语来说）在瑟尔沃尔定律中看到的那样。然而，在缪尔达尔—卡尔多模型中，发展取决于其他因素，例如，用工资和国内价格的增长率表示的本地系统竞争力，以及收益递增，这些因素在瑟尔沃尔定律中是完全缺失的。

（y）低、劳动生产率的外生部分（d）以及竞争力的外生部分（b）受到很大限制时，将会出现衰退的恶性循环，即使参数 a、c、f 所代表的内生条件完全相同（见图 10 - 4（c））的情况下也是如此。

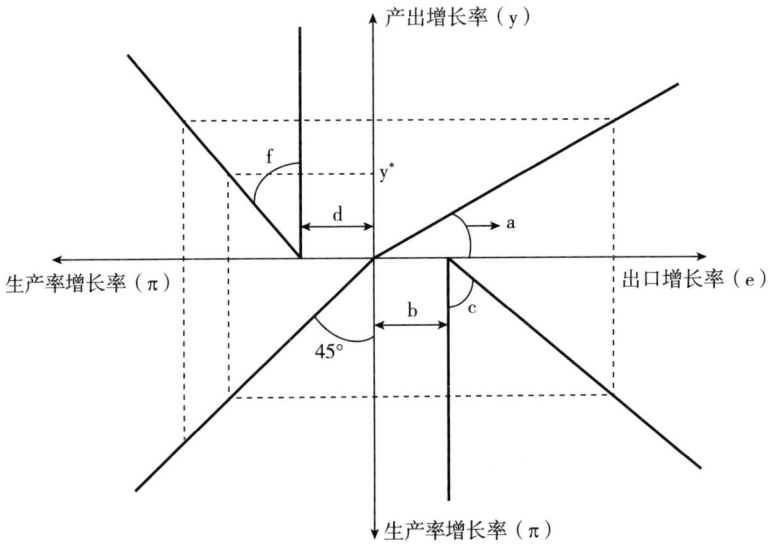

（a）累积性区域发展（爆发性增长）

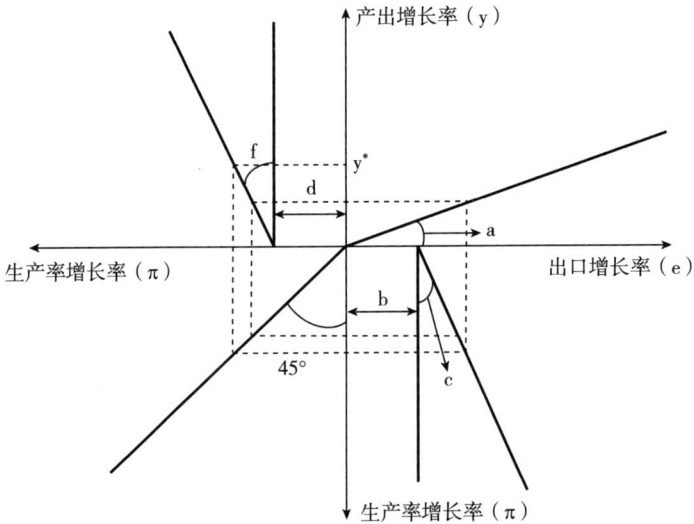

（b）累积性区域衰退（衰减性增长）（a、c、f 的值与图（a）中不同）

图 10 - 4　循环累积因果过程

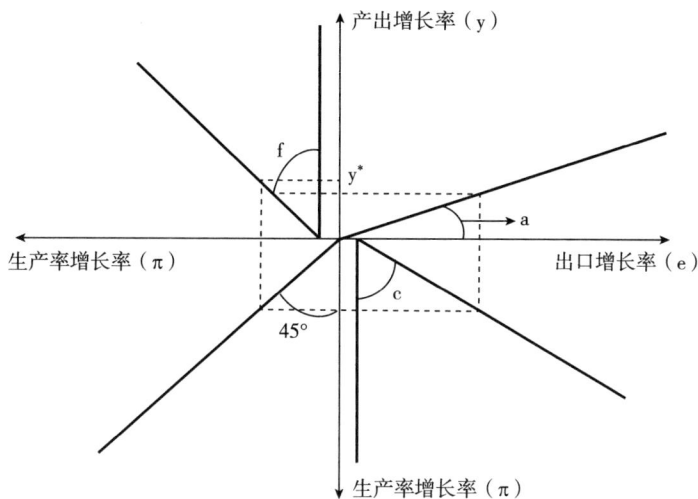

产出增长率（y）

f

y*

生产率增长率（π）

出口增长率（e）

a

c

45°

生产率增长率（π）

（c）累积性区域衰退（衰减性增长）（b、d的值与图（a）中不同）

图 10 - 4　循环累积因果过程（续）

如果对系统的动态特性进行分析，也可以得到同样的结果。求解方程式（10 - 9）、方程式（10 - 10）和方程式（10 - 11），并在最后一个方程式中引入时间滞后，则得到：

$$y(t) = a(b - cw + cd) + acfy(t - 1) \qquad (10 - 12)$$

图 10 - 5 是关系式（10 - 12）的图形化表示。从图 10 - 5 中可以再一次看出，均衡取决于参数值和初始条件。如果 acf > 1（即竞争力的内生部分有利于发展），则系统不稳定，偏离均衡发展速率，根据初始条件经历爆炸式发展或爆炸式衰减过程（见图 10 - 5（a））。初始的增长率很低，加上生产率和竞争力的外生部分很小，导致经济衰退（图 10 - 4（c）和图 10 - 5（a）为初始增长率小于 y* 时的情形）。相比之下，较好的初始结构条件会导致爆炸式累积发展（图 10 - 4（a）和图 10 - 5（a）为初始增长率大于 y* 时的情形）。上述爆炸式发展或爆炸式衰减的条件，证明了模型创始人缪尔达尔和卡尔多的理论预期①。

相反，如果 acf < 1，系统将收敛于恒定速率 y*。如果式（10 - 12）右侧的第一项为正，即 w < (b + cd)/c，即工资增长不到危及地方经济系统外部竞争力的程度，则增长率为正（见图 10 - 5（b））。相反，如果工资过高以至于阻碍了本地系统的竞争力，本地经济系统将趋向于稳定状态的增长率；但是，这个增

---

① 尽管管理查森（1978）已提出了这些设想，但宫尾（1984）将非线性引入卡尔多构想的结构关系中。

长率将是负数（图 10 - 5（b）中的 y^{**}）。

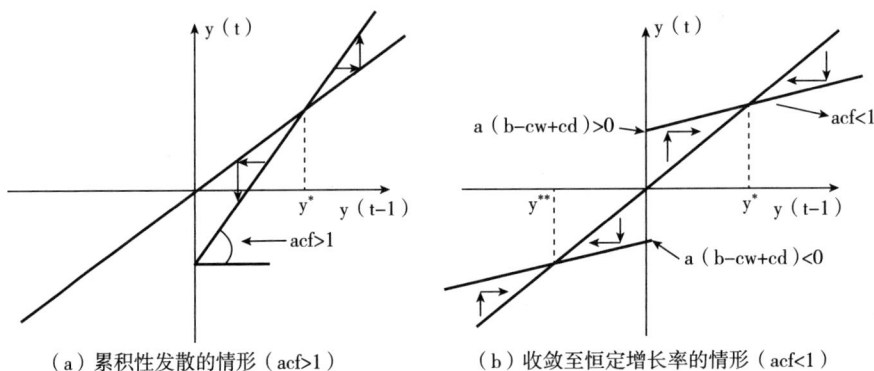

（a）累积性发散的情形（acf>1）　　　（b）收敛至恒定增长率的情形（acf<1）

图 10 - 5　循环累积因果模型的动态均衡

资料来源：宫尾（1984）。

这种情况下，同样可以将非线性引入系统之中。尤其我们可以假设劳动生产率的增长率以很高的速度增长：

$$\pi = d + \varphi(y), \quad d > 0, \quad \varphi' > 0 \tag{10-13}$$

这样，式（10 - 12）变成如下形式：

$$y(t) = a(b - cw + cd) + ac\varphi y(t - 1) \tag{10-14}$$

式（10 - 14）（见图 10 - 6（a））表明，总是存在稳定速率 y^* 或者衰退，但是，如果地方系统的增长率是基于劳动生产率外生部分（d）的增加，或出口增长率（b）的提升，或工资增长超过某一特定阈值，那么系统将会突然跃升至更高的收入增长率（图 10 - 6（b）中的 y^{**}），甚至会消除任何负增长的可能性。

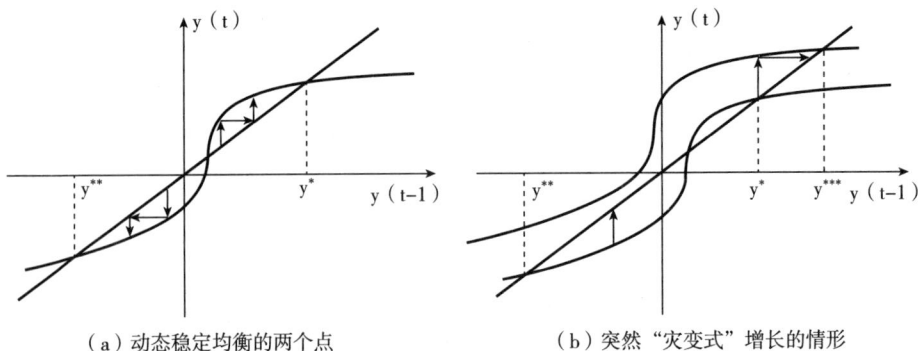

（a）动态稳定均衡的两个点　　　　　（b）突然"灾变式"增长的情形

图 10 - 6　非线性收益假设下的循环累积因果模型

资料来源：宫尾（1984）。

四、企业内部收益递增：新经济地理学

1. 方法的独特性

缪尔达尔—卡尔多模型把收益递增看作是企业外部的规模经济：这一简单假设可以把增长过程按照完全竞争的市场逻辑进行形式化。

20 世纪 90 年代，由于创始人保罗·克鲁格曼的丰硕的研究成果，在区域经济学中兴起了被称为"新经济地理学"的一股思想流派。然而，因它宣称独立于区域科学和该学科的"奠基人"而招致了大量批评①。

这种方法最显著的特征在于，它回避了企业外部经济的直接假定。相反，它强调：地方外部性是企业之间市场相互作用的结果，每个企业都能单独利用内部规模经济；它是通过参考不完全竞争的市场结构来做到这一点的②。

"新经济地理学"的目的在于要解释地方经济增长过程中的产业聚集现象，也就是克鲁格曼所说的"地理集中"，它已超出了那些利用资源和生产要素空间分布不均衡来简单进行解释的范围③。实际上，它的初始版本是以初始区际资源均匀分布假设为基础，根据利润和个体福利最大化的新古典分析框架，通过分析企业和个人的区位选择过程而达到这一目的的。

与区位论一样，这些模型把生产活动的空间组织看作是离心力和向心力作用的结果。用经济学的术语来说，离心力表现为企业倾向于那些在空间上分散化的需求为其主要的服务对象，并避免在本地市场上与其他企业直接进行竞争。向心力使得企业能够利用收益递增来满足广大的出口市场之需求，同时个人也能享受产品种类多、价格便宜、生活水平高的市场所带来的各种利好。

---

① 克鲁格曼（1991）指出："我本想把这本书命名为'区位与贸易'，但是我担心这会使我想要表达的思想过分狭窄。尽管区位理论的学术传统广泛且深远，但人们通常所想到的不过是些涉及三角形和六边形等的几何技巧而已。对这一领域来说，'区位'是一个过于严格的术语。区位论是一个领域更加广泛的经济地理的一部分。"克鲁格曼把新经济地理独立于区域经济学，对其观点的批评参见马丁（Martin，1999）。甘斯和谢泼德（1994）对克鲁格曼的研究给出了一个著名评论："很明显，这是错误的，不管怎么说，他们多年前就说过了。"

② 这些模型的理论基础是迪克西特和斯蒂格利茨（1977）的垄断竞争模型，参见迪克西特和斯蒂格利茨（1977）。

③ 克鲁格曼（1991a）对分析生产活动区位感兴趣，主要源于他对美国制造业活动主要聚集在美国东北部"制造业带"的观察。根据珀洛夫等（1960）的估计，1957 年该制造业带动制造业部门就业人数占美国制造业部门就业总人数的 64%。

影响聚集现象的三个基本因素是：收益递增、运输成本和人口迁移。第一，收益递增鼓励经济活动的空间集中，原因在于空间聚集可以保证企业从区位重新选择的过程中获利，并且空间聚集还扩大本地市场规模，这将大幅度提升企业的利润率水平。第二，运输成本的降低使得企业可以在接近规模很大的出口市场处选择生产区位。第三，人口迁移既影响一个地区的劳动力储备，也影响地方市场规模，而这两者都影响潜在的利润和厂商聚集的积极性。

厂商和家庭在空间上的聚集（扩散），形成了产出增长（衰退）的累积条件，该过程是不可逆的，除非具有相反的作用力的外部力量的介入。

克鲁格曼的基本模型，包容了缪尔达尔和卡尔多的那种随市场规模的扩大而得到发展的累积发展模型。新企业进入本地市场会吸引新的劳动力和人口，这将扩大本地市场，增加潜在利润，并可以抵消因本地竞争加剧（竞争效应）而导致的本地企业的利润下降部分。当地市场规模越大，就越能激励新企业进入，形成聚集和发展的良性循环。

累积机制的运行，需要本地区企业产生的外部性来保障。这些外部性源于具有内部规模经济特征的企业间市场相互作用。事实上，在不完全竞争情况下，企业进入某一市场的决策无意中扩大了对该地区已有企业生产的产品的需求，他们是新进入企业的潜在供给商。已有企业会从扩大的生产活动中获得货币方面的优势，因为它们的平均生产成本下降了。这样，收益递增就变成了外部性，这种外部性被称为"货币外部性"，因为它们完全是通过贸易活动而产生的，并为当地企业带来更大的潜在收益①。

过去的十来年中，"新经济地理学"学者们开发了大量的模型。我们可以根据企业关联产生外部性的不同方式，对这些模型进行分类：一些模型与需求因素相关；另一些与企业间的投入产出链相关；还有一些与为本地企业带来知识溢出的研发活动相关②。然而，研究聚集现象的逻辑框架并没有改变。下一节将介绍其最原始的和最简单的形式。

---

① 克鲁格曼（1991b）把货币外部性视为其模型的一大优点。货币外部性被界定为来源于贸易的外部性（或者优势），它可以通过计算收益的变化很容易进行量化。因此，它比起技术外部性很容易辨认，而技术外部性是由企业间的邻近性产生的，并且很难量化和模型化。不过，笔者认为，更精确地说，货币外部性与市场之间关系密切相关，因此它们可能独立于企业间地理邻近性、社会和文化邻近性而产生，从而削弱了地域因素在决定本地优势方面的作用，参见本书第八章和第九章、克鲁格曼（1991a）、藤田和蒂斯（1996，2002）。

② 参见弗尼（1984）、克鲁格曼和维纳布尔斯（1996）、维纳布尔斯（1996）、鲍德温（1998）、奥塔维诺和普格（1998）、鲍德温等（1999）、马丁和奥塔维诺（1999）、奥塔维诺和蒂斯（2001）等。

2. 核心边缘模型："需求效应"和"成本效应"

基本模型，即"核心边缘"模型，试图在生产资源初始均质分布的假设下解释产业活动的聚集过程，换句话说，模型不考虑那些容易解释制造业活动空间聚集的地理和经济因素①。

该模型的推理基于以下假设：

（1）有两个区域，有两个部门：农业和制造业。制造业产品是在报酬递增的条件下生产的，即在不完全竞争的条件下生产；而农产品则是在报酬不变的条件下生产的，即在完全竞争的条件下生产②。

（2）每个制造企业生产的产品与其他企业的产品都是异质的。

（3）制造业部门生产的产品的数量和质量都会影响消费者效用③。

（4）如果制造业产品在一个区域生产而在另一个区域销售，则存在运输成本。运输成本被假定为萨缪尔森"冰山运输成本"形式：也就是说，它们是根

---

① "核心边缘"一词指的是，在一定条件下，模型所产生的增长区域（中心）和下降区域（外围）之间的地理二分法。发展过程在两个区域导致地理上的分异，一个区域经济持续增长（核心），另一个区域经济持续衰退（边缘）。

② 规模收益递增是通过假定产品的生产包含固定成本来形式化的：

$$L_M = \alpha + \beta X_M \qquad (10-1n)$$

其中，L_M 为生产代表性制造业产品 M 所需要的劳动力数量，α 为生产制造产品 M 所需的固定的劳动力数量，X_M 为制造业产品 M 的产出量，β 是单位产出所需的劳动力数量。这一假定的结果是，每家企业在均衡状态下只生产一种产品。

③ 消费者对商品种类的偏好，也就是消费量保持不变的情况下，消费的差异化商品种类越多，消费者获得的效用就越大，可以通过如下效用函数来表示：

$$U = X_M^\pi X_A^{1-\pi} \qquad (10-2n)$$

这表明，个人的福利水平取决于农产品 X_A 和工业品组合 X_M 的拥有量。π 表示消费者在工业品上的支出份额，$1-\pi$ 表示在农产品上的支出份额。工业品组合 X_M 的消费量是单个工业品消费的函数：

$$X_M = \left(\sum_{M=1}^m X_i^q \right)^{1/q} \qquad (10-3n)$$

m 表示可获得的工业品种类数量，尽管所消费的产品种类并非都是在本地生产，但它可以取较大的值。q 表示多样化偏好强度。当 q 值接近于 1 时，工业品之间几乎可以完全替代；相反，如果 q 值趋于 0，个人愿意消费的产品种类数量就非常大，其结果是 X_M 的值也很大。令 $\sigma = 1/(1-q)$，σ 为任意两种工业品之间的替代弹性，则式（10-3n）变成：

$$X_M = \left(\sum_{M=1}^m X_i^{(\sigma-1)/\sigma} \right)^{\sigma/(\sigma-1)} \qquad (10-4n)$$

据以未到达目的地的产品份额，也就是根据在运输途中损失的部分来进行计算的①。

（5）农业部门的劳动力是不能流动的，制造业部门的劳动力可以自由地从一个区域迁移到另一个区域。

（6）农业部门的劳动力在两个区域之间是均匀分布的；在这一过程的初始阶段，制造业部门的劳动力也是如此分布的。

假定初始两个区域的经济活动（厂商）分布是均匀的，一个厂商从一个区域迁移到另一个区域的决策（模型外的因素所导致）不仅改变初始的均衡②，而且会引发如下两种效应（见图10-7（a））：

一是竞争效应。制造业部门收益递增的假定，使得新厂商的进入，一方面从其他厂商处分得一部分市场份额，另一方面降低产品价格，其结果必然是本地市场利润水平的下降和区位盈利能力下降。

二是需求（或市场规模）效应。新厂商的进入增加了对劳动力的需求。两区域工资差距将扩大，这有利于扩大本地市场规模，进而吸引更多的劳动力和居民。本地市场规模的进一步扩大，对本地企业的利润产生积极影响。利润的增加使得该区位更具有吸引力。

因此，这两种效应对新区位的盈利能力产生相反的影响③。显然，只有当新企业进入对利润产生的净效应为正时，即当需求效应超过竞争效应时，制造业活

---

① 萨缪尔森（1954）正式提出了"冰山"运输成本。但是，冯·杜能（1826）已经提出了这种成本概念，当时他说，谷物的运输成本可以通过用于运输谷物的马匹消耗的谷物数量来确定。这一假设的形式化很简单：如果一单位商品从一个地区运输到另一个地区，只有一小部分$\tau<1$到达目的地，那么为了确保有一单位商品到达目的地，必须从该地区运出$(1+1/\tau)$单位的商品。$1/\tau$表示企业为了把商品从一个地区运输到另一个地区而产生的运输成本，τ表示影响两个地区经济增长过程的第四个参数。

② 有趣的是，如果该模型假定不存在收益递增，聚集过程立即就会遇到障碍：如果没有额外利润，那么厂商的转移将无利可图，聚集过程一开始就受到阻碍了。

③ 该模型的形式化版本，在给定预算约束并假定所有消费者的效用函数都相同的情况下，通过个体效用最大化界定了个体需求曲线［方程（10-2n）］。从个体需求曲线可以直接得出该区域所生产的代表性产品的市场需求曲线：

$$p = x_M^{-1/\sigma} P \ (n, \ \tau)^{1-(1/\sigma)} (A+L)^{1/\sigma} \tag{10-5n}$$

其中，p表示代表性产品的价格（假定所有产品种类价格都相等），x_M表示代表性产品M的市场需求量，P表示价格指数，σ表示两种制造业产品之间的替代弹性，τ表示运输成本，n表示市场上厂商的数量，A+L表示居民数量即市场规模。因此，p是市场上各不同产品的需求弹性、厂商数量、运输成本以及劳动力需求的函数，它取决于厂商生产代表性产品的固定成本。

给定代表性产品的市场需求曲线，则厂商为实现利润最大化，将根据边际成本来确定产品的产量和销售价格。新厂商的进入改变了原有均衡。一方面，因竞争加剧、价格下降，所有厂商的市场需求减少；另一方面，由于市场扩大，需求增加。何种效应将占主导地位，将取决于其他参数的值，它们分别是各不同产品的需求弹性、劳动力需求（决定该地区厂商的数量）、运输成本以及各种产品间的替代弹性。

动的空间聚集才会出现。无论哪种效应占据主导地位，都取决于特定参数的假定值，它们会放大或缩小这些效应。特别是竞争效应，其强度取决于：

（1）制造业产品间的替代弹性：产品间的替代弹性越大，则竞争加剧所导致的价格下降幅度就越大，因而原有厂商的利润下降幅度也就越大。

（2）运输成本：运输成本增加越多，产品价格下降的幅度就越大。在这种情况下，来自于另一个地区的厂商的竞争威胁就很小，因此，任何区位变化都会显著地改变竞争格局。

对需求效应来说，其强度取决于：

（1）收益递增：收益递增越大，则进入厂商的边际利润也越大，因此，会吸引更多厂商进入本地市场。这决定了市场规模和厂商（新进入的和原有的）的预期利润。

（2）花费在制造业产品上的收入份额：消费者收入在制造业产品上的支出份额增长越大，新厂商进入市场而产生的需求效应也就越大。

一个地区要发展，需求效应必须大于竞争效应。如果各种产品之间很难进行替代、规模收益很大、运输成本很低、农产品支出份额很小，那么该地区就会出现增长。在这些条件下，厂商的迁入会使得该地区所有厂商的净利润增加。利润的上升又吸引新的厂商，这进一步扩大市场规模，从而形成一个循环累积因果链和累积性增长过程。

经验证据表明，与美国相比，欧洲的劳动力流动性很差，这就扩大了欧洲国家之间以及同一国家内部不同地区之间的工资差距。因此，有学者对核心边缘模型进行了各种修正①。其中最著名的是安东尼·维纳布尔斯（1996）建立的模型，他重新采用了最初的核心边缘模型。在他的模型中，维纳布尔斯强调了与其他厂商的投入产出联系所产生的货币外部性（"成本效应"），而不是那些由于该地区聚集大量劳动力（也是消费者）而产生的外部性（"需求效应"）。通过这种方式，维纳布尔斯在假定劳动力不流动的情形下推导出了循环累积因果关系机制（见图 10 - 7）。

在核心边缘模型的这一版本中，新厂商在某一区域中的区位，降低了该产品的生产成本，这会对下游厂商带来经济上的优势。此外，新厂商在生产过程中会增加对中间投入品的需求，而这一需求又增加了上游厂商的利润。

同样是在这个模型中，新厂商的进入也会产生两种效应（见图 10 - 7 (b)）：

一是竞争效应，如前所述，由于本地竞争加剧，导致产品价格降低、本地市场利润下降。

---

① 关于美国的实证分析，参见布兰查德和卡茨（1992）；关于欧洲的实证分析，参见德克雷森和费特斯（Decressin and Fatàs, 1995）。

（a）"竞争效应"与"需求效应"

（b）"竞争效应"与"成本效应"

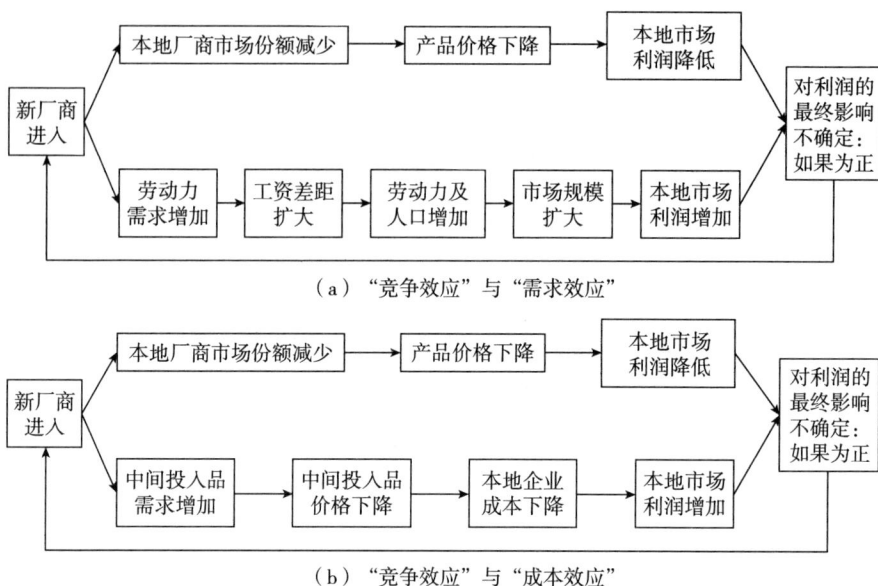

图 10 - 7　"新经济地理学"累积发展的良性循环

二是成本效应，反过来，通过扩大中间投入品市场来增加利润。这种市场规模扩张源于：对下游企业而言，中间投入品价格下降；对上游企业而言，在假设所有当地企业都使用相同的中间投入品的情况下，扩大了市场规模。

同样，新厂商进入对利润的净效应在很大程度上取决于某些参数的值。与前面一样，如果各种产品之间很容易地相互替代，并且运输成本很高，那么竞争效应就会很强。假设制造业产品既是企业生产所需的中间投入品，又是消费者消费的最终产品，如果消费者对产品的最终需求小于企业对产品的中间需求，那么成本效应就会很强。

从前面的讨论中可以看出，"新经济地理学"模型的最终结论在很大程度上是不确定的。制造业活动是集中在一个区域还是均匀分布，由不同的参数值所决定。分析系统动态特性的一种方法是进行数值模拟①。

基本的核心边缘模型表明，根据参数的具体数值的不同，可能存在多重均衡（制造业生产活动的集中或均匀分布）。然而，如果倾向于集中，生产活动究竟集中于哪个区域，将取决于区域产业活动的历史状况。从这个意义上说，历史因素决定经济走向一种稳定均衡的发展路径而不是另外一种增长路径的问题，正如在缪尔达尔的模型中，区域的初始经济结构是决定选择扩张的"循环因果链"

---

① 对于数值模拟，参见藤田等（1999）。

过程还是萎缩的"循环因果链"过程一样。这种初始经济结构，使得区域竞争力的内生条件保持不变。

五、模型的评价

如前所述，"新经济地理学"理论的优势在于，它能够把企业层面的收益递增纳入到区位决策模型中来，同时利用简洁优美的不完全竞争模型来进行描述[①]。这些特征代表了新经济地理学的主要创新[②]。

新经济地理学方法的成功之处在于，它在经济学一般均衡（最终产品和生产要素市场的最终均衡）框架下，利用简洁的形式化模型，解释了诸如区位决策、经济活动空间聚集、源于聚集经济的经济增长等空间经济现象。这使得企业和劳动力的区位选择，在严格的新古典经济框架下，与企业利润最大化和个人福利最大化的经济选择相对应。

此外，这种新古典经济学的逻辑包含了正向（或负向）的反馈机制，这导致了增长过程的累积，致使经济活动倾向于集中（而非分散）和增长（而非衰退）。因此，均衡之前的过程是一个路径依赖的过程，在这个过程中，知识的累积、学习和交叉融合等众所周知的因素，以及经济系统反馈，都得到了合理的系统化。该系列的模型认为，区位选择是地方优势或劣势增加所引致的不可逆过程。在完全理性的决策基础上，这些优势或劣势促使企业和劳动力，或者集中或者分散。在路径依赖和不可逆性的影响方面，这些模型与有关创新和技术进步的现代经济理论非常相似[③]，且与缪尔达尔和卡尔多的累积循环发展理论非常接近。因此，发展是一个累积的过程，它的运作本质上是自我强化机制所推动的，该机制把经济活动不可逆地推向集中或扩散、扩张或衰退的一种或者另一种极端。发展轨迹很少发生逆转。

"新经济地理学"在初期所获得的成功和人们对其的热忱，掩盖了该方法在解释方面的一些缺陷。

第一个缺陷是，该理论把经济因素而不是地域因素看成是收益递增的源泉。实际上，收益递增产生于企业内部，然后通过货币外部性、成本优势和市场关联

---

① 如前所述，除了像霍特林和廖什那样在不完全竞争框架下试图建立区位选择模型（有些是相当成功的）以外，区域经济学更加倾向于利用易于形式化的完全竞争模型，并假定企业外部收益是递增的（地方化或城市化经济）。

② 克鲁格曼（1998）总结了"新经济地理学"的创新要素：迪克西特和斯蒂格利茨的收益递增和不完全竞争、萨缪尔森的运输成本、多重均衡、用于实证分析的数值模拟。

③ 参见多西（1982）、戴维德（1985）、阿瑟（1989，1990）、多西等（1989）。

导致收益递增等形式变成外部经济，因此他们的解释并不必然要求地域逻辑①。对区域经济学家来说，如此重要的邻近性优势包括自然邻近性以及社会和关系邻近性，在形成聚集经济过程中没有发挥核心作用。这种做法的一种后果是，牺牲了在地方发展理论方面的重要发现，即地域是一个独立的因素，是一种额外的经济资源和发展进程中的积极的和决定性的因素。因此，毫不奇怪，就像所有非空间理论一样，当这些模型应用于国家、区域或城市地区时，其逻辑不会发生改变②。尽管空间是发生累积性增长的地理区位，然而新经济地理学方法仍然把空间看作是缺乏经济地理影响的、点状的发展容器。

第二个缺陷是，厂商区位或转移决策（模型假定，经济活动初始分布为均匀分布或者非均匀分布）是被动地纳入到模型中来的，而且根据设定的基本参数值，最终确定经济活动是聚集在某一区域或者另一个区域的问题。在最近的模型中，克鲁格曼（1991c）研究了历史因素在决定最终均衡中的作用，并引入了在现实中发展路径将遵循经济活动主体利润预期的可能性。但他陷入了同样的悖论：这些利润预期不是由模型决定的，而是被假定为外生的。在某些非常特殊的条件下，它们的存在确实会促使企业和劳动力选择相悖于历史发展方向的区位，并且可能会出现与历史发展进程所决定的均衡完全不同的均衡状态。然而，该模型并没有对经济系统中决定企业和劳动力利润预期的因素进行详细的解释，也没有解释这些预期是如何实现的。因此，人们就会说，"新经济地理学"模型具有与佩鲁和布代维尔"发展极"模型相同的缺陷，即没能解释清楚地区经济增长的源泉。佩鲁强调的是推进型产业，而布代维尔强调的是地区的出口能力。

此外，根据基本的理论结构，不可能把经济增长和经济活动聚集方面的限制性条件纳入到模型中。因此，在自然障碍（交通闭塞）或经济障碍（土地和生产资源短缺）存在的情况下，经济活动仍然延续着累积性的积累过程。因此，为了更加符合现实，最好把经济聚集的不利因素纳入到模型中，为模型中的无限增长过程设定必要的限制条件。这样，当发展过程中存在这种不利条件（即使是预见到的）时，那些不具有区位优势的区域也可以预期利润水平的提升，这样有可能解释为什么空间聚集过程中会发生逆转的问题。

总之，新经济地理学，在把空间纳入到严谨的经济学模型方面做出了巨大的

---

① 在随后的改进型模型中，克鲁格曼和维纳布尔斯（1996）对地方经济趋向专业化（这方面迄今也没有被形式化）进行了解释。在他们的方法中，专业化是由本地企业之间的以投入产出链为基础的循环因果机制所产生的。维纳布尔斯（1996）模型与上述模型的不同之处在于，市场中新厂商产生的优势是选择性优势：它们完全来自于新进入者所在行业的厂商，而在最终产品和劳动力市场上的激烈竞争导致该地区所有其他厂商陷入困境。因此，该区域被鼓励专门发展具有集聚优势的产业部门。

② 值得注意的是，"新经济地理学"已经成为最新的国际贸易经济学手册中的一个重要主题，参见费恩斯特拉（2003）。

贡献。值得称赞的是，它在理论结构中间接地融合了近来提出的各种空间理论，也就是把那些由运输成本来表述的自然空间，与那些假定存在发生累积性增长的某些地理区位的多样化空间予以整合了。然而，新经济地理学仍然无法把那些解释经济增长的经济规律和机制，与那些来自地方层面内在联系的地域性因素结合起来。新经济地理学的方法代表了区位理论、发展理论和宏观经济增长理论间的最大融合，构建了能够把具体的地域特征纳入到宏观经济模型中的分析框架。目前，区域经济学的前沿知识，就是要解释宏观经济增长模型的地域基础。这方面的努力，参见第十二章。

六、本章小结

本章考察了最新增长理论中的第一个大家族，其显著特征是恢复了基于收益递增假设的宏观经济模型。这些新理论植根于缪尔达尔和卡尔多的累积循环因果模型，他们将增长解释为一个累积的、内生的和选择性的过程。这里所描述的模型假设了特定区位的存在，在这些区位上出现经济发展，而经济发展是以学习过程、规模经济（地区或企业层面）、本地化经济和城市化经济等形式表现的收益递增的结果，而上述这些因素导致了累积性发展的良性循环。

本章介绍的模型都是非线性动力系统。就像此类系统所有最新的方法一样，他们主要分析系统的"结构稳定性"、解的特征和性质以及系统可能采用的形式。正因如此，这些模型不会得出明确的结论，而是提供一系列可能的解，其最终结果则根据初始条件和参数值的不同而发生变化。

这些模型将经济增长视为累积性的需求或供给的过程。但是，下一章所要介绍的模型将把生产资源的收益递增纳入到新古典生产函数中。正如我们将看到的那样，这些理论认定，经济增长完全取决于供给侧因素。

思考题

1. 什么是多元程式化的空间？

2. 20 世纪 80 年代中期以前，收益递增分析公式存在的障碍是什么？最近是用什么因素来克服这些障碍的？

3. 非线性条件下的均衡的含义是什么？这种均衡有何特点？

4. 循环累积因果模型的主要目的是什么？凡登定律解释了什么？收益递增是如何被纳入到循环累积因果理论中的？

5. 循环累积因果模型是否包含区域发散？说明你的理由。

6. "新经济地理学"理论主要包含哪些新的因素？

7. "竞争效应"和"成本效应"的含义是什么？

8. "新经济地理学"是否解释了经济活动在空间中的集中或扩散？

9. "新经济地理学"的优点和缺陷是什么？

10. 循环累积因果模型的哪些方面被纳入到了"新经济地理学"之中？

阅读文献

[1] Davis D. R. and Weinstein D. E. (1999), "Economic Geography and Regional Production Structure: An Empirical Investigation", *European Economic Review*, Vol. 43, No. 2, pp. 379 – 407.

[2] Giarratani F., Gruver G., and Jackson R. (2005), "Empirical Evidence Concerning the Economic Geography of Market Entry in the U. S. Steel Industry: Plant Location and the Advent of Slab Casting by U. S. Steel Minimills", Center for Industries Study Research, University of Pittsburgh.

[3] Hanson G. H. (2005), "Market Potential, Increasing Returns, and Geographic Concentration", *Journal of International Economics*, Vol. 67, pp. 1 – 24.

[4] Midelfart – Knarvik K. and Steen F. (1999), "Self – reinforcing Agglomerations? An Empirical Industry Study", *Scandinavian Journal of Economics*, Vol. 101, No. 4, pp. 515 – 532.

[5] Mucchieli J. L. and Mayer T. (2004), *Multinational Firms' Location and the New Economic Geography*, Cheltenham: Edward Elgar.

[6] Naudé W. A., Krugell W. F., and Gries T. (2005), "The New Economic Geography: Empirical Evidence from South Africa", Paper Presented at the Regional Studies Association's International Conference on "Regional Growth Agendas", University of Aalborg, Denmark, May 28 – 31.

[7] Overman H. G. and Puga D. (2002), "Unemployment Clusters Across European Regions and Countries", *Economic Policy*, Vol. 34, No. 2, pp. 115 – 147.

[8] Redding S. and Venables A. (2004), "Economic Geography and International Inequality", *Journal of International Economics*, Vol. 62, pp. 53 – 82.

[9] Barentsen W. and Nijkamp P. (1989), "Modelling Non – Linear Processes in Time and Space", in A. Andersson, D. Batten, B. Johansson, and P. Nijkamp, eds., *Advances in Spatial Theory and Dynamics*, Amsterdam: North – Holland, pp. 175 – 192.

[10] Dixit A. and Stiglitz J. (1977), "Monopolistic Competition and Optimum Product Diversity", *American Economic Review*, Vol. 67, No. 3, pp. 297 – 308.

[11] Feenstra R. E. (2003), *Advanced International Trade: Theory and Evidence*, Princeton: Princeton University Press.

[12] Fujita M., Krugman P., and Venables A. J. (1999), *The Spatial Economy: Cities, Regions and International Trade*, Cambridge: MIT Press.

[13] Krugman P. (1991), *Geography and Trade*, Cambridge: MIT Press.

［14］Krugman P. and Venables A. J. （1996），"Integration, Specialisation and Adjustment",
European Economic Review, Vol. 40, No. 3 – 5, pp. 959 – 967.

［15］Myrdal G. （1957），*Economic Theory of Under – developed Regions*, London: Gerald
Duckworth & Co.

［16］Verdoorn P. J. （1949），"Factors That Determine the Growth of Labour Productivity", in
D. Ironmonger, J. O. N. Perkins, and T. Van Hoa, eds. , *National Income and Economic Progress*;
Essays in Honour of Colin Clark, Basingstoke: Macmillan, pp. 199 – 207.

第十一章

地域竞争力和内生增长

一、内生增长和收益递增

本章将考察最后一组经济增长模型，它们与"新经济地理学"模型一起代表了经济增长模型的最新进展。它们与前一章介绍的模型非常相似，因为它们都具有高度的形式化和严格的动态结构。随着本章的展开，我们将再次讨论研究总增长率的内生决定因素的相关模型，这些模型并不讨论发展理论特有的有关竞争优势或区位优势的单个微观经济因素和微观地域因素。这些模型仍然是规范化程度较高的模型，它们将收益递增视为是规模经济或学习过程，并将其程式化为解释人均产出增长率的方程。

因此，这些理论和模型都认为空间是多元程式化的空间，也就是源于收益递增的经济增长发生在某一空间内，然而该空间没有真实且适当的地域维度。更具体地说，收益递增包含于新古典生产函数之中，在其中收益递增发挥补偿单个要素边际生产率的作用，而在新古典传统理论中，单个要素的边际生产率是递减的。

这些模型具有严谨的新古典逻辑，有助于深入解释经济增长。正如第六章所讨论的新古典模型一样，经济增长再次与劳动生产率的提高、人均收入水平的提升以及个体福利的增加联系在一起。

这些新古典增长模型，来源于罗伯特·索洛在20世纪60年代建立的著名的经济增长模型。在仅有可再生要素（资本）是边际收益递减的假设下，索洛证明，除非外生的技术进步，经济系统长期的人均产出增长率必然为零。这样，索洛把那些与知识进步相关的外生因素看成是经济增长的引擎。

然而，那些要素生产率的提升源于内生因素（如创新、规模经济和学习过程）的假定，需要放弃完全竞争和规模收益不变的理论框架，而把它们纳入到收益递增和不完全竞争框架中来。这种转变需要借助复杂的模型,也就是要借助于上一章讨论的最近发展起来的理论和分析工具。

按照时间顺序,下面的第一个模型引入了企业的外部优势,因此依旧假设完全竞争。随后的模型,把总收益递增或单个可累积性要素的边际生产率不变纳入到生产函数中,但仍假设完全竞争的市场结构。最后,最新的模型在垄断或垄断竞争条件下引入了企业内生的技术创新①。在上述每一个假设中,都有可能以不变的正速率实现长期的经济稳定增长。对于这些模型来说,这样的增长是可能的,因为随着时间的推移,经济体不断积累一种资源,这种资源的收益不会递减且是一种永久的发展源泉。

这里阐述的模型,也称为"内生增长理论或模型",其目的是确定那些能够确保长期经济增长的内生于生产系统的条件。这些模型中的经济增长完全取决于生产资料(个别或总体)的收益递增,因而也就是取决于供给方面的因素。正是这一特征将这些模型与上一章所述的模型区别开来,上一章模型中的收益递增导致了需求或供给发展的良性循环。

下一节将考察两个最初的模型,它们把增长的源泉确定为包含于实物资本中的本地知识存量与学习,第九章研究的一些发展模型已经强调了这些要素。此外,接下来的内容还将讨论收益递增方面的应用问题,这里采用更严格的地区生产函数,在这个函数中,区域(或城市)实际规模是递增收益产生的因素。另外,本章还分析了如果将非线性引入经济过程,那么第六章所讨论的新古典区际增长模型的结果将如何变化的问题。

二、增长的内生源泉:知识存量和学习

1. 传统模型的局限性

我们在第六章中看到,新古典区域经济增长模型一方面基于技术进步,另一方面则基于生产要素的增长。这些都通过模型被整合到一般的柯布—道格拉斯型区域经济生产函数之中:

$$Y = A K^{\alpha} L^{1-\alpha}, \ 0 < \alpha < 1 \qquad\qquad (11-1)$$

---

① 学者们提出了许多内生增长模型,其中非常著名的有罗默(1986,1987,1990)、卢卡斯(1988)、巴罗(1990)、格罗斯曼和赫尔普曼(1991)、里贝洛(1991)、阿吉恩和豪伊特(1992)等建立起来的模型。

其中，Y 表示收入，A 表示技术进步，K 表示资本，L 表示劳动力，α 和 $1-α$ 分别表示资本和劳动力的贡献（因此也是它们的分配份额）。

以对数形式表示，则随时间推移，收入变量 Y 可以写成[①]：

$$y = a + αk + (1-α) l \qquad (11-2)$$

其中小写字母 y、a、k、l 分别表示收入增长率、技术进步增长率、资本增长率和劳动力增长率。方程式（11-2）表明，地区产出增长取决于技术进步、资本和劳动力的增长。方程式（11-2）也可以写成如下形式：

$$y - l = a + α (k-l) \qquad (11-3)$$

当且仅当资本增长率等于劳动力增长率时，才能保证产出增长率保持不变的稳定状态（即长期动态平衡）。这种情况相当于人均收入的长期增长等于零，除非用参数 a 表示的技术进步发生变化。这个参数也被称为"索洛余值"，表示经济增长中不能由生产要素增长所解释的部分，因而它并没有被模型所"解释"[②]。

正如第六章所指出的那样，区际经济增长模型表明，从长远来看，各区域的增长率是相同的。其原因在于，生产要素在区域间的分布是均匀的，各区域的技术进步也都相同，且假定所有区域的生产函数都相同。

这一结论令人费解，原因有两个。第一，长期经济增长的唯一决定因素，即技术进步，是该模型的外生因素，因而没能解释经济系统实际的经济增长能力。第二，正如前面讨论创新扩散时所看到的那样，各区域之间在利用外部技术以及现有技术进步方面存在很大的差异，只有在对参数 a 加以限制的情况下，才能接受它在所有区域都相等的假设。除了这些理论问题之外，国家和区域间经济增长率趋同方面的实证结果缺乏系统性，这进一步加大了人们对理论模型有效性方面的质疑[③]。

这里所描述的所有模型，都试图要确定解释人均产出增长率的内生机制[④]，且所有模型都试图在非收益递减假设和外部性中确定这种机制，其中的外部性可

---

① 数学步骤参见第六章的注释。

② 如第七章注释所示，在利用式（10-3）对美国经济进行估计时，索洛发现，在 1900~1949 年的美国经济增长中，40% 多的份额都归功于一个非要素增长的因素（也称为"余值"），他称它为"技术进步"。

③ 罗默（1994）指出，国家初始收入和增长水平回归分析结果在统计上不显著和不稳健（或模棱两可），激发了他构建新的增长模型的兴趣。

④ 实际上，这些模型都追求一个更加复杂的目标，这源于它们深刻的新古典主义性质。它们都包含了经济主体的理性行为和最优化行为的思想。这些经济主体，在单位产出资本存量增长不随时间变化的动态约束下，选择能够优化其跨期效用函数的时间消费路径。因此，它们是基于微观经济行为解释总体宏观经济增长的模型。为此，他们借鉴了拉姆齐（1928）的跨期消费模型，卡斯（1965）和库普曼斯（1965）也在随后把它运用于增长模型之中了。

能有多种来源①：①实物资本投资的积累，以及随之发生的"技术能力"的提高（干中学）；②单个企业投资的总影响，这在总体层面上产生正外部性（和规模报酬递增）；③如果包含"人力资本"在内所有的可累积的要素，那么资本边际收益不变；④对人力资本和科技知识的投资，提高劳动生产率；⑤为促进技术创新而进行的研发投资，提高了所有要素的实际生产力，也就是说生产出高附加值的中间投入品和最终产品。

在已经提出的大量模型中，这里只讨论保罗·罗默和罗伯特·卢卡斯提出的模型。在他们的模型中，经济增长的源泉是地方发展理论尤其是创新环境理论②所确定的要素，也就是知识存量和学习。此外，就形式化而言，这些模型通过两种方法解决了经济增长内生化的问题：①在罗默模型中，通过引入外部性，把收益递减转变为收益不变或收益递增；②在卢卡斯模型中，通过生产要素引入到生产函数，并假设生产函数遵循如下规则，即无论消耗多少种生产要素，都以相同的数量（无论该数量是多少）再生产出来这些生产要素。

2. 知识存量：罗默模型

保罗·罗默是最早建立内生增长模型的学者之一。他的有关增长源泉的核心假设是：外部性是由技术知识产生的，而技术知识包含于固定资本的累积投资中，它累积到某一时刻，就具有公共物品的性质。事实上，所有的企业都可以获得这些知识，无论他们是否参与了其创造过程③。罗默将知识作为"公共资本"纳入到他的模型之中，因而公共资本也就成了除私人固定资本之外的另一种可累积的资源。它的存在使得总要素生产率具有规模经济，即使单个生产要素的收益递减。

罗默模型假设存在 N 个具有相同生产函数的同质企业（i），具体函数形式如下：

---

① 参见阿吉恩和豪伊特（1997）、索洛（2000）以及其他学者的有关新增长理论的理论问题和实证问题的综述。关于有形资本的累积投资和"技术能力"随时间提高的文献，参见罗默（1986）；有关能够产生正外部性（和规模收益递增）的单个企业投资对总投资水平的影响的文献，参见罗默（1989）；有关包含"人力资本"在内所有的可累积的要素时，资本边际收益不变的文献，参见里贝洛（1991）；有关私人物品和公共物品的文献，参见巴罗（1990）；关于为提高劳动生产率而进行人力资本和科技知识投资的文献，参见卢卡斯（1988）；创新能够提高所有要素的实际生产率进而生产高附加值的中间投入品和最终产品，有关为促进技术创新进行研发投资的文献，参见罗默（1990）、格罗斯曼和赫尔普曼（1991）、阿吉恩和豪伊特（1992）等。

② 关于创新环境理论的内容参见第九章。

③ 参见罗默（1986）。该模型的逻辑与知识溢出理论的逻辑非常相似，而知识溢出理论是建立经济模型的基础，参见第九章。

$$Y_{it} = K_{it}^{\alpha} L_{it}^{1-\alpha} K_t^{\beta}, \ 0 < a < 1, \ 0 < \beta < 1 \qquad (11-4)$$

除了通常的生产要素资本 K_i 和劳动力 L_i，生产函数中还包含第三种要素 K，它表示 t 时刻的技术知识状态，这是遵循阿罗模型特有的逻辑而假设的，也就是知识体现在积累的经验之中，或者说知识包含于到时刻 t 为止所进行的所有资本投资的累积存量之中。这两种资本之间的区别在于，前者（带有下标）是传统的物质资本，只能由拥有它的企业来使用；后者是通过所有企业的行动而获得的以技术知识存量为代表的资本，它是一种公共物品，因为所有企业都可以享用它。

在这个模型中，企业收益不仅源于其自身的投资，而且还来源于其他企业所获得的知识。资本 K_i 和劳动力 L_i 为通常的收益递减要素。不带下标 i 的第三种要素 K，也具有收益递减特征，但它以外部性的形式，能够使企业抵消单个要素收益递减的影响，从而提高全要素生产率（指数之和大于1)[①]。

取对数，然后对时间求导，并用小写字母表示变量的增长率，则我们得到：

$$y_{it} = \beta k_t + \alpha k_{it} + (1-\alpha) l_{it} \qquad (11-5)$$

上式也可写成：

$$y_{it} - l_{it} = \beta k_t + \alpha (k_{it} - l_{it}) \qquad (11-6)$$

式（11-6）表明，人均产出增长率，也就是平均劳动生产率的增长率（等式左边），随着资本与劳动比（k-1）的提高和厂商从外部获得的作为外部性的知识（k）的增多而提高。在这里，由于企业利用包含于公共品中的知识外部性，故稳定状态的条件，也就是人均资本增长率等于零（k-l=0）的条件不成立。

为了简化符号，省略下标 i，式（11-6）可以改写为：

$$y_t - l_t = (\alpha + \beta) k_t - \alpha l_t \qquad (11-7)$$

根据假定，$0 < \alpha < 1$ 和 $0 < \beta < 1$，但 $\alpha + \beta > 1$。上述模型中，人均收入增长率为正且是累积的，经济体劳动生产率的增长具有永恒的源泉，个人福利也是如此。

3. 学习和人力资本：卢卡斯模型

罗伯特·卢卡斯建立的模型包含两类资本：实物资本和人力资本。这两类资

---

① 在其他模型中，这一作用是通过公共资本（如基础设施）或其他公共品实现的，参见巴罗（1990）、里贝洛（1991）。然而，内生增长机制仍然相同，公共品以外部性形式进入到总生产函数中，并把单个生产要素的收益递减转变为全要素层面的收益不变或递增。

本被纳入到通常的柯布—道格拉斯型生产函数中,从而得出其产出水平[①]:

$$Y_t = AK_t^\alpha (u_t H_t L_t)^{1-\alpha} H_t^\phi \qquad (11-8)$$

其中,A 是不随时间变化的固定比例系数(因此通过选择适当的计量单位可以消除它,它不是以前的那样技术进步的指标),K 是物质资本,L 是劳动力数量,u 是工人投入到工作中的时间比例,H 是劳动力拥有的平均知识量(它是人力资本质量的指标)。

卢卡斯假定,劳动力利用下班时间积累知识(“正规学习”)以获得技能,它遵循如下法则[②]:

$$h_t = H_t \varphi (1 - u_t) \qquad (11-9)$$

其中,h 表示人力资本随时间的增长率;H 表示人力资本存量(或者劳动力所拥有的平均知识数量);1 - u 表示受教育的时间,它用个人可利用的总时间的百分比来表示;φ 是学习能力,它被假定为与所获得的知识水平呈正相关[③]。

在稳定状态下,u 必须是这样的一个值:劳动力不仅能够生产直接产生效用和福利的有形商品,而且有足够的机会积累知识和提高劳动生产率,从而影响间接效用。在这个模型中,人力资本既是生产过程的结果,又是劳动生产率提高的源泉,继而也是人均收入增长的源泉。

假定 u 为不随时间变化的常量。如果转换成对数形式,则可以从式(11-8)和式(11-9)直接得出产出增长率:

$$y_t = \alpha k_t + (1-\alpha) l_t + (1-\alpha+\phi) h_t \qquad (11-10)$$

其中,y、k、l、h 分别为 t 时刻的产出增长率、物质资本增长率、劳动力增长率和人力资本增长率。

回顾式(11-9)[④] 所表示的人力资本增长法则,并改写式(11-10)所代表的人均产出增长率,我们可以得到:

$$y_t - l_t = \alpha (k_t - l_t) + (1-\alpha+\phi) \varphi (1 - u_t) \qquad (11-11)$$

稳定状态下,资本增长率等于劳动力增长率,α (k_t - l_t) 等于零。这种情形下,人均产出增长有两个内生因素:参数 φ 所表示的熟练劳动力市场的外部性,它能够保证经济系统获得收益递增;学习能力 φ,它决定了人力资本的累积法则。

---

① 参见卢卡斯(1988),卢卡斯吸收了宇泽弘文(Uzawa,1964)的思想。

② 在第二个模型中,卢卡斯(1988)假定知识是通过实践积累的,即“干中学”。

③ 虽然后一种假设对于确定内生增长机制至关重要且具有重大意义,但事实上,它意味着一个国家的初始条件并不影响其经济增长。这显然是一个非常不现实的假设。

④ 式(11-9)可以重写为:

$$h_t / H_t = \varphi (1 - u_t) \qquad (11-1n)$$

在上式中,等式的左侧是人力资本随时间的增长率。

有趣的是，与罗默模型相反，即使不存在知识的外部效应（ϕ=0），经济增长仍然是内生的，这取决于学习能力。事实上，根据模型的逻辑，增长率收敛于稳定状态，它等于固定速率 φ(1−u)。

三、批 判 性 评 论

这些模型的主要优点之一是，它们能够将经济增长的因素内生化，即通过以地方外部性或直接资源积累法则的形式来考虑收益递增，而不是把这些因素先转换成为产出[①]。因此，这些模型巧妙地处理了索洛遇到的问题，也就是在估算美国经济中人均产出的增长时，他发现其中的最大部分可以用技术进步来解释，这部分恰好是索洛模型没有考虑到的。

罗默模型和卢卡斯模型另一个有趣的方面是他们的增长概念，很多方面都与第九章所提出的更为传统的地域发展理论相类似，尤其创新环境理论更是如此。罗默模型与创新环境理论的相似之处是：

（1）经济增长的决定因素，包括集体学习过程产生的正外部性。在罗默模型中，增长源于知识在生产过程中产生的边际收益递增。这个过程把生产要素的边际收益递减转变成为递增，从而保证经济系统的增长。在创新环境理论中，地方发展的动力源于那些能够导致动态效率的企业外部优势。在这些优势中，集体学习机制使得小型企业的空间聚集系统更具有创新性。

（2）知识所具有的特性。这两种理论都将知识视为一种公共品。在罗默模型中，知识因所有厂商都可利用而成为公共品；在创新环境理论中，学习同样是公共品，因为所有属于该环境的厂商都可以获得它，例如，通过当地劳动力的高流动性可以获得知识。

（3）知识的公共物品的属性对经济增长过程的外部效应。在罗默模型中，知识为所有厂商带来正外部性，并能够抵消生产要素边际收益递减的影响。这一思想与创新环境理论的"集体学习"完全相同，该理论认为，在一个动态的、高流动性的本地劳动力市场中，集体学习是通过社会化过程而不是通过合作过程实现的。

（4）对生产要素尤其是对知识的收益的假定。罗默认为，像其他生产要素一样，知识的边际收益同样是递减的。创新环境理论也假定本地知识是收益递减的，本地系统必须克服这一点，以免由于无法转向更先进的技术路径而陷入收益

[①] 内生增长理论的区域方法，参见尼茨坎普和普特（1998）、尼茨坎普等（1998）、巴顿和彭特科斯特（1999）等。

率下降的发展道路。

卢卡斯模型和创新环境理论也有相似之处：

（1）学习是经济增长的关键。在卢卡斯模型中，人力资本的累积是经济增长的源泉，因为它提高了劳动生产率，扩大了生产能力。创新环境理论同样把人力资本的学习能力作为创新能力的源泉，因而也是地方发展的源泉。在创新环境理论中，厂商之间在空间、文化和制度方面的接近性促进了知识的积累。

（2）从外部获得的人力资本对经济增长具有正向效应。在这两种理论中，从外部获取知识对经济增长都有正向效应。在卢卡斯模型中，厂商外生积累的人力资本的正效应（$\phi = 0$），通过特有的外部性机制得以放大。在创新环境理论中，环境外生累积的知识积累，推动了地区的长期发展，并防止地方系统因本地知识收益递减而成为衰退的牺牲品。

然而，需要强调的是，内生增长模型存在严重的缺陷，也就是它们所具有的非空间特性，这使得其与创新环境理论存在很大差异。像所有的内生增长模型一样，罗默模型和卢卡斯模型也缺失那些发挥积极作用的地域变量。因此，同一种模型适用于不同层面的地域上，无论是在国家层面还是在区域层面（新经济地理学也遭到相同的诟病）都同样适用。因此，罗默模型和卢卡斯模型与创新环境理论存在根本性的差异，后者（创新环境理论）假定那些包括空间、文化和制度的接近性，地区的部门专业化，当地劳动力市场的结构和动态变动的地域特性，是知识社会化和地方发展的决定性因素。相反，罗默模型和卢卡斯模型类似于新经济地理学模型，甚至更类似于区域经济增长的早期模型，这些模型都是非空间性的。

为了修正脱离地域背景的缺陷，许多学者利用 β 条件估计法进行了大量的实证分析。这些研究试图确定那些包括人力资本、学校教育、国家或区域基础设施水平等的社会经济变量，这些变量解释了为什么发达地区的增长率高于落后地区，当然也考虑到了地域层面的差异[①]。从理论上讲，这意味着必须超越传统的

---

① 区域间收敛或发散的时间序列和横截面分析最常用的方法是 σ 收敛，它测度区域或国家间收入分布的标准差：如果标准差下降，就表明区域或国家间的增长率收敛（"强"收敛）。其次被广泛应用的方法是 β 收敛，或"弱"收敛、"绝对"收敛，它测度的不是收入分布的标准差，而是与高收入地区初始阶段收入增长率相联系的线性回归线的斜率：负斜率表明，收入水平越低的国家或地区的增长率越高；反之亦然。换言之，这一结果证实了索洛模型的假设。索洛模型预测，由于要素生产率递减，国家间的增长率是收敛的，即人均资本水平较高的发达国家，其资本生产率低于后发国家。因此，后者不可避免地表现出更高的聚集和发展水平。具体参见索洛（1957）。国家间收敛及发散的其他一些实证研究可参见鲍莫尔（1986）、曼金等（1992）、查特基（1994）、罗默（1994）、巴罗和萨拉伊马丁（1995）。区域间的实证研究，可参见萨拉伊马丁（1996）、马格里尼（1997）、夸德拉多—劳拉和帕雷拉达（2002）、庞皮里（1992）、特雷西（2002）、罗德里格茨—波斯和弗雷特西（2004）等。对于区域差异测度方法的评述，参见马格里尼（2004）；对于实证结果的考察，参见阿布鲁等（2005）。

索洛模型来考虑近来的内生发展模型，但同时要求我们把那种地方经济结构及社会经济特征决定经济增长的思想纳入到具体的模型之中。

四、收益递增的新古典区际模型

收益递增下的新古典区际模型，是收益递增在地区生产函数中的具体应用，该模型是由宫尾尊弘提出的。该模型把区域（或城市）的实际规模视为产生收益递增效应的因素：

$$Y = L^\beta K^\alpha L^{1-\alpha} \tag{11-12}$$

其中，$0 < \alpha < 1$ 和 $0 < (1 - \alpha + \beta) < 1$；在此，区域规模（以劳动力数量 L 来表示）替代了索洛所提出的技术进步，集聚经济还是聚集不经济取决于 β 是正还是负。

像初期的新古典模型一样，变量 K 和 L 的时间路径取决于累积率，并且取决于相对于其他区域的要素回报率的差异[①]。这意味着资本增长率由下面的公式给出：

$$k = \frac{sY}{K} + \mu \, (i_r - i_m) \tag{11-13}$$

其中，sY 表示可用于投资（ΔK）的总储蓄，i_r 表示本区域的资本收益率，i_m 表示本区域以外的资本收益率，而劳动力增长率 l 由下式给出：

$$l = n + \lambda \, (w_r - w_m) \tag{11-14}$$

其中，n 表示人口自然增长率，$w_r - w_m$ 表示本区域与外区域之间的工资率差异，μ 和 λ 分别表示资本对资本收益率差异的敏感度和劳动力对工资率差异的敏感度。

假设方程（11 - 2n）和方程（11 - 3n）中的参数 μ、λ、w_m、i_m、s、n 均已知，这意味着可以确定稳态下的均衡曲线（即生产要素的固定增长轨迹），我们通过绘制这些曲线，可以考察可能解的性质（见图 11 - 1）[②]。如果存在聚集经

---

① 参见第六章。

② 稳态均衡曲线（即生产要素的固定增长轨迹）可以通过假设增长率不变而得出，可用下列等式表示，设 k = 0 可以得到第一个等式，l = 0 可以得出第二个等式：

$$K = \left(\frac{s + \mu L}{i_m \mu} \right)^{1/(1-\alpha)} L^{(1-\alpha+\beta)/(1-\alpha)} \tag{11-2n}$$

$$K = \left(\frac{w_m \lambda - n}{\lambda \, (1-\alpha)} \right)^{1/\alpha} L^{(\alpha-\beta)/\alpha} \tag{11-3n}$$

上式的数学解详见第八章注释。

济，即 β 大于零，则此时稳态均衡是不稳定的。如图 11 – 1（a）所示，当资本与劳动力比值（K/L）小于稳态时的该比值时（因而位于主对角线之下），如果劳动力的增长速度大于资本的增长速度，那么资本与劳动力比值越来越远离保持动态均衡所需的比值。反过来，如果资本与劳动力比值大于保持稳态所需的比值，则资本增长率大于劳动增长率，结果是本地经济仍然无法实现持续增长。换句话说，地区经济是剧增还是剧减取决于初始的要素禀赋，这种情形与 20 世纪 60 年代的基本模型所表述的收敛趋势截然不同。相反，在集聚不经济的情形下，区域经济增长收敛于稳态均衡（图 11 – 1（b）中的 z 点），此时资本和劳动力都不变[①]。

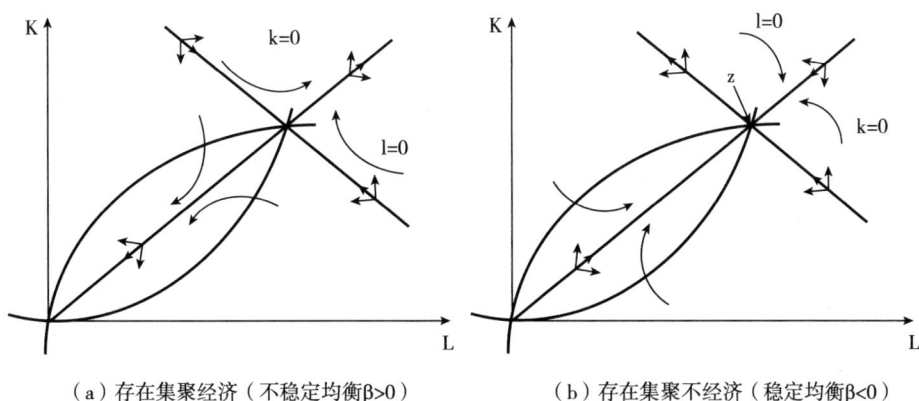

（a）存在集聚经济（不稳定均衡β>0）　　　（b）存在集聚不经济（稳定均衡β<0）

图 11 – 1　集聚经济和集聚不经济下的新古典增长模型

资料来源：宫尾（1984）。

我们也可假设存在这样一种情形：集聚经济存在一个临界规模 L_0，超过这一规模，集聚经济就转变为聚集不经济。在这种情形下，生产函数可表示为：

$$Y = (L/L_0)^{\beta} K^a L^{1-a} \qquad (11-15)$$

其中，当 $L < L_0$ 时，$\beta > 0$；当 $L > L_0$ 时，$\beta < 0$。对 K/L 值来说，当 k = 0 曲线位于 l = 0 曲线的上方时[②]，区域经济收敛于稳态均衡（图 11 – 2（a）中的 E 点），此时资本和劳动力都不变。

最后，在外部冲击对参数值的冲击是相当"缓慢"的情形下，我们分析一

---

① 参见拉贝诺（1979）、宫尾（1984）。

② 只要 K/L 的初始值高，这种情形就会出现，图 11 – 2（a）中 aoc 以外的区域，其条件为：

$$\frac{s + \mu L}{i_m \mu} > \frac{w_m \lambda - n}{\lambda (1 - \alpha)} \qquad (11-4n)$$

参见拉贝诺（1979）、宫尾（1984）。

下将会发生何种情况。如果代表区内经济力量（储蓄率或人口自然增长率）的参数值减小，或者说代表区外经济力量（利率或工资率）的参数值增加，则 k = 0 曲线和 l = 0 曲线将发生转移（转向黑粗线位置），直到稳态均衡突然消失的点为止，此时本地经济急剧衰退直至崩溃（见图 11 - 2（b））。

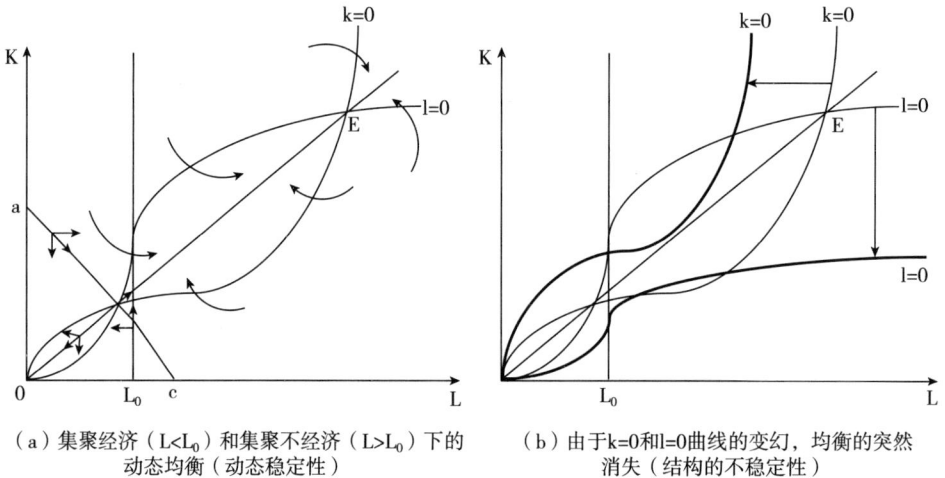

（a）集聚经济（L<L₀）和集聚不经济（L>L₀）下的
动态均衡（动态稳定性）

（b）由于k=0和l=0曲线的变幻，均衡的突然
消失（结构的不稳定性）

图 11 - 2　集聚经济与集聚不经济下的新古典增长模型：动态稳定性和结构不稳定性

资料来源：宫尾（1984）。

因此，很明显，通过引入集聚经济（集聚不经济），新古典模型成功地模拟了一系列的经济行为与趋势，包括连续和突变，这与 20 世纪 60 年代简单模型的机械且单一的预测结果有很大不同。

五、本章小结

本章考察了最后一组现代增长模型。在这些模型中，累积被程式化到生产资源（单个或加总）的收益递增中来，因而增长完全取决于供给方面的要素。

与上一章的模型一样，这些模型在数学上被形式化为非线性动态系统，能够以规模经济或学习的形式将收益递增纳入方程中，以解释人均产出增长率。在这些模型中，收益递增被纳入到新古典生产函数之中，因而就消除了要素边际生产率下降这一传统假定。

与以前的模型一样，本章所研究的模型是试图通过构想一个多元程式化的空间来实现其目标的，在这种空间中，增长源于收益递增，但这种空间缺乏地域维度。这是区域经济学最新模型的主要缺陷，而找到这一问题的解决方法，是区域经济学家在下一个十年所面临的挑战。

思考题

1. 内生增长模型的目的是什么？
2. 内生增长模型的增长概念是什么？
3. 把增长模型内生化的方法有哪些？
4. 创新环境理论与罗默模型和卢卡斯模型有何异同？
5. 收益递增下的新古典区际增长模型说明了什么？

阅读文献

［1］Bryson P. J. (2005), "Regional Development and Human Capital Infrastructure in China: Lessons from European Union Regional Policy Experience", Proceedings of International Conference on Regional Disparities, Economic Integration and Development, Wuhan University, Wuhan, December.

［2］Garlick S. (2005), "Regional Growth, Enterprising Human Capital and Community Engagement", Working Paper, Institute for Sustainability, Health and Regional Engagement (iSHaRE), University of the Sunshine Coast, Queensland.

［3］Mackay R. R. (1993), "Local Labour Markets, Regional Development and Human Capital", *Regional Studies*, Vol. 27, No. 8, pp. 783 – 795.

［4］Mankin N., Romer D. and Weil D. (1992), "A Contribution to the Empirics of Economic Growth", *Quarterly Journal of Economics*, Vol. 107, No. 2, pp. 739 – 774.

［5］Aghion P. and Howitt P. (1997), *Endogenous Growth Theory*, Cambridge: MIT Press.

［6］Baldwin R. E., Braconier H., and Forslid R. (1999), "Multinationals, Endogenous Growth and Technological Spillovers: Theory and Evidence", Paper Presented at the Seminar of the Research Institute of Industrial Economics (IUI), Multinational Production, International Mergers and Welfare Effects in a Small Open Economy, Stockholm, June.

［7］Magrini S. (2004), "Regional (di) convergence", in V. Henderson and F. J. Thisse, eds., *Handbook of Regional and Urban Economics*, Vol. 4, Amsterdam: North – Holland.

［8］Nijkamp P., Stough R. and Verhoff E. eds. (1998), "Endogenous Growth in a Regional Context", *Annals of Regional Science*, Vol. 32, No. 1, pp. 1 – 5.

［9］Romer P. (1986), "Increasing Returns and Long – Run Growth", *Journal of Political Economy*, Vol. 94, No. 5, pp. 1002 – 1037.

［10］Sala – i – Martin X. (1996), "Regional Cohesion: Evidence and Theories of Regional Growth and Convergence", *European Economic Review*, Vol. 40, No. 6, pp. 1325 – 1352.

第十二章

走向理论融合：宏观区域经济增长模型的地域基础

一、当今地区发展的关键因素

通过强调在此前分析中得出的许多结论的方式，对本书的空间经济理论尤其是地方经济增长或发展经济学理论进行总结，应该是很合适的。

近年来，区域经济增长理论在经济增长概念的解释方面已经取得了很大的进步。有关短期内创造就业的需求导向理论，在生产资料给定但大部分未得到充分利用的情况下，已经让位给了供给导向的理论方法。随之，首先发展起来的理论是有关实现个体福利方面的理论，然后发展起来的是有关决定地区系统实际生产能力方面的理论。

尽管不可否认此前理论具有很好的解释力，并且这些理论也对此具有浓厚的兴趣，然而目前的经济增长更多是与影响地方竞争力的当地内生因素有关。地方因素是发展的基石，在当今激烈的世界竞争条件下，地区经济的发展将取决于地区因素。

有必要建立能够解释绝对竞争力而不是相对竞争力的理论，竞争力源于实际生产力和创新力，不同区域凭借这种能力在国际分工中发挥特定的作用，且随时间的推移而持续保持这种作用。

众所周知，区域之间在"比较优势"原则下是不展开竞争的，不管区域生产率水平如何，在该原则下，每个区域都在国际劳动分工中扮演着相应的角色。那些用以避免国家遭受竞争损失的宏观经济机制（汇率、工资和价格弹性），在区域层面上是不会起作用的，因此在理论层面上强加了绝对优势原则。根据这一观点，地区发展实质上是确定那种构成并维持"绝对"或"竞争"优势的因素的问题。

历史告诉我们，首先，这些因素应在该地区内部寻找，它们来自该地区特有的性质。这就支持了"生成性区域增长"的观点，即有效和创造性地利用当地资源为基础的内生发展。其次，一个地区的自主发展能力，首先是由地区层面上产生的收益递增和聚集经济所驱动的。因此，地域应视为发展过程中的积极因素，以及企业和当地经济主体经济优势的发生器。如果区内协作和本地生产系统能够降低静态和动态的不确定性以及生产和交易成本，那么它们就成为聚集经济的源泉，进而成为区位优势的源泉。今天，它们比以往任何时候都更能促进集体学习、技术创新以及新的组织和管理方法的进步。

历史还告诉我们，区域和地区发展是一个复杂的过程，它是经济社会领域中有形和无形要素均衡作用的结果。这就意味着，建立起把这些要素全部考虑进去的理论方法具有重要的意义。应把生产要素、基础设施和人力资本禀赋，与社会资本、经济主体之间的合作倾向以及人员、企业和地方机构的学习能力联系起来。在这种"均衡发展"中，生产要素禀赋、供给者与消费者间的协作能力、基础设施状况、信息扩散、物质资本或金融资本的可用性、劳动力培训中的集体学习过程、管理风格的演变以及新技术的采用等，都具有同样的重要性。

因此，地域系统的成功不仅仅依赖于它所拥有的物质资源的数量和质量，它还取决于经济与社会关系的丰富程度以及当地的"社会"或"关系"资本。由于资本的高流动性，区域竞争力取决于无形资源及其开发程度。与文化和创新能力相关的无形要素，是在信息、互动以及在研究与培训方面的投资的推动下，通过缓慢的个人和集体学习过程积累起来的。因此，它们本质上是地方化的、累积性的，同时深深地嵌入在人力资本和当地关系网络之中，以及劳动力市场和当地环境之中，因此从空间意义上说，它们具有高度的选择性。

所有这些因素对区域差异都具有重大影响。无形资源的地域嵌入，将促使形成发展的向心力和累积力（规模经济和范围经济、各种类型的收益递增），以及地域排斥和衰退的离心力。因此，强势地区与弱势地区之间、像知识和学习能力这种无形资源禀赋多的地区与禀赋少的地区之间，更多的是发展差距的扩大而不是差距的缩小，至少在中短期是如此。这种趋势将会得到加强，因为弱势地区所具有的劳动力成本等绝对优势方面的传统因素，在中长期内因社会因素（移民）、制度因素（国家层面集体谈判的强制性）以及文化因素（货币联盟内的社会期望）等而趋于消失。

因此，必须有一个现代的地区发展观，它不仅涉及如何创造性地、创新性地利用当地的有形和无形资源，并且涉及作为企业创新能力基础的知识创造、合作与决策模式。

然而，现代的地区发展观，不否认区域是更大的经济系统的一部分，它们共享增长与衰退的主张。这种主张，在当前这样一种危机时期显得更加贴切，目前各国的宏观经济状况以及超国家货币联盟对其成员所施加的限制，正如我们在下文中将要看到的那样，对单个国家及其区域的增长轨迹将产生很大的影响。

二、宏观经济因素在区域增长中的作用

现代地区发展理论具有足够的证据表明，当今的区域发展路径取决于内生因素，区域竞争力也是依赖于这些因素。但危机时期的经验表明，也不能忽略宏观经济和总需求方面的因素，因为它们对单个国家及其区域的经济发展具有决定性的影响。公共债务和赤字、通货紧缩、国家信誉、公共和私人消费、投资趋势等，决定一个国家及其治理下的所有区域的经济增长轨迹。

一个区域的经济命运与其所在国家的命运不可能有很大差异，但正如本书在前面多次提到的那样，宏观经济走势对不同区域的影响也不尽相同。在第八章，我们强调了 20 世纪 70 年代和 1992 年意大利里拉贬值对意大利各区域经济发展所发挥的重要作用。实际上，当时不同区域的出口导向型产品的价格竞争力都有所提高了。

宏观经济政策效应的区域不对称性，并不局限于货币贬值政策。可以举一些这方面的例子。利差的扩大，也就是有关无风险债券的风险溢价的扩大，是过去几年经济危机的主要特征之一，因为国际市场上一些国家违约债务的概率是很高的。在那些存在特定经济问题的国家（意大利、西班牙、希腊、葡萄牙、爱尔兰），利差的扩大产生了三种宏观经济效应，有趣的是，每种效应都涉及不同的行为人和不同的区域：

（1）欧盟对公共支出实施了强有力的控制和强制性削减，特别是在上述国家。公共支出削减的影响，预计在公共需求比例很高的区域比在私人需求比例很高的区域更为强烈，前者通常是较为贫穷和生产力较低的区域。

（2）由于私人贷款和债券利率的提高，私人投资减少，这对私人行为者特别是中小企业占很大比例的工业地区不利。

（3）信贷紧缩是在为可能出现的主权债务违约提供足够担保的情况下，由于金融中介机构决定投资于公共债券而不是私营部门造成的；制造业部门和生产率水平很高的地区所受到的冲击，比其他行业和地区更大。

供给侧要素与地区的结构特征以及地域资本的可得性有关，它是对经济危机空间影响差异的直接且合乎逻辑的解释。经济危机的源泉可能相同，但对不同区域会产生不同的影响。在第一阶段（2007 ~ 2009 年），当房地产抵押贷款市场崩溃引发危机时，专门从事金融活动的区域受到的冲击最大，这就是伦敦或纽约的情形，这些城市的失业率最高。在第二阶段（2009～2011年），由于全球消费下降，危机转移到生产部门，这一阶段受到打击最严重的地区是出口导向型工业化的地区。在第三阶段（2011～2013年），由于对主权债务的大量投机，危机再次打击了公共部门及其金融机构。随之而来的私人信贷紧缩对建筑业、商业和生产行业产生了负面影响，进而影响了消费和投资，工业化地区再次成了受到这些影响最大的地区，失业率居高不下。

　　一个区域应对外部负面冲击的能力，在于其私人地域资本和公共地域资本禀赋，这一点在本教材的不同理论中已有所提及，并在地域资本矩阵中进行了综合。与前面的例子一样，生产专业化、结算结构和对外开放度都可以部分地解释区域应对外部冲击的能力。除了这些因素外，还通过产业转型、功能现代化、地方治理创新和开发那些源于城市均衡系统的地区外部性的过程，扩大利用未开发资源的能力。所有这些过程都高度依赖地域资本资产的质量及其有效利用。

　　尽管宏观经济因素和地区经济因素在区域经济增长中发挥着重要的综合性作用，然而从本教科书迄今为止提出的理论概述来看，显然没有一个模型包含着这两个方面的因素。第五章和第六章的宏观经济区域增长模型，以及第十章和第十一章中所阐述的最新模型，显示了宏观经济增长的总体模式，但是没有为在非空间逻辑中包含现实中的地域因素留下余地。自下而上的模型（如第七章、第八章、第九章中介绍的模型）则又缺乏宏观经济的总体视角，它们只考虑了实际的地域因素。因此，构建一个能够涵盖现实地域、行为和无形因素的宏观经济"模型"是很有必要的。

三、宏观经济增长模型的地域基础：MASST模型

　　MASST模型代表了迈向能够将宏观经济因素与内生因素、区域因素整合到一起的增长模型的第一步，其缩写代表了宏观经济（Ma）、生产部门（S）、社会（S）和地域（T）等不同维度，这些都是为解释区域增长模式而必须加以考虑的内容①。

　　该模型的创新之处并非是它提出了新的理论，而是它将不同的理论整合到一个有机的逻辑框架内，在这个框架内，所有重要的宏观经济要素和内生的地域资产都发挥相应的角色。实际上，该模型的内在逻辑是两种不同方法的巧妙结合，

---

① 对于MASST模型的深入解释，参见卡佩罗（2007）、卡佩罗和弗莱特西（2012）、卡佩罗等（2014）。

也就是作为国家经济增长理论的宏观经济凯恩斯增长理论和作为区际经济增长差异理论的内生发展理论的结合。该模型由一系列方程组成，其逻辑综合了因果关系链与模型中构想的所有反馈，其流程图如图12-1所示。

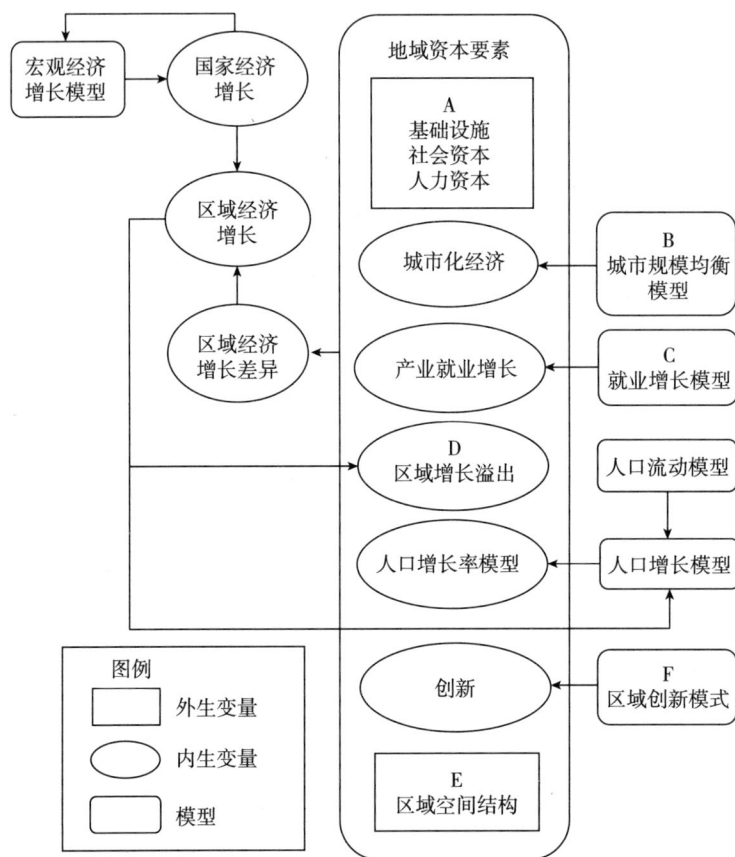

图 12 -1　MASST 模型的内在逻辑：宏观经济要素与区域要素之间的相互作用

该模型的第一个理论特征是国家经济增长率对需求要素的依赖，每个要素可以在凯恩斯理论中找到其主要作用。因这些组成要素，该模型能够考虑上述所有的宏观经济趋势和经济政策（贬值、利差扩大、公共支出减少等）问题。在这一理论要素之外，还有第二个要素，它通过那些在区域层面上产生差异化效应的供给要素来解释区域经济增长差异；通过这些要素，上述政策和宏观经济进程以不同的方式对不同区域产生不同的影响。国家经济增长率与地区经济增长率的差额之和，即为区域经济增长率。

MASST 模型中的地域结构，既是区域经济增长的推动力量，也是解释当地对外部走势所做出反应的因素。这是通过不同的方式实现的。

第一，该模型将地域资本的传统要素和创新要素都纳入到对地方动态变化的解释之中。此外，通过融合自然接近性等传统要素、卢卡斯和罗默的人力资本等新的无形要素、创新环境理论中的关系资本等，即图 12–1 中的要素 A，模型还度量了单个元素之间的相互作用和协同效应，正如我们通过整本教材所学习的那样，这对区域经济增长是相当重要的。

第二，该模型把一个独特作用归结于来自城市环境的优势。正如第八章所述，这种优势反过来又取决于单个城市和整个城市系统的特殊性。外部性的来源通过一个子模型嵌入到本模型中，该子模型定义了边际成本等于边际收益时的每个城市的均衡规模。收益和成本，反过来又取决于单个城市的特殊性：便利设施、产业多样性和高等级的服务功能解释了高收益，而城市土地、社会冲突和城市规模扩张又解释了高成本（图 12–1 的要素 B）。

第三，正如第八章所述的那样，该模型还包括了产业专业化带来的优势，即地方化经济或行政区经济。产业专业化，正如在输出基础模型中所解释的那样，反过来又界定了产业就业增长模式以及区域经济增长差异（图 12–1 中的要素 C）。

第四，该模型还考虑了区域间一体化带来的优势。也就是说，可以利用邻近区域以技术外部性或增长外溢的形式存在的有形和无形因素，如第九章的理论（图 12–1 中的要素 D）所述。

第五，该模型考虑到了欧洲和国家两级外生总趋势的不同的区域效应。这种差异是通过一个区域（城市、农村或聚集区）的居住结构的特殊性来体现的，这些特殊性成为产业动力、区域增长差异、人口流动和人口间接增长的解释变量（图 12–1 中的要素 E）。至于创新模型，对区域增长的影响是通过每个区域的不同创新模式来体现的，正如第九章区域创新模式理论（图 12–1 中的要素 F）所指出的那样。

通过这种逻辑结构及其理论基础，该模型能够消除那些单纯依靠自上而下地把国家总增长率分配给地方作为地方经济增长率，与地方通过自身实际的地方竞争力自下而上地获得的地方经济增长率之间的差距。考虑该模型的构思方式，则由于存在横向反馈（区域间增长溢出的方式）和纵向反馈（国家和区域间，反之亦然），MASST 模型同时具有分配性和生成性特征。宏观经济效应，根据地方经济的不同结构特征，在不同区域之间以不同的方式传播，并以整体作用方式反作用于其他区域和国家。同样，地方一级的变化（例如，由区域政策引起的变化）会影响区域经济增长趋势，并通过它影响国家的经济增长和同一国家内的所有其他区域的经济增长,这是一个循环累积的过程。

该模型可以用来设想区域发展前景,而这些前景应以外生变量未来值的一套一以贯之的假设来解释。在模拟阶段,变量既通过区外经济值和地域变量进入模型,又通过与区域经济和居住结构的一些具体特征相联系的外部冲击效应的差异而进入模型。

MASST 模型的最后一个创新是区域间合作和竞争的同时存在。竞争是由模型的生成部分所保证的,该模型在相对竞争的基础上定义了区域增长。相反,区域间的合作是由增长溢出部分所保证的,它通过众所周知的可达性和邻近效应把某一区域的经济发展扩散到其他区域。

四、本章小结

本书所阐述的理论强调了经济增长模型处理空间的方式,这些变得日益复杂并日益引起人们的关注。近年来,均质抽象且直接与行政单位对应的简单(有时是琐碎的)的空间概念,已经被多样化联系空间概念所取代;前者认为空间内部是同质且均匀的,因而可以把社会—经济—人口整体特征整合进特征向量中,而后者使得聚集经济和空间相互作用等区位论的基本原理回归到区域发展理论中。

正是这种更加复杂地解释空间概念的方式,即把空间看作是收益递增和正外部性的源泉,才使得区域经济学在地方动态分析方面取得了决定性进展。发展进程不仅取决于可用资源的数量,还取决于地域生产组织的效率。不仅发展的有形要素(例如,现有生产资料的数量)很重要,无形的要素也很重要:学习过程、地方关系网络、治理机制在确定地区发展路径方面越来越重要。

最近几年来,一些学者致力于避免区域经济学陷入这样的僵局:一方面,把纯粹的宏观经济增长理论规范化为优美的数学模型;另一方面,一些理论放弃了严格的规范化处理,而谨慎地把新的质性元素和地域元素整合进聚集经济的概念中。最新的地方增长理论已经把收益递增纳入到宏观经济学的经济逻辑和形式逻辑之中了,且把这种做法(有时过于热心地)看成是处理空间的一种新的方式,也就是把它视为将先前的概念融合在一起的一种手段。空间被看作是多样化的,而地域发展被看作是选择性的、累积性的、收益递增的,且这种地域发展是依据宏观经济增长模型来解释的。

需要强调的是,实际上,这种整合的积极效果只是初步地显现出来。更为详细的分析表明,空间应该被认为是多样化的,但除了聚集与非聚集二分法的解释以外没有其他来源于地域特征方面的解释。在多元联系空间理论中,地域特征

（以及上文提到的无形要素）在解释竞争力水平方面扮演着重要角色，然而，它们在宏观经济模型中却完全消失了。MASST 模型试图将地域因素与宏观经济因素结合起来解释区域经济增长，从这个意义上说，它是具有创新意义的。

需要进行深入的思考以完善一些地域要素，它们在 MASST 模型当前的版本中被认为是外生的。需要找到一种内生性地解释它们的方法，这将进一步丰富该模型的理论素材，并使其具有更大的解释能力。

尽管在建立 MASST 模型过程中做出了很多的努力，然而未来还有进一步概念化和发挥传统的巨大空间。虽然 MASST 模型已经能够把地域基础纳入到总体宏观经济区域增长模型中，但仍然需要通过研究单个厂商和个人在空间中的行为，对区域增长模型的微观地域基础作进一步的分析。

弥补这些不足，尤其是加强宏观经济区域增长模型的地域微观基础，是区域经济学家所面临的挑战。

思考题

1. 如何界定目前的地区发展？
2. 当今促进地区发展的主要因素是什么？
3. 区域增长模型中为什么要考虑宏观经济因素？
4. MASST 模型的特征是什么？它的结构有哪些新的变化？
5. 当前需要进一步关注的理论方面有哪些？

阅读文献

[1] Capello R. (2007), "A Forecasting Territorial Model of Regional Growth: The MASST Model", *The Annals of Regional Science*, Vol. 41, No. 4, pp. 753 - 787.

[2] Capello R. and Fratesi U. (2012), "Modelling Regional Growth: An Advanced MASST Model", *Spatial Economic Analysis*, Vol. 7, No. 3, pp. 293 - 318.

[3] Capello R., Caragliu A., and Fratesi U. (2014), "Modelling Regional Growth between Competitiveness and Austerity Measures: The MASST3 Model", *International Regional Science Review*, Vol. 40, No. 1, pp. 38 - 74.

参考文献

［1］Abernathy W. and Utterback J. （1978）, "Patterns of Industrial Innovation", *Technology Review*, Vol. 80, No. 7, pp. 121 – 133.

［2］Abreu M. , de Groot H. L. F. , and Florax R. （2005）, "A Meta – analysis of β – Convergence: The Legendary 2%", *Journal of Economic Surveys*, Vol. 19, No. 3, pp. 389 – 420.

［3］Ackley G. and Spaventa L. （1962）, "Emigrazione e Industrializzazone nel Mezzogiorno", *Moneta e Credito*, Vol. 15, No. 58, pp. 144 – 159.

［4］Acs Z. J, Audretsch D. B. , Braunerhjelm P. , and Carlsson B. （2003）, "The Missing Link: The Knowledge Filter and Entrepreneurship in Endogenous Growth", CEPR Discussion Papers, No. 4783, CEPR, London.

［5］Acs Z. , Audretsch D. , and Feldman M. （1994）, "R&D Spillovers and Recipient Firm Size", *Review of Econmics and Statistics*, Vol. 76, No. 2, pp. 336 – 340.

［6］Acs Z. , Brooksbank D. , O' Gorman J. , Colm A. , Terjesen S. , and Pickernell D. （2012）, "The Knowledge Spillover Theory of Entrepreneurship: An Application to Foreign Direct Investment", *International Journal of Entrepreneurship and Small Business*, Vol. 15, No. 2, pp. 237 – 261.

［7］Acs Z. , de la Mothe J. , and Paquet G. （2000）, "Regional Innovation: In Search of an Enabling Strategy", in Z. Acs ed. , *Regional Innovation, Knowledge and Global Change*, London: Pinter, pp. 37 – 52.

［8］Aghion P. and Howitt P. （1992）, "A Model of Growth through Creative Destruction", *Econometrica*, Vol. 60, No. 2, pp. 323 – 351.

［9］Aghion P. and Howitt P. （1997）, *Endogenous Growth Theory*, Cambridge: MIT Press.

［10］Allen K. J. （1969）, "The Regional Multiplier: Some Problems in Estimation", in J. B. Cullingworth and S. C. Orr, eds. , *Regional and Urban Studies: a Social Science Approach*, London: Allen & Unwin, pp. 80 – 96.

[11] Alonso, W. (1960), "A Theory of the Urban Land Market", *Papers and Proceedings of the Regional Science Association*, Vol. 6, No. 1, pp. 149 – 157.

[12] Alonso W. (1964), "Location Theory", in J. Friedmann and W. Alonso, eds., *Regional Development and Planning: A Reader*, Cambridge: MIT Press, pp. 78 – 106.

[13] Alonso W. (1964), *Location and Land Use: Towards a General Theory of Land Rent*, Cambridge: Harvard University Press.

[14] Alonso W. (1971), "The Economics of Urban Size", *Papers and Proceedings of the Regional Science Association*, Vol. 26, pp. 67 – 83.

[15] Alonso W. (1973), "Urban Zero Population Growth", *Daedalus*, Vol. 102, No. 4, pp. 191 – 206.

[16] Amin A. and Thrift N., eds. (1994), *Globalisation, Institutions, and Regional Development in Europe*, Oxford: Oxford University Press.

[17] Amin A. and Wilkinson F. eds. (1999), "Learning, Proximity and Industrial Performance: An Introduction", *Cambridge Journal of Economics*, Vol. 23, No. 2, pp. 121 – 125.

[18] Anas A. and Dendrinos D. (1976), "The New Urban Economics: a Brief Survey", in Y. Y. Papageourgiou ed., *Mathematical Land Use Theory*, Lexington: Lexington Books, pp. 23 – 51.

[19] Andrews R. (1953), "Mechanics of the Urban Economic Base", *Land Economics*, Vol. 29, No. 2, pp. 161 – 167.

[20] Andrews R. (1954), "Measuring the Urban Economic Base", *Land Economics*, Vol. 30, No. 3, pp. 52 – 60.

[21] Anselin L., Varga A., and Acs Z. (2000), "Geographic and Sectoral Characteristics of Academic Knowledge Externalities", *Papers in Regional Science*, Vol. 79, No. 4, pp. 435 – 443.

[22] Antonelli C. (1989), "The Diffusion of Information Technology and the Demand for Telecommunication Services", *Telecommunications Policy*, Vol. 13, No. 3, pp. 255 – 264.

[23] Archibald G. (1967), "Regional Multiplier Effects in the United Kingdom", *Oxford Economic Papers*, Vol. 19, No. 1, pp. 22 – 45.

[24] Armstrong H. and Taylor J. (2000), *Regional Economics and Policy*, Oxford: Blackwell.

[25] Arrighetti A., Serravalli G., and Wolleb, G. (2001), "Social Capital,

Institutions and Collective Action between Firms", Paper Presented at the EURESCO Conference, Social Capital: Interdisciplinary Perspectives, Exeter, September 15 – 20.

[26] Arthur W. B. (1989), "Competing Technologies, Increasing Returns and Lock – in by Historical Events", *The Economic Journal*, Vol. 99, No. 394, pp. 116 – 133.

[27] Arthur W. B. (1990), "Silicon Valley's Location Clusters: When Do Increasing Returns Imply Monopoly?", *Mathematical Social Sciences*, Vol. 19, No. 3, pp. 235 – 251.

[28] Aschauer D. A. (1989), "Is Public Expenditure Productive?", *Journal of Monetary Economics*, Vol. 23, No. 2, pp. 177 – 200.

[29] Aschauer D. A. (1990), "Why is Infrastructure Important?", in A. H. Munnell ed., *Is there a Shortfall in Public Capital Investment?* Boston: Federal Reserve Bank of Boston, pp. 21 – 50.

[30] Asheim B. (1996), "Industrial Districts as 'Learning Regions': A Condition for Prosperity?", *European Planning Studies*, Vol. 4, No. 4, pp. 379 – 400.

[31] Asheim B. and Gertler M. (2005), "The Geography of Innovation", in J. Fagerberg, D. Mowery, and R. Nelson, eds., *The Oxford Handbook of Innovation*, Oxford: Oxford University Press, pp. 291 – 317.

[32] Audretsch D. and Feldman M. (1996), "R&D Spillovers and the Geography of Innovation and Production", *American Economic Review*, Vol. 86, No. 3, pp. 630 – 640.

[33] Aydalot Ph. (1985), *Economie Régionale et Urbaine*, Paris: Economica.

[34] Aydalot Ph. ed. (1986), *Milieux Innovateurs en Europe*, Paris: GREMI.

[35] Aydalot Ph. and Keeble D., eds. (1988), *High Technology Industry and Innovative Environment*, London: Routledge.

[36] Bachtler J. and Downes R. (1999), "Regional Policy in the Transition Countries: A Comparative Assessment", *European Planning Studies*, Vol. 7, No. 6, pp. 793 – 808.

[37] Bagnasco A. (1977), *Tre Italie: La Problematica Territoriale dello Sviluppo Italiano*, Bologna: Il Mulino.

[38] Bagnasco A. (1983), "Il Contesto Sociale", in G. Fuà and C. Zacchia, eds., *Industrializzazione senza Fratture*, Bologna: Il Mulino, pp. 149 – 165.

[39] Bagnasco A. (1985), "La Costruzione Sociale del Mercato: Strategie d' Impresa e Esperimenti di Scala in Italia", *Stato e Mercato*, No. 13, pp. 9 – 45.

[40] Bagnasco A. and Trigilia C. (1984), *Società e Politica nelle Aree di Piccola Impresa: Il Caso di Bassano*, Venice: Arsenale.

[41] Balassa B. (1975), "Trade Creation and Diversion in the European Common Market: An Appraisal of the Evidence", in B. Balassa ed. , *European Economic Integration*, Amsterdam: North Holland, pp. 79 – 118.

[42] Baldwin R. E. (1999), "Agglomeration and Endogenous Capital", *European Economic Review*, Vol. 43, pp. 253 – 280.

[43] Baldwin R. E. , Braconier H. , and Forslid R. (1999), "Multinationals, Endogenous Growth and Technological Spillovers: Theory and Evidence", paper presented at the seminar of the Research Institute of Industrial Economics (IUI), Multinational Production, International Mergers and Welfare Effects in a Small Open Economy, Stockolm, June.

[44] Banister D. (1998), "Bariersr to Implementation of Urban Ssanabilit", *Iternational Journal of Environment and Pollution*, Vol. 10, No. 1, pp. 65 – 83.

[45] Barba Navaretti G. and Venables A. (2004), *Multinational Firms in the World Economy*, Princeton: Princeton University Press.

[46] Barca F. (2009), "An Agenda for a Reformed Cohesion Policy: A Place-based Approach to Meeting European Union Challenges and Expectations", Report to the Commissioner for Regional Policy European Commission, Brussels, April.

[47] Barca F. (2011), "Alternative Approaches to Development Policy: Intersections and Divergences", in OECD ed. , *Regional Outlook* 2011, Paris: OECD, pp. 215 – 225.

[48] Barentsen W. and Nijkamp P. (1989), "Modelling Non – Linear Processes in Time and Space", in A. Andersson, D. Batten, B. Johansson, and P. Nijkamp, eds. , *Advances in Spatial Theory and Dynamics*, Amsterdam: North – Holland, pp. 175 – 192.

[49] Barker T. (1977), "International Trade and Economic Growth: An Alternative to the Neoclassical Approach", *Cambridge Journal of Economics*, Vol. 1, No. 2, pp. 153 – 172.

[50] Barro R. J. (1990), "Government Spending in a Simple Model of Endogenous Growth", *Journal of Political Economy*, Vol. 98, No. 5, pp. S103 – S125.

[51] Barro R. J. and Sala – i – Martin X. (1995), *Economic Growth*, New York: McGraw – Hill.

[52] Bartik T. (1985), "Business Location Decisions in the United States: Es-

timates of the Effects of Unionization, Taxes, and Other Characteristics of States", *Journal of Business and Economic Statistics*, Vol. 3, No. 2, pp. 14 – 22.

[53] Basile R., Castellani D., and Zanfei A. (2008), "Location Choices of Multinational Firms in Europe: The Role of National Boundaries and EU Policy", *Journal of International Economics*, Vol. 74, No. 2, pp. 328 – 340.

[54] Basile R., Castellani D., and Zanfei A. (2009), "National boundaries and the Location of Multinational Firms in Europe", *Papers in Regional Science*, Vol. 88, No. 4, pp. 733 – 748.

[55] Batten D. (1995), "Network Cities: Creative Urban Agglomerations for the 21st Century", *Urban Studies*, Vol. 32, No. 2, pp. 313 – 237.

[56] Baumol W. J. (1986), "Productivity Growth, Convergence and Welfare: What the Long Run Data Show", *American Economic Review*, Vol. 76, No. 5, pp. 1072 – 1085.

[57] Beaudry C. and Schiffauerova A. (2009), "Who's Right, Marshall or Jacobs? The Localization Versus Urbanization Debate", *Research Policy*, Vol. 38, No. 2, pp. 318 – 337.

[58] Becattini G. (1979), "Dal Settore Industriale al Distretto Industriale. Alcune Considerazioni sull' Unità di Indagine dell' Economia Industriale", *Rivista di Economia e Politica Industriale*, No. 1, pp. 35 – 48; English edn (1989), "Sectors and/or Districts: Some Remarks on the Conceptual Foundations of Industrial Economics", in E. Goodman and J. Bamford, eds., *Small Firms and Industrial Districts in Italy*, London: Routledge, pp. 123 – 135.

[59] Becattini G. (1990), "The Marshallian Industrial District as a Socio – economic Notion", in F. Pyke, G. Becattini, and W. Sengenberger, eds., *Industrial Districts and Interfirm Cooperation in Italy*, Geneva: International Institute of Labour Studies, pp. 37 – 51.

[60] Becattini G. ed. (1975), *Lo Sviluppo Economico della Toscana con Particolare Riguardo all' Industrializzazione Leggera*, Florence: Guaraldi.

[61] Becattini G. ed. (1987), *Mercato e Forze Locali: il Distretto Industriale*, Bologna: Il Mulino.

[62] Becattini G. ed. (2004), *Industrial Districts: A New Approach to Industrial Change*, Cheltenham: Edward Elgar.

[63] Beckmann M. J. (1958), "City Hierarchies and the Distribution of City Sizes", *Economic Development and Cultural Change*, Vol. 6, No. 1, pp. 243 – 248.

［64］ Beckmann M. J. (1968), *Location Theory*, New York: Random House.

［65］ Beckmann M. J. (1969), "On the Distribution of Urban Rent and Residential Density", *Journal of Economic Theory*, Vol. 18, No. 1, pp. 60 – 68.

［66］ Beckmann M. J. and Mc Pherson J. (1970), "City Size Distribution in a Central Place Hierarchy: An Alternative Approach", *Journal of Regional Science*, Vol. 10, No. 1, pp. 25 – 33.

［67］ Beguin H. (1984), "The Shape of City – Size Distribution in a Central Place System", *Environment and Planning A*, Vol. 16, No. 6, pp. 749 – 758.

［68］ Beguin H. (1988), "La Région et les Lieux Centraux", in C. Ponsard ed. , *Analyse Economique Spatiale*, Paris: Presses Universitaires de France, pp. 231 – 275.

［69］ Bellandi M. (1989), "The Industrial District in Marshall", in E. Goodmand and J. Bamford, eds. , *Small Firms and Industrial Districts in Italy*, London: Routledge, pp. 136 – 152; orig. Edn (1982), "Il Distretto Industriale in Alfred Marshall", *L' Industria*, No. 3, pp. 355 – 375.

［70］ Bellet M. , Colletis G. , and Lung Y. (1993), "Introduction au Numéro Special sur l' Economie de Proximité", *Révue d Economie Régionale et Urbaine*, No. 3, pp. 357 – 364.

［71］ Benedetti E. and Camagni R. (1983), "Rilessioni sulla Periferia", *Economia e Politica Industriale*, No. 39, pp. 19 – 37.

［72］ Berry B. and Garrison w. (1958), "Recent Development of Central Place Theory", *Papers and Proceeding of the Regional Science Association*, Vol. 13, No. 4, pp. 107 – 120.

［73］ Bianchi G. (1994), "Requiem per la Terza Italia? Sistemi territoriali di piccola impresa e transizione post – industriale", in G. Garofoli and R. Mazzoni, eds. , *Sistemi produttivi locali: struttura e trasformazione*, Milan: FrancoAngeli, pp. 59 – 90.

［74］ Bianchi P. and Miller L. (1993), "Collective Action, Strategic Behaviour and Endogenous Growth", Working Papers 160, Economic Department, University of Bologna, Bologna, April.

［75］ Biehl D. (1986), *The Contribution of Infrastructure to Regional Development*, Brussels: Regional Policy Division, European Community.

［76］ Blanchard O. J. and Katz L. F. (1992), "Regional Evolutions", *Brookings Papers on Economic Activity*, Vol. 23, No. 1, pp. 1 – 75.

［77］ Blomstrøm M. and Kokko A. (1998), "Multinational Corporations and

Spillovers", *Journal of Economic Surveys*, Vol. 12, No. 3, pp. 247 – 277.

[78] Blonigen B. (2005), "A Review of the Empirical Literature on FDI Determinant", *Atlantic Economic Journal*, Vol. 33, No. 4, pp. 383 – 403.

[79] Boekema F, Morgan K., Bakkers S., and Rutten R. (1997), "Introduction to Learning Regions: A New Issue for Analysis?", in F. Boekema, K. Morgan, S. Bakkers, and R. Rutten, eds., *Knowledge, Innovation and Economic Growth*, Cheltenham: Edward Elgar, pp. 3 – 16.

[80] Boix R. (2004), "Redes de Ciudades y Externalidades", *Investigaciones Regionales*, No. 4, pp. 5 – 27.

[81] Borensztein, E., De Gregorio, J. and Lee, J. W. (1998), "How Does Foreign Direct Investment Affect Economic Growth?", *Journal of International Economics*, Vol. 45, No. 1, pp. 115 – 135.

[82] Borts G. H. (1960), "The Equalisation of Returns and Regional Economic Growth", *The American Economic Review*, Vol. 50, No. 1, pp. 319 – 347; reprinted in McKee D., Dean R., and Leahy W. eds. (1970), *Regional Economics: Theory and Practice*, New York: The Free Press, pp. 147 – 176.

[83] Borts G. H. and Stein J. L. (1964), *Economic Growth in a Free Market*, New York: Columbia University Press.

[84] Borts G. H. and Stein J. L. (1968), "Regional Growth and Maturity in the Unites States: A Study of Regional Structural Change", in L. Needleman ed., *Regional Analysis*, Harmondsworth: Penguin Books, pp. 159 – 197; orig. edn (1962), in *Schweizerische Zeitschrift für Volk – swirtscahft and Statistik*, Vol. 98, pp. 290 – 321.

[85] Boschma R. (2005), "Proximity and Innovation: A Critical Assessment", *Regional Studies*, Vol. 39, No. 1, pp. 61 – 74.

[86] Boschma R. (2011), "Regional Branching and Regional Innovation Policy", in K. Kourtit, P. Nijkamp, and R. R. Stough, eds., *Drivers of Innovation, Entrepreneurship and Regional Dynamics*, Berlin/Heidelberg: Springer Verlag, pp. 359 – 368.

[87] Boschma R. (2014), "Constructing Regional Advantage and Smart Specialisation", *Scienze Regionali – Italian Journal of Regional Science*, Vol. 13, No. 1, pp. 51 – 78.

[88] Boschma R. and Frenken K. (2006), "Why Is Economic Geography Not an Evolutionary Science? Towards an Evolutionary Economic Geography", *Journal of Economic Geography*, Vol. 6, No. 3, pp. 273 – 302.

[89] Boschma R. and Iammarino S. (2009), "Rlated Variety, Trade Linkages, and Regional Growthin Italy", *Economic Geography*, Vol. 85, No. 3, pp. 289 – 311.

[90] Boschma R., Minondo A., and Navarro M. (2012), "Reated Variety and Regional Growth in Spain", *Papers in Regional Science*, Vol. 91, No. 2, pp. 241 – 256.

[91] Boudeville J. R. (1964), *Les Espaces Economiques*, Paris: Pesses Unersitares de Fance; English edition (1966), *Problems of Regional Economic Planning*, Edinburgh: Edinburgh University Press.

[92] Breschi S. (2000), "The Geography of Innovation: A Cross – sector Analysis", *Regional Studies*, Vol. 34, No. 2, pp. 213 – 229.

[93] Brown L. (1981), *Innovation Diffusion: A New Perspective*, London: Methuen.

[94] Bruinsma F., Nijkamp P., and Rietveld P. (1990), "Regional Economic Transformation and Social Overhead Investments", *Tijdschrift Voor Econo – mische En Sociale Geografie*, Vol. 83, No. 1, pp. 3 – 12.

[95] Brusco S. (1982), "The Emilian Model: Productive Decentralisation and Social Integration", *Cambridge Journal of Economics*, Vol. 6, No. 2, pp. 167 – 184.

[96] Brusco S. (1990), "The Idea of the Industrial District: Its Genesis", in F Pyke, G. Becattini and W. Sengenberger, eds., *Industrial Districts and Interfirm Cooperation in Italy*, Geneva: International Institute of Labour Studies, pp. 10 – 19.

[97] Burger M. J., Meijers E. J., Hoogerbrugge M. M., and Masip Tresserra, J. (2015), "Borrowed Size, Agglomeration Shadows and Cultural Amenities in North – West Europe", *European Planning Studies*, Vol. 23, No. 6, pp. 1090 – 1109.

[98] Butler J., Gaspar J. M. B., and Jeppesen E. (1986), "Telecommunications and Regional Development in Portugal", *Arbejdsrapport*, Vol. 16, No. 3, Aarhus University.

[99] Button K. and Pentecost E. (1999), *Regional Economic Performance within the European Union*, Cheltenham: Edward Elgar.

[100] Camagni R. (1982), "L' Impatto sull 'Economia Sarda della Spesa e dell' Investimento Turistico in Costa Smeralda", *Quaderni Sardi di Economia*, No. 4, pp. 371 – 413.

[101] Camagni R. (1985), "Spatial Diffusion of Pervasive Process Innovation", *Papers of the Regional Science Association*, Vol. 58, No. 8, pp. 83 – 95.

[102] Camagni R. (1988), "Functional Integration and Locational Shifts in the New Technology Industry", in Ph. Aydalot and D. Keeble, eds., *High Technology In-*

dustry and Innovative Environment, London: Routledge, pp. 48 – 64.

[103] Camagni R. (1991), "Local *Milieu*, Uncertainty and Innovation Networks: Towards a New Dynamic Theory of Economic Space", in R. Camagni ed., *Innovation Networks: Spatial Perspectives*, London: Belhaven – Pinter, pp. 121 – 144.

[104] Camagni R. (1992), *Economia Urbana: Principi e Modelli Teorici*, Rome: La Nuova Italia; French ver. (1996), *Economie Urbaine*, Paris: Economica.

[105] Camagni R. (1992), "Development Scenarios and Policy Guidelines for the Lagging Regions in the 1990s", *Regional Studies*, Vol. 26, No. 4, pp. 361 – 374.

[106] Camagni R. (1994), "From City Hierarchy to City Networks: Reflections about an Emerging Paradigm", in T. R. Lakshmanan and P. Nijkamp, eds., *Structure and Change in the Space Economy: Festschrift in Honor of Martin Beckmann*, Berlin: Springer Verlag, pp. 66 – 87.

[107] Camagni R. (1998), "Sustainable Urban Development: Definition and Reasons for a Research Programme", *International Journal of Environment and Pollution*, Vol. 10, No. 1, pp. 6 – 26.

[108] Camagni R. (1999), *La Teoria dello Sviluppo Regionale*, Padua: Cusl Nuova Vita.

[109] Camagni R. (1999), "The City as a Milieu: Applying the GREMI Approach to Urban Evolution", *Révue d' Economie Régionale et Urbaine*, No. 3, pp. 591 – 606.

[110] Camagni R. (2001), "Policies for Spatial Development", in OECD ed., *Territorial Outlook*, Paris: OECD, pp. 147 – 169.

[111] Camagni R. (2002), "On the Concept of Territorial Competitiveness: Sound or Misleading?", *Urban Studies*, Vol. 39, No. 13, pp. 2395 – 2411.

[112] Camagni R. (2009), "Territorial Capital and Regional Development", in R. Capello and P. Nijkamp, eds., *Handbook of Regional Growth and Development Theories*, Cheltenham: Edward Elgar, pp. 118 – 132.

[113] Camagni R. and Capello R. (1990), "Towards a Definition of the Manoeuvring Space of Local Development Iitiaties: Italian Success Stories of Local Development – Theoretical Conditions and Practical Experiences", in W. Stöhr ed., *Global Challenge and Local Responses*, London: Mansell, pp. 328 – 353.

[114] Camagni R. and Capelo R. (1998), "Indivisibilità e Irreversibilità nei Processi di Adozione dlle Tecnologie Rinnovabili in Ambiente Urbano", in F. Boscacci and L. Senn, eds., *I Luoghi dellaTrasformazione e dell' Innovazione*, Turin: SEAT,

pp. 223 – 246.

[115] Camagni R. and Capello R. (2002), "Milieux Innovateurs and Collective Learning: From Concepts to Measurement", in Z. Acs, H. de Groot, and P. Nijkamp, eds., *The Emergence of the Knowledge Economy: A Regional Perspective*, Berlin: Springer Verlag, pp. 15 – 45.

[116] Camagni R. and Capello R., eds. (2002), *Apprendimento collettito e Competitività Territoriale*, Milan: FrancoAngeli, pp. 57 – 84.

[117] Camagni R. and Capello R. (2004), "The City Network Paradigm: Theory and Empirical Evidence", in R. Capello and P. Nijkamp, eds., *Urban Dynamics and Growth: Advances in Urban Economics*, Amsterdam: Elsevier, pp. 495 – 529.

[118] Camagni R. and Capello R. (2013), "Regional Innovation Patters and the EU Regional Policy Reform: Towards Smart Innovation Policies", *Growth and Change*, Vol. 44, No. 2, pp. 355 – 389.

[119] Camagni R. and Capello R. (2015), "Rationale and Design of EU Cohesion Policies in a Period of Crisis", *Regional Science Policy and Practice*, Vol. 7, No. 1, pp. 25 – 49.

[120] Camagni R., Capello R. and Caragliu A. (2013), "One or Infinite Optimal City Sizes? In Search of an Equilibrium Size for Cities", *The Annals of Regional Science*, Vol. 51, No. 2, pp. 309 – 341.

[121] Camagni R., Capello R., and Caragliu A. (2015), "The Rise of Second Rank Cities: What Role for Agglomeration Economies?", *European Planning Studies*, Vol. 23, No. 6, pp. 1069 – 1089.

[122] Camagni R., Capello R., and Caragliu A. (2016), "Spatial Context and Structural Evolution behind Urban Growth", *Papers in Regional Science*, Vol. 95, No. 1, pp. 133 – 158.

[123] Camagni R., Diappi L., and Leonardi G. (1986), "Urban Growth and Decline in a Hierarchical System: A Supply · oriented Dynamic Approach", *Regional Science and Urban Economics*, Vol. 16, No. 1, pp. 145 – 160.

[124] Camagni R. and Pompili T. (1990), "Competence, Power and Waves of Urban Development in the Italian City System", in P. Nijkamp ed., *Sustainability of Urban Systems: A Cross – national Evolutionary Analysis of Urban Innovation*, Aldershot: Avebury, pp. 37 – 86.

[125] Camagni R. and Rabellotti R. (1997), "Footwear Production Systems in Italy: A Dynamic Comparative Analysis", in R. Ratti, A. Bramanti, and R. Gordon,

eds. , *The Dynamics of Innovative Regions*, Aldershot: Ashgate, pp. 139 – 164.

[126] Cantwell J. (1989), *Technological Innovation and Multinational Corporations*, Oxford: Blackwell.

[127] Cantwell J. and Iammarino S. (1998), "MNCs, Technological Innovation and Regional Systemsin the EU: Some Evidence in the Italian Case", *International Journal of the Economics of Business*, Vol. 5, No. 3, pp. 383 – 408.

[128] Cantwell J. and Picitello L. (2002), "The Location of Technological Activities of MNCs in European Regions: The Role of Spillovers and Local Competencies", *Journal of International Management*, Nol. 8, No. 1, pp. 69 – 96.

[129] Capello R. (1988), "La Diffusione Spaziale dell' Innovazione: Il Caso del Servizio Telefonico", *Economia e Politica Industriale*, No. 58, pp. 141 – 175.

[130] Capello R. (1994), *Spatial Economic Analysis of Telecommunications Network Externalities*, Aldershot: Avebury.

[131] Capello R. (1999), "Spatial Transfer of Knowledge in High – technology Milieux: Learning vs. Collective Learning Processes", *Regional Studies*, Vol. 33, No. 4, pp. 353 – 365.

[132] Capello R. (1999), "A Measurement of Collective Learning Effects in Italian High – tech Milieux", *Révue d' Economie Régionale et Urbaine*, No. 3, pp. 449 – 468.

[133] Capello R. (2000), "The City – Network Paradigm: Measuring Urban Network Externalities", *Urban Studies*, Vol. 37, No. 11, pp. 1925 – 1945.

[134] Capello R. (2001), "Urban Innovation and Collective Learning: Theory and Evidence from Five Metropolitan Cities in Europe", in M. M. Fischer and J. Froehlich, eds. , *Knowledge, Complexity and Innovation Systems*, Berlin: Springer, pp. 181 – 208.

[135] Capello R. (2002), "Urban Rent and Urban Dynamics: the Determinants of Urban Development in Italy", *The Annals of Regional Science*, Vol. 36, No. 4, pp. 593 – 611.

[136] Capello R. (2002), "Apprendimento Collettivo e Teorie della Crescita Endogena: una Prospettiva Territoriale", in R. Camagni and R. Capello, eds. , *Apprendimento Collettivo e Competitività Territoriale*, Milan: FrancoAngeli, pp. 57 – 84.

[137] Capello R. (2007), "A Forecasting Territorial Model of Regional Growth: The MASST Model", *The Annals of Regional Science*, Vol. 41, No. 4, pp. 753 – 787.

[138] Capello R. (2012), "Territorial Patterns of Innovation", in R. Cappellin, F Ferlaino and, P. Rizzi, eds., *La città nell' economia della conoscenza*, Milan: FrancoAngeli, pp. 51 – 79.

[139] Capello R. and Caragliu A. (2012), "Proximities and the Intensity of Scientific Relations: Synergies and Non – linearities", Paper Presented at the Tinbergen Institute Seminar, Amsterdam, May 7 – 8.

[140] Capello R., Caragliu A., and Fratesi U. (2014), "Modelling Regional Growth between Competitiveness and Austerity Measures: The MASST3 Model", *International Regional Science Review*, Vol. 40, No. 1, pp. 38 – 74.

[141] Capello R., Caragliu A., and Nijkamp P. (2011), "Territorial Capital and Regional Growth: Increasing Returns in Knowledge Use", *Tijdschrift voor Economische en Sociale Geographie (TESG)*, Vol. 102, No. 4, pp. 385 – 405.

[142] Capello R. and Fratesi U. (2012), "Modelling Regional Growth: An Advanced MASST Model", *Spatial Economic Analysis*, Vol. 7, No. 3, pp. 293 – 318.

[143] Capello R. and Lenzi C., eds. (2013), *Territorial Patterns of Innovation: An Inquiry on the Knowledge Economy in European Regions*, London: Routledge.

[144] Capello R., Nijkamp P., and Pepping G. (1999), *Sustainable Cities and Energy Policies*, Berlin: Springer Verlag.

[145] Capello R. and Spairani A. (2004), "The Role of Collective Learning in ICT Adoption and Use", in H. de Groot, P. Nijkamp, and R. Stough, eds., *Entrepreneurship and Regional Economic Development: A Spatial Perspective*, Cheltenham: Edward Elgar, pp. 198 – 224.

[146] Cappellin R. (1980), "Teorie e Modelli dello Sviluppo Spaziale delle Attività di Servizio", *Giornale degli Economisti e Annali di Economia*, No. 3 – 4, pp. 205 – 231.

[147] Cappellin R. (1983), "Osservazioni sulla Distribuzione Inter e Intraregionale delle Attività Produttive", in G. Fuà and C. Zacchia, eds., *Industrializzazione senza Fratture*, Bologna: Il Mulino, pp. 241 – 271.

[148] Cappellin, R. (2003), "Territorial Knowledge Management: Towards a Metrics of the Cognitive Dimension of Agglomeration Economies", *International Journal of Technology Management*, Vol. 26, No. 2/314, pp. 303 – 325.

[149] Cappellin R. and Grillenzoni C. (1983), "Diffusion and Specialisation in the Location of Service Activities in Italy", *Sistemi Urbani*, Vol. 5, No. 2, pp. 249 – 282.

[150] Cappellin R. and Nijkamp P. eds. (1990), *The Spatial Context of Technological Development*, Aldershot: Avebury.

[151] Caragliu A. (2015), "The Economics of Proximity", Ph. D. dissertation, Amsterdam: Free University of Amsterdam.

[152] Carlino G. (1980), "Contrast in Agglomeration: New York and Pittsburgh Reconsidered", *Urban Studies*, Vol. 17, No. 3, pp. 343 – 351.

[153] Carney J. (1980), "Regions in Crisis: Accumulation, Regional Problems and Crisis Formation", in J. Carney, R. Hudson and J. Lewis, eds., *Regions in Crisis*, London: Croom Helm, pp. 28 – 59.

[154] Carney J., Hudson R., and Lewis J., eds. (1980), *Regions in Crisis*, London: Croom Helm.

[155] Casi L. and Resmini L. (2014), "Spatial Complexity and Interactions in the FDI Attractiveness of Regions", *Papers in Regional Science*, Vol. 93, No. S1, pp. 51 – 78.

[156] Casi L. and Resmini L. (2014), "FDI and Growth: Can Different Regional Identities Shape the Returns to Foreign Capital Investments?", paper presented at the ERSA Conference, St Petersburg, August 26 – 31.

[157] Cass D. (1965), "Optimal Growth in an Aggregative Model of Capital Accumulation", *Review of Economic Studies*, Vol. 32, No. 3, pp. 233 – 240.

[158] Cecchini P. (1988), *The European Challenge: 1992*, Aldershot: Wildwood House.

[159] Chamberlin E. H. (1936), *The Theory of Monopolistic Competition*, Cambridge: Harvard University Press.

[160] Chatterji M. (1994), "Convergence Clubs and Endogenous Growth", *Oxford Review of Economic Policy*, Vol. 8, No. 4, pp. 57 – 69.

[161] Chenery H. (1962), "Development Policies for Southern Italy", *Quarterly Journal of Economics*, Vol. 76, No. 4, pp. 515 – 547.

[162] Chenery H., Clark P. and Pinna C. (1953), *The Structure and Growth of the Italian Economy*, Rome: U. S. Mutual Security Agency, Special Mission to Italy for Economic Co – operation.

[163] Chinitz B. (1961), "Constrast in Agglomeration: New York and Pittsburgh", *American Economic Review*, Vol. 51, No. 2, pp. 279 – 289.

[164] Christaller W. (1933), *Die Zentralen Orte in Süddeutscbland*, Darmstadt: Wiosenschaftlische Buchgesell – schaft; English edition (1966), *The Central*

Places in Southern Germany, Englewood Cliffs: Prentice – Hall.

[165] Ciccone A. (2002), "Agglomeration Effects in Europe", *European Economic Review*, Vol. 46, No. 2, pp. 213 – 227.

[166] Ciccone A. and Hall R. E. (1996), "Productivity and the Density of Economic Activity", *American Economic Review*, Vol. 86, No. 1, pp. 54 – 70.

[167] Ciciotti E. (1982), "Differenze Regionali nella Capacità Innovativa", *Politica ed Economia*, No. 3, pp. 42 – 48.

[168] Ciciotti E. and Wettmann R. (1981), "The Mobilisation of Indigenous Potential", in *Internal Documentation on Regional Policy*, No. 10, Brussels: Commission of the European Community.

[169] Clark C. (1940), *The Conditions of Economic Progress*, London: Macmillan.

[170] Clark C. (1945), "The Economic Functions of a City in Relation to Its Size", *Econometrica*, Vol. 13, No. 2, pp. 97 – 113.

[171] Clark N. G. (1971), "Science, Technology and Regional Economic Development", *Research Policy*, Vol. 8, No. 1, pp. 296 – 319.

[172] Cobb C. W. and Douglas P. H. (1928), "A Theory of Production", *American Economic Review*, Vol. 18, No. 1, pp. 139 – 165.

[173] Coehlo P. and Ghali M. A. (1971), "The End of the North – South Wage Differential", *The American Economic Review*, Vol. 61, No. 5, pp. 932 – 937.

[174] Coehlo P. and Shepherd J. (1979), "The Impact of Regional Differences in Prices and Wages in Economic Growth: the United States in 1890", *Journal of Economic History*, Vol. 39, No. 1, pp. 69 – 85.

[175] Cohen W. M. and Levinthal D. A. (1990), "Absorptive Capacity: A New Perspective on Learning and Innovation", *Administrative Science Quarterly*, Vol. 35, No. 1, pp. 128 – 152.

[176] Combes P. P. , Duranton G. , and Gobillon L. (2008), "Spatial Wage Disparities: Sorting Matters!", *Journal of Urban Economics*, Vol. 63, No. 2, pp. 723 – 742.

[177] Cooke Ph. (2002), *Knowledge Economies: Clusters, Learning and Cooperative Advantage*, London: Routledge.

[178] Cooke Ph. , Boekholt P. , and Tödling F. (2000), *The Governance of Innovation in Europe*, London: Pinter.

[179] Cooke Ph. , Heidenreich M. , and Braczyk M. (2004), *Regional Innova-*

tion Systems, 2nd edn, London: Routledge.

[180] Cooke Ph. and Morgan K. (1994), "The Creative Milieu: A Regional Perspective on Inovation", in M. Dodgson and R, Rothwell, eds. , *The Handbook of Industrial Innovation*, Cheltenham: Edward Elgar, pp. 25 – 32.

[181] Costa J. Da Silva, Ellson R. W. , and Martin R. C. (1987), "Public Capital, Regional Output and Development: Some Empirical Evidence", *Journal of Regional Science*, Vol. 27, No. 3, pp. 419 – 435.

[182] Courlet C. and Pecqueur B. (1992), "Les Systèmes Industriels Localisés en France: Un Nouveau Modèle de Développement", in G. Benko and A. Lipietz, eds. , *Les Régions qui Gagnent. Districts et Réseaux: Les Nouveaux Paradigmes de la Géograqhie Economique*, Paris: Presses Universitaires de France, pp. 81 – 102.

[183] Crescenzi R. , Pietrobelli C. , and Rabellotti R. (2014), "Innovation Drivers, Value Chains and the Geography of Multinational Corporations in Europe", *Journal of Economic Geography*, Vol. 14, No. 6, pp. 1053 – 1086.

[184] Cuadrado – Roura J. R. and Parellada M. , eds. (2002), *Regional Convergence in the European Union*, Berlin: Springer Verlag.

[185] Cusinato A. and Philippopoulos – Mihalopoulos A. , eds. (2015), *Knowledge – creating Milieus in Europe: Firms, Cities, Territories*, Berlin: Springer Verlag.

[186] Dacey M. F. (1964), "A Note on Some Number Properties of a Hexagonal Hierarchical Plane Lattice", *Journal of Regional Science*, Vol. S, No. 2, pp. 63 – 67.

[187] Damette F. (1980), "The Regional Framework of Monopoly Exploitation: New Problems and Trends", in J. Carney, R. Hudson, and J. Lewis, eds. , *Regions in Crisis*, London: Croom Helm, pp. 76 – 92.

[188] Davelaar E. J. (1991), *Regional Economic Analysis of Innovation and Incubation*, Aldershot: Avebury.

[189] Davelaar E. J. and Nijkamp P. (1990), "Industrial Innovation and Spatial Systems: The Impact of Producer Services", in H. Ewers and J. Allesch, eds. , *Innovation and Regional Development*, Berlin: de Gruyter, pp. 83 – 122.

[190] David P. (1985), "Clio and the Economics of Qwerty", *AEA Papers and Proceedings*, Vol. 75, No. 2, pp. 332 – 337.

[191] Davies D. (1979), *The Diffusion of Process Innovations*, Cambridge: Cambridge University Press.

[192] de Groot II. , Nijkamp P. , and Acs Z. eds. (2001), "Knowledge Spill –

overs, Innovation and Regional Development", *Papers in Regional Science*, Vol. 80, No. 3, pp. 249 – 253.

[193] de Groot H., Nijkamp P., and Stough R., eds. (2004), *Entrepreneurship and Regional Economic Development: A Spatial Perspective*, Cheltenham: Edward Elgar.

[194] Decoster E. and Tabariés M. (1986), "L' innovation dans un Pôle Scientifique et Technologique: Le Cas de la Cité Scientifique Ile – de – France", in Ph. Aydalot ed., *Milieux Innovateurs en Europe*, Paris: GREMI, pp. 79 – 100.

[195] Decressin J. and Fatàs A. (1995), "Regional Labour Market Dynamics in Europe", *European Economic Review*, Vol. 39, No. 9, pp. 1627 – 1655.

[196] Dei Ottati G. (1995), *Tra Mercato e Comunità: Aspetti Concettuali e Ricerche Empiricbe sul Distretto Industriale*, Milan: FrancoAngeli.

[197] Dei Ottati G. (2003), "The Governance of Transactions in the Industrial District: The 'Community Market'", in G. Becattini, M. Bellandi, G. Dei Ottati, and F. Sforzi, eds., *From Industrial Districts to Local Development*, Cheltenham: Edward Elgar, chap. 4; orig. edn (1987), "Il Mercato Comunitario", in G. Becattini ed., *Mercato e Forze Locali: il Distretto Industriale*, Bologna: Il Mulino, pp. 117 – 141.

[198] Dematteis G. (1994), "Global Networks, Local Cities", *Flux*, No. 15, pp. 17 – 13.

[199] Deno K. T. (1988), "The Effects of Public Capital on U. S. Manufacturing Activity: 1970 to 1978", *Scuthern Economic Journal*, Vol. 55, No. 1, pp. 400 – 411.

[200] Derycke P. H. (1996), "Equilibre Spatial Urbain", in P. H. Derycke, J. M. Huriot, and D. Pumain, eds., *Penser la Ville*, Paris: Anthropos, pp. 53 – 90.

[201] Devereux M. P., Griffith R., and Simpson H. (2004), "The Geographic Distribution of Production Activity in the UK", *Regional Science and Urban Economics*, Vol. 34, No. 5, pp. 533 – 564.

[202] Ding L. and Haynes K. E. (2004), "The Role of Telecommunications Infrastructure in Regional Economic Growth of China", paper presented at the Telecommunications Policy Research Conference, Washington, DC, October 1 – 3.

[203] Dixit A. and Stiglitz J. (1977), "Monopolistic Competition and Optimum Product Diversity", *American Economic Review*, Vol. 67, No. 3, pp. 297 – 308.

[204] Dixon R. and Thirlwall A. P. (1975), "A Model of Regional Growth

Rate Differences on Kaldorian Lines", *Oxford Economic Papers*, Vol. 27, No. 2, pp. 201 – 214.

[205] Dobkins L. H. and Ioannides Y. M. (2001), "Spatial Interaction Among U. S. Cities: 1900 – 1990", *Regional Science and Urban Economics*, Vol. 31, No. 6, pp. 701 – 731.

[206] Domar E. D. (1957), *Essays in the Theory of Economic Growth*, London: Oxford University Press.

[207] Dosi G. (1982), "Technological Paradigms and Technological Trajectories: A Suggested Interpretation of the Determinants and Directions of Technical Change", *Research Policy*, Vol. 11, No. 3, pp. 147 – 162.

[208] Dosi G. , Freeman C. , Nelson R. , Silverberg G. , and Soete L. , eds. (1988), *Technical Change and Economic Theory*, London: Pinter.

[209] Duffy – Deno K. T. and Eberts R. W. (1991), "Public Infrastrutcure and Regional Economic Development: A Simultaneous Equation Approach", *Journal of Urban Economics*, Vol. 30, No. 3, pp. 329 – 343.

[210] Eaton C. and Lipsey R. (1982), "An Economic Theory of Central Places", *The Economic Journal*, Vol. 92, No. 365, pp. 56 – 72.

[211] Eberts R. W. (1986), *Estimating the Contribution of Urban Public Capital Stock to Regional Growth*, working paper 8610, Federal Reserve Bank of Cleveland, Cleveland.

[212] Edquist C. ed. (1997), *Systems of Innovation*, London: Pinter.

[213] Edquist C. (2005), "Systems of Innovation – Perspectives and Challenges", in J. Fagerberg, D. Mowery, and R. Nelson, eds. , *The Oxford Handbook of Innovation*, Oxford: Oxford University Press, pp. 181 – 208.

[214] Elhance A. and Lakshmanan T. R. (1988), "Infrastructure – Production System Dynamics in National and Regional Systems", *Regional Science and Urban Economics*, Vol. 18, No. 4, pp. 511 – 531.

[215] Ellison G. and Glaeser E. L. (1997), "Geographic Concentration in US Manufacturing Industries: A Dartboard Approach", *Journal of Political Economy*, Vol. 105, No. 5, pp. 889 – 927.

[216] Emanuel C. (1988), "Recenti Trasformazioni nell' Organizzazione Urbana e Regionale: il Caso Padano", Proceedings of the IXth Italian Conference of the Regional Science Association, Turin, November.

[217] Emanuel C. and Dematteis G. (1990), "Reti Urbane Minori e Decon-

centrazione Metropolitana nella Padania Centro – Occidentale", in D. Martellato and F. Sforzi, eds. , *Studi sui Sistemi Urbani*, Milan: FrancoAngeli, pp. 233 – 261.

[218] ESDP – *European Spatial Development Perspective* (1998), Final Version, Glasgow, 8 June.

[219] European Commission (2004), *A New Partnership for Cohesion*: Convegence, Competitiveness, Cooperation, Luxembourg: European Commission, Office for Offical Publications of the European Communities.

[220] European Commission (2005), *Territorial State and Perspectives of the European Union*, Luxembourg: OOPEC.

[221] European Commission (2011), *The Urban and Regional Dimension of Europe* 2020 *Seventh Progress Report on Economic*, *Social and Territorial*, Luxembourg: OOPEC.

[222] Evans A. (1985), *Urban Economics*: *An Introduction*, Oxford: Basil Blackwell.

[223] Ewers H. J. and Allesch J. ed. (1990), *Innovation and Regional Development*, Berlin: De Gruyter.

[224] Fabiani S. and Pellegrini G. (1997), "Education, Infrastructure, Geography and Growth: An Empirical Analysis of the Development of Italian Provinces", Temi di Discussione, No. 323, Banca d' Italia, Rome.

[225] Faggian A. and Biagi B. (2003), "Measuring Regional Multipliers: A Comparison Between Different Methodologies in the Case of the Ialian Regions", *Scienze Regional*, Vol. 1, No. 1, pp. 33 – 58.

[226] Faggio G. , Silva O. and Strange W. C. (2013), "Heterogeneous Industries", paper presented at the 60th North American Regional Science Conference, Atlanta, November 13 – 16.

[227] Faggio G. , Silva O. , and Strange W. C. (2014), "Heterogeneous Agglomeration", SERC Discussion Papers, No. 152, Spatial Economics Research Centre (SERC), London School of Economics and Political Science, London.

[228] Faini R. (1984), "Increasing Returns, Non Traded Inputs and Regional Development", *Economic Journal*, Vol. 94, No. 374, pp. 308 – 323.

[229] Farole T. , Rodriguez – Pose A. , and Storper M. (2011), "Cohesion Policy in the European Union: Growth, Geography, Institutions", *Journal of Common Market Studies*, Vol. 49, No. 5, pp. 1089 – 1111.

[230] Feenstra R. E. (2003), *Advanced International Trade*: *Theory and Evi-*

dence, Princeton: Princeton University Press, NJ.

[231] Feldman M. and Audretsch D. (1999), "Innovation in Cities: Science – Based Diversity, Specialisation and Localized Competition", *European Economic Review*, Vol. 43, No. 2, pp. 409 – 429.

[232] Ferri G. and Mattesini F. (1997), "Finance, Human Capital and Infrastructure: An Empirical Investigation of Post – War Italian Growth", Temi di Discussione, No. 321, Banca d' Italia, Tome.

[233] Fetter F (1924), "The Economic Law of Market Areas", *Quarterly Journal of Economics*, Vol. 38, No. 3, pp. 520 – 529.

[234] Fisher A. (1933), "Capital and the Growth of Knowledge", *The Economic Journal*, Vol. 43, No. 171, pp. 379 – 389.

[235] Foray D. (2009), "Understanding Smart Specialisation", in D. Pontikakis, D. Kyriakou, and R. van Bavel, eds. , *The Question of R? D Specialisation*, Brussels: JRC, European Commission, Directoral General for Research, pp. 19 – 28.

[236] Foray D. , David P. , and Hall B. (2009), "Smart Specialisation: The Concept", in European Commission ed. , *Knowledge for Growth: Prospects for Science, Technology and Innovation*, Brussels: European Commission, pp. 25 – 29.

[237] Foray D. , David P. , and Hall B. (2011), "Smart Specialisation: From Academic Idea to Political Instrument, the Surprising Career of a Concept and the Difficulties Involved in Its Implementation", MTEI working paper, Lausanne, November.

[238] Foray D. and Lundvall B. A. , eds. (1996), *Employment and Growth in the Knowledge – Based Economy*, Paris: OECD.

[239] Fratesi U. (2008), "Issues in the Measurement of Localization", *Environment and Planning A*, Vol. 40, No. 3, pp. 733 – 758.

[240] Frenkel A. (2001), "Why High – Technology Firms Choose to Locate in or Near Metropolitan Areas", *Urban Studies*, Vol. 38, No. 7, pp. 1083 – 1101.

[241] Frenken K. , van Oort F. G. , and Verburg T. (2007), "Related Variety, Unrelated Variety and Regional Economic Growth", *Regional Studies*, Vol. 41, No. 5, pp. 685 – 697.

[242] Friedmann J. (1966), *Regional Development Policy: A Case Study of Venezuela*, Cambridge: MIT Press.

[243] Fritsch M. (2001), "Co – operation in Regional Innovation Systems", *Regional Studies*, Vol. 35, No. 4, pp. 297 – 307.

[244] Fuchs V (1967), "Differentials in Hourly Earnings by Regions and City

Size, 1959", NBER Occasional Papers, No. 101, NBER, New York.

[245] Fujita M. (1985), "Existence and Uniqueness of Equilibrium and Optimal Land Use", *Regional Science and Urban Economics*, Vol. 15, No. 2, pp. 295 – 324.

[246] Fujita M. (1989), *Urban Economic Theory: Land Use and City Size*, Cambridge: Cambridge University Press.

[247] Fujita M. and Mori T. (1996), "The Role of Ports in the Making of Major Cities: Self – Organization and Hub Effects", *Journal of Development Economics*, Vol. 49, No. 1, pp. 93 – 120.

[248] Fujita M. and Mori T. (1997), "Structural Stability and Evolution of Urban Systems", *Regional Science and Urban Economics*, Vol. 27, No. 4, pp. 399 – 442.

[249] Fujita M. and Thisse J. – F. (1996), "Economics of Agglomeration", *Journal of the Japanese and International Economies*, Vol. 10, No. 4, pp. 339 – 378.

[250] Fujita M. and Thisse J. – F. (2002), *Economics of Agglomeration: Cities, Industrial Location and Regional Growth*, Cambridge: Cambridge University Press.

[251] Fujita M., Krugman P., and Mori T. (1999), "On the Evolution of Hierarchical Urban Systems", *European Economic Review*, Vol. 43, No. 2, pp. 209 – 251.

[252] Fujita M., Krugman P. and Venables A. J. (1999), *The Spatial Economy: Cities, Regions and International Trade*, Cambridge: MIT Press.

[253] Ganne B. (1992), "Place et Evolution des Systèmes Industriels Locaux en France: Economie Politique d' une Transformation", in G. Benko and A. Lipietz, eds., *Les Régions qui Gagnent. Districts et Réseaux: Les Nouveaux Paradigmes de la Géograqbie Economique*, Paris: Presses Universitaires de France, pp. 315 – 345.

[254] Gans J. and Shepherd G. (1994), "How Are the Mighty Fallen: Rejected Classic Articles by Leading Economists", *Journal of Economic Perspectives*, Vol. 8, No. 1, pp. 165 – 179.

[255] Garofoli G. (1981), "Lo Sviluppo delle Aree Periferiche nell' Economia Italiana degli Anni Settanta", *L' Industria*, Vol. 5, No. 3, pp. 391 – 404.

[256] Giannitsis T. (2009), "Technology and Specialization: Strategies, Options, Risks", *Knowledge Economists Policy Brief*, No. 8, pp. 515 – 540.

[257] Giersch H. (1949), "Economic Union between Nations and the Location of Industries", *Review of Economic Studies*, Vol. 17, No. 2, pp. 87 – 97.

[258] Gillespie A., Goddard J., Hepworth M., and Williams H. (1989),

"Information and Communications Technology and Regional Development: An Information Economy Perspective", *Science*, *Technology and Industry Review*, No. 5, pp. 86 – 111.

[259] Gillespie A. and Williams H. (1988), "Telecommunications and the Reconstruction of Regional Comparative Advantage", *Environment and Planning A*, Vol. 20, No. 10, pp. 1311 – 1321.

[260] Glaeser E. L. , Kallal H. D. , Scheinkman J. A. , and Shleifer A. (1992), "Growth in Cities", *The Journal of Political Economy*, Vol. 100, No. 6, pp. 1126 – 1152.

[261] Goddard J. and Pye R. (1977), "Telecommunications and Office Location", *Regional Studies*, Nol. 11, No. 1, pp. 19 – 30.

[262] Goddard J. and Thwaites A. (1986), "New Technology and Regional Development Policy", in P. Nijkamp ed. , *Technological Change*, *Employment and Spatial Dynamics*, Berlin: Springer Verlag, pp. 91 – 114.

[263] Gottman J. (1991), "The Dynamics of City Networks in an Expanding World", *Ekisticks*, No. 350 – 351, pp. 227 – 281.

[264] Graziani A. (1983), "La Teoria Economica di Vera Lutz", *Moneta e Credito*, Vol. 36, No. 141, pp. 3 – 29.

[265] Greenhut M. (1959a), "Size of Markets versus Transport Costs in Industrial Location Surveys and Theory", *Journal of Industrial Economics*, Vol. 8, pp. 172 – 184.

[266] Greenhut M. (1959b), "Comments on Economic Base Theory", *Land Economics*, Vol. 35, No. 1, pp. 71 – 74.

[267] Greenhut M. (1964), "When Is the Demand Factor of Location Important?", *Land Economics*, Vol. 40, No. 2, pp. 175 – 184.

[268] Greenhut M. (1966), "Needed – A Return to the Classics in Regional Economic Development Theory", *Kyklos*, Vol. 19, pp. 461 – 478; reprinted in D. Mckee, R. Dean, and W. Leahy eds. (1970), *Regional Economics: Theory and Practice*, New Youk: The Free Press, pp. 65 – 80.

[269] Griliches Z. (1957), "Hybrid Corn: An Exploration in the Economics of Technological Change", *Econometrica*, Vol. 25, No. 4, pp. 501 – 525.

[270] Grossmann G. and Helpman E. (1991), *Innovation and Growth in the Global Economy*, Cambridge: MIT Press.

[271] Guild R. T. (1998), "Infrastructure Investment and Interregional Develop-

ment: Theory, Evidence, and Implications for Planning", *Public Works Management and Policy*, Vol. 4, No. 4, pp. 274 – 285.

[272] Hagerstrand T. (1952), "The Propagation of Innovation Waves", *Lund Studies in Geography Human Geography*, No. 4, pp. 3 – 19.

[273] Hägerstrand T. (1966), "Aspects of the Spatial Structure of Social Communication and the Diffusion of Innovation", *Papers of the Regional Science Association*, Vol. 16, No. 1, pp. 27 – 42.

[274] Hagerstrand T. (1967), *Innovation Diffusion as a Spatial Process*, Chicago: University of Chicago Press.

[275] Haggett P. (1965), *Locational Analysis in Human Geography*, London: Edward Arnold.

[276] Haggett P., Cliff A., and Frey A. (1977), *Locational Analysis in Human Geography*, Vol. I, 2nd edn, London: Edward Arnold.

[277] Hansen E. (1987), "Industrial Location Choice in São Paulo, Brazil: A Nested Logic Model", *Regional Science and Urban Economics*, Vol. 17, No. 1, pp. 89 – 108.

[278] Hansen N. M. (1965), "Unbalanced Growth and Regional Development", *Western Economic Journal*, No. 4, pp. 3 – 14.

[279] Hansen N. M. (1965), "The Structure and the Determinants of Local Public Investment Expenditures", *The Review of Economics and Statistics*, Vol. 45, No. 2, pp. 150 – 162.

[280] Hansen N. M. (1967), "Development Pole Theory in a Regional Context", *Kyklos*, Vol. 20, pp. 709 – 725; reprinted in D. Mckee, R. Dean, and W. Leahy eds. (1970), *Regional Economics: Theory and Practice*, New York: The Free University Press, pp. 229 – 242.

[281] Harrod R. F. (1939), "An Essay in Dynamic Theory", *The Economic Journal*, Vol. 49, No. 193, pp. 14 – 33.

[282] Hawtrey R. (1939), "Mr. Harrod's Essay in Dynamic Theory", *The Economic Journal*, Vol. 49, No. 195, pp. 468 – 475.

[283] Heckscher E. F. (1919), "The Effects of Foreign Trade on the Distribution of Income", *Economik Tidskrift*, Vol. 21, No. 2, pp. 497 – 512; English version in H. S Ellis and L. S. Metzler eds. (1950), *Readings on the Theory of International Trade*, London: Allen & Unwin, pp. 270 – 300.

[284] Henderson J. V. (1974), "The Sizes and Types of Cities", *The American*

Economic Review, Vol. 64, No. 4, pp. 640 – 656.

[285] Henderson J. V. (1985), *Economic Theory and the Cities*, Orlando: Academic Press.

[286] Henderson J. V. (1996), "Ways to Think about Urban Concentration: Neoclassical Urban Systems vs. the New Economic Geography", *International Regional Science Review*, Vol. 19, No. 1 – 2, pp. 31 – 36.

[287] Henderson J. V. (2003), "Marshall's Scale Economies", *Journal of Urban Economics*, Vol. 53, No. 1, pp. 1 – 28.

[288] Hepworth M. and Waterson M. (1988), "Information Technology and the Spatial Dynamics of Capital", *Information Economics and Policy*, Vol. 3, No. 2, pp. 148 – 163.

[289] Herfindahl O. C. (1950), Concentration of the US Steel Industry, Ph. D. dissertation, Columbia University.

[290] Hewings G. J. D. (1977), *Regional Industrial Analysis and Development*, London: Methuen.

[291] Hewings G. J. D., Okuyama Y. and Sonis M. (2001), "Economic Interdependence within the Chicago Metropolitan Region: A Miyazawa Analysis", *Journal of Regional Science*, Vol. 41, No. 2, pp. 195 – 217.

[292] Higgins B. (1977), "Development Poles: Do They Exist?", *Economie Appliquée*, Vol. 30, No. 2, pp. 241 – 258.

[293] Hildebrand G. and Mace A. (1950), "The Employment Multiplier in an Expanding Industrial Market: Los Angeles County, 1940 – 1947", *Review of Economics and Statistics*, Vol. 32, No. 3, pp. 241 – 249.

[294] Hirsch S. (1967), *Location of Industry and International Competitiveness*, London: Clarendon Press.

[295] Hirshmann A. O. (1945), *National Power and the Structure of Foreigner Trade*, Berkeley: University of California Press.

[296] Hirschman A. O. (1957), "Investment Policies and 'Dualism' in Underdeveloped Countries", *The American Economic Review*, Vol. 47, No. 5, pp. 550 – 570.

[297] Hirschman A. O. (1958), *The Strategy of Economic Development*, New Haven: Yale University Press.

[298] Hirschmann A. O. (1964), "The Paternity of an Index", *American Economic Review*, Vol. 54, No. 5, p. 761.

[299] Hirschman A. O. and Sirkin G. (1958), "Investment Criteria and Capital

Intensity Once Again", *Quarterly Journal of Economics*, Vol. 72, No. 3, pp. 469 – 471.

[300] Hoch I. (1972), "Income and City Size", *Urban Studies*, Vol. 9, No. 3, pp. 299 – 328.

[301] Hogenbirk A. and Narula R. (2004), "Location and Agglomeration of FDI in the Netherlands: Implications for Policy", Research Memoranda 006, MERIT, Maastricht Economic Research Institute on Innovation and Technology, Maastricht.

[302] Holland S. (1971), "Regional Underdevelopment in a Developed Economy: The Italian Case", *Regional Studies*, Vol. 5, No. 2, pp. 71 – 90.

[303] Holland S. (1977), "Capital, Labour and the Regions: Aspects of Economic, Social and Political Inequality in Regional Theory and Policy", in H. Folmer and J. Oosterhaven, eds. , *Spatial Inequalities and Regional Development*, The Hague: Martinus Nijhoff, pp. 185 – 218.

[304] Hoover E. M. (1933), "The Location of Shoe Industry in the United States", *Quarterly Journal of Economics*, Vol. 47, No. 2, pp. 254 – 276.

[305] Hoover E. M. (1936), "The Measurement of Industrial Localisation", *The Review of Economics and Statistics*, Vol. 18, No. 4, pp. 162 – 171.

[306] Hoover E. M. (1937), "Spatial Price Discrimination", *The Review of Economics and Statistics*, Vol. 4, No. 3, pp. 182 – 191.

[307] Hoover E. M. (1937), *Location Theory and the Shoe and Leather Industry*, Cambridge: Harvard University Press.

[308] Hoover E. M. (1948), *The Location of Economic Activity*, New York: McGraw – Hill.

[309] Hoover E. M. and Fisher A. (1949), "Research in Regional Economic Growth", *in Problems in the Study of Economic Growth*, New York: NBER.

[310] Hoover E. . M. and Vernon R. (1962), *Anatomy of a Metropolis*, Cambridge: Harvard University Press.

[311] Hotelling H. (1929), "Stability in Competition", *The Economic Journal*, Vol. 39, No. 153, pp. 41 – 57.

[312] Howells J. (1999), "Regional Systems of Innovation?", in D. Archibugi, J. Howells, and J. Michie, eds. , *Innovation Policy in a Global Economy*, Cambridge University Press, Cambridge, pp. 67 – 93.

[313] Hoyt H. (1954), "Homer Hoyt on the Development of Economic Base Concept", *Land Economics*, Vol. 30, No. 2, pp. 182 – 187.

[314] Hulten C. R. and Schwab R. M. (1995), "Infrastructure and the Economy", in J. M. Pogodzinski ed. , *Readings in Public Policy*, Cambridge: MIT Press, pp. 213 – 234.

[315] Huriot J. M. (1988), *Von Thünen: Economie et Espace*, Paris: Economica.

[316] Huriot J. M. (1994), "L' Utilisation du Sol", in J. P. Auray, A. Bailly, P. H. Derycke, and J. M. Huriot, eds. , *Encyclopédie d' Economie Spatiale*, Paris: Economica, pp. 297 – 306.

[317] Iacobucci D. (2013), "Designing and Implementing a Smart Specialisation Strategy at Regional Level: Some Open Questions", *Scienze Regionali – Italian Journal of Regional Science*, Vol. 13, No. 1, pp. 107 – 126.

[318] Iammarino S. and McCann Ph. (2013), *Multinationals and Economic Geography*, Cheltenham: Edward Elgar.

[319] Ioannides Y. and Overman H. (2003), "Zipf's Law for Cities: An Empirical Examination", *Regional Science and Urban Economics*, Vol. 33, No. 2, pp. 127 – 137.

[320] Isardw (1949), "The General Theory of Location and Space", *Quarterly Journal of Economics*, Vol. 63, No. 4, pp. 476 – 506.

[321] Isard w. (1954), "Location Theory and Trade Theory: Short Run Analysis", *Quarterly Journal of Economics*, Vol. 68, No. 2, pp. 305 – 320.

[322] Isard W. (1956), *Location and Space – Economy*, Cambridge: MIT Press.

[323] Isard W. (1970), "Game Theory, Location Theory and Industrial Agglomeration", in H. Richardson ed. , *Regional Economics: A Reader*, London: Macmillan.

[324] Isard W. and Peck M. (1954), "Location Theory and International and Interregional Trade Theory", *Quarterly Journal of Economics*, Vol. 68, No. 1, pp. 97 – 114.

[325] Jacobs J. (1969), *The Economy of Cities*, New York: Vintage.

[326] Jaffe A. B. (1989), "Real Effects of Academic Research", *American Economic Review*, Vol. 79, No. 5, pp. 957 – 970.

[327] Johannisson B. and Spilling O. (1983), *Strategies for Local and Regional Self – Development*, Oslo: NordREFO.

[328] Johnson A. (2006), "FDI and Exports: The Case of High Performing

East Asian Economies", CESIS Electronic Working Paper Series, No. 57.

[329] Kaldor N. (1970), "The Case of Regional Policies", *Scottish Journal of Political Economy*, Vol. 17, No. 3, pp. 337 – 348.

[330] Kaldor N. (1975), "Economic Growth and the Verdoorn Law – A Comment on Mr. Rowthorn's Article", *The Economic Journal*, Vol. 85, No. 340, pp. 891 – 896.

[331] Kanemoto Y. (1987), "Externalities in Space", in T. Miyao and Y. Kanemoto, eds., *Urban Dynamics and Urban Externalities*, Switzerland: Harwood Academic Publishers, pp. 43 – 103.

[332] Keeble D. (1990), "Small Firms, Innovation and Regional Development in Britain in the 1990s", *Regional Studies*, Vol. 31, No. 3, pp. 281 – 293.

[333] Keeble D, Offord J., and Walker S. (1988), *Peripheral Regions in a Community of Twelve Member States*, Luxembourg: Office for Official Publications of the European Communities.

[334] Keeble D., Owens P. L., and Thompson C. (1982), "Regional Accessibility and Economic Potential in the European Community", *Regional Studies*, Vol. 16, No. 6, pp. 419 – 432.

[335] Keeble D. and Wilkinson F. (1999), "Collective Learning and Knowledge Development in the EVolution of Regional Clusters of High – technology SMEs in Europe", *Regional Studies*, Vol. 33, No. 4, pp. 295 – 303.

[336] Keeble D. and Wilkinson F., eds. (2000), *High – Technology Clusters, Networking and Collective Learning in Europe*, Aldershot: Ashgate.

[337] Keesing D. (1966), "Labour Skills and Comparative Advantage", *The Review of Economics and Statistics*, Vol. 56, No. 1/2, pp. 249 – 258.

[338] Kim J. (2011), "Non – market Effects on Agglomeration and Their Policy Responses: Can We Overcome the Mismatch?", in OECD ed., *OECD Regional Outlook* 2011, Paris: OECD, pp. 195 – 201.

[339] Koopmans T. (1965), "On the Concept of Optimal Economic Growth", *in Econometric Approach to Development Planning*, Amsterdam: North Holland, pp. 225 – 287.

[340] Krauss M. B. and Johnson H. G. (1974), *General Equilibrium Analysis*, London: Allen & Unwin.

[341] Krugman P. (1991), *Geography and Trade*, Cambridge: MIT Press, MA.

[342] Krugman P. (1991b), "Increasing Returns and Economic Geography",

Journal of Political Economy, Vol. 99, No. 3, pp. 484 – 499.

[343] Krugman P. (1991c), "History vs. Expectations", *The Quarterly Journal of Economics*, Vol. 106, No. 2, pp. 651 – 667.

[344] Krugman P. (1993), "First Nature, Second Nature and Metropolitan Location", *Journal of Regional Science*, Vol. 33, No. 2, pp. 129 – 144.

[345] Krugman P. (1996a), "Making Sense of the Competitiveness Debate", *Oxford Review of Economic Policy*, Vol. 12, No. 3, pp. 17 – 25.

[346] Krugman P. (1996), *Pop Internationalism*, Cambridge: MIT Press.

[347] Krugman P. (1998), "What's New about the New Economic Geography", *Oxford Review of Economic Policy*, Vol. 14, No. 2, pp. 7 – 17.

[348] Krugman P. and Venables A. J. (1996), "Integration, Specialisation and Adjustment", *European Economic Review*, Vol. 40, No. 3/5, pp. 959 – 967.

[349] Kugler M. (2006), "Spillover from Foreign Direct Investment: Within or Between Industries?", *Journal of Development Economics*, Vol. 80, No. 2, pp. 444 – 474.

[350] Lancaster K. (1975), "Socially Optimal Product Differentiation", *American Economic Review*, Vol. 65, No. 4, pp. 567 – 585.

[351] Lancaster K. (1980), "Intra – Industry Trade Under Perfect Monopolistic Competition", *Journal of International Economics*, Vol. 10, No. 2, pp. 151 – 175.

[352] Launhardt W. (1882), "Die Bestimmung des Zweckm? ssigsten Standorts einer Gewerblischen Anlage", *Zeitschbrift des Vereins Deutscher Ingenieure*, Vol. 26, No. 3, pp. 106 – 115.

[353] Launhardt W. (1885), *Mathematiscbe Begründung der Volkwirtschaftslehre*, Leipzig.

[354] Lawson C. and Lorenz E. (1999), "Collective Learning, Tacit Knowledge and Regional Innovation Capacity", *Regional Studies*, Vol. 33, No. 4, pp. 305 – 317.

[355] Leon – Ledesma M. A. (2000), "Economic Growth and Verdoorn's Law in the Spanish Regions, 1962 – 1991", International Review of Applied Econmics, Vol. 14, No. 1, pp. 55 – 69.

[356] Leontief W. (1953), "Domestic Production and Foreigner Trade: the American Capital Position Reexamined", *Proceedings of the American Philosophical Society*, Vol. 97, No. 4, pp. 332 – 349.

[357] Leontief W. (1956), "Factor Proportions and the Structure of American

Trade: Further Theoretical and Empirical Analysis", *The Review of Economics and Statistics*, Vol. 38, No. 4, pp. 386 – 407.

[358] Linder S. B. (1961), *An Essay on Trade and Transformation*, New York: John Wiley & Sons.

[359] Lipietz A. (1980), "The Structuration of Space, the Problem of Land, and Spatial Policy", in J. Carney, R. Hudson, and J. Lewis, eds. , *Regions in Crisis*, London: Croom Helm, pp. 60 – 75.

[360] Long W. (1971), "Demand in Space: Some Neglected Aspects", *Papers and Proceedings of the Regional Science Association*, Vol. 27, No. 1, pp. 45 – 62.

[361] Lösch A. (1954), *The Economics of Location*, New Haven: Yale University Press; orig. edn (1940), *Die Räumliscbe Ordnung der Wirtschaft*, Jena: Gustav Fischer.

[362] Lucas R. (1988), "On the Mechanics of Economic Development", *Journal of Monetary Economics*, Vol. 22, No. 1, pp. 3 – 42.

[363] Lundvall B. A. (1992), "Introduction", in B. A. Lundvall ed. , *National Systems of Innovation: Towards a Theory of Innovation and Interactive Learning*, London: Pinter, pp. 1 – 19.

[364] Lundvall B. A. and Johnson B. (1994), "The Learning Economy", *Journal of Industry Studies*, Vol. 1, No. 2, pp. 23 – 42.

[365] Lung Y. (1988), "Complexity and Spatial Dynamic Modelling, from Catastrophe Theory to Self – organising Processes: A Review of the Literature", Annals of Regional Science, Vol. 22, pp. 81 – 111.

[366] Lutz V. (1962), *Italy: A Study in Economic Development*, London: Oxford University Press.

[367] Maggioni M. (2002), *Clustering Dynamics and the Location of High – Tech Firms*, Berlin: Physica – Verlag.

[368] Magrini S. (1997), "Spatial Concentration in Research and Regional Income Disparities in a Decentralised Model of Endogenous Growth", *in Research Papers in Environmental and Spatial Analysis*, No. 43, London: London School of Economics.

[369] Magrini S. (2004), "Regional (Di) convergence", in V. Henderson and EJ. Thisse, eds. , *Handbook of Regional and Urban Economics*, Amsterdam: Vol. 4, North – Holland, pp. 2741 – 2796.

[370] Maier G. and Sedlacek S. , eds. (2005), *Spillovers and Innovations – Space, Environment and the Economy*, Vienna: Springer Verlag.

[371] Maillat D. , Quévit M. , and Senn L. eds. (1993), *Réseaux d' Innovation et Milieux Innovateurs*: *Un Pari pour le Développement Régional*, Neuchatel: EDES.

[372] Malberg A. and Maskell P. (2002), "The Elusive Concept of Localization Economies: Towards a Knowledge – based Theory of Spatial Clustering", *Environment and Planning A*, Vol. 34, No. 3, pp. 429 – 449.

[373] Malecki E. and Varaiya P. (1986), "Innovation and Changes in Regional Strueture", in P. Nijkamp ed. , *Handbook of Regional and Urban Economics*, Amsterdam: North – Holland, pp. 629 – 645.

[374] Mankin N. , Romer D. and Weil D. (1992), "A Contribution to the Empirics of Economic Growth", *Quarterly Journal of Economics*, Vol. 107, No. 2, pp. 739 – 774.

[375] Mansfeld E. (1961), "Technological Change and the Rate of Imitation", *Econometrica*, Vol. 29, No. 4, pp. 741 – 766.

[376] Mansfield E. (1968), *The Economics of Technological Change*, New York: Norton.

[377] Marelli E. (1981), "Optimal City Size, the Productivity of Cities and Urban Production Functions", *Sistemi Urbani*, Vol. 3, No. 1/2, pp. 149 – 163.

[378] Markusen J. and Venables A. (1999), "Foreign Direct Investment as a Catalyst for Industrial Development", *European Economic Review*, Vol. 43, No. 2, pp. 335 – 356.

[379] Marshall A. (1920), *Principles of Economics*, London: Macmillan.

[380] Martellato D. (1982), "The Tuscany Interregional Input – Output Model (TIM): Mathematical Structure and Preliminary Results", International IIASA paper series, No. 82 – 30, IIASA, Laxenburg.

[381] Martin P. and Ottaviano G. (1999), "Growing Locations: Industry Location in a Model of Endogenous Growth", *European Economic Review*, Vol. 43, No. 2, pp. 281 – 302.

[382] Martin R. (1999), "The New 'Geographical Turn' in Economics: Some Critical Reflections", *Cambridge Journal of Economcs*, Vol. 23, No. 1, pp. 65 – 91.

[383] Maskell P. and Malmberg A. (1999), "Localised Learning and Industrial Competitiveness", *Cambridge Journal of Economics*, Vol. 23, No. 2, pp. 167 – 185.

[384] Massey D. and Meegan R. (1978), "Industrial Restructuring versus the City", *Urban Studies*, Vol. 15, No. 3, pp. 273 – 288.

[385] McCann P. and Ortega – Argilés R. (2014), "The Role of the Smart Specialisation Agenda in a Reformed EU Cohesion Policy", *Scienze Regionali, Italian Journal of Regional Science*, Vol. 13, No. 1, pp. 15 – 32.

[386] McCann Ph. (1998), *The Economics of Industrial Location: A Logistic – Cost Approach*, Heidelberg: Springer.

[387] McCann Ph. and Rodríguez – Pose A. (2011), "Why and When Development Policy Should Be Place – based", in OECD ed., *OECD Regional Outlook 2011*, Paris: OECD, pp. 203 – 213.

[388] McCann Ph. and Sheppard S. (2003), "The Rise, Fall and Rise Again of Industrial Location Theory", *Regional Studies*, Vol. 37, No. 6/7, pp. 649 – 663.

[389] McCombie J. S. (1982), "How Important Is the Spatial Diffusion of Innovation in Explaining Regional Growth Disparities?", *Urban Studies*, Vol. 19, No. 2, pp. 377 – 382.

[390] McCombie J. S. (1983), "Kaldor's Law in Retrospect", *Journal of Post Keynesian Economics*, Vol. 5, No. 3, pp. 414 – 429.

[391] McCombie J. S. (1988), "A Synoptic View of Regional Growth and Unemployment: I – The Neoclassical Theory", *Urban Studies*, Vol. 25, No. 4, pp. 267 – 281.

[392] McCombie J. S. (1992), "Thirwall's Law and Balance of Payments Constrained Growth: More on the Debate", *Applied Economics*, Vol. 24, No. 5, pp. 493 – 512.

[393] McCombie J. S. and De Ridder J. R. (1984), "The Verdoorn Law Controversy: Some New Empirical Evidence Using U. S. State Data", *Oxford Economic Papers*, Vol. 36, No. 2, pp. 208 – 283.

[394] McGregor P. and Swales J. K. (1985), "Professor Thirlwall and Balance of Payments Constrained Growth", *Applied Economics*, Vol. 17, No. 1, pp. 17 – 32.

[395] McGuire A. (1983), "The Regional Income and Employment Impacts of Nuclear Power Stations", *Scottish Journal of Political Economy*, Vol. 30, No. 3, pp. 264 – 274.

[396] Meade J. E. (1952), "External Economies and Diseconomies in a Competitive Situation", *Economic Journal*, Vol. 62, No. 245, pp. 54 – 67.

[397] Meijers E. (2013), "Cities Borrowing Size: An Exploration of the Spread of Metropolitan Amenities across European Cities", paper presented at the Association of American Geographers annual meeting, Los Angeles, April 9 – 13.

[398] Meyer J. R. (1963), "Regional Economics: A Survey", *American Economic Review*, Vol. 53, No. 1, pp. 19 – 54.

[399] Mills E. (1972), *Urban Economics*, Glenview: Scott Foresman and Co.

[400] Mills E. and Lav M. (1964), "A Model of Market Areas with Free Entry", *The Journal of Political Economy*, Vol. 72, No. 3, pp. 278 – 288.

[401] Mirrlees J. A. (1972), "The Optimum Town", *Swedish Journal of Economics*, Vol. 74, No. 1, pp. 114 – 135.

[402] Mishan E. J. (1971), "The Postwar Literature on Externalities: An Interpretative Essay", *Journal of Economic Literature*, Vol. 9, No. 1, pp. 1 – 28.

[403] Miyao T. (1981), *Dynamic Analysis of the Urban Economy*, New York: Academic Press.

[404] Miyao T. (1984), "Dynamic Models of Urban Growth and Decay: A Survey and Extensions", paper presented at the Second World Conferences of Arts and Sciences, Rotterdam, June 4 – 15.

[405] Miyao T. (1987), "Dynamic Urban Models", in E. Mills ed., *Urban Economics*; *Handbook of Regional and Urban Economics*, Vol. 2, Amsterdam: North – Holland, pp. 877 – 925.

[406] Miyao T. (1987), "Urban Growth and Dynamics", in T. Miyao and Y. Kanemoto, eds., *Urban Dynamics and Urban Externalities*, Switzerland: Harwood Academic Publishers, Chur, pp. 1 – 41.

[407] Miyao T. and Kanemoto Y., eds., *Urban Dynamics and Urban Externalities*, Switzerland: Harwood Academic Publishers.

[408] Montesano A. (1972), "A Restatement of Beckmann's Model on the Distribution of Urban Rent and Residential Density", *Journal of Economic Theory*, Vol. 4, No. 2, pp. 329 – 354.

[409] Mcomaw R. L, Mullen J. K., and Martin W. (1995), "The Intrregionall Impact of Infrastructure Capital", *Southern Economic Journal*, Vol. 61, No. 3, pp. 830 – 845.

[410] Moomaw R. L. and Williams M. (1991), "Total Factor Productivity in Manufacturing: Further Evidence from the States", *Journal of Regional Science*, Vol. 31, No. 1, pp. 17 – 34.

[411] Morgan K. (1997), "The Learning Region: Institutions, Innovation and Regional Renewal", *Regional Studies*, Vol. 31, No. 5, pp. 491 – 503.

[412] Moroney J. R. and Walker J. M. (1966), "A Regional Test of the Heck-

scher – Ohlin Hypothesis", *Journal of Political Economy*, Vol. 74, No. 6, pp. 573 – 586.

[413] Mouleart F. and Sekia F. (2003), "Territorial Innovation Models: A Critical Survey", *Regional Studies*, Vol. 37, No. 3, pp. 289 – 302.

[414] Mulligan G. (1979), "Additional Properties of a Hierarchical City – Size Model", *Journal of Regional Science*, Vol. 10, No. 1, pp. 1 – 42.

[415] Mulligan G. (1984), "Agglomeration and Central Place Theory: A Review of the Literature", *International Regional Science Review*, Vol. 9, No. 1, pp. 1 – 42.

[416] Munnell. A. H. (1990), "How Does Public Infrastructure Affect Regional Economic Performance?", in A. H. Munnell ed. , *Is there a Shortfall in Public Capital Investment?* Boston: Proceedings of a Conference Sponsored by the Federal Bank of Boston.

[417] Muth R. (1961), "Economic Change and Rural – Urban Land Conversions", *Econometrica*, Vol. 29, No. 1, pp. 1 – 23.

[418] Muth R. (1968), "Urban Residential Land and Housing Marker", in H. Perloff and L. Wingo, eds. , *Issues in Urban Economics*, London: Johns Hopkins University Press, pp. 285 – 333.

[419] Muth R. (1969), *Cities and Housing*, Chicago: University of Chicago Press.

[420] Myrdal G. (1957), *Economic Theory of Under – developed Regions*, London: Gerald Duckworth & Co.

[421] Nauwelaers C. , Reid A. , and Desterbecq H. (1988), *Firmes Multinationales et Développement Régional*, Louvain – la – Neuve: Editore RIDER, Université Catholique de Louvain.

[422] Neffke E, Henning M. and Boschma R. (2011), "How Do Regions Diversify Over Time? Industry Relatedness and the Development of New Growth Paths in Regions", *Economic Geograpby*, Vol. 87, No. 3, pp. 237 – 265.

[423] Nelson R. and Winter S. (1977), "In Search of a Useful Theory of Innovation", *Research Policy*, Vol. 6, No. 1, pp. 36 – 76.

[424] Nelson R. R. and Norman V. D. (1977), "Technological Change and Factor Mix Over the Product Cycle: A Model of Dynamic Comparative Advantage", *Journal of Development Economics*, Vol. 4, No. 1, pp. 3 – 24.

[425] Niedercorn J. H. and Bechdolt B. V. (1969), "An Economic Derivation of

the Law of Spatial Interaction", *Journal of Regional Science*, Vol. 9, No. 2, pp. 273 – 282.

[426] Niedercorn J. H. and Bechdolt B. V. (1972), "An Economic Derivation of the Law of Spatial Interaction: Further Reply and a Reformulation", *Journal of Regional Science*, Vol. 12, No. 1, pp. 127 – 136.

[427] Nijkamp, P. (1999), "Environment and Regional Economics", in J. C. J. M. van den Bergh ed., *Handbook of Environmental and Resource Economics*, Cheltenham: Edward Elgar, pp. 525 – 538.

[428] Nijkamp P. and Perrels A. (1994), *Sustainable Cities in Europe*, London: Earthscan.

[429] Nijkamp P. and Poot J. (1998), "Spatial Perspectives on New Theories of Economic Growth", *Annals of Regional Science*, Vol. 32, No. 1, pp. 7 – 38.

[430] Nijkamp P. and Reggiani A. (1988), "Entropy, Spatial Interaction Models and Discrete Choice Analysis: Static and Dynamic Analogies", *European Journal of Operational Research*, Vol. 36, No. 2, pp. 186 – 196.

[431] Nijkamp P. and Reggiani A. (1992), *Interaction, EVolution and Chaos in Space*, Berlin: Springer Verlag.

[432] Nijkamp P. and Reggiani A. (1993), *Non – Linear EVolution of Spatial Economic Systems*, Berlin: Springer Verlag.

[433] Nijkamp P., Stough R., and Verhoef E. eds. (1998), "Endogenous Growth in a Regional Context", *Annals of Regional Science*, Vol. 32, No. 1, pp. 1 – 5.

[434] Nooteboom B. (2000), *Learning and Innovation in Oragnizations and Economies*, Oxford: Oxford University Press.

[435] North D. (1955), "Location Theory and Regional Economic Growth", *Journal of Political Economy*, Vol. 63, No. 3, pp. 243 – 258.

[436] North D. (1990), *Institutions, Institutional Change and Economic Performance*, Cambridge: Cambridge University Press.

[437] Norton D. and Rees J. (1979), "The Product Cycle and the Spatial Decentralisation of American Manufacturing", *Regional Studies*, Vol. 13, No. 2, pp. 141 – 151.

[438] Nurkse R. (1952), "Some International Aspects of the Problem of Economic Development", *The American Economic Review*, Vol. 42, No. 2, pp. 571 – 583.

[439] Oakey R., Nash P., and Thwaites A. (1980), "The Regional Distribution of Innovative Manufacturing Establishments in Britain", *Regional Studies*, Vol. 13,

No. 3, pp. 141 – 151.

[440] OECD (2001), *OECD Territorial Outlook*, Paris: OECD.

[441] Ohlin B. (1933), *Interregional and International Trade*, Cambridge: Harvard University Press.

[442] Okun B. and Richardson R. eds. (1961), *Studies in Economic Development*, New York: Holt, Rinehart & Winston.

[443] Onida F. (1984), *Economia degli Scambi Internazionali*, Bologna: Il Mulino.

[444] Ottaviano G. and Puga D. (1998), "Agglomeration in the Global Economy: A Survey of the New Economic Geography", *The World Economy*, Vol. 21, No. 6, pp. 707 – 731.

[445] Ottaviano G. and Thisse J. F. (2001), "On Economic Geography in Economic Theory: Increasing Returns and Pecuniary Externalities", *Journal of Economic Geography*, Vol. 1, No. 2, pp. 153 – 179.

[446] Paci M. (1973), *Mercato del Lavoro e Classi Sociali in Italia*, Bologna: Il Mulino.

[447] Paci R. and Saddi S. (2002), "Capitale Pubblico e Produttività nelle Regioni Italiane", *Scienze Regionali*, Vol. 2, No. 3, pp. 5 – 26.

[448] Paci R. and Usai s. (2000), "Technological Enclaves and Industrial Districts: An Analysis of the Regional Distribution of Innovative Activity in Europe", *Regional Studies*, Vol. 34, No. 2, pp. 97 – 114.

[449] Paelink J. (1965), "La Théorie du Développement Régional Polarisé", *Cahiers de l' ISEA*, *Série Economie Régionale*, No. 3, pp. 5 – 47.

[450] Paelink J. and Nijkamp P. (1976), *Operational Theory and Method in Regional Economics*, Westmead: Saxon House.

[451] Palander T. (1935), *Beitrage zur Standortstheorie*, Uppsala: Almqvist & Wiksells Boktryckeri.

[452] Parr J. (1978), "Models of the Central Place System: A More General Approach", *Urban Studies*, Vol. 15, No. 1, pp. 35 – 49.

[453] Parr J. (1981), "Temporal Change in a Central – Place System", *Environment and Planning A*, Vol. 13, No. 1, pp. 97 – 118.

[454] Parr J. (1985), "A Note on the Size Distribution of Cities over Time", *Journal of Urban Economics*, Vol. 18, No. 2, pp. 199 – 212.

[455] Parr J. (1999a), "Growth Pole Strategies in Regional Economic Plan-

ning: A Retrospective View. Part 1. Origins and Advocacy", *Urban Studies*, Vol. 36, No. 7, pp. 1195 – 1216.

[456] Parr J. (1999b), "Growth Pole Strategies in Regional Economic Planning: A Retrospective View. Part 2. Implementation and Outcome", *Urban Studies*, Vol. 36, No. 8, pp. 1247 – 1268.

[457] Parr J. B. (2002), "Agglomeration Economies: Ambiguities and Confusions", *Environment and Planning A*, Vol. 34, No. 4, pp. 717 – 731.

[458] Perloff H. (1957), "Interrelations of State Income and Industrial Structure", *The Review of Economics and Statistics*, Vol. 39, No. 2, pp. 162 – 171.

[459] Perloff H., Dunn E., Lampard E., and Muth R. (1960), *Region, Resources and Economic Growth*, Baltimore: John Hopkins University Press.

[460] Perroux F (1950), "Economic Space: Theory and Applications", *The Quarterly Journal of Economics*, Vol. 64, No. 1, pp. 89 – 104.

[461] Perroux F. (1955), "Note sur la Notion de Pôle de Croissance", *Economie Appliquée*, Vol. 7, No. 1/2, pp. 307 – 320.

[462] Perucca G. (2013), "A Redefnition of Italian Macro – areas: The Role of Territorial Capital", *Rivista di Economia e Statistica del Territorio*, No. 2, pp. 35 – 63.

[463] Perucca G. (2014), "The Role of Territorial Capital in Local Economic Growth: Evidence from Italy", *European Planning Studies*, Vol. 22, No. 3, pp. 537 – 562.

[464] Petrakos G. (2000), "The Spatial Impact of East – West Integration in Europe", in G. Petrakos, G. Maier, and G. Gorzelak, eds., *Integration and Transition in Europe*, London: Routledge, pp. 38 – 68.

[465] Pietrobelli C. (1998), "The Socio – economic Foundations of Competitiveness: An Econometric Analysis of Italian Industrial Districts", *Industry and Innovation*, Vol. 5, No. 2, pp. 139 – 155.

[466] Piore M. and Sabel C. F. (1984), *The Second Industrial Divide: Possibilities for Prosperities*, New York: Basic Books.

[467] Pompili T. (1992), "The Role of Human Capital in Urban System Structure and Development: The Case of Italy", *Urban Studies*, Vol. 29, No. 6, pp. 905 – 934.

[468] Pontikakis D., Chorafakis G., and Kyriakou D. (2009), "R&D Specialization in Europe: From Stylized Observations to Evidence – Based Policy", in D. Pontikakis, D. Kyriakou, and R. van Bavel, eds., *The Question of R&D Specialisa-*

tion, Brussels: JRC, European Commission, Directoral General for Research, pp. 71 – 84.

[469] Poratt M. (1977), *The Information Economy: Definition and Measurement*, Washington: Office of Telecommunications, US Department of Commerce.

[470] Posner M. V. (1961), "International Trade and Technical Change", *Oxford Economic Papers*, Vol. 13, No. 3, pp. 323 – 359.

[471] Pratt R. (1968), "An Appraisal of Minimum Requirement Technique", *Economic Geography*, Vol. 44, No. 2, pp. 117 – 124.

[472] Puga, D. (2010), "The Magnitude and Causes of Agglomeration Economies", *Journal of Regional Science*, Vol. 50, No. 1, pp. 1203 – 1219.

[473] Pumain D. and Saint – Julien T. , eds. (1996), *Urban Networks in Europe*, Paris: John Libbey Eurotext.

[474] Pusterla F. and Resmini L. (2007), "Where Do Foreign Firms Locate in Transition Countries? An Empirical Investigation", *Annals of Regional Science*, Vol. 41, No. 4, pp. 835 – 856.

[475] Putnam R. D. (1993), *Making Democracy Work*, Princeton: Princeton University Press, NJ.

[476] Quévit M. (1992), "The Regional Impact of the Internal Market: A Comparative Analysis of Traditional Industrial Regions and Lagging Regions", *Regional Studies*, Vol. 26, No. 4, pp. 349 – 360.

[477] Rabellotti R. (1997), *External Economies and Cooperation in Industrial Districts: A Comparison of Italy and Mexico*, London: Macmillan.

[478] Rabenau B. V. (1979), "Urban Growth with Agglomeration Economies and Diseconomies", *Geographia Polonica*, Vol. 42, pp. 77 – 90.

[479] Rallet A. (2002), "L'économie de Proximités: Propos d'étape", *Etudes et Recherches*, No. 33, pp. 11 – 26.

[480] Rallet A. and Torre A. (1998), "On Geography and Technology: Proximity Relations in Localised Innovation Networks", in M. Steiner ed. , *From Agglomeration Economies to Innovative Clusters*, London: Pion Editor, pp. 41 – 56.

[481] Ramsey F. (1928), "A Mathematical Theory of Saving", *Economic Journal*, Vol. 38, No. 152, pp. 543 – 559.

[482] Ratti R. , Bramanti A. , and Gordon R. , eds. (1997), *The Dynamics of Innovative Regions*, Aldershot: Ashgate.

[483] Rebelo S. (1991), "Long – run Policy Analysis and Long – run Growth",

Journal of Political Economy, Vol. 99, No. 3, pp. 500 – 521.

[484] Reggiani A. (2000), "Introduction: New Frontiers in Modelling Spatial and Economic Systems", in A. Reggiani ed., *Spatial Economic Science*, Berlin: Springer Verlag, pp. 1 – 11.

[485] Reilly W. J. (1931), *The Law of Retail Gravitation*, New York: Knickerbocker Press.

[486] RERU (1999), "Le Paradigme du Milieu Innovateur dans l'Economie Contemporaine", *Revue d'Economie Régionale et Urbaine*, No. 3, pp. 425 – 429.

[487] Resmini L. (2007), "Regional Patterns of Industry Location in Transition Countries: Does the Economic Integration with the EU Matter?", *Regional Studies*, Vol. 41, No. 6, pp. 747 – 764.

[488] Ricardo D. (1971), *Principles of Political Taxonomy and Taxation*, Penguin Books, Hardmond Sworth: Penguin Books.

[489] Richardson H. W. (1969), *Regional Economics*, Trowbridge: World University, Redwood Press.

[490] Richardson H. W. (1972), "Optimality in City Size, Systems of Cities and Urban Policy: A Sceptic's View", *Urban Studies*, Vol. 9, No. 1, pp. 29 – 47.

[491] Richardson H. W. (1973), *Regional Growth Theory*, London: Macmillan.

[492] Richardson H. W. (1973), *The Economics of Urban Size*, Farnborough: Saxon House.

[493] Richardson H. W. (1977), *The New Urban Economics: and Alternatives*, London: Pion.

[494] Richardson H. W. (1978), *Regional and Urban Economics*, Harmondsworth: Penguin Books.

[495] Rid H. and Lau E. (1998), "Verdoorn's Law and Increasing Returns to Scale in the UK Regions, 1968 – 1991: Some New Estimates Based on the Cointegration Approach", *Oxford Economic Papers*, Vol. 50, No. 2, pp. 201 – 219.

[496] Rietveld P. (1989), "Infrastructure and Regional Development – A Survey of Multiregional Economic Models", *The Annals of Regional Science*, Vol. 23, No. 6, pp. 255 – 274.

[497] Robinson J. (1934), *The Economics of Imperfect Competition*, London: Macmillan.

[498] Rodriguez – Clare A (1996), "Multinationals, Linkages, and Economic

Development", *The American Economic Review*, Vol. 86, No. 4, pp. 852 – 873.

[499] Rodriguez – Pose A. and Fratesi U. (2004), "Between Development and Social Policies: The Impact of European Structural Funds in Objective 1 Regions", *Regional Studies*, Vol. 38, No. 1, pp. 97 – 113.

[500] Romer P. (1986), "Increasing Returns and Long – Run Growth", *Journal of Political Economy*, Vol. 94, No. 5, pp. 1002 – 1037.

[501] Romer P. (1987), "Growth Based on Increasing Returns due to Specialisation", *American Economic Review*, *Papers and Proceedings*, Vol. 77, No. 2, pp. 56 – 67.

[502] Romer P. (1989), "Capital Accumulation in the Theory of Long – Run Growth", in R. Barro ed. , *Modern Business Cycle Theory*, Oxford: Basil Blackwell, pp. 51 – 127.

[503] Romer P. (1990), "Endogenous Technological Change", *Journal of Political Economy*, Vol. 98, No. 5, pp. S71 – S102.

[504] Romer P. (1994), "The Origins of Endogenous Growth", *Journal of Economic Perspective*, Vol. 8, No. 1, pp. 3 – 22.

[505] Rosenthal S. S. and Strange W. C. (2003), "Geography, Industrial Organization, and Agglomeration", *Review of Economics and Statistics*, Vol. 85, No. 2, pp. 377 – 393.

[506] Rosenthal S. S. and Strange W. C. (2001), "The Determinants of Agglomeration", *Journal of Urban Economics*, Vol. 50, No. 3, pp. 191 – 229.

[507] Rosestein – Rodan P. N. (1943), "Problems of Industrialisation of Eastern and South – Eastern Europe", *The Economic Journal*, Vol. 53, No. 210/211, pp. 202 – 211.

[508] Rosestein – Rodan P. N. (1959), "Due Lezioni sui Problemi di Sviluppo", *L' Industria*, No. 4, pp. 422 – 442.

[509] Rostow W. W. (1960), *The Stages of Economic Growth*, Cambridge: Cambridge University Press.

[510] Rowthorn R. E. (1975), "What Remains of Kaldor's Law?", *The Economic Journal*, Vol. 85, No. 340, pp. 10 – 19.

[511] Sala – i – Martin x. (1996), "Regional Cohesion: Evidence and Theories of Regional Growth and Convergence", *European Economic Review*, Vol. 40, No. 6, pp. 1325 – 1352.

[512] Samuelson P. (1954), "The Transfer Problem and Transport Costs. Part

Ⅱ: Analysis of the Effects of Trade Impediments", *Economic Journal*, Vol. 64, No. 254, pp. 264 – 289.

[513] Samuelson P. (1983), "Thünen at Two Hundred", *Journal of Economic Literature*, Vol. 21, No. 4, pp. 1468 – 1488.

[514] Sapir A. (2003), *An Agenda for a Growing Europe*, Brussels: The Sapir Report to the EU.

[515] Sassen S. ed. (2002), *Global Networks, Linked Cities*, New York: Routledge.

[516] Schmitz H. (1995), "Collective Efficiency: Growth Path for for Small – scale Industry", *Journal of Development Studies*, Vol. 31, No. 4, pp. 529 – 566.

[517] Schmitz H. (1998), "Collective Efficiency and Returns to Scale", *Cambridge Journal of Economics*, Vol. 23, No. 4, pp. 465 – 483.

[518] Schmitz H. and Musyck B. (1994), "Industrial District in Europe: Policy Lessons for Developing Countries?", *World Development*, Vol. 22, No. 6, pp. 889 – 910.

[519] Scitovski T. (1954), "Two Concepts of External Economies", *Journal of Political Economy*, Vol. 62, No. 2, pp. 143 – 151.

[520] Scitovski T. (1958), *Economic Theory and Western Europe Integration*, London: Allen & Unwin.

[521] Secchi B. (1974), *Squilibri Regionali e Sviluppo Economico*, Padua: Marsilio.

[522] Segal D. (1976), "Are there Returns to Scale in City Size?", *Review of Economics and Statistics*, Vol. 58, No. 3, pp. 339 – 350.

[523] Segal D. (1977), *Urban Economics*, Homewood: Richard Irwin.

[524] Shefer D. (1973), "Localization Economies in SMSA'S: A Production Function Analysis", *Journal of Regional Science*, Vol. 13, No. 1, pp. 55 – 64.

[525] Signorini L. F. (2000), *Lo Sviluppo Locale: Un' Indagine della Banca d' Italia sui Distretti Industriali*, Corigliano Calabro: Meridiana Libri Publisher.

[526] Sirkin G. (1959), "The Theory of Regional Economic Base", *The Review of Economics and Statistics*, Vol. 41, No. 4, pp. 426 – 429.

[527] Smith D. M. (1966), "A Theoretical Framework for Geographical Studies of Industrial Location", *Economic Geography*, Vol. 42, No. 2, pp. 95 – 113.

[528] Smith D. M. (1971), *Industrial Location: An Economic Geographical Analysis*, London: Wiley & Sons.

[529] Smith D. M. (1974), "Regional Growth, Interstate and Inersetorol Factor Rellocaton", *Review of Economics and Statistics*, Vol. 61, pp. 353 – 359.

[530] Smith D. M. (1975), "Neoclassical Growth Models and Regional Growth in the U. S. ", *Journal of Regional Science*, Vol. 15, No. 2, pp. 165 – 181.

[531] Solow R. (1957), "Technical Change and the Aggregate Production Function", *Review of Economics and Statistics*, Vol. 39, No. 3, pp. 312 – 320.

[532] Solow R. (1972), "Congestion, Density and the Use of Land in Transportation", *Swedish Journal of Economics*, Vol. 74, No. 1, pp. 161 – 173.

[533] Solow R. (2000), *Growth Theory: An Exposition*, Oxford: Oxford University Press.

[534] Soo K. T. (2005), "Zipf's Law for Cities: A Cross – Country Investigation", *Regional Science and Urban Economics*, Vol. 35, No. 3, pp. 239 – 263.

[535] Soro B. (2003), "Fattori che Regolano lo Sviluppo della Produttività del Lavoro", in J. McCombie, M. Pugno, and B. Soro, eds. , *Productivity Growth and Economic Performance: Essays on Verdoorn's Law*, Basingstoke: Palgrave Macmillan, pp. 37 – 63.

[536] Spaventa L. (1959), "Dualism in Economic Growth", *Banca Nazionale del Lavoro Quarterly Review*, No. 51, pp. 386 – 434.

[537] Stabler J. C. (1968), "Exports and EVolution: The Process of Regional Change", *Land Economics*, Vol. 44, No. 1, pp. 11 – 23; reprinted in D. McKee, R. Dean and W. Leahy eds. (1970), *Regional Economics: Theory and Practice*, New York: The Free Press, pp. 49 – 64.

[538] Steele D. B. (1969), "Regional Multipliers in Great Britain", *Oxford Economic Papers*, Vol. 21, No. 2, pp. 268 – 292.

[539] Sternberg R. (1996), "Reasons for the Genesis of High – tech Regions – Theoretical Explanation and Empirical Evidence", *Geoforum*, Vol. 27, No. 2, pp. 205 – 223.

[540] Stimson R. J. , Stough R. R. and Salazar M. (2005), "Leadership and Institutional Factors in Endogenous Regional Economic Development", *Investigationes Regionales*, No. 7, pp. 23 – 52.

[541] Stöhr W. (1990), "On the Theory and Practice of Local Development in Europe", in W. Stöhr ed. , *Global Challenge and Local Responses*, London: Mansell, pp. 35 – 54.

[542] Stöhr W. and Tödtling F. (1977), "Spatial Equity. Some Anti – theses

to Current Regional Development Doctrine", *Papers of the Regional Science Association*, Vol. 38, No. 1, pp. 33 – 53.

[543] Stoneman P. (1986), "Technological Diffusion: The View Point of Economic Theory", *Ricerche Economiche*, Vol. 40, No. 4, pp. 585 – 606.

[544] Storper M. (1995), "La Géographie des Conventions: Proximité Territoriale, Intérdependance Non – marchandes et Développement Economique", in A. Rallet and A. Torre, eds. , *Economie Industrielle et Economie Spatiale*, Paris: Economica, pp. 111 – 128.

[545] Stouffer S. A. (1940), "Intervening Opportunities: A Theory Relating Mobility and Distance", *American Sociological Review*, Vol. 5, No. 6, pp. 845 – 867.

[546] Stouffer S. A. (1960), "Intervening Opportunities and Competing Migrants", *Journal of Regional Science*, Vol. 12, No. 2, pp. 26 – 35.

[547] Subirats J. ed. (2002), *Redes, Territorios y Gobierno*, Barcelona: UIMP.

[548] Sweikauskas L. (1975), "The Productivity of City Size", *Quarterly Journal of Economics*, Vol. 89, No. 3, pp. 393 – 413.

[549] Taylor P. S. (2001), "Specification of the World City Network", *Geographical Analysis*, Vol. 33, No. 2, pp. 181 – 194.

[550] Terrasi M. (2002), "National and Spatial Factors in EU Regional Convergence", in J. R. Cuadrado – Roura and M. Parellada, eds. , *Regional Convergence in the European Union*, Berlin: Springer Verlag, pp. 185 – 209.

[551] Thirlwall A. P. (1974), "Regional Economic Disparities and Regional Policy in the Common Market", *Urban Studies*, Vol. 11, No. 1, pp. 1 – 12.

[552] Thirlwall A. P. (1980), "Regional Problems are Balance of Payments Problems", *Regional Studies*, Vol. 14, No. 5, pp. 419 – 425.

[553] Thirlwall A. P. (1983), "A Plain Man's Guide to Kaldor's Law", *Journal of Post Keynesian Economics*, Vol. 5, No. 3, pp. 345 – 358.

[554] Thom R. (1972), *Stabilité Structurelle et Morphogenèse: Essai d'une Théorie Générale des Modèles*, Paris: Inter Editions.

[555] Tiebout C. (1956), "The Urban Economic Base Reconsidered", *Land Economics*, Vol. 32, No. 1, pp. 95 – 99.

[556] Tiebout C. (1957), "Regional and Interregional Input – Output Models: An Appraisal", *Southern Economic Journal*, Vol. 24, No. 4, pp. 140 – 147.

[557] Tiebout C. (1960), "The Community Income Multiplier: A Case Study",

in R. Pfouts ed. , *The Techniques of Urban Economic Analysis*, London: Chandler – Davis.

[558] Tödtling F and Trippl M. (2005), "One Size Fits All? Towards a Differentiated Regional Innovation Policy Approach", *Research Policy*, Vol. 34, No. 8, pp. 1203 – 1219.

[559] Torre A. and Rallet A. (2005), "Proximity and Localization", *Regional Studies*, Vol. 39, No. 1, pp. 47 – 59.

[560] Torre A. and Wallet F. , eds. (2014), *Regional Development and Proximity Relations*, Cheltenham: Edward Elgar.

[561] Torrens R. (1815), *An Essay on the External Corn Trade*, London: J. Hatchard.

[562] Tóth B. I. (2014), "Territorial Capital: Theory, Empirics and Critical Remarks", *European Planning Studies*, Vol. 23, No. 7, pp. 1327 – 1344.

[563] Traistaru I. , Nijkamp P. , and Resmini L. , eds. (2003), *The Emerging Economic Geography in EU Accession Countries*, Aldershot: Ashgate.

[564] Trigilia C. (1985), "La Regolazione Localistica: Economia e Politica nelle Aree di Piccola Impresa", *Stato e Mercato*, No. 14, pp. 181 – 228.

[565] Trippl M. (2010), "Developing Cross – Border Regional Innovation Systems: Key Factors and Challenges", *Tijdschrift voor Economische en Sociale Geografie*, Vol. 101, No. 2, pp. 150 – 160.

[566] Ullman E. (1941), "A Theory of Location for Cities", *The American Journal of Sociology*, Vol. 46, No. 6, pp. 853 – 864.

[567] Ullman E. and Dacey M. (1960), "The Minimum Requirements Approach to the Urban Economic Base", *Papers and Proceedings of the Regional Science Association*, Vol. 6, pp. 175 – 194.

[568] Uzawa H. (1964), "Optimal Growth in a Two Sector Model of Capital Accumulation", *Review of Economic Studies*, Vol. 31, No. 1, pp. 1 – 24.

[569] Valavanis S. (1955), "Lösch on Location", *American Economic Review*, Vol. 45, No. 4, pp. 637 – 644.

[570] Vásquez – Barquero A. (2002), *Endogenous Development*, London: Routledge.

[571] Venables A. J. (1996), "Equilibrium Location of Vertically Linked Industries", *International Economic Review*, Vol. 37, No. 2, pp. 341 – 359.

[572] Verdoorn P. J. (1949), "Factors that Determine the Growth of Labour

Productivity", in D. Ironmonger, J. O. N. Perkins, and T. Van Hoa , eds. , *National Income and Economic Progress*; *Essays in Honour of Colin Clark*, Basingstoke: Macmillan, pp. 199 – 207.

[573] Vernon R. (1957), "Production and Distribution in the Large Metropolis", *The Annals of the American Academy of Political and Social Sciences*, Vol. 314, No. 1, pp. 15 – 29.

[574] Vernon R. (1960), *Metropolis 1985*, Cambridge: Harvard University Press, MA.

[575] Vernon R. (1966), "International Investment and International Trade in the Product Cycle", *Quarterly*, *Journal of Economics*, Vol. 80, No. 2, pp. 190 – 207.

[576] Vickerman R. (1991), "Infrastructure and Regional Development: Introduction", in R. Vickerman ed. , *Infrastructure and Regional Development*, London: Pion, No. 1, pp. 1 – 8.

[577] von Böventer E. (1975), "Regional Growth Theory", *Urban Studies*, Vol. 12, pp. 1 – 29.

[578] von Thünen J. H. (1826), *Der Isolierte Staat in Beziebung auf Landwirtschaft und Nationalökonomie*, Hamburg: Puthes.

[579] Weber A. (1929), *Alfred Weber's Theory of the Location of Industries*, Chicago: University of Chicago Press; orig. edn (1909), *über der Standort der Industrien*, Tübingeh: Verlag Mohr.

[580] Weimer A. and Hoyt H. (1939), *Principles of Urban Real Estate*, New York: Ronald Press.

[581] Weiss S. and Gooding E. (1968), "Estimation of Differential Employment Multipliers in a Small Region", *Land Economics*, Vol. 44, No. 2, pp. 235 – 244.

[582] Wheaton W. (1979), "Monocentric Models of Urban Land Use; Contributions and Criticisms", in P. Mieszkowski and M. Straszheim, eds. , *Current Issues in Urban Economics*, London: Johns Hopkins University Press, pp. 105 – 129.

[583] Williamson J. G. (1965), "Regional Inequality and the Process of National Development: A Description of the Patterns", *Economic Development and Cultural Change*, Vol. 13, No. 4, pp. 3 – 45.

[584] Williamson O. E. (1975), *Markets and Hierarchies: Analysis and Antitrust Implications*, New York: The Free Press.

[585] Williamson o. (2002), "The Lens of Contract: Private Ordering", *American Economic Review*, *Papers and Proceedings*, Vol. 92, No. 2, pp. 438 – 453.

[586] Wilson A. (1970), *Entropy in Urban and Regional Modelling*, London: Pion.

[587] Wilson A. (1971), "A Family of Spatial Interaction Models and Associated Developments", *Environment and Planning*, Vol. 14, No. 3, pp. 1 – 32.

[588] Wilson A. (1981), *Catastrophe Theory and Bifurcation*, London: Croom Helm.

[589] Wilson T. (1968), "The Regional Multiplier – A Critique", *Oxford Economic Papers*, Vol. 20, No. 3, pp. 374 – 393.

[590] Wingo L. (1961), *Transportation and Urban Land*, Washington: Resources for the Future.

[591] World Bank (2009), *World Development Report*, Washington: World Bank.

[592] Yilmaz S. and Dinc M. (2002), "Telecommunications and Regional Development: Evidence from the U. S. States", *Economic Development Quarterly*, Vol. 16, No. 3, pp. 211 – 228.

[593] Young A. (1928), "Increasing Returns and Economic Progress", *The Economic Journal*, Vol. 38, No. 152, pp. 527 – 542.

[594] Young S., Hood N. and Dunlop S. (1988), "Global Strategies, Multinational Subsidiary, Roles and Economic Impact in Scotland", *Regional Studies*, Vol. 22, No. 6, pp. 487 – 497.

[595] Zipf G. K. (1949), *Human Behaviour and the Principle of Least Effort*, Cambridge: Addison Wesley.

译后记

　　党的十八大以来，以习近平同志为核心的党中央统筹推进以"经济建设、政治建设、文化建设、社会建设、生态文明建设"为核心的"五位一体"总体布局，协调推进以"全面建成小康社会、全面深化改革、全面依法治国、全面从严治党"为核心的"四个全面"战略布局，并基于以人民为中心的发展思想和价值取向提出了创新、协调、绿色、开放、共享的新发展理念。但从以人民为中心的发展思想去思考，仍存在影响满足人民对美好生活需要的较多因素，主要表现为发展不平衡不充分。发展不平衡主要体现为三大不平衡：领域不平衡，主要是指经济发展一马当先、奇迹频现，而政治、社会、文化领域发展有一定差距，生态文明建设方面的差距更大；区域不平衡，主要是指东中西不平衡、城乡不平衡、发达地区与欠发达地区不平衡；群体不平衡，主要是指不同社会群体在共享发展成果方面有差距。发展不充分主要是指社会发展总量尚不丰富、发展程度尚不够高、发展态势尚不够稳定，表现为发展方式有待充分转变，依法治国有待充分推进，精神文明有待充分提升，社会事业有待充分发展，生态环境有待充分改善，体制机制有待充分改革。如何实现更平衡更充分的发展？解决发展不平衡问题的关键是要树立新发展理念，从全局的高度谋划发展，更加注重城乡协调、区际协调、社会群体间的协调以及经济与社会其他方面之间的协调；解决发展不充分问题的关键是要大力发展社会生产力，破除制约生产力发展的障碍，不断提高发展水平、发展能力与发展绩效。实现更平衡更充分的发展，主要通过转变发展方式、优化经济结构、转换增长动力，建设现代化经济体系；而其着力点是供给侧结构性改革，着力加快建设实体经济、科技创新、现代金融、人力资本协同发展的产业体系，着力构建市场机制有效、微观主体有活力、宏观调控有度的经济体制，不断增强我国经济创新力和竞争力。

　　党的十八大以来，习近平总书记多次对我国区域发展战略做出针对性安排，并对区域协调发展做出了战略性部署。尤其是根据我国近期出现的一些值得关注的新情况新问题，习近平总书记于2019年8月高瞻远瞩地提出了"按照客观经济规律调整完善区域政策体系，发挥各地区比较优势，促进各类要素合理流动和高效集聚，增强创新发展动力，加快构建高质量发展的动力系统，增强中心城市和城市群等经济发展优势区域的经济和人口承载能力，增强其他地区在保障粮食安全、生态安全、边疆安全等方面的功能，形成优势互补、高质量发展的区域经济布局"的新形势下促进我国区域协调发展的总的思路。区域协调发展，已成了面向第二个百年目标的战略性部署。

区域经济学是研究经济活动空间分布与协调以及与此相关的区域决策的科学。相对于其他经济学科，区域经济学比较年轻，在世界范围内，区域经济学的出现也就不到 80 年的时间，在我国只有 40 多年的历史，严格来讲，我国的区域经济学是随着改革开放而发展起来的。正因为区域经济学在我国起步较晚，因而我国区域经济学理论体系不健全，许多现实中的区域性问题无法从理论角度给予有效的回答和解释，且现实中的许多成功案例也无法提升为区域经济学的理论。不过这些情况在近年发生了很大变化，许多区域经济学理论工作者为建立适合我国国情的区域经济学理论进行了种种尝试，出版和发表了大量的区域经济学著作和与区域经济相关的系列论文。同时，从事区域经济学研究工作的研究人员在经济学科研究人员中所占比例迅速攀升，目前各个高校以及各个省市社会科学研究机构都设立了区域经济学研究机构，可以说目前我国区域经济学进入了历史上最好的发展时期。

如何构建适合我国国情的区域经济学理论体系？我们所构建的区域经济学理论，不仅要解释曾经发生的区域性经济问题，还要对目前所出现的区域性经济问题进行恰如其分的解释，更为重要的是，前瞻性地对将来会出现的区域性经济问题进行预测并进行理论上的储备。如何在新形势和环境下更好地解释区域经济现象、预测将来的发展趋势并超前性地提供一些基本理论，正是作者长期思考的问题。作者认为，借鉴国外先进的区域经济学理论，采用"古为今用""洋为中用"的方法，是进一步完善和补充我国区域经济学理论，以解释现实的区域经济现象，预测将来的发展趋势的主要的途径之一。为此，我们就选择卡佩罗教授的《区域经济学》（第二版）进行了翻译。

卡佩罗教授是意大利米兰理工大学的区域经济学教授，该教材的意大利文第一版出版于 2004 年，英文版第一版出版于 2007 年，英文版第二版出版于 2016 年。本次我们翻译的是 2016 年出版的英文版第二版。第二版对原先的第一版进行了大量的修订。

本书的第一个特点并不是单纯地罗列区域经济学的各种理论，而是通过空间概念的变化来表述该学科经济思想的变化过程，并以此为主要线索组织本教材的编写。本教材从传统的区位论，过渡到了地区发展理论。地区发展理论又分为基于均质空间的发展理论（以规模收益不变为基本特征）和基于异质空间的发展理论（以规模收益递增为基本特征），而后一种理论代表了以规模收益递增和聚集经济为基础的区域经济学的核心思想。本书的第二个特点是重点分析和解释了决定地域竞争力水平的当地要素，这进一步丰富和完善了地方发展理论。本书提出了"地域资本"的概念，进而分为内生性资源与外生性资源、有形资产与无形资产、公共资产与私有资产，这提高了人们对这些要素经济属性的认识。经济发展，不仅要强调有形要素之间的"均衡发展"，而且还要强调无形要素之间、在知识和相关资本之间以及在创造力与认知资本之间均衡发展。正因为这样，地区竞争力主要来源于信任和归属感而不是纯粹的资源可获取性，主要来源于地区创造力而不是单纯的技能劳动力数量，主要来源于相互联系而不是纯粹的市场准入，主要来源于本地特征而不是经济环境和经济系统效率等。本书的第三个特点是反映了过去十年间所取得的理论研究进展，其重点是新知识创新中的邻近性概念。卡佩罗认为，把自然邻近性、经济联系邻近性以及社会邻近性结合起来，才能很好地解释地方经济发展的源泉及其过程。在过去的十年间，地方经济发展理论充分考虑了从制度到认知的各种不同类型的邻近性，而且还达成了广泛的共识。

本书的第一部分探讨了区位理论，第一章阐述了供给和需求分布为点状时的理论，这些理论试图找出决定厂商区位选择的作用力。然后，分析了在供给为点状而需求为均匀分布下的市场区的形成问题。第二章讨论了假设供给为均匀而需求为点状分布的理论，并以此解释了生产区的形成问题。第三章讨论了一般空间均衡理论，这种理论是为了解释大的地域系统的形成问题，尤其是为解释城市系统的形成过程而发展起来的。

本书的第二部分讨论了规模收益不变假设下的同质抽象空间经济增长理论。属于这种类型的理论来源于宏观经济学、新古典经济学、发展经济学以及国际贸易等主流经济学各分支学科。对这些理论而言，经济发展的动力是不平衡分布的要素禀赋和供给的部门结构。第四章讨论了研究地区发展前提条件的理论，第五章探讨了给定资源条件下的发展理论，第六章对那些研究重点从福祉和充分就业转变为供给的理论进行了总结。

本书的第三部分探讨了与区位理论有关的多元联系空间发展理论。这种理论的目的是试图确定地域竞争力的决定因素。这种理论可以分为认为地域竞争力来源于本地外生因素的理论（第七章）和认为地域竞争力来源于本地内生因素的理论（第八章和第九章）。内生因素理论认为，地域包括那些影响区内厂商生产效率和创新能力的各种行为主体之间的合作与协同关系，它直接影响地区层面的经济发展。空间以聚集经济的形式成了收益递增之源泉，因此高经济增长率常常出现在那些收益递增提高地方劳动生产率水平，降低生产和交易成本，提高要素利用效率的地方生产系统中。空间，或者更准确地说地域，成了降低与所有创新过程有关的不确定性的源泉，因此它造就了动态的区域优势。

本书的第四部分讨论了多元程式化空间经济增长理论。这部分最显著的特点是把收益递增纳入到宏观经济增长模型之中，也就是把纯粹的经济和动态平衡过程与空间和区位特征结合起来解释地方的经济发展过程。这些理论的最大优点是它们构建了包括以收益递增为特征的聚集经济在内的优雅的经济模型，从而驱动了供给、需求的良性循环过程（第十章），或避免良性循环过程中的供给侧不同要素边际生产率的下降趋势（第十一章）。第十二章进行了总结性讨论，对地方发展做出了现代的解释，并提出了一个包含地域、经济主体行为和无形要素的宏观经济区域增长模型。

根据以往的经验，我们在翻译本书时挑选了一批精干的人员。本书的翻译安排如下：安虎森，序言、绪论、第一章；蒋涛，第二章、第三章；张古，第四章、第五章、第六章；蒲业潇，第八章、第九章；陈飞，第七章、第十章、第十一章、第十二章。译稿由安虎森、陈飞校订，最后由安虎森统稿。丁嘉铖、王淞、周江涛、陈昕、张凌玮等读完所有译稿并提出了许多修改意见，对此致以深深的谢意！

尽管译者尽了最大努力，但因水平有限，仍有许多不足之处和遗憾之处，希望广大读者和同仁提出宝贵的意见。

安虎森

2020 年 9 月 10 日于长春